예수님의 비유 강해

하

생명에로의 초대

곽선희 목사

장로회 신학대학 졸업
프린스턴 신학석사
풀러신학 선교신학박사
인천제일교회 목사
장로회 신학대학 교수 역임
숭의여자전문대학 학장 역임
서울장로회신학교 교장 역임
소망교회 목사

예수님의 비유 강해 ● 하

생명에로의 초대

인쇄	• 2001년 3월 15일
발행	• 2001년 3월 20일
지은이	• 곽선희
펴낸이	• 김종호
펴낸곳	• 계몽문화사
등록일	• 1993년 10월 11일
등록번호	• 제16-765호
전화	• (02)917-0656
정가	• 17,000원
총판	• 비전북/(031)907-3927

ISBN 89-950560-9-6 04230
ISBN 89-950560-6-1 (전3권)

* 잘못 만들어진 책은 바꾸어드립니다.

예수님의 비유 강해

생명에로의 초대

곽선희 지음

계명문화사

책 머리에

"말씀이 육신이 되어 우리 가운데 거하시다"란 이 말씀은 성경 전체의 주제라 하여도 크게 잘못이 없을 것이다. 우리가 믿는 하나님은 창조주 하나님이심과 동시에 계시의 하나님이시다. 따라서 초월적 존재와 내재적 사역의 만남의 관계, 즉 인격적 관계는 곧 계시 안에서 이해되어진다. 계시의 하나님은 곧 예수 그리스도이시다. 성경은 계시의 역사성과 그 인격성을 계속 증거하고 있으며 그 종합적이고 실제적인 계시의 본체가 바로 예수 그리스도이신 것이다.

이러한 예수 그리스도의 말씀은 다시한번 '말씀이 육신이 되는 사건'을 통하여 생명적인 능력으로 나타나게 된다. '말씀'은 언어수단으로서의 말이 아니다. 이 '말씀'은 단순한 논리적 지식이 아님은 물론 철학이나 윤리, 도덕적 계율도 아니다. 말씀은 곧 생명이며 그 생명은 능력이다. '말씀'이 우리 안에 오시며, 거하시며, 살아 역사하시어 살아 있는 능력으로 그 사역을 이루신다. 이를 위하여 또한번 성육신(Incarnation)되는 큰 사건을 통하는 소중한 희생을 지불해야 함이 있으니 그것이 곧 비유이다.

인간은 자기의 문화와 세계관 속에 갇혀 있다. 따라서 자기의 경험과 지식에 의한 전 이해의 한계와 자기 세계관의 탈을 스스로 벗어나지 못한다. 그 때문에 결국은 말씀 자신이 또한번 비하되어서 그들의 세계관과 경험, 그리고 저들의 문화 속에서 만남의 관계를 이룰 수밖에 없는 것이다. 이렇게 하여 말씀이 전달되고, 또한 이러한 과정을 겪으면서 '말씀' 그 자체가 갖는 높은 뜻은 엄청난 희생을 치르게 된다.

그러나 이것이 하나님께서 택하신 지혜요, 능력이며, 가장 효과적이고 실제적인 방법이다. 그러기에 예수님께서는 "비유가 아니면 아무것도 말씀하시지 아니하셨다." 예수님께서는 이 비유라는 그릇에 담아서 하나님의 나라를 설명하시고 이 세대를 직시케 하셨으며 죽음으로 치닫는 인간들을 영원한 생명에로 초대하고 계시는 것이다.

그러므로 예수 그리스도의 말씀을 이해하기 위해서는 그 비유들을 바르게 이해해야 하며 그러기 위해서는 그 당시의 문화로 되돌아가는 노력이 있어야만 하는 것이다. 이를 위해 2천여 년전의 히브리, 헬라 문화권으로 돌아가 그 비유가 갖는 당시의 사건됨과 참뜻을 들어야 하고 만나야 하는 것이 곧 비유 강해이다.

본서는 저자가 시무하는 소망교회에서 삼일기도회 시간에 계속 강해한 것을 정리하여 출판하게 된 예수님의 비유강해 제3권이다. 이를 계기로 이 강해를 위하여 기도해주신 여러 성도님들과 원고를 정리하기 위해 심혈을 기울이신 분께, 그리고 이 책을 출판해 주신 계몽문화사에 깊은 감사를 드리는 바이다.

2001. 2.
소망교회 곽선희

차례

책 머리에 ──────── 4
낙타와 부자 비유 ──────── 9
무화과나무의 비유 ──────── 23
약대와 하루살이 ──────── 36
회칠한 무덤 ──────── 50
그 새끼를 모으는 암탉 ──────── 64
번개와 독수리 ──────── 77
나무의 비유를 배우라 ──────── 92
도적의 비유 ──────── 108
충성된 종의 비유 ──────── 121
양과 염소 비유 ──────── 134
자라나는 씨앗 비유 ──────── 146
등불 비유 ──────── 160
문지기 비유 ──────── 172
교만한 손님 비유 ──────── 186
손님 초청 비유 ──────── 198
망대 세우는 비유 ──────── 212

전쟁에 나가는 왕 ──────── 225
말씀 비유 ──────── 237
어린 양과 비둘기 비유 ──────── 249
천사와 사닥다리 ──────── 264
성전 비유 ──────── 278
물과 바람 비유 ──────── 290
구리뱀 비유 ──────── 302
생명수 비유 ──────── 314
생명의 떡 ──────── 326
양의 문 비유 ──────── 337
선한 목자 비유 ──────── 348
죽음의 비유 ──────── 359
밀알의 비유 ──────── 371
세족의 비유 ──────── 382
하늘에 있는 집 ──────── 395
포도나무 비유 ──────── 409
해산하는 여인 ──────── 420

낙타와 부자 비유

어떤 사람이 주께 와서 가로되 선생님이여 내가 무슨 선한 일을 하여야 영생을 얻으리이까 예수께서 가라사대 어찌하여 선한 일을 내게 묻느냐 선한 이는 오직 한 분이시니라 네가 생명에 들어 가려면 계명들을 지키라 가로되 어느 계명이오니이까 예수께서 가라사대 살인하지 말라, 간음하지 말라, 도적질하지 말라, 거짓증거하지 말라, 네 부모를 공경하라, 네 이웃을 네 몸과 같이 사랑하라 하신 것이니라 그 청년이 가로되 이 모든 것을 내가 지키었사오니 아직도 무엇이 부족하니이까 예수께서 가라사대 네가 온전하고자 할진대 가서 네 소유를 팔아 가난한 자들을 주라 그리하면 하늘에서 보화가 네게 있으리라 그리고 와서 나를 좇으라 하시니 그 청년이 재물이 많으므로 이 말씀을 듣고 근심하며 가니라 예수께서 제자들에게 이르시되 내가 진실로 너희에게 이르노니 부자는 천국에 들어가기가 어려우니라 다시 너희에게 말하노니 약대가 바늘귀로 들어가는 것이 부자가 하나님의 나라에 들어가는 것보다 쉬우니라 하신대 제자들이 듣고 심히 놀라 가로되 그런즉 누가 구원을 얻을 수 있으리이까 예수께서 저희를 보시며 가라사대 사람으로는 할 수 없으되 하나님으로서는 다 할 수 있느니라.

(마태복음 19:16~26)

낙타와 부자 비유

여기 주신 본문 말씀은 한 젊은 청년이 예수님께로 나와 "내가 무슨 선한 일을 하여야 영생을 얻으리이까?"라는 질문을 하게 될 때 그 질문에 대한 대답으로 주신 교훈의 말씀입니다. 같은 내용의 말씀이 마가복음 10장 17절 이하와 누가복음 18장 18절 이하에도 기록되어 있는 이들 본문을 대조해 보면 오늘 본문인 마태복음에는 간단하게 "어떤 사람이 주께와서"라고 기록 되어있습니다마는 누가복음에는 "어떤 관원이 물어 가로되 달려와서 꿇어 앉아 묻자오되"라고 되어 있습니디. 따라서 이를 종합해보면 한 젊은 관원이 예수님께 달려나와서 아주 무릎을 꿇고, 간절하게 무엇을 하여야 영생을 얻을 수 있겠습니까 하고 묻게 된 것입니다. 이렇게 달려 나와서 무릎을 꿇은 자세로 질문한 것을 보면 얼마나 간절하게, 그리고 꼭 알아야겠다는 마음으로 물었는가를 짐작할 수 있습니다.

아무튼 이 사람은 어떻게하면 영생을 얻을 수 있을까 하고 영생에 대하여 물었습니다. 흔히들 묻는 것처럼 "내 병을 고쳐 주십시오" "내 눈을 뜨게 하여 주십시오" "내 아들이 죽게 되었나이다" 하는 그러한 이야기가 아닙니다. 이는 어떤 면에서 보면 지금까지 예수님께 나와 무엇을 구한 사람들에 비하면 상당히 수준이 높은 사람입니다. 그는 물질적인 것이나 세속적인 것에 대한 질문을 하고 있는 것이 아닙니다. 자그마치 영생을 묻고 있습니다. 왜냐하면 이 사람이 가진 바 고민이 영생이었기 때문입니다. 그에게는 다른 고민이 없었습니다. 몸도 젊고 건강하며 돈도 있을 만큼 있고 명예도 지위도 있어서 사람들로부터 존경을 받는 그러한 사람입니다. 이 정도 되면 특별히 부러울 것이 없는 처지입니다마는 그러나 그

의마음에는 영생이 없었습니다.

　그렇다면 이 사람이 묻고 있는 영생이란 무엇을 두고 말함인가를 생각할 때 우선 히브리 사람의 개념으로서는 두 가지로 생각하게 봅니다.

　그 첫째는 미래지향적 의미에서의 종말론적 영생을 말하는 것입니다. 이제 우리들의 처지를 놓고 생각해 보면 대개 가난하고 어려운 형편의 사람들은 "그만 빨리 죽었으면 좋겠다" 혹은 "오늘 밤 눈 감은 채로 갔으면 좋겠다"는 등의 말을 쉽게 하는 것을 볼 수 있습니다. 그러나 돈도 있고 명예, 지위 등 가질 것 다 가지고 보면 이제 남은 것은 죽으면 어떻게 하나가 걱정입니다. 그래서는 되도록 안죽겠다며 보약을 먹고 운동을 하면서 온 정성을 건강관리에 쏟고 있는 것입니다.

　그렇게 한다고 하여 얼마나 오래 살게 되는지는 모르겠습니다마는 아무튼 문제는, 이 아까운 것들을 다 놓고 죽어야 한다고 할 때에 부딪히는 문제는 곧 영생의 문제인 것입니다. 이 세상 소원을 대충 다 이룬 처지라면 이제 "어떻게 하여야 하늘나라에 가겠습니까?" "어떻게 하여야 영원한 생명을 얻을 수 있겠습니까?" 하는 것이 궁극적 의미에서의 관심거리요 가장 중요하고도 큰 문제란 말입니다. 이상 더 잘살고 못살고가 문제되는 것이 아닙니다. 중요한 것은 영생의 문제이기에 이 궁극적 문제에 대하여 묻게 되는 것입니다.

　이제 두번째로 생각할 것은 영생과 함께 현재 마음 속에 있는 영생입니다. 이는 곧 평안을 말하는 것으로, 하나님을 모신 평안한 마음! 영원한 약속을 받고 사는 사람의 안정된 심령! 그것이 없다고 하는 것입니다. 돈도 있고 명예와 지위도 있으며, 존경과 칭찬도 한다는데 나의 마음은 괴로울 뿐 도무지 평안이 없습니다. 그래서 지금 이 사람은 예수님께로 나와 "어떻게 하면 영생을 얻을 수 있겠습니까?" 하고 묻게 된 것인 줄 압니다.

　그런데 이 본문을 대할 때마다 느끼게 되는 문제는 예수님께서 이에 대한 대답을 우리가 알고 있는 일반적인 상식으로나 예수님의 평소의 의도로 보아 그저 간단히 "주 예수를 믿으라" 하는 식으로 말씀하시지 않고 왜 이 사람에게는 유독 계명을 지키라고 말씀하셨느냐는 것입니다. 거기에는 그럴만한 충분한 이유가 있음을 조금 후에 나오는 설명들을 통하여 깨달을 수 있습니다.

아무튼 이 사람의 물음에 대하여 예수님께서 "계명들을 지키라"고 말씀하시자 다시 "어느 계명이오니이까?"라고 물음 때에 예수님께서는 십계명 중 몇 가지를 들어 말씀하십니다. 즉 "살인하지 말라, 간음하지 말라, 도적질하지 말라, 거짓 증거하지 말라, 네 부모를 공경하라"고 하는 것인데 이는 모두 십계명에 포함된 것들입니다. 그런데 여기에 이어지는 다음 말씀이 "네 이웃을 네 몸과 같이 사랑하라"고 하신 것입니다. 이것은 곧 계명을 요약한 것으로 계명의 주심이 이 사람에게 향하는 말씀입니다.

지금 예수님께서는 이와 같은 핵심적인 말씀을 하고 계시는 것입니다. 그런가 하면 이 사람은 별다른 생각도 없이 "이 모든 것을 내가 지키었사오니 아직도 무엇이 부족하니이까?"라며 아주 당당하게 대답하는 것을 볼 수 있습니다. 이 장면이 다른 복음서에는 "내가 어려서부터 다 지키었나이다"하는 것으로 되어 있습니다. 하지만 바로 여기에 문제가 있는 것입니다.

마가복음 10장 21절에 의하면 다 지켰다고 하는 그 사람의 대답을 들으신 예수님께서는 그를 귀하게 보시고 사랑하셨습니다. 그래서 하시는 말씀이 "네가 진정으로 온전하고자 할진대 가서 네 소유를 팔아 가난한 자들을 주라, 그리고 와서 나를 좇으라"고 하시는 것입니다. 그런데 이 말씀을 들은 이 사람이 "네 그렇게 하겠습니다"라는 말을 끝내 못한 채 슬픈 기색으로 근심하며 돌아갔다고 하는 것입니다. 이렇게 하여 그 사람이 떠나자 예수님께서는 하시고자 하시는 말씀의 본론으로 부자는 천국에 들어가기가 어렵다! 그 어려운 정도가 어느 정도냐 하면 약대가 바늘귀로 들어가는 것보다 더 어렵다고 하는 것입니다.

그렇다면 예수님께서는 왜 이런 말씀을 하시게 되었는가 하는 것입니다. 이제 오늘 본문 말씀의 마지막 부분에 보면 "제자들이 듣고 심히 놀라 가로되 그런즉 누가 구원을 얻을 수 있으리이까?"라며 예수님을 향하여 깜짝 놀란 표정으로 묻고 있는 것을 볼 수 있습니다. 그러자 예수님께서는 "사람으로는 할 수 없으되 하나님으로서는 다 할 수 있느니라"고 말씀하십니다. 그러면 문제는 어디에 있는 것이냐 할 때에 그것은 이 사람이 율법을 다 지키었다고 말하는 거기에서 생각해 보아야 합니다.

우리가 율법을 다 지킬 수 있다고 말할 수 있는 것은 그 이유가 다른 데 있지 않습니다.

그 첫번째 이유는 부자이기 때문입니다. 다시 말하면 부자가 가지는 착각에서 오는 결과입니다. 부자가 가지는 착각이 있습니다. 이러한 현상은 우리 주위에서 흔하게 볼 수 있는 것들입니다. 즉 말하자면 돈이 많다는것과 그 사람의 인격과는 별개의 것임에도 불구하고 가만히 보면 돈이 좀 있고 보면 인격까지 높아진 것처럼 생각하려드니 그것이 바로 크나큰 착각이란 말입니다. 그런가 하면 가난하다고 하여 인격까지 낮은 것처럼 생각하려고 하는 그것 또한 크게 잘못된 것입니다.

언젠가 경영학 책을 읽어가는 중에 매우 인상 깊고 재미있는 내용을 본 적이 있습니다. 그 내용인즉 회사의 사장님이 자기의 부하직원을 불러놓고 책망할 일이 있을 경우 "이것, 이것 잘못했네. 다시 서류 고쳐가지고 오게"라고 이야기하면 좋은데 그렇게 하지를 않고 "사람이 그러면 못써" 하고 나오면 이야기는 듣는 사람이 없다는 것입니다. 그리고 돌아가면서 무슨 생각을 하느냐 하면 "사장님, 미안합니다마는 돈이 많아서 당신이 그자리에 앉았지 인격이야 내가 낫지?" 하는 생각을 하게 된다는 것입니다. 사실이 그렇습니다. 사장이라고하여 그 인격이 저 문전의 수위보다 나은 것이라고 하는 법이 어디에 있습니까? 그로 인해 한치인들 더 나을 것도 없고 못할 것도 없는 것입니다. 돈과 인격은 어디까지나 별개의 것입니다. 그럼에도 불구하고 돈이 있으면 마치 인격도 높은 것처럼 착각을 일으키게 되는 것입니다.

그리고 또 한 가지, 더욱 무서운 것은 종교적 차원에서 볼 때 돈이 있음으로 스스로를 마치 의인인 것처럼 생각하는 것입니다. 그리하여 사업이 잘되고 돈이 잘 벌리어질 때에는 의인 같다가 형편이 꼬여들고 물질적 손해를 보며 막혀돌아 가는 처지가 되면 마치 죄인인 것처럼 생각을 하는 것이란 말입니다. 이러한 현상은 도덕적 문제를 대함에도 마찬가지여서 부유한 자를 대하여는 의인인 것처럼 생각하는가 하면 가난한 자를 향해서는 아예 죄인 취급을 하려드는 것을 봅니다. 이것이 부자가 빠지기 쉬운 함정인 것입니다.

바로 그 때문에 부자인 여기 이 사람은 "내가 모든 것을 다 지키었사오니 아직도 무엇이 부족하오니이까?"라는 말을 감히 하고 있는 것입니다. 그러나 가난한 사람이라면 절대로 이런 말을 할 수가 없습니다. 하지만 이 사람은 부자이기에 '내가 율법을 다 지킴으로 복 받아서 부자된 것이 아닙니까?' 라는 허튼소리를 이렇게 하고 있는 것입니다. 여기에서 또 한가지 생각할 것은 부유하면 복 받은 것같고 가난하면 저주 받은 것처럼 생각한다는 사실입니다. 그 때문에 일이 잘 되고 부유할 때에는 회개하는 사람이 별로 없지만 일이 잘 안되거나 몸에 병이 들게 되면 그때에는 10년, 20년 전에 지은 죄까지를 다 생각하면서 '죄 때문에 저주 받았는가 보다' 라며 회개를 하는 것입니다.

그런데 왜 이러한 현상이 나타나느냐 하면 그것은 바로 돈이 가져다 주는 유혹과 영향력이 사람을 이렇게 만들고 있는 것입니다. 따라서 여기 이 사람은 부유하고 보니 인격까지 높은 것으로, 의인으로, 그리고 복도 받았다는 생각을 한 것입니다. 그 결과 율법을 다 지켰다고 하는 말을 거침없이 할 수 있었던 것입니다. 그러나 바로 여기에 문제가 있는 것입니다.

　이제 두번째 이유는 율법을 너무 쉽게 생각한 때문입니다. 오늘 본문에 나타난 대로 보면 이 사람이 예수님 앞에서 율법을 두고 이르기를 "모든 것을 내가 지키었사오니 아직도 무엇이 부족하니이까?"라며 그저 쉽게 말을 하고 있습니다마는 예수님께서 하신 마지막 한 마디의 말씀을 좀 더 귀담아 들었더라면 감히 이런 말은 할 수가 없는 것입니다. '살인하지 말라!' 살인하지 않았습니다. '간음하지 말라!' 간음하지 않았습니다. '도적질하지 말라!' 도적질하지 않았습니다. '거짓증거하지 말라!' 생각해 보면 여기에는 좀 문제가 있음직도 합니다. 게다가 "네 이웃을 네 몸과 같이 사랑하라"고 하신 말씀에 이어 "내가 율법을 다 지키었나이다" 하고 나오니 이것이 어디 될법이나 한 이야기입니까? 진정 그가 다 지켰다면 지금 그의 집에는 제대로 남아 있는 물건이 없어야 하는 것이 아니겠습니까? 바로 옆집에는 지금도 가난한 사람이 살고 있는데 네 이웃을 네 몸과 같이 사랑했다면 어찌하여 아직도 네 집 물건들이 창고에 남아 있느냐? 이렇게 하고서도 나에게 율법을 다 지키었다고 말할 수 있느냐? 그렇다면 지켜보라는 뜻에서 이 율법을 들어 말씀하시게 된 것입니다.

　적어도 예수님께서 이 율법을 내어 걸고 말씀하실 때에는 이 사람이 "나는 율법을 지킬 수가 없었습니다" 하는 진실한 고백과 회개가 있어야 했으며 또한 예수님께서는 그것을 기대하셨던 것입니다. 그리고 보면 추측컨대 예수님께서 율법들을 지키라고 하실 때에 이 사람이 대답하기를 "주여 어찌 율법을 지킬 수가 있겠습니까? 율법은 지킬 사람도 없거니와 더욱이 저로서는 도저히 지킬 수가 없습니다. 율법을 지킴으로 구원을 받으라고 하신다면 어떻게 저가 구원을 받을 수 있겠습니까?" 하고 말했더라면 아마도 예수님께서는 "아들아 착하도다" 하시고 또 "나를 믿으라!" 하시고는 만족해하셨을 것 같습니다. 그러나 이 사람이 건방지게도 모든 것을 다 지켰다고 함으로 어디 정말 지켰는지 안 지켰는지를 보자시는 뜻에서 네 소유를 팔아 가난한 자들에게 주라고 하신 것으로 생각됩니다.

그런데 오늘 본문의 내용이 갖는 문제는 부요하다고 하는 이 문제가 어떤 성격을 가지고 있느냐 하는 것입니다. 본문 속의 이 사람은 소극적인 면에서는 율법을 지켰습니다마는 적극적인 면에서는 율법을 지키지 못했습니다. 그럼에도 불구하고 이 사람이 지킨 것처럼 생각한다는 것은 부요하기 때문인 것입니다.

우리는 흔히 생각하기를 가난한 자에게는 시험이 많고 부요한 자에게는 시험이 없는 것처럼 생각하기가 쉽습니다마는 사실은 그렇지가 않습니다. 부자가 못되어 보아서 그렇지 사실은 부자에게 더 많은 시험이 있고 걱정거리도 더욱 많은 것입니다. 그 때문에 저녁 예배에 참석하는 문제에 있어서도 가난한 사람들이야 방문이든 대문이든 다 열어 놓고 다닌들 무슨 걱정이 되겠습니까마는 부자들이야 어디 그렇더냔 말입니다. 그저 잠시라도 지키지 않으면 누군가가 와서 이것들을 다 가져갈 것만 같은 불안함 때문에 예배에도 나올 수가 없더라는 것입니다.

이와 같이 부요할 때에 시험이 더욱 많다는 것은 부요할수록 시험이 많고, 시험이 많을수록 그 만큼 하늘나라에 들어가기가 어려워진다는 말입니다. 바로 이 때문에 그 옛날 솔로몬은 "나로 가난하게도 마옵시고 부하게도 마옵시고"(잠 30:8)라는 참으로 지혜로운 기도를 드렸던 것입니다. 부유해짐으로 교만해서도 아니되겠고 그렇다고 가난하여 도둑질을 해서도 아니되겠으니 그저 언제나 필요한 정도에서 적당한 것이 좋은 것이란 말입니다.

그런데 이 시험이 "어느 편에 더 많으냐?" 둘 중에 하나를 말하라고 한다면 그것은 부유한 편에 시험이 더 많다고 하는 것입니다. 다시 말하면 부유한 사람이 신령한 생활을 함과 하나님의 나라에 들어가기가 더 어렵다고 하는 말이 됩니다. 이는 매우 상식적이고도 참으로 쉬운 이야기가 아닐 수 없습니다. 그리고 또 한 가지 생각할 것은, 가난은 두려워할 줄 알면서도 부요함은 두려워할 줄을 모른다고 하는 것입니다. 그래서 가난에 처할 지경이 되면 여러 모양의 걱정을 하지만 부자가 된다고 하면 그로 인하여 걱정하는 사람을 찾아 볼 수가 없습니다. 예를 들어 주택복권에 1등으로 당첨이 되었다면 본인은 물론 주위 사람들도 하나같이 "그 참 경사났다"며 좋다고들 하지만 "이제 복권이 당첨 되었으니 큰일 났구나!" 하고 염려하는 소리를 들어볼 수 있더냐는 것입니다. 그러나, 그것은 분명 큰 시험이요, 이제 그 집에는 망조가 든 것임을 알아야 합니다. 왜냐하면 이제부터는 놀고 먹기 인생이 되었으니 사람을 버린 것이란 말입니다. 그 어떤 돈도 땀 흘려 벌어들이지 않은 것은 나의 돈이 아니며, 결코 나의 가문을 평안하게 하지를 못합니다. 그런데 이와 같이 많은 공짜 돈이 생겼음에도 "이것 큰일났구나!" 하며 걱정할 줄을 모르니 그것이 바로 시험인 것입니다. 그러므로 진작 우리가 두려워해야 하는 것은 부요함이며, 그럼에도 우리는 이 사실을 소홀히 하고 있는 것입니다.

다음 또 하나의 사실은 이 부요함이 사람을 교만하게 만들 뿐만 아니라 이기적인 인간을 만든다는 것입니다. 그 때문에 오히려 가난한 사람이 인심을 잘 쓰는 것에 비해 부자는 그렇지를 못하고, 심지어는 자신이 먹는 것까지도 바들바들 떨면서 아까워 하는 모습들을 볼 수 있습니다. 이는 오로지 재산이 늘어가는 재미 때문인데 그러자니 이웃은 물론 친척, 심지어는 부모나 자식까지도 알아보지 못하는 상태에서 완전히 재산에만 매이고 마는 것입니다.

그러나 보다 중요한 문제는 돈이 만능이라고 생각할 때에 문제가 있다는 것입니다. 물론 돈이 어떠한 일들을 가능케 합니다. 그래서 이것으로 물건을 살 수도 있고 가고 올 수도 있으며, 이런 저러한 일들을 상당히 해내는 것을 볼 수 있습니다. 하지만 돈이 다는 아니며, 돈이 할 수 있는 일은 제한되어 있습니다. 그러기에 아무리 많은 돈으로도 죽을 사람을 살릴 수가 없으며, 못하는 공부를 잘하게 만들 수도 없거니와, 잘못된 인간을 바로잡지 못하는 것입니다. 더욱이 신앙문제에 있어서는 더 말할 나위가 없는 것이고 보면 부자가 천국에 들어가기가 어렵다는 것입니다.

그 증거로 쉬운 예를 들자면, 십일조를 두고 생각을 해보아도 그렇습니다. 이제 천원을 벌어서 백원을 바치는 것은 쉽습니다. 그리고 만원에서 천원, 십만원에서 만원 바치는 것까지는 그런대로 쉽습니다. 그러나 백만원에서 십만원하면 좀 많은데 하게 되고 천만원에서 백만원하게 되면 이것은 정말 힘이 드는데 어떻게 좀 감하면 안되나 하는 생각을 하게 됩니다. 그런가 하면 이제 일억을 벌은 중에서 천만원을 내야할 경우가 되면 여기에서는 대체로 못 바치고 마는 것을 보게 됩니다. 이와 같이 십일조를 드리는 일 하나를 두고 보아도 부자가 가난한 자보다 더 어렵다는 것입니다. 마찬가지로 진실하기도, 겸손하기도 부자가 더 어려운 것입니다. 따라서 영생의 문제, 의와 진리의 문제에 대해서는 더 더욱 둔감해지고 등한해지게 마련인 것입니다. 그래서 부자가 천국에 들어가기가 어렵다고 하는 것입니다.

여기에서 생각할 것은 어렵다는 것과 불가능하다는 것은 다르다고 하는 점입니다. 우리가 잘 아는 부자와 나사로의 비유에서 보면 부자가 천국에 들어갈 수 없었던 것은 부하다고 하는 그 자체 때문에 자동적으로 지옥을 갔다는 이야기가 아닙니다. 그는 가난한 자를 멸시했기 때문에 천국에 들어가지 못했습니다.

여러분, 진정한 부란 무엇을 말하는 것이겠습니까?

생의 영광은 소유에 있는 것이 아니라 베푸는 데에 있는 것입니다. 따라서 부자가 쓰는 것만큼 부자인 것이지 손에 든 것만 가지고 부자가 되는 것은 아닙니다. 다른 사람에게 얼마를 주었는가? 그리고 특별히 중요한 것은 자유하게 주어야 한다는 것입니다. 마지 못하여 억지로 준 것은 베푼 것이 아니라 빼앗긴 것입니다. 그러므로 베푸는 것, 다시 말하면 주는 것과 빼앗기는 것은 같은 것이 아닙니다.

　여기에서 우리는 자유한 만큼 부자라는 개념을 분명하게 이해해야 합니다. 이는 곧 내가 얼마를 남에게 주었다면 준 그것만큼, 혹은 하나님의 일을 위하여 얼마든 바쳤다면 결국은 바친 그것만큼만의 부자라는 이야기입니다. 그 때문에 교인들이 부자라하여 곧 교회가 부자인 것은 아닙니다. 어디까지나 헌금낸 것만큼만의 부자일 뿐 교인들이 집에 가지고 있는 돈이 아무리 많은들 그것이 교회와 무슨 상관이 있는 것이겠습니까? 오히려 하나님의 나라에 들어가는데 장애물이 되고 많은 문제만 낳게 합니다. 그러고 보면 진정한 의미에서 돈이라고 하는 물량 자체와 부와는 무관한 것임을 알아야 합니다.

　그러면 이제 부자가 하늘 나라에 들어가기가 왜 그렇게 어려우며, 그리고 얼마나 어려운 것인가 하는 문제를 생각해 봅니다. 오늘 본문 말씀에 의하면 그 어렵기가 약대가 바늘귀로 들어가는 것보다 더 어렵다고 하였습니다. 이는 인간으로서는 불가능하지만 하나님께는 가능하다는 것이며, 바꾸어 말하면 '사람이 겸손하기가 어렵다. 그래서 가난하여도 겸손하기가 어렵고, 더욱이 부하고 겸손하기는 더 어렵다' 고 하는 말입니다. 사실이 그렇습니다. 가난하고 겸손해지기는 그런대로 쉽습니다. 그러나 부유하고 존경받는 사람으로서 스스로 낮추어 겸손해지기란 참으로 어려운일입니다. 만약 그렇게 할 수 있는 사람이 있다면 그야말로 그는 존경받을 만한 훌륭한 위인이라 하겠습니다. 이와 같이 돈이 많으면서도 아주 없는 자처럼, 그리고 신분이 높으면서도 낮은 자들과 친교하며 같은 서민으로 생활할 수 있다는 것이 얼마나 어려운 것인가 하는 점을 우리가 생각해야 합니다.

　오늘 본문 속에서 이야기하고 있는 약대가 바늘귀로 들어가는 것이 어렵다고 하는 말에 대해서는 그 해석하는 바가 따로이 있습니다. 그런데 먼저 이상한 것은 우리는 '바늘구멍' 혹은 '바늘귀' 라고 하는 것에 비해

서양 사람들은 '어 니들스 아이'(a needle's eye) 곧 바늘귀로 표현하고 있으며 헬라 원문의 '트루페마토스'는 구멍이라는 말입니다. 이렇게 '바늘눈' '바늘귀'라는 두 표현을 놓고 보면 우리 말인 바늘귀가 보다 정확하고 과학적이라는 생각인데 그것은 뚫렸으므로 귀지 눈은 아니기 때문입니다.

아무튼 여기 이 바늘귀, 바늘구멍이라는 말은 그 크기가 얼마나 작은 것인가를 뜻하는 말입니다. 바늘귀란 그 구멍이 너무 작기 때문에 우리가 실을 낄 때에도 그냥 끼우지를 못하여 손 끝으로 부벼서는 되도록 그 끝을 가늘고 뾰족하게 만듦으로 끼우게 됩니다. 그런데 바로 천국에 들어가는 것이 그와 같다고 하는 말입니다.

여기 이 바늘귀에 대한 해석에는 이러한 해석이 있습니다. 그것은 이제 하나의 성에 큰 성문이 있어서 아침이 되면 열었다가 필요한 활동이 끝나는 어느 시간이 되면 닫아버리는 것입니다. 그렇게 되면 먼 길을 오느라 늦어진 사람들이나 어쩌다 시간을 놓친 사람들은 성 안으로 들어갈 수가 없게 됩니다. 이런 경우를 위하여 그 옆에 조그마한, 그야말로 비상구인 작은 문을 만들어 놓았습니다. 그런데 이 문은 사람이 고개를 숙이고 들어와야 할 정도의 낮고 작은 문이어서 낙타를 들여 놓으려고 할 때에는 낙타의 등에 실린 짐을 다 내려놓은 후에 그리고 낙타의 무릎을 꿇게 하여 끌어당겨야만 하는 것입니다. 이때에 그 끌어당기기가 그렇게도 힘이 든다는 것인데 바로 그러한 장면을 말한다고 합니다. 그러나 반드시 그런 것이라고만 볼 수 없는 것은 그래도 그것은 결국은 가능한 일이기 때문입니다. 오늘 본문에 의하면 예수님의 말씀을 들은 제자들이 사람으로서는 그것이 불가능한 것으로 반문하고 있으며, 이에 답하시는 예수님께서는 하나님으로서는 할 수 있다고, 다시 말하면 하나님만 할 수 있다고 하신 것으로 보아 그 해석이 옳다고 생각되지는 않습니다.

아무튼 이 말씀의 의미는 우리가 그 모든 짐을 다 내려놓고 아주 바늘귀로 들어가야 할 만큼 작아져야 한다는 것이며, 그렇게 될 때에 비로소 소통과할 수 있다는 말입니다. 이 세상에는 물질로 부유한 사람들이 많이 있습니다. 그러나 문제는 마음으로 부유한 사람이 더욱 문제입니다. 가만히 보면 물질은 부유하면서도 마음이 가난한 사람들이 많이 있습니다. 디모데전서 6장 9~10절 말씀에 보면 부하려는 마음이 문제가 되고 시험이 되며 돈을 사랑함이 일만 악의 뿌리가 된다고 하였습니다. 사람이 돈을 사랑하게 될 때에 마음이 부유하게 됩니다. 돈이 기회이라면 부는 위기입니다. 이는 부유하게 되는 만큼 점점 더 위험한 기회 속으로 들어간다는 말입니다. 그러므로 우리는 마음이 부유해지지 않도록 더욱 더 겸손하고 온유해지기 위해 힘써야 한다는 말입니다.

　그런데 중요한 것은 오늘 본문 말씀에 나타난 대로 보면 영생을 위하여 깊은 관심을 가져야 한다는 것입니다. 여기 이 사람은 영생을 얻는 문제로 이 자리에 나왔으나 "네 소유를 팔아 가난한 자들을 주라"는 말을 듣고는 근심하며 갔다고 하는 것입니다. 이 얼마나 어리석은, 그야말로 멍청한 사람입니까? 저라면 "그렇게 하면 되는 것입니까?" 하고 한 마디 물어보겠습니다. 그리고는 "되고 말고" 하시면은 다 팔아 나누어주고 오면 될 것이 아니겠습니까? 그런데 이 사람은 근심하며 돌아갔으니 그 하는것으로 보아 영생을 얻을 자격이 없는 사람인 것입니다.

　이는 영생을 최우선으로 생각하지 못하고 있다는 말입니다. 이 사람에게는 영생을 얻기 위해서라면 가난하여도 좋고, 병들어도 좋으며 그 외의 어떠한 희생이라도 지불하겠다는 각오가 서 있지를 않은 것입니다. 이러한 사람은 영생을 얻을 자격이 없는 사람입니다. 아직도 내려놓아야 할 짐이 많고 벗어버려야 할 것들이 너무 많습니다. 지금 이 사람이 가진 근심은 참으로 쓸데없는 근심이었습니다. 마가복음 10장 29~30절에 기록된말씀을 보면 "내가 진실로 너희에게 이르노니 나와 및 복음을 위하여 집이나 형제나 자매나 어미나 아비나 자식이나 전토를 버린 자는 금세에 있어 집과 형제와 자매와 모친과 자식과 전토를 백배나 받되 핍박을 겸하여받고 내세에 영생을 받지 못할 자가 없느니라"고 하였습니다. 그러니까 그 마음에서부터 가치와 소유권을 다 부정해 버리고 나면 오히려 그로 인해 부자도 되고 영생도 얻게 되는 것입니다. 그런데도 이 사람은 쓸데없는 걱정을 하며 돌아간 것입니다. "네 소유를 팔아 가난한 자들을 주라"는 말에 그 자리에서 포기하게된 것이란 말입니다. 이는 참으로 불쌍한 사람이 아닐 수 없습니다. 진정 영생을 원하는 것이라면 모든 소유권을 버린 청지기로 돌아가 하나님의 나라를 긍정할 수 있어야 합니다. 이렇게 하여 마음으로부터 가난하여질 때에 "심령이 가난한 자는 복이 있나니 천국이 저희 것임이요" 하는 약속된 축복을 받을 수 있는 것입니다.

이제 우리는 가진 바의 모든 소유권을 깨끗이 포기하여야 합니다. 그리하여 바늘귀로 들어갈 수 있을 정도의 작고 겸손한 마음이 되어져야 합니다. 그런가 하면 선한 일, 하나님의 나라를 위한 일로 부자가 되어야 할 것입니다. 이제 "부자가 천국에 들어가기가 어려우니라!"고 하신 주님의 말씀이 결코 내게 있어서는 걸림돌이 되지 않기를 바랍니다. 비록 내게 아무리 많은 돈이 있다 하더라도 그것은 나의 소유가 아니기에 나는 부자가 아닙니다. 따라서 주님의 이 말씀이 나에게는 조금도 걸리는 바가 없으며 "예" 하고 그대로 하나님의 나라를 받아들이고 영생을 받아들일 수 있는 그러한 하나님의 사람들이 되어야 할 것입니다.

무화과나무의 비유

　그들을 떠나 성밖으로 베다니에 가서 거기서 유하시니라 이른 아침에 성으로 들어오실 때에 시장하신지라 길가에서 한 무화과나무를 보시고 그리로 가사 잎사귀밖에 아무것도 얻지 못하시고 나무에게 이르시되 이제부터 영원토록 네게 열매가 맺지 못하리라 하시니 무화과나무가 곧 마른지라 제자들이 보고 이상히 여겨 가로되 무화과나무가 어찌하여 곧 말랐나이까 예수께서 대답하여 가라사대 내가 진실로 너희에게 이르노니 만일 너희가 믿음이 있고 의심치 아니하면 이 무화과나무에게 된 이런 일만 할 뿐 아니라 이 산더러 들려 바다에 던지우라 하여도 될 것이요 너희가 기도할 때에 무엇이든지 믿고 구하는 것은 다 받으리라 하시니라.
　　　　　　(마태복음 21 : 17~22)

무화과나무의 비유

오늘 본문에 나타난 무화과나무의 비유는 한 마디로 말하여 이적으로 나타난 사건적 비유입니다. 예수님의 비유에는 직접 어떤 사건을 예를 들어서 말씀하신 비유도 있지마는 오늘 본문에 나타난 것은 예수님께서 친히 사건을 만드시면서 말씀하신 비유입니다. 다시 말하면 씨 뿌리는 비유나 가라지 비유같이 누구나 볼 수 있는 것, 그리고 이미 있는 것, 혹은 선한 사마리아인의 이야기와 같이 이미 있었던 일, 또한 그물 비유를 말씀하실 때처럼 지금 현재 눈 앞에 보이는 사건을 비유로 말씀하시는 것이었습니다.

그러나 오늘 본문에 나타난 것은 이미 있었던 것을 비유로 말씀하신 것이 아니라 예수님 자신이 직접 행동으로 사건을 만드시면서 그것을 비유로 말씀하고 계시는 것입니다. 그러한 의미에서 본 비유는 대단히 중요한 의미를 지니게 됩니다. 그러한 만큼 일반적으로 오늘 본문 말씀을 난해한 구절이라고 말합니다.

그 결과 몇 가지의 의문을 낳게 하는데 그 하나가 지금 예수님께서는 심판을 하고 계신다는 점입니다. 예수님은 사랑의 예수님이십니다. 지금까지 용서와 화해와 사랑과 희생의 예수님으로만 알고 있었는데 오늘 본문에서는 돌연 전혀 다른 모습으로 나타나시어 매우 무자비하게 심판을 하신다는 것입니다. 이것은 지금까지 받았던 예수님에 대한 인상과는 전혀 다른 모습인 것입니다. 바꾸어 말하면 사랑의 예수님께서 어쩌면 이렇게도 무자비하신 분이 될 수 있을까 하는 의아심으로 제자들도 그러했지만 오늘 우리들도 이 본문을 대하면서 당황하게 되는 것입니다.

다음 또 하나의 의문은 자연을 저주하고 계신다는 점입니다. 자연은 죄가 없습니다. 지금 예수님께서는 무화과나무를 향해 열매가 없음을 책망하고 계시는데 사실을 따져 말한다면 나무에 열매가 없는 것은 농부가 잘못한 때문이지 무화과나무가 잘못한 것은 아니지 않습니까? 그럼에도 지금 예수님께서는 무화과나무를 저주하고 계시니 그것이 납득이 가지를 않습니다. 합리적으로 따지자면 주인이나 농부를 책망할 것이지 어떻게 무화과나무 자체를 나무랄 수 있는 일이겠습니까? 어디까지나 자연 그대로는 중립인 것입니다. 다만 악한 사람이 악하게 사용하면 악해지고 선한 사람이 선하게 사용하면 선해질 뿐 그 자체는 선도 악도 아닌 것입니다. 따라서 자연으로서는 심판을 받아야 할 아무런 책임이 없는 것입니다. 그런데 지금 예수님께서는 사람을 심판하고 계시는 것이 아니라 자연을 심판하고 계시는 것이란 말입니다. 여기에서 또 한번 의문의 요소를 가지게 됩니다.

그리고 또 하나의 의문점은 예수님답지 못하다고 하는 점입니다.

이는 심리적인 문제로서 베다니에 가시어 유숙하시던 예수님께서 무슨 일로 이렇게 이른 아침에 떠나셨는지 알 수가 없습니다. 웬만하면 베다니에는 예수님을 극진히 대접하는 마르다와 마리아가 있는 곳인지라 저들에게 미리 말씀하시어 내일 아침에는 새벽에 식사를 할 수 있게 해 달라는 부탁을 하실 수도 있었겠고, 아무러면 예수님을 그냥 이렇게 보낼 저들이 아닙니다. 그리고 보면 아마도 예수님께서는 그저 가만히 계시다가 느닷없이 새벽에 일어나셔서는 "가자"고 하셨던 것 같습니다. 아무튼 이 시간의 예수님께서는 전혀 잡수신 바가 없이 시장하신 중에 예루살렘을 향하여 걸어가고 계시는 것입니다. 이 장면을 두고 생각해 본다면 다른 사람이 아닌 예수님 자신이 몹시 배가 고프셨다고 하는 사실입니다. 그리하여 길 가에 보이는 한 그루의 무화과나무를 보시고는 거기에 무슨 먹을만한 열매가 있나 하여 가보았으나 얻지 못하시자 "이제부터 영원토록 네게 열매가 맺지 못하리라"는 무서운 저주를 하시는 것입니다.

여러분, 이 일은 아무리 생각을 해 보아도 예수님답지 못하다는 결론을 내리게 합니다. 혹시 남을 위해서라면 또 모르겠으나 내 배가 고픈 것 때문에 나무를 저주하면 어쩌자는 것입니까? 마태복음 4장에 의하면 예수님께서는 40일 동안이나 금식하며 기도하신 이후의 배고픈 상태에서도 돌들로 떡을 만들어 먹으라는 마귀의 시험을 받으시자 "사람이 떡으로만 살것이 아니요 하나님의 입으로 나오는 모든 말씀으로 살 것이니라"며 단호하게 말씀하시는 것을 볼 수 있습니다. 그러시던 예수님께서 아무려면 자신이 배가 고프다고 하여 무화과나무를 저주하시는 것이란 말입니까? 이는 실로 극단적인 이기주의가 아닐 수 없으며, 전적으로 예수님답지 못하신 처사입니다. 자신을 위해서는 그토록 시장하신 중에서도 떡 한개를 만들어 잡수시는 기적을 베풀지 않으시는 분이 어찌하여 오늘 여기에 와서는 무화과나무를 저주하시느냔 말입니다. 그것도 이제부터 영원토록 맺지 못하리라는 너무나도 가혹한 말씀으로 말입니다. 영어로 표현된 속담에 보면 "헝거 이즈 앵거(hunger is anger)" 즉 "배고픈 자는 분노자이다"라는 말이 있습니다. 우리가 아는 대로 배가 고프면 슬퍼지는가 하면, 반항하게 되고 그리고 분노하게 된다는 것은 일반적인 이야기입니다. 그러나 예수님께서야 어떻게 그런 이유에서 분노하실 수가 있는 것이었겠는가 하는 점입니다.

다음 또 하나의 의문은 같은 내용을 기록한 마가복음 11장 13절 말씀에 의하면 무화과의 때가 아니라고 하였습니다. 그렇다면 더더욱 열매가 없다고 나무랄 것이 못되지 않습니까? 마가는 여기에서 직설적인 한 마디로 표현을 하였습니다마는 한번 더 생각할 필요가 있는 내용의 말입니다.

이스라엘 나라의 무화과나무는 엄격히 따지면 1년에 두번 열매를 맺습니다. 그 한번은 4월이 되면 갓 겨울을 난 낡은 가지에서 작고 시원치 않은 열매가 맺히는 것이며, 또 한번은 6월에 싹이 나기 시작하여 9월이 되면 완숙해지는 무화과입니다. 그러니까 가을에 완전한 제맛을 내는 본격적인 무화과를 기준하고 보면 "무화과의 때" 곧 제철이 아니라고 말할 수도 있는 것입니다. 그러나 제대로 익지도 않고, 제맛을 내지도 않는 그저 푸르고 볼품없는 열매가 4월이 되면 한번 맺힌다고 합니다. 그런데 이상한 것은 4월에 그런 것마저 맺혀지지 아니하면 가을에도 열매가 없다는 것입니다. 그러니까 지금 예수님께서는 잘 익은 열매를 구하신 것이 아니라 아주 시원치 않은 열매를 구하셨으나 그것마저 없음을 보시고는 섭섭하게 여기셨고, 나아가서는 이 나무를 저주하시게 됩니다.

우리는 이 본문을 이해하기 위하여 적어도 다음 몇 가지 점을 생각하여야 합니다.

그 하나는 이 일이 예수님께서 행하신 일 중 최후 마지막 일주일 동안에 되어진 일 중의 하나라고 하는 것입니다. 다시 말하면 예수님께서 완전한 권세와 완전한 계시를 행사하시는 기간에 이루어진 사건입니다. 예수님께서 많은 병자를 고치셨습니다. 그러나 그것은 완전한 계시로 볼 수는 없습니다. 예수님은 의사만이 아닙니다. 또한 5천명을 먹이셨다고 하여 거기에 예수님의 모습이 다 나타난 것은 아니라고 생각합니다. 예수님은 왕이요 제사장이며 선지자입니다. 가르치기도 하셨고, 이적도 행하셨으며 마지막에는 십자가에 돌아가시기도 합니다.

이렇게 보면 그 동안에 가르치시고 이적을 행하며 많은 놀라운 일을 해왔으나 마지막 일주일 동안의 사건에서 십자가를 지심으로 제사장되심이 드러났으며, 그리고 심판을 행하심으로 비로소 왕권을 행사하고 계시는 것입니다. 이와 같이 왕권에 대한 계시가 마지막 일주일 동안에 나타나고 있습니다. 그래서 예루살렘을 향하여 말씀하셨는가 하면, 불신앙의 사람들, 특별히 외식하는 바리새인들과 서기관들을 향하여 "화 있을진저!"라며 가차없는 심판의 말씀을 하시게 됩니다. 이러한 저들의 전부가 심판주 되시는 그리스도의 모습을 온전히 계시해 주는 장면들인 것입니다. 그러므로 우리는 본문에 나타난 이 사건이 예수님에 대한 온전한 자기 계시의 기간에 일어난 것임을 전제함으로 그 의미를 이해할 수가 있습니다.

다음에 생각할 것은 이 사건이 있기 직전 그러니까 바로 하루 전에 있었던 예루살렘 성전을 깨끗케 하신 일과 연결지워 봄으로 보다 가까이 이해할 수 있습니다. 예수님께서는 예루살렘 성전에서 치워져야 할 더러운 것들을 다 몰아내신 다음 성 밖의 베다니로 가시어 하루밤을 쉬신 후 이른 아침 다시 예루살렘을 향하여 올라가고 계시는 것입니다.

우리들이 잘 아는대로 길을 갈 때면 언제나 마음은 그 종착지에 대한 생각으로 채워지게 마련입니다. 그 때문에, 예를 들어, 내가 지금 교회로 간다고 하면 내 몸은 아직 여기 길에서 걷고 있지만 마음은 벌써 교회에 가 있어서 오늘은 무슨 말씀을 듣게 될 것인가? 그리고 누구를 만나게 될 것인가 하는 것 등, 완전히 교회 안에서 이루어질 일들을 생각하게 되는 것이란 말입니다.

마찬가지로 예루살렘 성전을 향해 걸어가고 계시는 예수님의 마음 역시 이미 예루살렘 성전에 가 있습니다. 예수님께서는 바로 하루 전날인 어제 예루살렘 성전을 매우 분노하신 가운데 "내 집은 기도하는 집이라 일컬음을 받으리라 하였거늘 너희는 강도의 굴혈을 만드는도다" 하시면서 채찍으로 마구 내어 몰다시피하여 깨끗이 해 놓았습니다. 이제 그렇게 하신 예수님께서 다시 예루살렘 성전으로 들어간다면 그렇찮아도 분해하던 대제사장들과 서기관들이 나와서는 무슨 권세로 이와 같은 일을 하느냐며 질문을 하고 나올 것이란 말입니다. 이러한 질문과 가증스러운 장면들을 미리 생각하고 가시는 중에 무화과나무를 만나게 된 것이며, 그리고 이를 저주하게 됩니다. 따라서 이러한 상황을 잘 생각하고 보면 누구를 향해 이 일을 행하셨는가를 알 수 있습니다.

지금 예수님께서는 예루살렘 성전으로 올라가시는 도중에 계시면서 성전 안에서 될 일을 생각하고 계십니다. 그리하여 그 제사드리는 모습과 제사장들의 가증스러운 위선의 자태를 그려보는 것입니다.

역사가 요세푸스(Josephus)의 기록에 의하며 18만 6천마리나 되는 많은 양을 잡아 제사를 드렸다는 것이며 그 피가 강과 같이 흘렀다는 것은 결코 가장된 말이 아닙니다. 다른 어떤 기록에는 25만 마리를 잡았다고도하니 말입니다. 아무튼 피는 강같이 흐르고 연기는 계속하여 하늘로 올라가는 이 장엄한 제사를 예수님께서는 먼저 생각하고 계시는 것입니다. 거짓되고 가증된, 그래서 더는 필요가 없는 제사! 그리고 무게 있는 예복을 입은 제사장들의 거드름과 그 위선적인 모습들을 생각하면서 분노하고 계시는 것입니다. 간단히 말하면 마음에서부터 벌써 그들을 심판하고 계시는 것이란 말입니다.

그러므로 오늘 본문에 나타난 말씀은 비유적 사건이며, 따라서 이 사건속에 말씀이 있음을 알고, 그 뜻을 분명히 알 수 있어야 합니다.

이를 위해 우리가 알아야 할 바의 첫째는 무화과나무에는 열매가 있어야 한다는 것입니다. 그럼에도 지금 이 무화과나무에는 열매가 없습니다. 다시 말하면 목적에 따르는 그 결과가 없더란 말입니다. 이 무화과나무는 그 크기가 보통 15피트에서 20피트까지 자란다고 합니다. 그런데 나무의 모양을 보노라면 높이 커가기 보다는 옆으로 가지가 퍼지면서 손가락 모양의 넓은 잎이 꽉차게 그늘을 이루는 것을 볼 수 있습니다. 이 무화과나무는 관상수도 아니요 재목으로 쓸 수 있는 나무도 아닙니다. 다만 열매인 무화과만을 필요로 하는 나무입니다. 그런데 그 열매가 없습니다. 그렇다면 그 나무는 무용지물이 아닐 수 없습니다. 오직 열매만을 위하여 존재하는 나무에 열매가 없다면 그것은 필요가 없는 것이란 말입니다. 그런가 하면 필요없는 존재는 재앙을 초래합니다. 바꾸어 말하면 필요없는 존재를 가려내어 처분하는 것이 재앙이라는 것입니다.

여러분, 우리 주위의 사건들을 한번 살펴보십시오. 이 사건들이 무엇을 말하고 있는가를 말입니다. 열매가 없는 무화과는 존재 가치가 없는 것입니다. 그 때문에 오늘 이와 같은 재앙을 불러일으켜 심판을 받게된 것입니다.

또한 두번째로 생각할 것은 이 무화과나무는 많은 실망을 주고 있다는 사실입니다. 열매가 없을 것이면 차라리 잎도 없었더라면 좋았을 것을 그렇지가 않았다고 하는 여기에 문제가 있습니다. 아예 잎이 없었더라면 가까이 가지도 않았을 것을 멀리서 보아도 잎이 무성한 나무인지라 꼭 열매가 있을 같아 가까이 가 보았는데 열매라고는 아무것도 없습니다. 열매 대신 실망을 주고 있는 것입니다. 이스라엘 사람들은 인심이 좋은 편이어서 길 가에다 무화과나무를 심어 놓고 그 열매가 맺히면 가지고 가지 않는 한 누구나 그 열매를 따 먹을 수 있도록 허락되어 있습니다. 그리하여 오고 가는 사람들이 이것을 먹음으로 시장기를 끌 수 있게 한 것입니다

그런데 정말 배가 고픈 처지에서 잎이 무성한 무화과나무를 발견하고는 반가워하며 단 한개라도 따 먹고 시장기를 끄겠다는 마음으로 가까이 가 보았더니 아무것도 얻을 수가 없습니다. 일이 이렇게 되면 배는 더 고파집니다. 그럴 바에는 차라리 잎사귀마저도 없을 것이지 그것이 있음으로 이렇게 실망을 시키는 것이란 말입니다. 이럴 때에는 분노가 있을 수밖에 없는 것입니다. 비유컨대 가뭄에 비 없는 구름과도 같은 것입니다. 긴 가뭄에 비를 기다리는 중, 멀리 보이는 검은 구름을 보고는 비가 올려나 하고 좋아했는데 흐리기만 하고 싹 지나간다면 그야말로 사람 미치게 하는 것이 아니겠습니까? 또한 목마른 사람에게 쓸모없는 우물, 물 안나오는 수도꼭지, 전기 없는 전등 등 바로 이러한 것들을 말하는 것입니다.

예루살렘 성전은 저들에게 있어서 유일한 소망이었습니다. 지금 유대사람들은 로마의 지하에서 심한 고생을 하고 있습니다. 정치적으로는

정권을 빼앗긴 속국이요, 경제적인 파탄은 물론 사회적인 무질서와 부도덕함이 만연해 있었습니다. 이렇듯 절망적인 상황 속에서 저들이 가질 수 있는 소망이란 예루살렘 성전 하나밖에 없었던 것입니다. 그리하여 저들은 열심히 예루살렘 성전을 찾았고 거기로부터 무엇인가를 얻고자 하였습니다. 그런데 이와 같이 사회적으로 불안정 할 때면 신앙의 형태도 이상한 모습으로 나타나는 경향이 있는가 하면 사이비 종교같은 이상한 것들이 날뛰게 마련입니다. 그러다보니 사람들의 마음은 위로 받을 데는 없고, 대부분의 사람들은 자신들의 부도덕한 행위를 정당화하기 위하여 보다 열심히 종교예식을 행하였습니다. 따라서 예식은 점점 더 요란하고 거창해지게 마련이었습니다. 아무튼 예루살렘 성전은 저들에게 있어서 유일한 소망이었던 것입니다. 하지만 기대가 큰 만큼 실망 또한 큰 것입니다. 내용이 없는 종교! 영역과 영적 권세가 없는 교회! 이와 같은 성전!종교 예식은 많은 사람들에게 실망을 주었습니다. 마치 길가에 서 있는 무화과나무와도 같이 말입니다.

다음 세번째로 생각할 것은 이것은 예언적 비유라고 하는 점입니다. 그러니까 예수님께서 당한 사건, 하신 말씀, 행하신 행동의 그 모두가 비유적 의미를 가지고 있다는 것입니다. 그렇기 때문에 여기에서 예수님 자신이 배가 고프셨다는 것이나, 무엇인가 찾아서 잡수시려고 애쓰시는 그러한 마음과 자세; 그 형편까지도 모두가 예언적인 비유란 말입니다.

여기에 마치 예레미야서 5장 1절의 "너희는 예루살렘 거리로 빨리 왕래하며 그 넓은 거리에서 찾아보고 알라. 너희가 만일 공의를 행하며 진리를 구하는 자를 한 사람이라도 찾으면 내가 이 성을 사하리라"는 말씀과도 같은 장면을 연상케 하는 바가 있습니다. 너희는 빨리 왕래하며 찾아보라! 마치 배가 고픈 사람이 단 한개의 열매라도 얻고자 무화과나무를 애써 더듬는 것과도 같이 말입니다.

오늘 예수님께서 이렇게 무화과나무를 찾으신 것은 하나님의 사람,

열매있는 사람을 찾는 것과 같은 그러한 의미가 있습니다. 그리고 원하신 바 열매가 없기 때문에 실망하시고 심판하시는 것입니다. 훗날 예루살렘은 예언하신 심판의 말씀 그대로 주후 70년에 완전히 망하게 됩니다. 그러기에 이는 예언적이며, 예루살렘의 멸망과 같은 맥락을 가지고 있습니다.

그리고 네번째로 생각할 것은 여기에는 예표적 의미가 있다고 하는 것입니다. 실제에 있어서는 제사장과 성전 등, 이들 모두가 심판을 받습니다. 그러나 현재적으로는 무화과나무가 대신 심판을 받습니다. 이는 무화과나무가 받는 심판을 보면서 예루살렘이 회개할 것을 바라시는 회개에 대한 촉구의 말씀입니다. 따라서 이 사건은 하나의 상징적 행위입니다. 예수님께서는 어느 경우에서도 제사장을 직접적으로 저주하시지 않았습니다. 왜냐하면 저들에게는 하나님의 이름이 있기 때문입니다. 사실을 따져 말하자면 예수님을 십자가에 못박은 원흉이 다름아닌 대제사장 가야바입니다. 그럼에도 예수님께서는 끝까지 단 한번도 "화 있을진저 제사장들이여!" 하는 말을 하시지 않았습니다. 그러시면서 대신 이 무화과나무를 예표적으로 심판 하였습니다. 다시 말하지만 저들 제사장들 위에는 하나님의 이름이 있기 때문입니다.

그리고 예수님께서는 백성들 앞에서 제사장을 책망하시지 않았습니다. 이는 백성들 앞에서의 책망 뿐 아니라 제자들과 더불어서도 저들에 대한 비난을 하시지 않았다고 하는 이야기입니다. 그러니까 직접으로도 말씀하시지 않았으며, 다른 사람들이나 제자들 앞에서도 제사장을 비난하거나 심판하지 않으셨습니다. 그리고 무화과나무를 저주하셨습니다.

우리는 예수님의 이와 같은 의도를 잘 이해할 수 있어야 합니다. 만일 백성들 앞에서, 그 수천명이 모인 곳에서 "이 제사장들! 이 저주 받을 사람들을 보라!"시며 책망을 하신다면 이는 백성들에게 보다 큰 실망을 하게 하는 일일 뿐만 아니라 하나님의 크신 역사를 위해서는 결코 보탬이 되지 않기 때문입니다. 이것은 마치 가정에서 동생 앞에서 형을 꾸짖거나 아이들 앞에서 남편 혹은 아내를 원망하며 나무라서는 안되는 이치와도 같습니다. 예수님께서는 분명 저들이 믿고 의지하며 따라가고 있는 종교 지도자들, 곧 직접적인 표현을 하자면 제사장들의 그 운명을 지금 심판하고 계십니다마는, 백성들이나 제자들 앞에서 결코 그렇게 하시지 않았습니다.

그 외에 또 한가지 심리적인 이유를 든다면 만약 백성들 앞에서 제사장에 대한 책망과 심판을 말씀하시게 되면 백성들이 우리가 지금 당하고 있는 이 고난과 역경은 우리의 책임이 아니라 제사장의 책임이라고 생각하는 동안에 이미 자기 자신에게 주시는 하나님의 말씀이나 자기의 도덕적, 종교적 책임을 외면하고 등한히 하게 된다는 것입니다. 다시 말하면 백성들이 회개할 것은 그들대로 회개해야 하는 것이지 자신으로 인한 불행을 제사장에게 그 책임을 전가시키는 일이 있어서는 안 되겠기 때문입니다. 그 때문에 예수님께서는 간접적이요 예언적인 심판을 하신 것입니다.

이제 마지막 다섯번째로 생각할 것은 지금 이 시간 예수님께서는 심판주로 역사하고 계신다는 사실입니다. 용서와 사랑의 주님으로서가 아닌 왕권을 행사하시는 분으로 나타나고 있습니다. 그리하여 역사의 주인으로서 제사장들과 성전을 심판하고 계십니다. 오늘 본문에 나타난 바에 의하면 너무나도 가혹한 것 같습니다. 그러나 바로 여기에 깊은 의미가 있습니다. '영원히 열매를 맺지 못하리라!' 이 말씀은 무엇을 뜻하는 말씀이겠습니까?

이는 곧 회개할 기회가 여기에서 끝난다고 하는 말입니다. 이제 며칠 후면 예수님께서는 십자가에 달려 돌아가시게 됩니다. 그렇게 되면 예수님의 십자가로 인하여, 그 순간부터 영원히 회개할 기회를 얻지 못한 채, 영원히 심판을 받게되는 것입니다. 진정 영원히 열매를 맺지 못하는 것이란 말입니다. 그러므로 다시 기회가 있으리라는 안일한 생각을 하여서는 결코 안 됩니다. 저는 개인적으로 볼 때 그쯤 되면 회개할 때가 된 것 같은데도 안하고 못하는 사람들을 많이 봅니다. 그러기에 회개도 은혜를 주셔야할 수 있습니다. 이를 위해 하나님께서 기회를 주시고 은혜를 주시며 믿음을 주시고, 그리고 무엇보다도 용기를 주시는 것입니다. 결코 아무나 회개할 수 있는 것이 아닙니다. 따라서 회개 자체가 은총이요 축복인 것입니다. 그러나 예수님의 단 한 마디의 말씀, "이제부터 영원토록 네게 열매가 맺지 못하리라!" 하시는 것으로 끝이나고 마는 것입니다. 이제는 회개할 수도 없고 열매를 맺을 수도 없습니다. 그 동안 참으로 오랜 세월을 두고 기회를 주어 왔습니다. 그러나 그러한 기회는 예수님께서 이 한마디의 말씀을 하시는 순간에 끝이 나고 맙니다. 이것은 현재적인 심판입니다. 그리고 예수님의 십자가 사건을 중심으로 회개의 기회는 종말적으로 끝이 난다는 것을 의미합니다.

그런데 오늘 본문에 의하면 제자들이 이 장면을 보면서 이상하게 여겼다고 하는 것입니다. 저들은 예수님께서 말씀하시는 그 뜻을 생각하지는 못하고 그저 무화과나무가 즉시 마르는 것만 보면서 이상히 여겼다고 하는 것입니다. 참으로 답답한 제자들이 아닐 수 없습니다. 이에 예수님께서는 부득이 말씀의 방향을 돌리시어 너희가 믿음이 있고 의심치 않는다면 이보다 더 큰 일도 다할 수 있다고 말씀하십니다. 무엇보다도 그 의미를 알아야 합니다. 그리고 나아가서는 그 의미가 나에게 주는 바가 무엇이며 또한 역사 속에 주어지는 그 의미가 무엇인가를 알아야 합니다.

여러분, 믿으면 열매도 맺게 되지만 심판도 이루어집니다. 이는 실로 무서운 말씀입니다. 열매 맺는 믿음! 그것이 더 필요한 것이었음을 이 사건 속에서 말씀하고 있습니다. 누가복음 13장 4, 5절에 기록된 "실로암에서 망대가 무너져 치어 죽은 열여덟 사람이 예루살렘에 거한 모든 사람보다 죄가 더 있는 줄 아느냐? 너희에게 이르노니 아니라 너희도 만일 회개치 아니하면 다 이와 같이 망하리라"는 이 말씀 역시 예언적인 사건이 아니었습니까?

오늘도 우리 앞에는 사건이 있습니다. 원자로가 터지고 비행기가 추락하며 이곳 저곳에서 지진이 납니다. 기근이 있고 한해와 수재가 있으며 화산이 터지고 가스가 폭발 합니다. 아무튼 끊이지 않는 재난으로 하여 많은 죄없는 사람들이 그대로 수천명씩 마구 죽어갑니다. 그런데 이것이 우리와는 상관없는 강 건너의 불인 것입니까? 화산은 유독 그곳에만 터지는 것이며 전쟁은 저 먼 중동에만 있는 것입니까? 아니면 과거에만 있었던 것입니까? 분명한 것은 우리 앞에 이러한 예언적이요, 예표적이며, 말씀적 사건이 계속하여 나타나고 있다는 것입니다.

우리는 바로 내 앞에 보이는 무화과나무가 말라 쓰러지는 것을 봅니다. 이는 그 뿌리에서부터 말랐음을 의미 합니다. 예수님의 말씀 단 한마디에 완전히 말라지고 말았습니다. 우리는 그렇게도 잎이 무성하던 나무가 삽시간에 메마른 고목이 되는 순간을 봅니다. 이 장면을 통하여 무엇을 말씀하고 있는 것이겠습니까? 주님께서는 오늘도 우리에게 열매를 촉구하시면서 진실과 회개를 촉구하고 계시는 것입니다.

이제 우리는 예루살렘으로 올라가시는 예수님께서 그 마음 속에 예루살렘 성전과 제사장들의 모습을 그려보며 한 무화과나무를 향해 말씀하시던 그 사건을 오늘 우리에게 주신 말씀으로 듣고 그 뜻을 깨달을 수 있어야 할 것입니다.

약대와 하루살이

소경된 인도자여 하루살이는 걸러내고 약대는 삼키는도다.
(마태복음 23 : 24)

약대와 하루살이

예수님께서는 예루살렘 성전을 사랑하셨습니다. 비록 헤롯왕이 지은 성전이긴 하지만 이 성전은 하나님께 바쳐진 것이요, 하나님의 이름으로 불리워지는 곳이며, 하나님의 거룩함을 위해, 또한 하나님 앞에 제사를 드리는 곳이기에 예수님께서는 예루살렘 성전을 사랑하셨습니다. 그리고 모름지기 1년에 세번씩은 성전에 올라가시어 하나님의 말씀을 가르치시며 그 일을 즐거워 하셨던 것 같습니다. 뿐만 아니라 이 성전이 더러워졌을 때에는 성전을 깨끗하게 하시는 역사를 이루었습니다.

그런데 예수님께서는 이 성전을 두고 몇 가지의 다른 표현으로 말씀하신 것을 볼 수 있습니다. 즉 예수님께서 열두살 되던 해에 유월절을 맞아 예루살렘에 갔다가 혼자 떨어져 선생들과 더불어 성전에 머물고 있을 때 이를 찾아온 부모를 향해 "내가 내 아버지의 집에 있어야 될 줄을 알지 못하셨나이까?"(눅 3 : 49)라고 대답하심으로 아버지 하나님의 사랑이 충만한 그런 집, 그리고 하나님의 자녀로 그곳을 출입하는 자의 경험을 "내 아버지의 집"이라고 표현하신 바가 있습니다. 그런가하면 더러워진 성전을 깨끗하게 하실 때에는 "기도하는 집"(마 21 : 13)이라고 말씀하셨습니다. 다시 말하자면 하나님과 만나는 집, 하나님을 만나기 위해서 들어가야 하는 집이라는 말입니다. 내 아버지의 집! 기도하는 집! 이 모두가 다 귀한 호칭입니다. 그런데 마태복음 23장 38절에서는 "보라 너희 집이 황폐하여 버린바 되리라"시며 여기에 와서는 "너희 집"이라고 말씀하고 계십니다. 이렇게 되면 이제 이 성전은 그 의미가 없어지는 것이 됩니다.

그 증거로 예수님께서 이렇게 말씀하신지 불과 40년 후인 주후 70년에 예루살렘 성전은 말씀하신 바 대로 "돌하나도 돌위에 남기지 않고"(마 24 : 2) 깨끗이 무너져 2천년의 세월이 흐른 오늘에 이르기까지 재건되지 못한 채 그 터만 남아 있는 것을 볼 수 있습니다. 저가 아는 대로는 이스라엘 사람들이 이 성전을 옛날 그 모습대로 복원해보려고 많은 노력을 하고 있는 것으로 압니다. 아무튼 예수님께서는 "내 아버지의 집" "기도하는 집"이라시며 귀하고 사랑스럽게 여기셨던 그 집을 "너희의 집"이라고 하셨으며, 게다가 그 집이 황폐하여 버린 바되리라는 무서운 선언을 하셨습니다.

그런데 오늘 본문에 나타난 내용은 예수님께서 하신 성전 안에서의 마지막 말씀입니다. 우리는 마태복음 21장 12절에서 성전에 들어가시는 예수님을 볼 수 있습니다. 그리고 21, 22, 23장에서 말씀을 전하시고 24장이 시작됨과 동시에 성전에서 나오시게 됩니다. 그리고는 다시 성전에 들어가시지 않았습니다. 이러한 과정 속에서 23장 맨 마지막 말씀을 "보라 너희 집이 황폐하여 버린 바 되리라"고 하신 그것으로 예루살렘 성전은 그의미가 끝이 나고 맙니다. 참으로 무서운 말씀이 아닐 수 없습니다. 지금예수님께서는 저 앞, 바로 3일 후에 다가올 십자가를 바라보고 계십니다. 그리고 또한 3일만의 부활과 그 이후의 승천을 내다보시며 인류의 심판주로 재림하실 것까지의 전역사를 꿰뚫어 보고 계십니다. 그러니까 십자가와 부활, 승천, 그리고 저 앞의 재림까지를 내다보시며 종말적인 교훈의말씀을 하신 이것이 21장으로부터 이어지는 예수님의 마지막 설교입니다. 그러고 보면 21장 중간에서부터 22, 23장은 성전 안에서 말씀하셨고, 24, 25장은 성전 밖에서 하신 말씀입니다. 따라서 성전 안에서 하신 말씀 중 마지막 말씀이 오늘 본문에 나타난 내용인 것입니다.

그런데 오늘 본문이 포함된 23장은 매우 특징적인 면을 보이고 있는 말씀입니다. 여기에 보면 재림주로서의 마지막 심판과 그 선언이 있습니다. 그래서 "화 있을진저"라는 말씀을 하고 계시는 것입니다. 화 있을진저! 하시는 이 심판은 사실에 있어서 종말적이고도 결정적인 것이었습니다. 물론 역사의 마지막 순간 주님께서 재림하시어 전 인류의 역사를 심판하실 것입니다. 이것을 우리는 종말적 심판이라고 말합니다. 그러나 문제는 거기에만 심판이 있는 것이 아니라 현재에도 심판이 있다고 하는 사실입니다. 이는 마치 재판을 받아 집행유예로 살아가는 것과 같은 것이라 하겠습니다. 아무튼 이와 같이 현재에도 심판을 받아버린 사람들이 있다는 것입니다.

그러므로 오늘 예수님께서 "화 있을진저" 하시는 말씀은 역사를 심판하시는 심판주로서의 무서운 종말론적인 의미를 가지고 있는 참으로 두려운 말씀인 것입니다. 예수님께서 8복(마 5 : 3~10)을 말씀하신 것을 보면 "복이 있나니"라고 하셨습니다. 그런데 여기에서는 "화 있을진저" 즉 바꾸어 말하면 "화가 있나니"라고 말씀하셨습니다. 그렇다면 우리는 이 두 말을 두고 대조해 볼 필요가 있습니다. 이제 "복이 있나니" 하는 말씀은 복에대한 허락이요 축복이며 약속인 반면에 "화 있을진저"라는 말씀은 그와는 정반대의 양상으로 복이 아닌 화가 있을 것이라고 하는 선언입니다.

그 때문에 번역에서는 공동 "화를 입을 것이다"라고 번역하였는가 하면 현대인의 성경에서는 "불행이 닥칠 것이다"라고 표현하고 있습니다. 아무튼 그 내용상의 의미는 "화가 있을지어라"라는 것이며 축복을 정지하고 화를 선언하는 것입니다. 이는 생각해 보면 매우 중요하고도 두려운 선언입니다.

이제 23장을 보노라면 "화 있을진저" 하는 말씀이 일곱번 나오는 것을 볼 수 있습니다. 그리고 마지막 부분의 "너희 집이 황폐하여 버린 바 되리라"는 말씀 역시 "화 있을진저"와 같은 뜻이고 보면 23장 전 장에 걸쳐 "화 있을진저"라는 말씀을 여덟번 하신 것이 됩니다.

그러고 보면 마태복음 5장에서는 여덟 가지의 복을 선언하신 반면에 23장에서는 여덟 가지의 화를 선언하시고 그리고 심판하셨습니다. 이제 이 두 가지의 양상을 대조하여 생각해 보면 참으로 깊은 의미가 있음을 알게됩니다. 이 "화 있을진저"라는 말의 헬라 원어는 '우아이 후민'으로 화가 있으리라고 하는 말입니다. 그런데 이것은 단순한 진노를 말하는 것만이 아닌 매우 슬픈 것을 뜻하는 말입니다. 그러니까 "화가 있을 것이다" 하는 그 말 속에는 굉장한 아픔이 있습니다. 심판을 받는 자로서는 아직은 모르고 있습니다마는 심판을 선언하고, 심판을 해야만 하는 자에게 크나큰 아픔이 있습니다. 이것이 바로 "화 있을진저"라고 하는 말의 뜻이며 단순한 심판이나 단순한 저주가 아닌 매우 큰 아픔과 슬픔을 동시에 말해주고 있는 것입니다. 그러므로 이것은 곧 깊은 사랑의 마음이요 의로운 분노인 것입니다. 하나님의 아픈 마음을 이렇게 표현하고 있는 것이며, 이럴 수밖에 없다고 하는 말입니다.

우리는 여기에서 어거스틴(Augustine)의 유명한 말인 "하나님께서도 못하시는 일이 있으니 그것은 회개하지 않는 죄인을 구원하실 수 없다"고 하는 이야기를 생각해 봅니다. 지금 예수님께서는 끝까지 회개하지 않는 죄인들을 아픈 마음으로 바라보시면서 마치 사형 선고를 하듯이 "화 있을진저"라는 저주를 선언하고 계시는 것입니다.

그러면 왜 이렇게 말씀을 하셔야 하는가 할 때에 그것은 죄의 문제이기 때문입니다. 이제 죄의 문제를 생각해 보면 이 죄가 4중의 죄를 짓고 있는 것을 보게 됩니다. 그 첫째는 죄를 짓는 죄요, 둘째는 죄를 반복하는 죄로서 이것이 분명 나쁜 죄인 줄을 알면서도 다시 반복하여 짓는 죄입니다. 이것이 곧 이중의 죄가 되며 보다 무거운 죄가 되는 것입니다. 그리고 더욱 무거운 죄는 죄를 변명하는 죄입니다. 분명히 죄를 짓고도 죄가 아니라고 변명을 합니다. 그리하여 내가 지은 죄를 변명하기 위한 나머지 멀쩡한 다른 사람을 죄인으로 만들어 버리는 것입니다. 다시 말하면 다른 사람에게 그 책임을 전가시키는 것이란 말입니다.

　잘 아시는 대로 하나님께서 아담에게 왜 선악과를 따 먹었느냐고 물으실 때에 아담의 대답은 하나님께서 내게 주신 여자가 주어서 먹었다며 여자에게 그 책임을 전가시키고, 여자는 또한 뱀이 나를 꾀이므로 내가 먹었다며 그 책임을 뱀에게 돌리려고 합니다. 그러고 보면 이 죄는 그야말로 족보가 있는 뿌리 깊은 죄인 것입니다. 여기에서 좀더 생각을 해 보면 하나님께서 너 그것 왜 따 먹었느냐고 하실 때에 "하나님! 죄송합니다. 제가 그만 따 먹었습니다. 정말 제가 잘못했습니다. 저의 처가 먹은 것도 제가 잘못해서입니다"라고 하였다면 아마도 하나님께서는 "다음부터는 절대로 따 먹지 말아라" 하시고는 새로운 기회를 주셨을 것만 같습니다. 이렇게 좋으신 하나님이신데 그 앞에서 변명을 하겠다며 나오니 문제가 생기는 것입니다. 그래서 죄를 짓는 것만 죄가 아니라 문제는 회개하지 않는 것이 문제이며, 그 위에 더 큰 죄는 변명하는 죄로 그 결과 자기가 지은 죄를 다른 사람에게 전가시킴으로 삼중의 죄를 짓게 되는 것입니다.

　다음 또 하나 사중의 죄가 되는 것이 있으니 그것이 곧 위선의 죄입니다. 이제는 죄를 가리우기 위하여, 죄 아닌 것으로 만들기 위해 하나님의 의에 도전을 합니다. 그래서는 법 자체를 뜯어 고치며 형식으로 내용을 덮으려고 합니다. 자기의 의로 지은 죄를 상쇄하려 듭니다. 하지만 이것은 크게 잘못된 생각입니다. 가령 지금 내가 지은 죄를 다음에 공로를 세워 보충하겠다고 하면 이 얼마나 잘못된 생각이요 처사입니까? 예를 들어 내가 사람을 죽였다고 상상해 보십시다. 그랬다면 내가 자살을 한다고 하여 그 죄가 사해지는 것이겠습니까? 또한 도둑질을 한 것이라면 훗날 10배, 20배를 갚아줌으로써 그것이 사해지는 것이겠습니까? 도둑맞은 사람은 그 잃어버린 물건 때문에 얼마나 마음 상해 하였으며 경우에 따라서는 그것 때문에 가정에 큰 문제가 생겼는지도 모를 일입니다. 그러므로 지금의 어떤 일로 과거에 지은 죄를 덮거나 상쇄할 수는 없는 것이란 말입니다. 그러므로 이와 같이 위선적인 것, 하나님의 의에 도전하는 죄가 가장 무서운 죄입니다.

그러면 오늘 본문에서 "화 있을진저"라고 하실 때의 그 대상이 어떤 사람이냐 할 때 이는 창녀를 향한 것도 아니요, 강도를 책망하는 것도 아니며, 소돔 고모라를 정죄하는 것도 아닙니다. 여기에서 정죄하는 것은 전적으로 위선을 말씀하시고 있는 것입니다. 잘 다듬어진 외식! 속은 썩었으면서도 겉으로는 잘 꾸며져 있는 그러한 죄를 책망하고 있는 것입니다. 따라서 이것은 도덕적인 죄가 아닌 종교적인 죄요 나아가서는 바리새주의를 말합니다.

이 '위선자'라고 하는 헬라 원어 '휘포크리테스'는 매우 재미있는 뜻을 가지고 있는 말입니다. '위선자'라는 말은 본래 '대답하는 자'라는 뜻을 가지고 있는 말로서 무대에선 배우가 대사를 외우는 것에서 비롯되고 있습니다. 즉 무대 위에서 연극을 하는 동안 대사를 외우게 되는데 이 때에 아무래도 실수가 있고 막힐 수가 있습니다. 그러면 이럴 경우를 위해 뒤에서 대본을 들고 있던 누군가가 몰래 대사를 들려줌으로 받아 할 수 있게 됩니다. 그러나 이러한 형편을 멀리서 구경하는 사람들은 모르고 있는 것입니다. 하지만 가까이에서 보면 무대 뒤에서 '사랑합니다' 하고 말해주면 마치 자기가 하고픈 말을 하는 것처럼 '사랑합니다' 하고 말을 하게 되는데 이것은 자기의 마음도 아닐 뿐더러 대사까지 다 잊어버렸던 것을 되받아서 천연덕스럽게 하고 있는 것이란 말입니다. 이것이 바로 외식이라는 말의 뜻입니다. 그렇기 때문에 이 위선자라는 말의 원문대로의 뜻은 무대 뒤에서 대사를 읽어줄 때 그 말을 듣고 앞에서 자기말처럼 근사하게 해나가는 것을 말하는 것입니다. 생각해 보면 그 외에도 텔레비전의 탤런트나 연극, 영화 배우들의 대사나 연기가 다 그런 것이 아니겠습니까? 그래서 슬프지 않으면서도 울고 기쁘지 않으면서도 울어야 하는 것입니다. 이 휘포크리테스라는 말이 의역이 될 때에는 '배우'로 번역을 하게도 되는 것입니다.

그러므로 "화 있을진저 외식하는 서기관과 바리새인들이여!" 하실 때의 이 외식이라는 말은 마음에는 없으면서도 겉으로는 거룩하고 경건한 모습으로 긴 옷에 점잖은 걸음을 걸으면서 잘 꾸며진 행동을 하고 있다는 말입니다. 바로 이것이 외식이며 문제는 이렇게 되면 회개를 안할 뿐만아니라 회개를 못하게 된다는 것입니다. 왜냐하면 이제는 꾸미기 시작했기 때문인데 죄를 은폐하고 외식하기 시작하면 회개할 자유를 빼앗기고마는 것입니다. 이렇게 되면 이제는 양심적으로나 신앙적으로, 혹은 심리학적으로 이미 심판을 받는 것이 됩니다. 이러한 사람에게는 더 이상 회개할 겨를이 없는 것입니다. 바로 이러한 사람들에게 지금 예수님께서는 화가 있을 것이다! 이제는 끝장이다! 아! 참으로 불쌍하다는 뜻의 말씀으로 우아이 후민! 그 화가 있을찌라는 말씀을 하고 계시는 것입니다.

그러면 이 외식의 특징이 무엇인가 할 때 23장 5절 말씀에 기록된 것을 보면 사람에게 보이려고 한다는 것입니다. 즉 사람을 의식하는, 소위 말해 '타인주도적 세계관'을 말합니다. 우리는 무슨 일에고 자기 처지는 생각하지 않고 언제나 다른 사람에게 보이기 위해 처신하는 사람들을 많이 보게 됩니다. 그 때문에 예수님께서는 금식을 할 때면 오히려 머리에 기름을 바르고 얼굴을 깨끗이 씻으라(46 : 16)고 하셨으며 기도를 할 때에도 길거리에서 할 것이 아니라 골방에서 하라(마 6 : 5)시며 외식주의에 대한 구체적인 방어를 말씀하셨습니다. 매사를 어디까지나 하나님 앞에 보이면서, 하나님 앞에서 구제하고, 하나님 앞에서 이루어지는 선행이어야 하겠는데 하나님은 저만큼 밀려나 계시고 대신 사람에게 잘 보이려고 생각하는 거기에 외식이 있습니다.

죄송한 이야기가 되겠습니다마는 젊은 시절에 목회를 하다보면 새벽기도회 인도가 가끔 늦어지는 경우가 있습니다. 하루 종일 심방을 한 몸이라 너무 피곤하여 시계를 둘씩이나 울리게 해 놓았어도 듣지 못할 때가 있습니다. 그러나 깨는 시간에 있어서 눈을 떠 보면 5시 30분이 되었단 말입니다. 이제 아무리 부지런히 옷을 챙겨 입고 나가더라도 10분은 늦게 생겼는데 이 일을 어떻게 하면 좋겠습니까? 나가야 합니까? 말아야 합니까? 만약 내가 나가지 않으면 어떻게 될 것 같습니까? 그렇게 되면 부목사님 아니면 여전도사님께서 인도하실 것이고, 그 다음은 일찍부터 "목사님께서 어디 편찮으십니까?" 하고 전화들이 올 것이며 이에 대한 대답이 궁해질 것입니다. 그런가 하면 나갔을 경우에는 이제 한 10분이 늦었으니 찬송 부르고, 기도를 한 후에 나서게 되었으니 조금은 창피하게 마련입니다. 그런 가운데서 말씀을 드리기 시작하면 잠깐은 미안하지만 그 다음에는 괜찮아집니다. 여러분! 그렇다면 어떻게 하여야 될 것 같습니까! 저는 거기에서 깨달은 바가 있습니다. 게으른 목사라고 하여 그만두라면 그만둘지언정 나가야 편하지, 아프지도 않으면서 아픈 척했다가는 이것을 회개하는데 며칠이 걸리게 됩니다. 이것이 바로 외식이라는 것입니다.

우리는 순간순간 사람을 의식하며, 사람으로부터 좋은 소리를 들으려고 하는 동안에 위선자가 되는 것입니다. 이것이 체질화되면 신앙적, 정신적 불구가 되어 심각한 문제를 낳게 되는 것입니다. 그러므로 지나치게 사람을 의식해서는 아니되는 것입니다. 바리새인들에게 있어서 결정적인 잘못이 있다면 바로 사람을 의식하는 것입니다. 그리고 나아가서는 자신이 칭찬을 들으려고 합니다. 그리하여 하나님께 돌아갈 영광을 자기가 차지하고자 자기 스스로를 높이는 것입니다. 그러니까 이는 하나님께 돌아갈 영광을 가로채어 자기의 옷으로 해 버리는 참으로 무서운 처사인 것입니다.

그런가 하면 자기의 의를 자랑합니다. 하나님께 자복하고, 하나님께 의지하며, 하나님의 긍휼을 힘입어 하나님 앞에 나가려 하지 않고 자기의 의, 자기 선행의 도덕적인 의를 통하여 하나님 앞에 나가려 하는 건방진 생각을 하고 있는 이것이 바로 바리새인입니다. 그리고 자기가 만든 규범에 의하여 자기의 의를 측정하려 듭니다. 문제는 이렇게 되면 회개하지를 않습니다. 뿐만 아니라 자신은 행하지 않으면서 다른 사람을 보고는 행하라고 합니다. 저들은 지식을 자랑하고, 명상을 자랑하며, 외적인 의식을 자랑하면서도 진정한 선을 행하지는 않습니다. 이제 23장 14절 말씀에 기록되기를 "천국 문을 사람들 앞에서 닫고 너희도 들어가지 않고 들어가려 하는 자도 들어가지 못하게 하는도다"라고 하였습니다. 말만 하고는 실천하지 않는 사람! 그리고 마침내는 다른 사람까지 천국에 들어가지 못하게 만드는 것이라면 예수님께서 어떻게 하시겠습니까? 이런 사람에게는 부득불 심판하실 수밖에 없겠기에 "화 있을진저"라고 말씀하시게 됩니다.

　이제 오늘 본문에 나타난 "하루살이는 걸러내고 약대는 삼키는도다"의 비유 말씀은 표현 그대로 보면 과장이 심판 말씀이라 하겠습니다. 아무튼 이스라엘 사람들이 무엇을 먹고 안 먹고의 문제는 레위기 11장에 보면 까다롭게 기록되어 있습니다. 저들은 결코 아무것이나 먹는 것이 아닙니다. 구약성서에서는 소는 먹으나 돼지는 못 먹으며 양은 먹을 수 있으나 말은 못 먹으며, 물고기에도 먹을 수 있는 것이 있는가 하면 먹지 못하는 것이 있습니다. 그런데 오늘 본문에서 말하는 낙타는 부정한 것으로 먹을 수가 없으며 하루살이 역시 먹을 것도 없지만 부정한 것이어서 먹어서는 아니되는 것입니다. 말하자면 둘 다 부정한 것이요 둘 다 먹어서는 안되는 것들입니다. 이 두 가지를 놓고 생각해 보면 하루살이는 날아다니는 것으로 언뜻보아 눈에 보이는 동물 중에 가장 작은 것이며, 약대는 팔레스타인 지방에서 제일 쉽게 볼 수 있는 가장 큰 동물입니다.

　지금 예수님께서는 이 둘을 놓고 비교하시면서 약대는 통으로 삼키면서 하루살이는 채로 바쳐 걸러낸다는 이야기를 하고 계시는 것입니다. 그러니까 죄로 말하자면 하루살이 같은 죄는 안지으려고 까다롭게 따지고 들면서 약대와 같이 큰 것은 그대로 집어삼키고 만다는 것이며 이것이 바로 죄라고 하는 이야기입니다. 생각하면 이 얼마나 넌센스입니까? 그러나 이것은 사실이며 오늘도 많은 사람들이 이러한 실수를 하고 있으며 이와 같은 죄를 범하고 있습니다.

　이제 오늘 본문 말씀의 그 뜻을 자세히 보면 결국은 둘 다 먹지 말라고 하는 이야기입니다. 그러니까 하루살이도 먹지 말고 약대도 먹지 말라는 것인데 문제는 약대는 삼킨다고 하는데 있으며 더욱이 약대는 삼키면서도 하루살이 먹는 것은 비판하기 때문에 거기에 문제가 있다는 것입니다. 여러분, 죄에도 생각하면 큰 죄 작은 죄, 즉 중죄, 경죄가 있습니다. 마찬가지로 의에도 큰의, 작은 의가 있습니다. 그 때문에 중세기에 있어서는 이중죄, 경죄를 신학적인 견지에서 구분하기를 알고 짓는 죄는 중죄요 모르고 짓는 죄는 경죄이며, 예수 믿기 전에 짓는 죄는 경죄이요 예수 믿고 세례 받은 후에 짓는 죄는 중죄이며, 능동적으로 짓는 죄는 중죄요 피동적으로 다른 사람이 짓는 죄에 끌려가서 짓는 죄는 경죄이라고 논술합니다.

　그러나 죄라면 두 가지 다 짓지 말아야 할 것이 아니겠습니까? 그리고 한 가지 더 알아야 할 것은 모르고 짓는 죄는 몰라서 짓는다 하더라도 알고 짓는 죄는 짓지 말아야 할 것이며 중죄, 경죄를 놓고 말하자면 중죄를 먼저, 보다 중요하게 생각할 수 있어야 하는 것입니다. 그럼에도 약대는 삼킨다고 하는 그것이 바로 문제입니다. 이를 구체적으로 말씀드리자면 형식적인 것과 내용적인 것이 있다고 할 때 형식적인 죄와 내용적인 죄의 문제를 놓고 보면 어디까지나 내용적인 죄가 보다 중요한 것입니다. 뿐만 아니라 전승적인 규례에 의한 죄와 본래적인 율법을 범하는 죄가 있다면 이는 분명 본래적인 율법을 범하는 죄가 더 큰 죄이며 전승에 의한 것은 보다 가벼운 죄로서 마치 하루살이와 같은 것입니다. 그런데 이스라엘 사람들은 전승적인 그 하루살이 같은 율법은 엄격하게 지키라고 야단들을 하면서도 본래적인 것, 곧 네 이웃을 네 몸과 같이 사랑하라! 네 부모를 공경하라! 우상을 섬기지 말라!는 등의 약대와 같은 것은 통째로 삼켜버리고 만다는 것입니다. 오래 전 이야기입니다마는 한 택시 기사가 손님이 택시 안에 두고 내린 현금 30만원을 주워 파출소에 갔다 두었다는 신문기사를 보면서 "그 운전사 착한 사람이다"라고 하였더니 옆에 있던 분이 "목사님 그게 3천만 원이었다면 아마 다를 것입니다" 하는 것이었습니다. 글쎄 옳습니다. 30만원짜리는 갔다주었는데 3천만 원짜리라면 어떻게 할 것 같으냐는 말입니다. 바로 이런 문제를 말하고 있는 것입니다.

우리에게 있어 겉과 속을 말하자면 언제나 속이 더욱 중요합니다. 생각해 보면 겉같은 것은 그렇게 중요한 것이 아닙니다. 예를 들어 가정에서 생일을 기억해 주며 선물을 마련하고 합니다마는 사실 그것보다는 사랑이 더 중요한 것이 아니겠습니까? 이제 부인들께서 남편을 두고 한번 생각해 보십시다. 흔히들 남편이 결혼한 날을 알아주지 않는다느니 혹은 생일도 기억해 주지 못한다며 불만스러워 합니다마는 굳이 그것이 그렇게 중요한 것입니까? 사실을 두고 솔직히 말하자면 그런 것이나 꼽고 앉아서야 무엇을 하겠습니까? 그런 것은 모르더라도, 또한 나에게는 다소 불친절하더라도 보다 크고 중요한 일을 할 수만 있다면 그것이 위대한 사람이 아니겠습니까?

여기에서 우리는 저 유명한 주기철 목사님의 사모님에 대한 이야기를 한번 생각해 봅니다. 그는 자기가 낳은 자식도 아닌 전처의 자식을 셋이나 맡고 있는 처지에서 남편마저 감옥에 보내게 됩니다. 이런 상황에서 사모님이 면회를 가셨다면 무슨 말을 해야 하는 것이겠습니까? 가령 "여보 정신 있소? 남들은 다 신사참배하고 마는데 유독 당신만이 별나게 그래서는 나 과부 만들어 벌어 놓은 것도 없는 처지에 남의 자식 셋을 키우라는 말이요?" 하고 대어들었더라면 아마도 주기철 목사님은 순교하지 못했을 것입니다. 그런데 사모님께서 "여기에서 살아 나오면 내 남편이 아닙니다"라고 하였으니 이 얼마나 훌륭하느냐 말입니다. 나에게 친절하지도 못하고 나를 위해서는 아무것도 할 수가 없지만 이것은 작은 일이요 순교하는 길은 큰 것이더라는 말입니다. 적어도 이 정도는 되어야 하겠는데 어쩌자고 나에게는 친절해야 하고 약대는 통으로 삼켜버리는가 말입니까? 물론 적은 일이나 큰 일이나 할 것없이 다해야 되겠지만 어차피 큰 것 작은 것을 생각해야 될 경우에는 큰 것을 선택해야 되지 않겠습니까? 보다 중요한 것은 분명 큰 것인 것입니다.

그러기에 나 자신과 하나님의 영광을 생각한다면 하나님의 영광이 먼저이며 나를 위하는 일과 다른 사람을 위하는 일을 생각한다면 남의 일이 먼저인 것입니다. 이는 우리가 잠시 물건을 사러 갔을 때에도 마찬가지입니다. 어떤 이는 양장점에서 옷을 맞춘 후에 입어 보아 마음에 들지 않으면 찾아오지 않는다고도 하는데 그러면 그 옷은 어떻게 하라는 것입니까? 본래 제대로 생긴 사람은 아무것이나 걸쳐도 멋이 있는 법인데 자기 옷걸이가 시원찮은 줄은 모르고 남에게 까다롭게 하는 것입니다. 도대체 이렇게 해놓고 나가면 그 뒤에서 무엇이라 할 것 같습니까? "저런 사람이 교인이고 집사이니 나는 교회에 안 나간다"고 합니다. 그렇다면 이것이 어떻게 된 것입니까? 바로 하루살이는 걸러먹고 약대는 통으로 삼킨 것입니다. 지금 하나님의 영광을 생각하면 그까짓 몇 만원, 몇 십만원이 문제가 되는 것이겠습니까? 내가 조금 손해보면 될 것이지 어디 그럴 수 있는 일이냐 말입니다. 흔히들 조그마한 일을 가지고 바로 한다면서 진작 큰 일은 망치고 있는 것을 보게 됩니다. 분명 중요한 일이 있고 덜 중요한 일이 있습니다. 그래서 오늘 본문에도 보면 "더 중한 바 의와 인과 신을 버렸도다" 다시 말하면 십일조를 바치되 중요한 소와 양은 바치지 아니하고 박하와 회향과 근채같은 것만 바친다는 것입니다. 그러니까 귀한 것은 바치지 아니하고 시래기같은 것만 바치고는 나는 다 바쳤다고 생각하는 것인데 그래 가지고야 무엇을 바쳤다는 말입니까? 주님의 말씀은 이러한 형식주의자가 되지 말라고 하시는 것입니다.

기독교의 의식에서 뭐니뭐니하여도 가장 중요한 것은 의와 사랑과 그리고 진리와 겸손입니다. 어거스틴의 말을 빌린다면 조그마한 의를 행하면서 교만하기보다는 차라리 죄를 지어서 겸손한 것이 나으며, 하나님께서는 그쪽을 사랑하십니다. 우리는 아는 대로 모세는 실수를 하였으나 온유했으며 미리암은 실수가 없었지만 교만하였습니다. 이제 하나님께서 원하시는 것이 무엇입니까? 다름아닌 겸손과 순종과 믿음이었습니다. 그러므로 조그마한 것, 이 하루살이같은 것을 걸러 먹겠다고 하다가 약대를 통으로 삼키는 어리석음을 범해서는 안된다는 것입니다.

그러면 오늘 우리가 생각해야할 중요한 말씀은 최소한의 양보를 하더라도 결코 외식주의자는 되지 말아야 한다는 것입니다. 설령 평생을 죄인으로 살아가는 한이 있더라도 죄인의 죄인됨을 인정하면서 살 것입니다. 죄 아니라고 변명하거나 원망하지도 말고 물론 의로 위장해서도 안되겠습니다. 어떠한 경우를 막론하고 외식하는 죄는 절대로 범하지 말아야 할 것입니다. 이를 위해 오늘 우리에게 주신 "하루살이는 걸러내고 약대는 삼키는도다!"의 이 말씀을 깊이 생각해야 하겠습니다.

회칠한 무덤

화 있을진저 외식하는 서기관들과 바리새인들이여 잔과 대접의 겉은 깨끗이 하되 그 안에는 탐욕과 방탕으로 가득하게 하는도다 소경된 바리새인아 너는 먼저 안을 깨끗이 하라 그리하면 겉도 깨끗하리라 화 있을진저 외식하는 서기관들과 바리새인들이여 회칠한 무덤 같으니 겉으로는 아름답게 보이나 그 안에는 죽은 사람의 뼈와 모든 더러운 것이 가득하도다 이와 같이 너희도 겉으로는 사람에게 옳게 보이되 안으로는 외식과 불법이 가득하도다.
(마태복음 23 : 25~28)

회칠한 무덤

앞장에서 말씀드린 바와 같이 마태복음 23장의 말씀은 예수님께서 예루살렘 성전에서 하신 마지막 설교의 내용입니다. 그 마지막 설교가 외식하는 서기관들과 바리새인들을 향하여 일곱번이나 "화 있을진저"라고 하신 무서운 저주와 심판의 말씀을 하신 것입니다. 이것은 회개하지 않는 사람, 또는 회개할 수 없는 사람들에 대한 하나님의 마지막 심판입니다. 생각하면 심판은 이렇게 함으로써 이상의 죄를 막게 되고 더 큰 악을 중단시키게 되는 것입니다. 그런 의미에서 대단히 무서운 말씀이라고 생각됩니다.

그런데 예수님께서 말씀하신 내용들을 보면 모두가 다 외식에 관한 것들입니다. 죄라는 것도 우리가 아는 바와 같이 경제적인 죄도 있고, 사회적인 죄도 있으며, 윤리적인 죄가 있는가 하면 도덕적인 죄가 있고, 그리고 종교적인 죄가 있습니다. 하지만 여기에 나타난 죄는 철저하게 종교적인 죄라는 점에서 그 의미를 분명히 하고 있습니다. 그러니까 종교적인 외식과 그 외식주의를 책망하고 계시는 것이란 말입니다.

우리가 잘 아는 바와 같이 회개만 한다면 어떠한 죄라도 용서함을 받을 수 있는 것으로 알고, 또한 믿고 있습니다. 그러므로 누구이든 죄 때문에 망한다는 것은 죄를 지었기 때문에 망하는 것이 아니라 회개하지 않으므로 망하게 되는 것입니다. 따라서 죄를 지었다면 이제는 회개할 길만 남아 있는 것입니다. 그럼에도 불구하고 죄를 반복하면서 변명하며, 회개하지 않을 뿐만 아니라 이것은 죄가 아니라며 정당화합니다. 그러자니 위선과 외식에 빠지게 되는 것입니다.

그러므로 우리가 특별히 마음에 두고 생각해야 될 것은 죄를 짓거든 빨리 근본으로 돌아가서 회개해야 된다는 것입니다. 그리고 일단 지은 죄를 위해서 절대로 변명하지 말아야 합니다. 죄는 어디까지나 죄일 뿐입니다. 그런데 이것을 어느 순간에라도 다시금 이렇게 저렇게 변명을 하겠다고 들면 이제는 용서 받지 못할 멸망을 초래하게 되는 것입니다.

오늘 주신 본문 말씀을 두 가지의 비유, 즉 그릇의 겉과 안, 그리고 회칠한 무덤에 관한 비유를 내용으로 하고 있습니다. 그러나 이 두 가지 비유가 실상에 있어서는 같은 내용 한 문맥의 비유입니다. 그러니까 겉만 깨끗이 하는 그릇이나 회칠한 무덤을 한마디로 말해 두 가지 다 겉으로만 깨끗하고 아름답게 꾸며져 있을 뿐 안에는 더러운 것이 있다고 하는 이야기입니다. 그런데 사실에 있어서는 겉도 깨끗하여야 하고 안도 깨끗하여야 합니다.

이에 23절 말씀으로 거슬러 올라가서 보면 "이것도 행하고 저것도 버리지 말아야 할지니라"고 하였습니다. 이 말씀의 뜻이 무엇이겠습니까? 이것은 의식은 의식대로 의미가 있으며, 내용은 내용대로 의미가 있음을 말함입니다. 다시 말하지만 안도 깨끗하여야 하고 겉도 깨끗하여야지 그저 안에만 깨끗하면 겉은 아무렇게나 하여도 좋다는 이야기가 아닙니다. 따라서 오늘 본문 말씀의 핵심은 이 둘 중 어느 것이 근본적이며 우선되어야 하는 것인가? 그리고 나아가서는 어떻게 하면 둘 다를 깨끗하게 할 수 있으며, 사람들은 무엇부터 생각하고, 또한 예수님께서는 무엇을 중요하게 생각하시는가를 말씀하고 있는 것이라 생각합니다.

그러면 먼저 이 외식이란 어떤 것인가를 두고 생각할 때 이것은 아시다시피 안의 더러운 상태는 생각하지 않고 겉치장만 하여 깨끗하게 꾸민 것을 말합니다. 그러나 우리는 어떠하든지 간에 내용이 충실한 인격, 내용이 충실한 정치, 내용이 충실한 경제 등, 모든 생활의 방향을 내면적 충실에 두어야 합니다. 그럼에도 불구하고 속은 텅텅 비었건만 겉으로는 유식한 척하며, 속은 병들고 썩었음에도 밖으로는 굉장히 요란하게 야단이니 그 모두가 다 소용없는 짓이란 말입니다. 그러므로 우리의 관심을 요즈음 흔히 말하는 내실을 기하는 방향으로 돌려야 하겠으며, 신앙생활을 함에 있어서도 보다 내적이고 깊은 면에서, 그리고 내 생각의 초점을 예수님의 관심에로 돌려야 하겠다는 것입니다.

그러면 이제 예수님께서 말씀하신 두 가지 비유의 내용을 한번 생각해보기로 하겠습니다. 먼저는 그릇에 대한 비유입니다. 그 옛날 당시 동양에서 제일 많이 쓰여진 그릇은 질그릇이며 그 다음으로 쓰여지는 것이 가죽으로 된 것이었습니다. 그리고 그 외에 나무로, 혹은 쇠붙이로 만든 것이 있었으며, 특별히 동양에서 많이 쓰여진 고급 그릇 가운데에는 뼈로 만든 것까지도 있었습니다. 아무튼 이러한 그릇들은 놓고 보면 요즈음 흔한 플라스틱이나 스테인리스 그릇에 비해 다루기는 물론 깨끗이 하기가 힘든 그릇들입니다. 아시는 대로 질그릇을 잘못 사용하다가는 다 깨뜨리고맙니다. 그 때문에 불과 몇 십년 전 우리 나라에서만 하여도 질그릇들이깨어지면 세면으로 바르고 철사로 띠를 매어가면서 사용하였던 것이란 말입니다. 그러자니 이 질그릇 같은 것을 깨끗이 하기란 그렇게 쉬운 것이 아닙니다. 그러므로 겉은 조금 더럽다 하더라도 부득불 우선 안을 깨끗이하는 것으로 그릇을 관리하는 비결로 삼는 것입니다. 어차피 음식은 안에 담겨지는 것이고 목적은 내용물에 있는 것인데 겉만 깨끗이 닦고서는 안에는 여전히 더러운 것이 남아있다면 이것은 분명 크게 잘못된 것이 아니겠습니까?

지금 우리 주위에서 사용하고 있는 물주전자 같은 것도 바로 이런 점을 가지고 있습니다. 이 주전자를 가만히 보면 물이 나오는 꼭지를 옆으로 예쁘게 만들어 놓았습니다. 그런데 바로 그 꼭지가 이어져 나온 그 사이, 그 부분을 한번 뒤져 보십시오, 그러노라면 그 속이 얼마나 더러운지 모릅니다. 이 부분을 닦기란 쉬운 것이 아니어서 그야말로 겉만 열심히닦

다 보니 그 속에 끼인 앙금이 얼마나 더럽고 두꺼운 것인가를 모른단 말입니다. 이런 경우는 애당초 만들 때에 잘못된 것이기에, 저가 인천에서 목회하던 시절 주전자를 직접 만드는 분에게 정식으로 이 부분을 개조할 것을 건의해 본 적이 있습니다.

아무튼 모든 그릇은 내용물을 위해 존재하는 만큼 겉은 다소 지저분하더라도 우선적으로 안을 깨끗이해야 된다는 것은 당연한 이야기입니다. 하지만 이와는 반대로 겉만 깨끗이 하고는 안이 더럽다면 이 얼마나 어리석고도 가증스러운 일이겠습니까? 바로 이것이 오늘 여기에서 주시고자 하시는 주님의 말씀입니다. 그러므로 겉은 좀 더러운 대로 내버려두더라도 먼저 안을 깨끗이 하라고 하는 것입니다. 한마디로 말하여 내실을 기하라는 것인데 이는 매우 상식적이고도 당연한 이야기가 아닐 수 없습니다.

다음으로 생각할 것은 회칠한 무덤에 대한 비유입니다. 이스라엘 사람들의 무덤은 동굴로 된 무덤입니다. 이곳은 지역적으로 바위가 많은 곳이기 때문에 여기저기에 동굴이 있어서 그 속에 시체를 넣는 돌로 막아두는 것입니다. 다시 말하면 동굴인 무덤을 돌로 막아놓은 것인데 이것이 어떤 때에는 막아둔 그대로 있지를 않고 굴러 나가버리기도 하고 굴려버리기도 하기 때문에 무덤이 열린 상태에서 시체가 들어 있는 경우가 생기게 되는 것입니다.

그러면 오늘 본문에서 말씀하고 있는 회칠한 무덤이란 어떤 것이냐 하면 이것은 결코 종교의식을 두고 하는 말이 아닙니다. 뿐만 아니라 일정한 기간을 두고 한번씩 깨끗이 단장을 한다는 이야기도 아닙니다. 이것은 어디까지나 이스라엘 사람들의 독특한 풍속에 의존한 것입니다. 이스라엘 사람들은 무덤을 동네 밖으로 멀리 내다 하지를 않습니다. 그 때문에 예수님의 빈 무덤도 바로 예루살렘 경내에 있는 것을 볼 수 있습니다. 이와같이 이스라엘 사람들은 무덤을 멀리 내다두지를 않고 또한 그렇게 생각하지도 않습니다. 여기에 비해 우리네 한국 사람들은 선산이다 명당이다 하면서 묘지를 멀리 둡니다마는, 사실은 무덤을 동네 한 가운데 둘 필요가 있습니다. 그 이유는 아침 저녁으로 오고 가는 길에 한번씩 들여다 봄으로 인생은 결국 이런 것이라고 하는 생각에서 정신을 좀 차리게 될 것이라고 하는 것입니다. 그런데 이것을 멀리에다 두고 1년에 한두 번 가게 되니 정신을 차리지 못하는 것이란 말입니다.

아무튼 이스라엘 사람들의 무덤은 동굴로 되어 있고 그 무덤은 동네 가운데 있습니다. 그런데 유월절을 비롯한 절기 때가 되면 각 지방의 모든 사람들이 예루살렘으로 모이게 됩니다. 그렇게 되면 요즈음 말로 표현하여 '호텔이다' '민박이다' 하면서 다 동원하여도 숙박시설이 모자라는 것입니다. 이제 사람은 수십만 명이 모였고 갈 곳은 없다 보니 자연히 길거리에서도 자게 되고 더러는 들이나 산기슭에서 자게 되고 하는 것입니다. 그런데 이때에 비가 오거나 날씨가 춥게 되면 동굴로 들어가게 되는데 자칫 잘못 들어가는 날에는 시체가 있는 곳에서 하룻밤을 같이 지내게 되는 것입니다.

이렇게 되면 시체를 매우 부정하게 생각하는(민 19 : 16) 저들에게 있어서는 당장에 문제가 생기게 됩니다. 여기에서 우리가 한 가지 생각하고 지나갈 것은 저들이 시체를 부정한 것으로 생각하는 것은 샤머니즘적인 도깨비놀음이나 귀신에 관계된 것들을 두고 말하는 것이 아니라 극히 위생적인 관점에서 부정하다고 생각한다는 점입니다. 시체는 썩은 것이고 그 썩은 것이 몸에 닿으면 몸에서 냄새가 나게 됩니다. 이렇게 하여 부정해진 몸으로 성전에 들어갈 수가 없게 되는 것입니다.

그렇다면 여기에서 한번 상상을 해보십시오. 의무적인 절기 행사에 참여하기 위하여 먼 길을 걸어서 예루살렘에 왔다가 머물 곳이 없으므로 들에서 밤을 지내는 중 그나마 비가 내려 동굴을 찾아 들어가 하룻밤을 지낸 후 아침에 눈을 뜨고 보니 시체와 같이 누웠더라는 것입니다. 그러자니 시체의 오물이 묻어서는 냄새가 나고 부정한 몸이 되어 그 먼 길을 왔음에도 성전 안에는 들어가지도 못한 채 성 밖에 머물다가 그대로 돌아가야 한다는 이야기가 됩니다. 생각하면 참으로 애석한 일이 아닐 수 없습니다. 그렇기 때문에 이러한 일을 막기 위하여 큰 절기가 다가오게 되면 '여기는 시체가 있는 곳'이라는 표시로서 무덤인 동굴 앞에 회칠을 하게 되어 있는 것입니다. 이렇게 회칠을 해 놓은 것을 멀리서 보게 되면 매우 깨끗하고 아름답게 보였다고 합니다.

바로 이러한 뜻에서 오늘 예수님께서는 회칠한 무덤과 같다는 말씀을 하고 계시는 것입니다. 이제 겉으로는 하얗게 보기가 좋으나 속에는 냄새가 나고 시체가 있으며 뼈가 있는 것이 아니겠느냐는 말씀입니다. 이를 그대로 연결하면 시체가 없는 동굴에는 회칠을 하지 않지만 시체가 있는 동굴에는 오히려 회칠을 한다는 말씀이 됩니다. 그러니까 바꾸어 말하면 회칠한 무덤에는 시체가 있으나 회칠을 하지 않은 무덤에는 시체가 없다는 것이 됩니다.

그렇다면 이 말씀이 우리들의 실생활에 있어서 주는 바 그 의미가 무엇인가 할 때 그것이 바로 외식이라고 하는 것입니다. 이 외식이란 한 마디로 말하여 그 내용이 썩었다는 뜻이며, 이러한 배경에서 회칠한 무덤이라는 말이 나타나게 됩니다.

이제 예수님께서는 이 문제에 대하여 친히 그 해설까지 해 주셨음을 볼 수 있습니다. 이를 위해 25절 말씀을 보면 "잔과 대접의 겉"이라 하여 분명히 그릇을 말하고 있는가 하면, 거기에 담겨진 내용물을 두고는 "그 안에는 탐욕과 방탕으로 가득하게 하는도다"라고 하였습니다. 탐욕과 방탕이란 그릇에 담을 수 있는 물질적인 것이 아니지 않습니까? 그러므로 이 한 문장 속에 문제에 따르는 해설도 다 되어 있는 것이란 말입니다. 여기에서 예수님께서 말씀하고 계시는 "그릇"이란 밥그릇이나 대접 같은 그릇을 두고 하시는 말씀이 아닌 사람의 인격을 말함이며 "그 안"이란 마음을 의미하는 것으로, 그 마음 가짐과 뜻과 성품을 지적하는 말씀인 것입니다. 따라서 '겉'이라는 것은 형식과 밖으로 나타내는 행동이나 행위를 뜻하며 '안'이라고 하는 것은 그 내면에 가지고 있는 뜻과 성품을 가리키는 것입니다.

그런데 여기에서 우리는 어떤 함수관계를 찾을 수가 있습니다. 그것은 곧 '속이 더러울 때 겉을 더욱 장식한다'고 하는 것입니다. 이것은 하나의 보상심리로서 마치 불결 콤플렉스가 있을 때에 자연히 밖을 더 장식하고 깨끗하게 하려는 것과 마찬가지라 하겠습니다.

여러분, 마음에 내면적인 불결 콤플렉스가 있을 때에 화장을 짙게 하게 된다는 이야기를 들어 보신 적이 있으십니까? 우리는 파마의 유래가 패전한 독일 국민들이 생산성을 올리는데 방해가 되는 긴 머리카락을 짜르게 한 후 그래도 흘러내리는 머리카락을 보다 효과적으로 처리하기 위하여 지져버리기로 한 데서 기인했다는 사실을 알고 있습니다. 그러고 보면 파마의 유래는 그런대로 생산적 의미가 있어서 좋습니다. 여기에 비해 입술에 바르는 루주는 그야말로 회칠한 무덤에 속하는 좋지 못한 유래를 가지고 있습니다. 이것은 전쟁의 와중에서 유독 창녀가 많았던 프랑스에서 부정한 행위로 인해 여성들의 피부가 나빠지고 입술이 퍼렇게 죽어가는 자신들의 모습을 감추기 위해 빨갛게 칠하기 시작한 것입니다. 그러니까 이것을 짙게 칠했다고 하는 것은 한마디로 말하여 무엇을 뜻하는 것입니까? 이것이 바로 불결 콤플렉스라고 하는 것입니다. 무엇인가 마음으로부터 자신이 없고, 불결하며 꺼림칙한 것이 있게 될 때 이렇게 화장이 짙어지는 것이란 말입니다. 그래서 어디서든 화장이 지나치게 짙은 여성을 보게 되면 이상한 눈으로 보게 되는 것입니다. 그러므로 화장은 좋은 것이로되 아주 적당한 선에서 우아하게 해야지 그렇지 못하고 조금 선을 넘어가게 되면 당장에 이상한 소리를 듣게 되어있는 것입니다. 말하자면 불결 콤플렉스가 있다 보니 그 반사작용으로 이와 같은 위선을 낳게 된다는 말입니다.

　뿐만 아니라 악한 의도를 두고도 생각을 해 보십시오. 마음속에 악한 것을 도모하고 있는 때에는 밖으로 표현하는 말이나 행동이 더욱 친절하게 보입니다. 그 때문에 친절이 지나치면 위험한 것이라고 하는 것입니다. 친절이 귀하고 좋은 것이지만 수준 이상으로 친절하면 그 속에 무엇인가가 들어 있는 것이란 말입니다. 여러분, 선물도 그렇지 않습니까? 적당한 수준에서 마음을 담은 것이어야지 거기에서 지나치게 되면 그것은 뇌물이 되는 것이 아니겠습니까? 평소의 관계나 처지로 보아 저 사람이 나에게 이런 선물을 줄 사람이 아니고 보면 이것은 분명 수상한 것이란 말입니다. 바로 여기에도 이러한 콤플렉스가 작용하고 있는 것입니다. 무엇인가 마음에 걸리는 것이 있고 미안하다 보니 선물이 더 커지는 것이 아니겠습니까? 그렇기 때문에 좋은 명목에서 예절이니 선물이니 하는 이 모든 것들이 잘못하면 회칠한 무덤이 되고 만다는 사실을 우리가 알아야 하겠습니다.

　그러므로 우리가 생각할 것은 예수님께서 주신 교훈대로 먼저 안을 깨끗이 해야 한다는 것입니다. 먼저 안을 깨끗이 하라! 이것은 철학적으로 매우 중요한 의미를 가지게 됩니다. 이것은 프라이어리티(Priority), 즉 우선권의 문제입니다. 사실은 안도 중요하고 겉도 중요합니다. 그러나 무엇이 먼저냐 할 때에 안이 먼저인 것입니다. 다른 예로서 잘 사는 것과 진실한 것이 있다면 이 두 가지는 다 같이 중요한 것입니다. 그러나 무엇이 먼저냐 하는 문제에 있어서는 진실이 먼저라고 하는 이것이 오늘 우리가 생각해야 될 문제입니다.

　이제 두 철학을 놓고 한번 비교해 본다면 카를 마르크스와 예수님과를 대조 할 수 있습니다. 마르크스는 생각하기를 사회가 먼저다. 그러므로 사회를 개조하라. 그래야만 이후에 개인도 개조될 수 있을 것이라고 하는 이론입니다. 그러나 예수님은 그와는 반대로 개인이 먼저이며 개인이 먼저 바로됨으로 사회가 바로된다는 것입니다.

　이렇게 보면 마르크스의 입장에서는 구조가 먼저요 물질적 여건이 먼저이며, 예수님의 입장에서는 인격이 먼저요 정신이 먼저 입니다. 마르크스의 입장에서 언뜻 생각하면 세상이 이렇게 악해지는 것은 빈부의 차이에서 오는 갈등 때문이 아니겠는가? 그러므로 물질적인 평등이 주어져 똑같은 수준에서 살 수 있게 된다면 그런 문제는 해결될 것이 아니겠는가 하는 이론입니다. 그러나 기독교의 관점은 그렇지가 않습니다. 어디까지나 정신이 먼저이며, 그 때문에 아무리 가난하여도 좋은 사람이 있고 아무리 부자라 할지라도 나쁜 사람이 있으니 이것은 근본적으로 문제가 다르다고 하는 것입니다. 마르크스가 전개하는 이론의 중심이 부와 평등과 여건에 있다면 예수님의 중심은 회개와 중생과 영혼이 먼저라고 하는 데에 그 차이점이 있습니다.

　오늘 우리들 사회에서도 보면 물질적으로 먼저 풍요로워져야 되겠다는 조급함에서 생산이 먼저라며 거기에 필요한 모든 것을 동원하는데 우선을 둡니다마는 사실은 그런 것이 아니라 어디까지나 인격이 먼저요 신앙이 먼저입니다. 우리는 무엇보다도 신앙이 생산적인 것이며 이 신앙에서 나온 진실성이 가장 훌륭한 생산성을 지니고 있다는 것을 알아야 합니다. 단순히 기술을 가지고 있다고 하여 그 자체가 생산성을 의미하는 것은 아닙니다. 문제는 사람이며 나아가서는 그 사람의 인격에 달려 있는 것입니다.

　그러기에 우리가 생각할 것은 겉도 중요하고 안도 중요하며, 개인도 중요하고 사회도 중요합니다마는 그러나 그 우선이 어디에 있느냐 할 때에는 반드시 내적인 것 심령적인 것 그리고 개인적인 것이 먼저라고 하는 것이 오늘 여기에서 말씀하시는 예수님의 교훈입니다. 그런데 27절 말씀을 보면 "겉으로는 아름답게 보이나 그 안에는 죽은 사람의 뼈와 모든 더러운 것이 가득하도다"라고 하였습니다.

여기에서 "겉으로는 아름답게 보이나" 즉 그 보이고자 하는 마음에 문제가 있음을 말씀하고 있습니다. 그리고 이렇게 보이고자 할 때 그것이 바로 회칠한 무덤이 된다고 하는 것입니다. 우리가 흔히 말하기도 하는 주변의 이야기입니다마는 평소에 전혀 선물을 사오지 않던 남편이 원인 모를 선물을 두둑히 사오는 날은 수상한 날이라고 하는데 만약 그것이 사실이라면 이것이 다름아닌 보상심리의 발로인 것입니다. 아내에게 미안한 짓을 하고 보니 마음에 걸리는 것이 있어서 결국은 자기 마음을 조금이라도 편하게 하기 위한 방편으로 이 선물을 사온 것이란 말입니다. 그러고 보면 이것이 회칠한 무덤이 아니고 무엇이겠습니까? 그런가 하면 지성인들의 위선이 또한 그러합니다.

언젠가 집안 일을 도와주러 온 한 부인의 이야기에 의하면 자기가 항상 가서 도와주고 있는 집인데 왜 그렇게 사는지 아무래도 모를 집이 있다고 하는 것입니다. 내용인 즉 주인 내외가 사회적으로도 신분이 높은 의젓한 사람들인데 집에 들어와서는 전혀 서로 말도 하지 않고 각각 별거를 하면서 식사는 물론 일체의 행동을 따로 하면서 지낸 지가 1년이 넘었다고 합니다. 그런데 모를 것은 이렇게 지내다가도 외부의 초대를 받아서 나갈때에는 버젓한 모습으로 문 밖에서부터 팔짱을 끼고 간다는 것입니다. 그 때문에 밖으로 소문이 나기로는 잉꼬부부로 났다는데 집에 들어오면 각각 자기 방으로 "꽝"하고 들어가니 그렇게 하면서까지 왜 같이 살아야 하는지 모르겠다는 것입니다. 그러길래 저가 있다가 "아주머니는 그것을 모를 것입니다. 그것은 그 사람들만 아는 비밀입니다" 하는 이야기를 해 주었습니다. 이것이 바로 지성인의 위선이요 회칠한 무덤이며 여기에 철저히 겉만 장식하는 외식적 행위가 있고 도덕적 외식이 있습니다.

하지만 이렇게 아름답게 보인다고 하여 그 자체가 아름다운 것은 아닙니다. 이는 그저 다른 사람에게 아름답게 보이려 하는 것으로 이런 세계관을 타인 주도적 인격이라고 말합니다. 그러니까 나 자신의 가치 판단이나 기준에 의해서 내가 사는 것이 아니라 다른 사람의 눈에 비치는 자신을 생각하며, 그들에게 보이기 위해 사는 것이란 말입니다. 이는 우리가 흔히 말하는 위신이다 체면이다 체통이다 하는 것으로 이것 때문에 망조가 드는 것이 아니겠습니까? 지금 예수님께서는 이러한 인격을 책망하고 계시는 것입니다.

그리고 특별히 28절에 기록된 "이와 같이 너희도 겉으로는 사람에게 옳게 보이되 안으로는 외식과 불법이 가득하도다"고 하신 말씀입니다. 여기에서 "사람에게 옳게 보이되"라는 말씀 역시 무덤에 대한 이야기에 연결되는 것이고 보면 앞에서 말한 "아름답게 보이나" 하는 말이 됩니다. 그러니까 예수님께서는 이미 이 부분에서 그 설명을 비약하고 계시는 것입니다. 사람에게 있어서 무덤이 옳거나 옳지 않게 보이는 대상은 아님으로 이를 "아름답게 보이나"라는 표현으로서 그 인격을 말하고 있습니다. 그러므로 회칠한 무덤 같은 인격이라고 하게 되면 "사람에게는 옳게 보인다 그러나 그 안에는 외식과 불법이 가득하다"고 하는 것이 정확한 표현이 됩니다. 생각하면 사람에게 옳게 보이겠다고 하는 이 외식적 노력만큼 처절한 것도 없습니다. 그저 묵묵히 침묵하면서 자신의 길을 가노라면 언젠가는 다 알게 될 것이 아니겠습니까? 저는 누가 뭐래도 변명은 안하기로 작정하고 살아봅니다. 이는 왜냐하면 믿는 사람에게 있어서 무슨 변명이 필요하거나 어떠한 긴 설명이 필요한 것이 아니기 때문입니다.

어떠한 문제이든 그것이 사실이면 도리가 없는 것이겠고 사실이 아니라면 4개월만 지나면 끝이 나게 됩니다. 뿐만 아니라 무엇이 그렇게 잘난 인격이라고 좋은 소리만 듣고 살 수가 있겠습니까? 가끔 나쁜 소리 좀 듣는다 한들 무엇이 어떻다는 말입니까? 이 세상에서 우리가 어쩌다 좋은 일했다고 하여 다 좋은 소리 듣는 것도 아니며 반대로 나쁜 일했다고 하여 다 나쁜 말 듣는 것도 아닙니다. 그렇다면 어떤 경우에서든 변명은 없어야 합니다. 변명은 가능한한 사람에게 옳게 보이고자 함에서 나오는 것이며 그러기에 이는 참으로 힘든 일이 아닐 수 없습니다. 이제 우리가 믿음의 생활을 하면서 기도를 드리고 헌금을 하며 많은 봉사를 하게 될 때 이 모두를 하나님 앞에서 즐거운 마음으로 한다면 얼마나 좋겠습니까마는 만일의 경우 사람에게 보이기 위해 이 일들을 한다고 생각해 보면 그 얼마나 힘든 일이겠는가 하는 것입니다. 바로 여기에 큰 병이 있는 것입니다.

가만히 보면 믿는 사람들 중에서도 그 내면 깊은 곳으로부터의 감격이 있어서가 아니라 사람에게 보이기 위해 진실한 척, 부지런한 척, 열심히 믿는 척하다가 결국은 쓰러지고 마는 경우를 보게 됩니다. 대체로 이런 경우에는 집에 가서 터지는 것을 볼 수 있습니다마는 아무튼 어디서든지 터져야 살지 그렇지 않으면 정신병원에 가야할 판이니 그것은 더욱 힘드는 일일 수밖에 없습니다. 우리는 다름 아닌 이것이 바로 회칠한 무덤의 말로라는 사실을 분명히 알아야 합니다. 이를 위해 예수님께서는 매우 명확한 설명으로 오늘 우리에게 말씀하고 계시는 것입니다. 때마침 내일이 중추절이라 좋은 예가 될 것 같습니다. 가만히 보면 대개 불효한 자식들이 묘지에 가서 많이 우는 것을 볼 수 있습니다. 하지만 생전에는 언제 한번 제대로 돌보아드리지 않다가 돌아가신 다음에는 뻔질나게 묘지를 찾으며 비석을 세우는 등 유별나게 열성을 부리며 효자인 척하는 그것이 무슨 소용이 있느냐는 말입니다.

그러기에 오늘 본문으로서는 읽지 않았습니다마는 29절 말씀에 보면 예수님께서는 참으로 엄청난 말씀으로 결론을 맺고 계십니다. "화 있을진저 외식하는 서기관들과 바리새인들이여 너희는 선지자들의 무덤을 쌓고 의인들의 무덤을 꾸미며 가로되" 이 얼마나 적중하는 이야기입니까? 지난날 핍박을 당해 죽은 선지자들을 기리며 그 무덤을 장식하고 비석을 세우면서 저들이 하는 말이 "만일 우리가 조상 때에 있었다면 우리는 저희가 선지자의 피를 흘리는데 참여하지 아니하였으리라" 한다는 것입니다.

그런데 이들은 "감히 의로운 선지자를 죽이다니" 하면서 그들의 무덤을 꾸미면서도 당장에 생각하고 있는 것은 오늘 여기 있는 저 예수를 죽이겠다는 것입니다.
　이에 예수님께서는 굉장한 변증법적 논리로서 "그러면 너희가 선지자를 죽인 자의 자손됨을 스스로 증거함이로다" 하시는 말씀으로 저들의 심중을 찔렀던 것입니다. 지금 너희들이 회칠한 무덤과도 같이 가장 의로운 자인 것처럼 선지자의 무덤을 쌓고 의인들의 비석을 세우고 있으나 그러한 행위를 하는 너희 마음속에 다시 한번 선지자를 죽인 자의 자손 됨을 증거하고 있는 것이 있다고 하는 말씀입니다. 여러분! 이 얼마나 무서운 말씀입니까? 선지자의 무덤을 장식하는 그 행위 자체가 바로 이것을 증명하고 있다는 말씀입니다.
　이제 우리는 바리새인과 서기관들을 향하여 회칠한 무덤과 같이 하지 말고 안을 깨끗이 하라시는 예수님의 말씀 속에서 오늘 우리에게 계속하여 진실을 재촉하시는 주님의 음성을 들을 수 있어야 하겠습니다.

그 새끼를 모으는 암탉

화 있을진저 외식하는 서기관들과 바리새인들이여 너희는 선지자들의 무덤을 쌓고 의인들의 비석을 꾸미며 가로되 만일 우리가 조상 때에 있었더면 우리는 저희가 선지자의 피를 흘리는데 참예하지 아니하였으리라 하니 그러면 너희가 선지자를 죽인 자의 자손 됨을 스스로 증거함이로다 너희가 너희 조상의 양을 채우라 뱀들아 독사의 새끼들아 너희가 어떻게 지옥의 판결을 피하겠느냐 그러므로 내가 너희에게 선지자들과 지혜 있는 자들과 서기관들을 보내매 너희가 그 중에서 더러는 죽이고 십자가에 못박고 그 중에 더러는 너희 회당에서 채찍질하고 이 동네에서 저 동네로 구박하리라 그러므로 의인 아벨의 피로부터 성전과 제단 사이에서 너희가 죽인 바라갸의 아들 사가랴의 피까지 땅 위에서 흘린 의로운 피가 다 너희에게 돌아가리라 내가 진실로 너희에게 이르노니 이것이 다 이 세대에게 돌아가리라 예루살렘아 예루살렘아 선지자들을 죽이고 네게 파송된 자들을 돌로 치는 자여 암탉이 그 새끼를 날개 아래 모음같이 내가 네 자녀를 모으려 한 일이 몇 번이냐 그러나 너희가 원치 아니하였도다 보라 너희 집이 황폐하여 버린 바 되리라 내가 너희에게 이르노니 이제부터 너희는 찬송하리로다 주의 이름으로 오시는 이여 할 때까지 나를 보지 못하리라 하시니라.

(마태복음 23 : 29~39)

그 새끼를 모으는 암탉

　십자가 사건을 불과 사흘 앞둔 예수님께서는 오늘 본문 말씀을 끝으로 예루살렘 성전에서의 마지막 설교를 하시게 됩니다. 따라서 이는 매우 심각한 것이 아닐 수 없습니다. 그런데 우리는 그 마지막 하신 말씀의 내용이 매우 비참한 것으로 되어 있음을 보게 됩니다. 본문에 의하면 예수님께서는 거듭 거듭 "화 있을진저"라는 저주스러운 말씀을 반복하시면서 위선과 거짓과 외식으로 살아가는 바리새인과 서기관들을 심판하시는 말씀을 하셨는가 하면 오늘 본문의 마지막 부분에서는 "보라 너희 집이 황폐하여 버린바 되리라"고 하심으로 아주 심판해 버리는 이야기로 끝을 내신 것만 같습니다. 그러나 오늘 주신 본문 말씀을 좀더 깊이 상고해 보면 여기에는 뜨거운 사랑의 고백이 있으며, 결론은 사랑의 계시로 끝내는 것을 엿볼 수 있습니다. 때로는 책망도 하시고 경고도 하시며 어떤 때에는 저주스러운 심판적 말씀도 하셨습니다. 그러나 그 내면 깊은 곳에는 여전히 뜨거운 사랑 긍휼과 자비가 있음을 밝히시면서 말씀의 결론을 내리셨습니다.
　이미 앞 장에서 말씀드린 바와 같이 "회칠한 무덤이여! 선지자들의 무덤을 꾸미는 위선자여!"라고 무섭게 책망하신 예수님께서는 이제 저들을 일컬어 "뱀들아! 독사의 새끼들아!"라며 참으로 저주스러운 말씀을 하고 계십니다. 여기에서 뱀이나 독사의 새끼라는 말에 담겨진 그 뜻이 무엇이겠습니까? 우리가 아는 대로 세례 요한이 그 사역을 시작할 때에도 독사의 자식들(마 3 : 7)이라고 외치면저 복음을 전한것을 볼 수 있습니다.그러니까 3년 동안의 전도사업을 마무리 하시는 예수님께서 마지막에 가서는 "독사의 새끼들"이라는 말씀으로 그 끝을 내고 계시는 것입니다. 이것은 대단히 무서운 비유입니다. 여기에서 독사라고 하는 말의 뜻을 묻는다면 물론 독이 있고 한번 물리면 죽는다고 하는 의미가 있겠습니다마는 그러나 일단은 먼저 뱀의 의미를 한번 생각해 보시기 바랍니다.

우리는 뱀이라면 무조건 나쁜 것으로 보아 하나같이 물고 모두가 독이 있는 것으로 생각하기가 싶습니다. 그러나 사실은 뱀 중에 독이 있는 것이란 별로 많지 않습니다. 미국에서 들은바에 의하면 미국에 있는 수백 종류의 뱀 가운데 독이 있는 것이라고는 네 가지 종류의 뱀 밖에 없다고 합니다. 마찬가지로 우리 나라에서도 물면 정말 죽을 수 있는 뱀은 몇 가지가 안된다고 하는 것입니다. 그 몇 가지 때문에 뱀만 보면 무섭고 기분이 나쁜데 그것은 우리의 선입관에서 오는 것입니다. 뱀에 대한 선입관이 전혀 나쁘지 않은 순수한 관점에서 뱀을 보게 되면 뱀은 참으로 아름다운 동물입니다. 여러분도 이제 한번 생각해 보십시오. 뱀은 그렇게 싫어하면서도 뱀의 가죽으로 된 것은 좋아하는 이유를 말입니다. 이것은 결국 그처럼 뱀은 피부가 곱고 그 색깔이 아름답다는 것을 뜻하는 것이 아니겠습니까? 그럼에도 우리가 계속 나쁜 선입관을 가지고 봄으로 언제 보아도 무섭고 징그럽고 싫은 것입니다.

이제 창세기 3장 1절을 보면 "여호와 하나님의 지으신 들짐승 중에 뱀이 가장 간교하더라"고 하였습니다. 여기에서 뱀을 설명하고 있는 "간교하다"는 말은 원문의 뜻으로는 두 가지의 해석이 가능한 말로서 그 하나는 아름답다는 뜻이요 다른 하나는 간사하다는 뜻입니다. 그러므로 전자의 뜻을 따라 해석을 한다면 사실에 있어 뱀의 색깔이 아름답듯이 이는 아름답다는 것이 됩니다. 그런데 이렇게 아름답게 보이면서도 그 속에는 독이 있는 그것이 바로 뱀인 것입니다. 그래서 지금 예수님께서는 선지자들을 죽이고 저들에게 파송된 자들을 돌로 치는 자들을 향하여 이렇게 말씀하고 계시는 것입니다. 저들은 겉으로 대단히 진실하고 거룩한 척 아름답게 꾸미고 있으나 속에는 사람을 죽이는 독을 품고 있는 것이란 말입니다. 이에 예수님께서는 뱀과 독사라고 하는 이 비유로서 선지자들을 죽인 자가 바로 너희들이다라는 무서운 심판과 책망을 하고 계시는 것입니다.

사실이 그렇습니다. 가만히 보면 말에도 독이 있고 행동에도 독이 있으며 심지어는 웃는 얼굴과 칭찬 속에도 독이 있는 것을 봅니다. 그런가 하면 종교적 행위인 거룩한 의식 속에도 독소가 있고 특별히 종교적 교훈인 바리새인과 서기관들의 교훈 속에 독소가 있어서 이것을 먹으면 영혼이 죽는다고 하는 것입니다. 그 때문에 예수님께서는 하필이면 뱀이요. 독사의 새끼라는 책망을 하고 계시는 것으로 생각합니다. 그리고 저들에게 "화 있을진저"라는 결정적인 심판을 내리심으로 마지막 말씀을 끝내게 됩니다.

그러나 오늘 본문 말씀을 다시 한번 깊이 생각해 보면 그 마지막 자리에는 긍휼과 자비가 있고, 아가페적인 깊은 사랑이 있음을 엿볼 수 있습니다. 주님께서는 계속 배반하는 그 죄인을 끝까지 사랑하고 계십니다. 이러한 주님의 사랑을 친히 비유로 말씀하시기를 "암탉이 그 새끼를 날개 아래 모음 같이"라고 하셨습니다. 그러니까 이는 암탉이 그 새끼를 사랑하고 보호하여 날개 아래 모으는 것과 같이 내가 너희를 그렇게 사랑한다는 말씀이 아니겠습니까? 저는 이 말씀을 대할 때이면 어린 시절에 많이 보았던 한폭의 그림 같았던 장면을 연상해 보고는 합니다. 그때에 보면 한 마리의 어미 닭이 열댓 마리씩이나 되는 병아리들을 몰고 다니는 모습이 얼마나 평화스럽고 아름다운지 모릅니다. 그러다가 독수리나 매 같은 것이 한번 나타나게 되면 이 암탉이 곤두선 모습으로 병아리들을 모으느라꼬! 꼬! 꼬! 소리를 연발하게 되면 병아리들이 사방에서 모여들게 되는데 그 장면이 그렇게 사랑스럽고 아름다울 수가 없습니다. 그러나 보다 기억에 남는 것은 어느 책에서 읽은 것으로 6·25 때에 있었던 이야기입니다. 어느날 폭격으로 인해 불타버린 집에서 새까맣게 타서 죽은 한 마리의 닭을 발견하였다고 합니다. 모습 그대로 굳어 있기에 "이 닭은 죽어서도 앉아 있구만" 하면서 "툭" 하고 발길질을 해 보았더니 그 속에서 병아리 몇 마리가 나오더라고 하는 것입니다. 새끼를 보호하면서 자신은 그대로 타 죽은 것입니다. 참으로 눈물겨운 장면이 아니겠습니까?

　이와 같이 동물의 세계에서도 새끼를 극진히 사랑하는 동물들이 있는 것을 봅니다. 집안에서 키우는 개를 비롯하여 볼품없는 고슴도치도 그러하며 세상에 제일 미련하다고 하는 곰도 자기 새끼는 제일 사랑한다고까지 합니다. 아무튼 예수님께서는 동물의 세계에서도 자기 새끼를 극진히 사랑한다고 하는 이것을 비유로 말씀하시는 것입니다. 아시다시피 비유란 평범하고도 매우 보편적인 것으로서 일상생활에서 누구나 쉽게 경험할 수 있는 것이어야 하며 그래야만이 그 의미의 전달이 가능한 것입니다. 이에 예수님께서는 누구나 경험하고 보아온 생활 속의 한 장면을 들어 당신의 사랑을 나타내 보이신 것입니다. 그런 점에서 오늘 말씀은 비유인 동시에 계시적인 말씀이 됩니다. "암탉이 그 새끼를 날개 아래 모음같이 내가 네 자녀를 모으려 한 일이 몇 번이냐?" 이 얼마나 하나님의 사랑을 표현하는데 적절한 비유인지 모르겠습니다. 쉬 볼 수 있는 동물들의 세계에서 누구나 한 번씩 감격할 수 있는 가장 사랑스러운 장면을 소재로 하여 그것을 비유로 말씀하고 계시는 것입니다.

　구약성서 출애굽기 19장 4절에서는 하나님께서 이스라엘 백성을 독수리 날개로 덮어 인도해 내셨다는 말씀이 있습니다. 이것은 우리에게 있어서 좀 희귀한 일이기에 한참 동안 설명을 해야 알 수 있는 것이기도 합니다. 독수리의 세계에서는 높은 벼랑의 둥지에다 알을 까 놓은 후 새끼들이 날때쯤 되면 어미 독수리가 이 새끼들을 둥지로부터 떨어뜨린다고 합니다. 그렇게 되면 이 새끼 독수리들은 별수없이 푸드덕거리면서 아래로 떨어지게 되는데 이때에 어미 독수리는 멀리서 이 광경을 지켜보고 있다가 새끼 독수리가 땅에 떨어질 위험이 있는 순간 날개로 받쳐 올라가는 것입니다. 이런 식의 훈련을 반복시킴으로 마침내 오랫동안 잘 날 수 있는 독수리로 키운다는 것입니다. 이에 하나님께서도 내가 이 독수리 날개로 너희를 업어서 보호하지 않았느냐며 하나님의 뜨거운 사랑을 표현하고 계시는 것입니다.

그러면 그 사랑의 성격이 어떤것인가 할 때 오늘 본문에서 암탉을 비유로 가르쳐 주신 하나님의 사랑의 성격은 이러한 것으로, 먼저는 무방비적인 연약한 자를 사랑하신다는 것입니다. 우리가 병아리를 두고 생각할 때 이것은 완전히 무방비 상태의 것입니다. 병아리는 집안에서 키우기에 그만한 것이지 이것을 밖에서나 들에서 키운다면 아예 짐승들의 밥이 될 것입니다. 그 때문에 날짐승들이 알을 많이 낳고 새끼도 많이 까지만 마지막에 남는 것은 몇 마리 되지가 않습니다. 웬만한 것은 모두 독수리나 매와 같은 육식 조류의 밥이 되어 다 잡혀 먹히고 마는 것이란 말입니다. 이와 같이 병아리는 무방비 상태의 연약하기 그지없는, 그리하여 어떠한 경우에도 전혀 대항할 수 없는 매우 나약한 존재입니다.

그런데 바로 그것이 이스라엘이란 말입니다. 무방비적인 이스라엘! 이것은 어미가 보호하지 않으면 절대로 살아 남지를 못합니다. 시골에서 닭을 키우고 병아리를 키우면서 보면 독수리가 물어가고 매가 물어가는가 하면 이웃집 개가 물기도하고 여우는 물론 심지어 쥐까지도 와서 뜯어 먹는 것을 볼 수 있습니다. 그러노라니 마지막에 남는 것이라고는 몇 마리 되지가 않는 것입니다.

이와 같이 나약한 이스라엘! 어느 순간도 하나님께서 지켜 주시지 않으면 절대로 살아남을 수 없는 존재! 그런데 문제는 이 병아리가 자기가 그렇게 약하다고 하는 사실을 모른다고 하는 것입니다. 자기 스스로는 결코 자신을 지탱할 수 없는 존재이면서도 자유분망하며 방종합니다. 그러다가 감당 못할 짐승이 나타나기라도 하면 그때 가서야 당황하여 어미닭의 날개 밑으로 달려오는 것입니다. 하지만 그렇게 달려오다가 걸음이 모자라게 되면 그대로 잡혀 먹히고 마는 것입니다. 그런데 사실은 비록 병아리가 아닌 어미 닭이라 하더라도 닭이란 매우 약한 존재가 아니겠습니까? 닭과 독수리를 비교한다면 큰 닭 작은 닭, 암탉, 수탉 할 것 없이 독수리와는 상대가 되지를 않습니다. 그럼에도 간혹 암탉이 독수리와 더불어 싸우는 것을 보면 참으로 무섭게 싸우는 것을 봅니다. 몸에 털이 다 뽑히고 심지어 목에서는 피가 줄줄 흐르는데에도 끝까지 병아리를 빼앗기지 않으려 사력을 다해 독수리에 대항하는 것을 볼 수 있습니다. 여러분! 어떻게 닭이 독수리에게 대어들 수가 있겠습니까? 그러나 대어 들어 피투성이가 되면서도 자기의 병아리를 지키는 것이 어미 닭의 모습이요 사랑입니다. 마찬가지로 이와 같이 연약한 자를 계속 보호하시는 하나님! 더욱이 연약한 것 조차 모르고 계속 방종하는 그 이스라엘을 계속 희생을 지불해 가면서 보호하시는 하나님이심과 그 사랑을 오늘 여기에서 계시하고 있습니다.

다음 또 한 가지는 인내하시는 사랑입니다. 내가 "암탉이 그 새끼를 날개 아래 모음 같이 내가 네 자녀를 모으려 한 일이 몇 번이냐?" 하시는 이 "몇 번이냐?"는 곧 하나님의 사랑의 인내를 말하는 것입니다. 하나님의 사랑과 긍휼에는 언제나 하나님의 인내가 동반되고 있다는 사실을 잊지 말아야 합니다. 이 인내라는 것은 오늘 본문에 기록된 대로 "너희가 원치아니하였도다" 하신 것과 같이 저들이 사랑을 원하지 않더라도 계속 사랑하는 것을 말합니다. 이것은 절대적이고도 창조적인 사랑을 의미합니다. 그러므로 하나님의 사랑은 사랑할 만한 대상을 찾아 헤매는 그러한 사랑이 아닙니다. 조금 죄송한 말씀입니다마는 우리네 사람의 마음처럼 하나님의 마음도 변덕스러우시다면 모든 일은 끝났을 것입니다. 저는 어느 때에 그런 것을 느끼느냐하면 어머니 등에 업혀가는 아이가 마구 떼를 쓰며 우는 모습을 볼 때입니다. 요즈음은 아이 업는 띠를 이상하게 만들어 아이들이 어깨도 제대로 못쓰게 된 것 같습니다만 옛날에는 그저 대충대충 업었던 것인데 이렇게 하고 업고 가노라면 이 녀석이 울며 불며 발버둥을치면서 어머니 등을 때리는가 하면 머리카락을 쥐어뜯기까지 하는 녀석이 있습니다. 이럴 때에 어머니 입장에서 "좋다 그러면 내려놓자" 하고서 던져 버리면 끝나는 일이겠지만 그런다고 하여 "네가 날 몰라주면 내동댕이치고 말겠다"고 할 수는 없는 일이 아니겠습니까? 어느 어머니가 아이들이 울며 등을 때린다고 하여 그대로 내동댕이치는 어머니가 있겠습니까? 그와 같이 하나님께서 우리를 대하시는 것도 암탉이 병아리를 대하듯이 그가 원치 않더라도 끝까지 사랑하시는 것입니다.

　이와 같이 하나님의 사랑은 적극적인 사랑이요 인내하는 사랑이며 창조적인 사랑을 의미하는 것입니다. 그러므로 우리가 하나님을 사랑하니 하나님 또한 우리를 사랑하시고, 우리가 열심을 냄으로 하나님이 보호하시며, 우리가 하나님께로 나아오니 하나님께서 우리를 영접하신다는 그러한 이야기가 아닙니다. 만약 그런 것이라면 일은 이미 다 끝난 것입니다. 그러나 하나님께서는 배척을 받으면서도 사랑하시고 미움과 원망을 들으면서도 사랑하시는 그 아름다운 창조적인 사랑을 여기에서 말씀하고 있습니다. 사랑의 뜻을 알든 모르든 또한 사랑의 필요성을 알든 모르든, 받는 바 사랑에 감사를 하든 않든 간에 끝까지 사랑하시는 하나님의 그 사랑이 바로 여기에 계시되고 있는 것입니다. 이와 같이 사랑에는 시간적인 인내가 있고 질적으로의 인내가 있습니다.

　그리고 이 중보적 사랑은 자기 희생을 지불한다는 것입니다. 사랑하기 위하여 자기의 의 곧 하나님의 이름이 훼손되며 마침내는 십자가를 지시게 됩니다. 이토록 아픔이 동반되고 희생이 함께하는 하나님의 희생적 사랑이 여기에 계시되고 있습니다. 그런데 문제는 본문에 기록된 대로 이러한 사랑을 "너희가 원치 아니하였도다" 하는데 있습니다. 이 놀라운 사랑을 원치 않는 못된 병아리! 그토록 애끓는 마음으로 계속 저들을 끌어 모으려 애를 쓰지만 이리 저리 도망을 다니다가는 끝내는 물리거나 잡아 먹히고 마는 것이란 말입니다. 이와 같이 안타까운 이스라엘을 향해 "내가 네 자녀를 모으려 한 일이 몇 번이냐?"고 하시는 것입니다. 하나님께서는 계속 사랑하시고 또 사랑하심에도 불구하고 저들은 이 사랑을 받아들이지 않았다는 것입니다.

여러분! 이 사랑의 거절은 곧 심판과 종말을 의미합니다. 이는 왜냐하면 사랑의 거절이란 다름아닌 불신앙의 행위이기 때문입니다. 예를 들어 남녀가 서로 사랑을 나누는데 있어서도 이쪽에서 "내가 당신을 사랑합니다" 하고 나오면 저쪽에서도 "정말 고맙습니다" 할 수 있어야 소위 말하는 연애가 될 수 있는 것이지 그와는 반대로 이쪽에서는 진지하게 "사랑합니다" 하는 고백을 하고 있는데 저쪽에는 "웃기고 있네" 하고 나온다면 이 일이 어떻게 되겠습니까? 사랑이란 믿지 않으면 그것으로 그만인 것입니다. 그 때문에 대체로 보면 의심 많은 사람이 목적 없이 노처녀되기가 쉬운 것입니다. 그러니까 이 세상에 믿을 놈이 어디 있느냐는 것인데 이것은 딸들을 가르치는 어머니들에게도 책임과 문제가 있는 것입니다. 가만히 보면 어머니로서 딸들에게 대단히 잘못 가르치는 것 하나가 무엇이냐하면 "남자는 다 도둑 놈이다" 혹은 "남자는 다 늑대다" 하는 이야기입니다. 자기가 당한 것만 생각하면서 이렇게 가르쳐 놓았으니 보는 남자마다 다 늑대인데 어떻게 늑대하고 결혼을 할 수 있겠습니까? 그래서 결혼이 잘 안될 뿐만 아니라 결혼을 하고서도 늑대 콤플렉스 때문에 문제가 있는 것입니다. 부부가 같이 살다보면 때로는 한쪽에서 언성이 높아지기도 하고 언짢은 소리가 오고갈 수 있겠지만 그렇다고 하여 사랑에 대한 의심은 절대로 안 되는 것입니다. 이제 남편이건, 아내건, 또는 자식이건 간에 사랑에 대한 의심이 조금도 없다고 생각하고 보면 달리 못 받아들일 것이 무엇이 있겠습니다? 그런데 이 사랑을 의심하고 나면 이제부터는 만사가 문제입니다. 그래서는 칭찬도 문제요, 친절한 말을 하더라도 이말 뒤에는 또 무슨 놀음이 숨어 있나 하고 오히려 불순한 관심을 일으키게 되는 것이란 말입니다.

　아무튼 무슨 말, 무슨 일을 해도 좋지만 한 가지 분명하게 잊지 말아야 하는 것은 사랑에는 의심이 없다고 하는 사실입니다. 따라서 어느 순간 무슨 일이 생겼다면 그럴만한 충분한 이유가 있겠지 하고 믿어 준다면 다른 문제는 물론 풀리지 않을 일이 없는 것입니다. 하지만 그와는 반대로 의심하고 불신하기로 시작하면 그 이후의 문제는 어떠한 방법으로도 풀어나갈 재간이 없다는 사실입니다.

　하나님께서는 우리에게 당신의 사랑을 계시하시기 위해 선지자를 보내시고, 아들을 보내시며, 심지어 그 아들을 십자가에 못박기까지, 하실 수 있는 전부를 다 했지만 끝까지 안 믿는데야 도리가 없는 것이란 말입니다. 하나님이 세상을 이처럼 사랑하사 독생자를 주셨으나 믿는 사람이 볼때에 감사하고 감격하는 것이지 믿지 않는 사람이 볼 때에는 불경스러운 표현 그대로 말해 "누가 죽으라고 했었나?" 하는 것으로 끝나는 것입니다. 도대체 이것이 왜 이렇게 되었느냐 하는 말입니다. 옛날에는 남녀 사이에 사실을 고백하는 표현으로 "당신이 나의 사랑을 받아주지 않는다면 나는 죽어버리겠다"는 말을 하곤 하였습니다. 이는 그렇게 말을 하게 되면 상대편에서 겁을 먹었기 때문입니다. 하지만 요즈음 세상에서는 그런 말을 해보았자 아무런 소용이 없습니다. 만약 그런 말을 했다면 저편에서는 "마음대로 해" 하고 나오는 터이니까 말입니다. 그러므로 무슨 말이든지 사랑으로 받는 자에게만 의미가 있는 것입니다.

　또한 이 사랑의 거절이란 사랑을 몰라보는 것입니다. 그리하여 사랑으로 하는 일을 오해하며, 사랑을 간섭으로 잔소리로 생각합니다. 그 예가 바로 부모의 관심에 대한 자녀들의 오해와 무지입니다. 뿐만 아니라 오늘 본문 말씀은 "너희가 원치 아니하였도다" 하심으로 정면적인 사랑의 거절을 말씀하고 있습니다. 사랑에 대한 바른 응답은 성실과 정절입니다. 진정 사랑을 한 것이라면 사랑을 받아들이는 그 사랑에 대하여 직선적으로 응답하여야 합니다. 이러한 응답은 곧 정조를 지키는 일입니다. 그런데도 나를 극진히 사랑하는 저의 사랑을 알고, 또한 그 사랑을 받아들인다고하면서 또 다른 사람을 대상으로 관계를 맺는다면 이것이 사랑이겠습니까? 이를 위해 호세아서를 보면 참으로 기막힌 장면들이 많이 있습니다.그 중 3장 2절 말씀에 보면 "내가 은 열다섯 개와 보리 한 호멜 반으로 나를 위하여 저를 사고"라는 말씀이 있습니다. 이제 이 말씀이 나오게 된 배경을 보면 선지자 호세아가 하나님의 명을 따라 고멜이라고 하는 한 창녀를 아내로 맞아 사랑을 하게 되어 아들 딸 각각 하나씩을 낳게 됩니다. 그런데 이 여자가 제 버릇을 버리지 못하여 집을 나가서는 다시 창녀가 되고 맙니다. 그럴 때에 하나님께서는 또 다시 호세아를 향하여 말씀하시기를 "너는 또 가서 타인에게 연애를 받아 음부된 그 여인을 사랑하라"고 하십니다. 이에 호세아가 돈으로 값을 치른 후 데려와 하는 말이 "너는 많은 날 동안 나와 함께 지내고 행음하지 말며 다른 남자를 좇지 말라. 나도 네게 그리하리라"는 이야기를 하고 있습니다. 제발 다른 남자를 사랑하지는 말아다오! 나도 너만 사랑할 터이니 너도 나만 사랑해다오! 이 얼마나 기가 막힌 이야기입니까?

    여러분! 진실한 사랑에 대한 응답은 정절입니다. 이제 하나님께서 우리를 사랑하신다면 그 사랑을 받아들이는 길은 오직 하나님만을 사랑하는데 있습니다. 그런데 여전히 우리가 세상을 사랑하고, 물질을 사랑하며, 죄와 짝하는 처지라면 "하나님이 세상을 이처럼 사랑하신" 그 사랑에 대한 바른 응답이 아닌 거역하는 행위가 되는 것입니다.

    예수님께서는 이와 같이 끝까지 정절을 지키지 못하고 사랑을 거절한 이스라엘을 향하여 "너희 집이 황폐하여 버린바 되리라!"는 마지막 선언을 하십니다. 예수 그리스도를 거절하는 것은 마지막을 말하는 것입니다. 이는 예수 그리스도는 종말적 계시자요 최후의 통첩이기 때문입니다. 그러므로 이 마지막 통첩까지 거절하고 나면 이제 다시는 길이 없습니다.

이리하여 예루살렘은 예수님의 이 마지막 선언이 있은 지 40년 후인 주후 70년에 완전히 망하게 되고 맙니다. 그렇다면 여기에서 한번 더 생각해야 할 것이 있습니다. 그것은 굳이 멸망에 대한 예고가 필요한 것이며 망하는 데에도 준비가 필요한 것이냐 하는 것입니다. 하지만 "너희 집이 황폐하여 버린 바 되리라!" 하신 이 말씀도 알고 보면 사랑입니다. 왜냐하면 그러므로 회개하라!는 것이니까 말입니다. 만약 저들이 이 마지막 말씀만 듣고라도 회개를 하였더라면 구원의 길이 있었습니다. 이를 위해 구약성서로 돌아가 생각을 해보면 요나서에 기록된 니느웨성의 사건이 그러합니다. 하나님께서는 죄많은 성 니느웨에 선지자 요나를 보내어 "40일이 지나면 니느웨가 무너지리라"(욘 4 : 3)고 하는 간단한 통지를 하십니다. 그런데 이 짤막한 한 마디의 통첩을 듣고 니느웨 사람들은 왕으로부터 기르는 짐승에 이르기까지 물 한 모금도 마시지 않고 재에 앉아 회개를 하며 하나님께 부르짖을 때에 하나님께서는 요나의 불평에도 불구하고 이미 선언하신 심판의 계획을 취소하시어 니느웨성을 구원하시는 것을 볼 수 있습니다.

그러므로 이 마지막 통첩이란 무엇을 의미하고 있는 것이겠습니까? 본래 진짜 멸망에는 통첩이 필요한 것이 아닙니다. 그러나 오늘도 여기에 주신 말씀이 "암탉이 그 새끼를 날개 아래 모음 같이 내가 네 자녀를 모으려 한일이 몇 번이냐? 그러나 너희가 원치 아니하였도다" 그렇다면 언제 너희 집이 황폐하여 버린 바 되리라는 것입니다. 아직도 기회가 있고 그 기회가 자그마치 40년이나 있었습니다. 이 무서운 종말적인 말씀의 선언이 떨어진 이후 40년이라고 하는 소중한 기간이 있었음에도 불구하고 저들은 끝까지 회개하지 않다가 결국 망하고 만 것입니다.

우리는 하나님의 심판의 말씀 속에도 깊고 깊은 하나님의 사랑이 계시되어 있음을 깨달아야 합니다. 오늘도 그 사랑이 우리를 당신의 나래 아래로 계속 부르고 있습니다. 그러나 우리에게 두려운 것은 마지막에 하신 "그러나 너희가 원치 아니하였도다"라고 하신 이 말씀입니다. 우리는 어떠한 경우에든 이 말씀만은 듣지 말아야 하겠습니다. 그리고 이제는 오직 주님의 날개 아래서만 쉬기를 원합니다 하는 간절한 자세로 하나님 앞에 나올 수 있어야 하겠습니다.

번개와 독수리

 그때에 사람이 너희에게 말하되 보라 그리스도가 여기 있다 혹 저기 있다 하여도 믿지 말라 거짓 그리스도들과 거짓 선지자들이 일어나 큰 표적과 기사를 보이어 할 수만 있으면 택하신 자들도 미혹하게 하리라 보라 내가 너희에게 미리 말하였노라 그러면 사람들이 너희에게 말하되 보라 그리스도가 광야에 있다 하여도 나가지 말고 보라 골방에 있다 하여도 믿지 말라 번개가 동편에서 나서 서편까지 번쩍임같이 인자의 임함도 그러하리라 주검이 있는 곳에는 독수리들이 모일지니라.
　　　　　　(마태복음 24 : 23~28)

번개와 독수리

마태복음 24장과 25장의 말씀은 그 문백상으로 보아 성전 안에서의 설교를 끝내신 예수님께서 감람산 위에 오르시어 저 아래의 예루살렘을 한눈에 내려다보시면서 제자들에게 하신 말씀입니다. 이 말씀은 어디까지나 제자들을 앞에 놓고 하신 말씀이라는 것을 잊지 말아야 합니다. 예수님께서 말씀하신 대상을 놓고 연구해 보면 대체적으로 보아 하신 말씀 중 3분의 2가 열두 제자를 앞에 놓고 하신 말씀들입니다. 그리고 나머지 3분의 1이 그 외의 다른 사람이나 무리들에게 하신 말씀으로 보아집니다. 그러고 보면 예수님께서는 철저하게 예수님의 제자들을 중심으로, 그들을 놓고 가르치시며, 그들을 참된 제자가 되게 하는데 모든 힘과 시간을 다 기울이셨다는 생각이 됩니다. 그 결과 이 제자들에 의하여 복음의 큰 역사를 이루고 교회가 세워짐으로 오늘의 교회를 이루게 된 것이라 하겠습니다.

오늘 주신 말씀은 최후의 만찬석상에서 하신 말씀을 제하고 나면 성전 밖에서 하신 말씀으로는 마지막이 되는 말씀이라 생각합니다. 그리고 주시는 바 이 말씀의 의도는 말세에 되어질 일들을 미리 알려 주심으로 제자들로 하여금 어떠한 시험과 환난을 당하더라도 결코 실족치 않게 하시려는데에 있습니다. 사실 예수님의 여정을 두고 생각하면 지금 이 순간에 얼마나 많은 슬픈 이야기를 담고 있는 것인지 모릅니다. 이제 예수님의 바로 눈앞에는 겟세마네 동산의 장면이 전개될 것이고 십자가가 있으며 그리고 부활이 있습니다. 거기에서 좀더 나아가면 예수님의 승천이 있고 그 후 얼마간의 시간이 흐르면 예루살렘의 멸망이 있게 될 것이며, 그 다음에는 온 세계에 환난이, 그리고 마침내는 예수님께서 심판주로 재림하실 것까지를 내다보시면서 당장에 져야할 십자가를 앞에 둔 매우 긴장된 상황에서 가슴 아픈 눈물을 흘리시면서 하시는 말씀입니다. 다시 말하면 높은 언덕인 감람산에 오르신 예수님께서 저 아래를 내려다 바라보며 하시는 말씀인 것입니다.

그럼에도 불구하고 제자들의 생각은 예수님의 마음과는 아랑곳없이 참으로 먼 거리에 있었으니 여기에 또한 슬픔이 있는 것입니다. 우리는 그러한 장면을 24장 1~2절 말씀을 통하여 잘 알 수가 있습니다. 거기에 보면 "예수께서 성전에서 나와서 가실 때에 제자들이 성전 건물들을 가리켜보이려고 나아오니 대답하여 가라사대 너희가 이 모든 것을 보지 못하느냐? 내가 진실로 너희에게 이르노니 돌 하나도 돌 위에 남지 않고 다 무너뜨리우리라"고 말씀하셨습니다. 그러니까 지금 이 제자들은 예수님을 향하여 "이 성전이 어떻습니까?" "이 얼마나 굉장한 건물입니까?"를 말하고 있는 것인데 그 의도는 "예수님! 이만하면 예수님께서 왕으로 되실 만한 곳이 될 수 없겠습니까?" 하는 이야기인 것입니다.

이와 같이 제자들은 계속하여 정치적이고 세속적인 메시야 나라를 생각하고 있습니다. 그리하여 예수님이 왕이 되시는 날 자기들은 우의정, 좌의정이 되어 예루살렘은 물론 유대나라를 다스리며 영광스럽게 한번 지내고 싶은 그 꿈을 아직도 버리지 않고 있는 것입니다. 성경을 자세히 보면 이러한 생각들이 예수님께서 죽으시고 부활하신 다음에까지 계속되고 있음을 볼 수 있습니다. 그 예로서 사도행전 1장 6절 말씀을 보면 "이스라엘 나라를 회복하심이 이때이니까?"라며 부활하신 이후에까지 끈질기게 묻고 있는 것입니다. 참으로 끝까지 세속적인 욕망과 정치적인 영광, 그리고 이스라엘 나라의 회복 등 이 세속적인 욕망에 대하여 미련을 버리지 못하고 있는 것입니다.

그러기에 제가 이 장면을 보면서 생각하는 것은 예수님께서는 이 후에 전개될 엄청난 사건을 말씀하시고, 큰 환난과 역사의 저 마지막에 있어질 놀라운 사건들을 말씀하고 계시지만 과연 이 제자들이 몇 마디나 알아 들었을까 하는 것이 걱정입니다. 말이란 하는 자와 듣는 자의 생각이 같을 때에만 그 의미의 전달이 가능한 것입니다. 그런데 지금 이 제자들은 전혀 다른 방향에서 생각을 하고 있는 터이고 보면, 그 말을 듣는다고 하여 몇 마디나 알아 들을 수 있었겠는가 하는 의문이 생긴 것이란 말입니다.

아무튼 예수님께서도 이러한 가운데에서도 저들이 알아듣던 못 알아 듣던 말세에 나타날 모든 사건들을 예언으로 말씀하고 계십니다. 이러한 때에 제자들이 세 가지의 질문을 하게 되는데 그 내용상으로 보아 이 질문들은 심리적인 측면에서 이미 질문 자체에 문제가 있는 것이라 하겠습니다.

그 첫째 질문은 "어느 때에 이런 일이 있겠사옵니까?" 하는 것으로 때를 물어보는 질문입니다. 요즈음도 보면 예수님께서 언제 재림하실 것인가 하여 그때에 대한 생각을 많이 하는 사람들이 있습니다. 이는 마치 학교에 가서는 시험은 언제 봅니까 하고 심심하면 물어보는 학생과도 같습니다. 본래 시험 보는 날짜에 대해서 신경 많이 쓰는 학생은 실력이 시원찮은 학생입니다. 그저 평소에 꾸준히 공부하면 그것으로서 준비가 되는 것을 굳이 언제 시험을 볼 것인가 하고 그때에 관심을 가지는 것이라면 아무래도 공부는 제대로 못하는 학생이란 말입니다. 마찬가지로 이 예수님의 재림 날짜에 대하여 너무 많은 신경을 쓰다가 이것 때문에 신앙적으로, 인간적으로 크게 잘못되는 것을 무수히 볼 수 있습니다. 그러므로 그 때에 대해서는 그렇게 신경을 쓰지 마십시다. 우리는 그저 주님 오실 날이 가까왔다는 사실만 알면 되는 것입니다. 그런데 그날이 몇날 몇시인가 하고 어떤 결정적인 날짜를 알아보려고 하는 그러한 관심은 벌써 그 관심 자체에 문제가 있는 것입니다.

이제 두번째 질문은 세상 끝에는 무슨 징조가 있겠습니까 하는 징조에 대한 물음입니다. 그러니까 이 질문은 이 세상이 끝나기 직전에 어떠한 일이 있겠습니까 하는 것으로 '그때'를 묻는 의도나 거의 비슷한 말입니다. 다시 말하면 마치 해산할 여인에게는 앞서 진통이 오는 것처럼 "미리 무엇 좀 보여 주는 것이 없겠습니까?" 혹은 "어떤 징표가 있겠습니까?" 하는 말로서 이를 나쁘게 생각하면 심리적인 배경으로 말해 그 징조를 볼 때부터 회개하겠다는 이야기인 것입니다. 그 전까지는 이대로 그럭저럭 살다가 그때에 가서 정신차려 보겠다는 것이란 말입니다. 그러므로 이와 같이 '그때'나 '징조'에 대하여 굳이 알겠다고 관심을 쏟는 신앙은 아무 때나 꾸준히 믿음을 지켜나가는 진실된 자세와는 달리 상당히 기회주의적인 신앙자세라고 생각이 됩니다.

　그리고 세번째는 세상 끝과 주의 임하심과는 어떠한 관계가 있는 것입니까? 하는 질문입니다. 본문에 기록된 대로는 "주의 임하심과 세상 끝"으로 표현되어 있는 이 말의 의미상의 연결은 주님의 임하심과 세상 끝 그 사이에 어떤 문제가 있겠습니까? 하는 말입니다. 따라서 이 말은 또한 '세상 끝'과 예수님의 재림과의 그 관계를 묻고 있는 것이라 생각합니다.

　이상 세 가지 질문에 대한 예수님의 대답이 24장 전장에 걸쳐 기록되고 있습니다마는 오늘 본문 말씀은 그 후반부에 나타나게 합니다. 그러면 먼저 24장 전반에 걸쳐 흐르고 있는 이야기의 내용이 무엇인가 할 때 여기에는 예수님께서 말씀하시는 몇 가지의 회답이 있습니다. 그 첫째가 역사에는 목표가 있다고 하는 이야기입니다. 우선 보기에는 어둡고 무질서하며 아무런 계획이나 뜻이 없는 것처럼 보이지만 역사의 흐름에는 반드시 방향이 있고 뚜렷한 목표가 있다는 것입니다.

　역사를 보는 사관(史觀)에는 크게 나누어 두 가지가 있습니다. 그 하나가 역사는 돌고 도는 것이라는 사관입니다. 즉 말하자면 원을 그리면서 계속 도는 것과 같은 이치로 그러노라면 결국 얼마 후에는 다시 제자리로 돌아오게 되는 것입니다. 마찬가지로 역사도 그러해서 문명이 발생했다가도 사라지고, 사라졌다가도 발생하며, 뿐만 아니라 대중문화에 영향을 끼치고 있는 유행이라는 것도 가만히 보면 돌고 도는 것임을 실감하게 됩니다. 그래서는 남자의 넥타이를 두고 보아도 그저 넓어졌다 좁아졌다 하는가 하면 여자들의 치마 길이도 길어졌다 짧아졌다 하며 오르내리고 있는것이란 말입니다. 이것을 인간과의 관계에서 개인적 생명에다 적용을 한다면 소위 불교에서 말하는 윤회가 되는 것입니다. 그러니까 사람의 생명도 돌고 도는 것이라는 이야기입니다. 그렇다면 유행이 그러하듯이 가만히 서 있으면 제 자리로 돌아온다는 것인데 그러나 한번 난 사람이면 별수 없이 죽었지 언제 무엇으로 돌아온다는 말입니까? 그러므로 '회춘'이라는 말은 거짓말입니다. 어디에 다시 과거의 청춘이, 그 젊음이 돌아오더냐는 말입니다. 결코 그런 것은 아닙니다.

그 두번째는 역사는 돌고 도는 것이 아니라고 하는 사관(史觀)입니다. 성경이 말하는 역사관은 어디까지나 직선적입니다. 창조가 있고 끝이 있으며 시작이 있고 마지막이 있습니다. 이는 사람의 생명에 있어서도 마찬가지입니다.

다음 두번째로 생각할 예수님의 말씀은 역사의 장에서 마지막 승리는 그리스도에게 있다고 하는 것입니다. 이것은 매우 중요한 종말론적 신앙입니다. 현실적으로는 십자가의 고난도 있고 핍박도 있으며, 온갖 어려움이 다 있지만 결국은 그리스도가 반드시 승리하실 것이며 진리가 이기고 교회가 이길 것입니다. 이것이야말로 우리의 신앙이요 보루입니다. 그러므로 이것만은 어떠한 경우에서라도 절대 의심하지 말아야 합니다. 과거가 어떻고 현재가 어떻든 간에 역사의 마지막은 그리스도의 승리로 끝날 것입니다. 그 마지막 승리를 믿기에 오늘을 참는 것입니다. 이것이 그리스도인의 변할 수 없는 신앙이었으며 특별히 초대교회 교인들의 신앙이었습니다. 마지막 승리는 그리스도의 것이다! 그리스도가 영원히 승리하실 것이다! 역사의 주인은 하나님이시다! 역사의 끝에는 그리스도의 승리가 있다! 이처럼 저들은 오직 그리스도를 오메가 포인트로, 역사 끝의 승리자로 믿고 있었던 것입니다.

이제 세번째 말씀으로는 재난이 극심하겠다는 것입니다. 여기에서 말씀하시는 재난에는 먼저 일반적인 재난이 있습니다. 이 재난은 기근이나 전쟁, 지진과 같은 재난들을 말합니다. 그리고 보다 더 심각한 재난은 도덕적인 재난으로 불법이 성하고 사랑이 식으며, 사람을 잡아 죽이는 곳에 넘겨주는가 하면 배신을 하는 등의 타락된 행위가 있겠다고 하는 것입니다. 뿐만 아니라 종교적인 재난이 심하여 가증한 것이 거룩한 곳에 서게되며 거짓 그리스도와 거짓 선지자들이 일어나 큰 혼란과 종교적인 타락을 가져오는 비참한 일들이 생기게 될 것이라는 말씀입니다.

그러나 예수님께서는 이 모든 말씀을 하시면서 그 결론을 어디에다 두고 있느냐 하면 24장 14절 말씀인 "이 천국 복음이 모든 민족에게 증거되기 위하여 온 세상에 전파되리니 그제야 끝이 오리라!"고 하는 이 말씀에 두고 있습니다. 그러므로 끝이 온다는 것은 재난이 심하여 오는 것도 아니요 전쟁이 있고 원자탄이 터지는 등의 이 세상 사건 때문에 오는 것이 아닙니다. 끝이 오는 기준은 복음이 온 세상에 전파되는 바로 거기에 있습니다.

이와 같이 예수님께서 말씀하시는 역사관에 있어서의 마지막 설명은 역사의 중심과 그 목표는 복음 전파에 있다고 하는 것입니다. 따라서 오늘 이 역사가 존재하는 것도 다름아닌 복음 전파를 위한 것이란 말입니다. 그러고 보면 재난이나 전쟁 등, 이 모두가 다 복음 전파를 위해서 있어진다는 이야기입니다. 우리는 전쟁이 문명을 얼마나 많이 돕는가 하는 것을 잘 알고 있습니다마는 특별히 이 복음 전파라고 하는 역사는 하나같이 재난을 통하여 이루어졌다고 하는 사실입니다. 이를 위한 설명이라면 그 증거를 들면서 설명을 하더라도 끝이 나지 않을 것입니다. 우리 한국교회가 이만큼 부흥 되기까지에는 물론 여러 가지 이유가 있고 설명할 말이 많이 있습니다마는 그 중에 한 가지 뺄 수 없는 것은 바로 6 · 25를 겪었다고 하는 사실입니다. 참혹한 전쟁의 소용돌이 속에서 삶의 현실이 뒤집히는 동안 젊은이들의 세계관이 달라지고 사람들의 마음문이 활짝 열려지게 된 거기에서 복음의 전파가 이루어질 수 있었던 것입니다.

그러나 6 · 25가 없는 평탄한 역사를 살아왔다는 가정하에 선교사들이 복음을 들고 들어온 것이라면 제가 연구한 바로는 지금과 같은 복음 전파의 역사는 이루어지지가 않습니다. 전쟁이라는 크나큰 소용돌이에는 아픔이 있고, 고통이 있으며, 엄청난 희생이 있습니다. 그러나 하나님의 크신 역사는 그러한 역경이 없이는 이루어지지가 않습니다. 지금 중국에도 약 1억의 교인이 있다고 합니다. 이 수치는 저들이 공식적으로 발표한 것이 6천만명이고 보면 비밀리에 있는 교인이 얼마든지 있을 것이라고 하는 전문가들의 견해에서 나온 수치입니다. 이는 실로 굉장한 숫자가 아닐 수 없습니다. 그런데 여기에 대한 놀라운 이야기가 있는 것은 만일 공산주의가 아닌 평안한 상태에서라면 수만명의 선교사들이 들어가 전도를 했다손치더라도 결코 6천만명을 확보하지는 못했을 것이라고 하는 이야기입니다. 저는 그 말이 옳은 것으로 인정하고 싶습니다. 큰 환난과 핍박! 이것은 하나님의 복음 선교에 있어서 뺄 수 없는 일이며, 바로 거기에 하나님의 지혜가 있음을 알아야 합니다. 우리가 한 개인을 놓고 보더라도 무사태평, 만사형통한 가운데서 참 신앙을 가질 수 있는 것이 아닙니다.

이제 예수님께서는 세상 끝의 징조들, 곧 전쟁이 있고 재난이 있으며 사랑이 식어지리라는 말씀을 하신 다음 "이 천국 복음이 모든 민족에게 증거되기 위하여 온 세상에 전파되리니 그제야 끝이 오리라"고 하십니다. 필경 끝이 오기는 오겠는데 그 근거는 복음 전파에 있다는 말씀입니다. 이는 곧 그 끝이 지연되는 것도 복음 전파를 위함에 있고, 끝이 나는 것도 복음 전파에 있다는 것입니다. 그런데 예수님께서는 이 말씀을 마치시는 결론으로 오늘 본문에 기록된 "거짓 그리스도들과 거짓 선지자들"이 난무하리라는 말씀을 하고 계시는 것입니다. 바로 그 때문에 지금 내가 이렇게 미리 경고하고 있는 것이며 누가 와서 그리스도가 여기 있다 저기 있다 하며 무슨 소리를 하여도 절대로 믿지 말라는 것입니다.

이에 예수님께서는 거기에 대한 세가지의 구체적인 상황을 말씀하시기를 "먼저는 여기 있다 저기 있다 하여도 믿지 말라!" 다시 말하면 내가 보았다고 하여도 믿지 말라는 것입니다. 그리고 또 한 가지는 큰 표적과 기사를 행하겠지만 그러더라도 믿지 말라는 것입니다. 신기한 기적을 나타내고 병을 고치며 놀라운 일을 행한다 하더라도 그것 때문에 그를 곧 그리스도라고 믿지는 말라는 말씀입니다. 한때 박태선씨의 부흥회가 바람을 일으키고 있을 무렵 거기에 가는 어떤 집사님 한 분을 붙들고는 "왜 그리로 가십니까?" 하고 물어보았더니 그 분의 말씀인 즉 "가 보니까 성경에는 맞지 않아요" 하는 것입니다. 그러길래 저가 다시 "그러면 맞지 않는 소리를 하는데 왜 가십니까?" 하고 물었더니 "신기해서 갑니다"라는 것입니다. 신기해서! 바로 거기에 문제가 있는 것입니다. 신기하고 안하고가 무슨 문제란 말입니다. 설령 죽은 사람을 살린다 하더라도 그것 때문에 저가 그리스도라고 생각해서는 아니됩니다. 우리는 오직 성서적으로만 이해하고 그리고 믿어야 합니다.

다음 또 한 가지는 광야에나 골방에 있다고 하여도 믿지 말라는 것입니다. 이는 매우 재미있는 말씀이라고 생각합니다. 그러니까 이 이야기는 지금 그리스도가 광야 아니면 산 혹은 골방에 있다는 말이 되는데 옛날에는 수도사다 뭐다하여 그런 사람들이 많았던 것입니다. 이들은 이상한 차림으로 산이나 들에서 금식을 하고 고행을 하면서 때때로 이상한 말을 하게도 됩니다. 이러한 현상은 요즈음도 흔한 것이어서 특별히 우리 나라 산에도 가보면 그런 사람이 많이 있는 것을 볼 수 있습니다. 오래 전이긴 하지만 산으로 찾아가 그런 사람을 만나 보는 중에 한 사람이 말하기를 예수님이 3년 전에 왔다고 하는 것입니다. 그런데 가만히 그 사람의 이야기 내용을 듣다 보니 바로 자기가 3년 전 산에 들어온 날짜를 말하고 있는 것이란 말입니다. 그러길래 하도 어처구니가 없어서 "그럼 당신이 아니오?" 하고 물었더니 그 사람의 대답인 즉 "남들이 그렇다고 해요"라는 것입니다. 그래서 다시 제가 "내가 당신하고 이렇게 마주앉아 있는데 어떻게 당신이 메시야요?"라고 하였더니 이번에는 "어떻게 또 내가 아니오?" 하고 나오는 것입니다. 그러길래 "성경 어디에 그런 말씀이 있소?" 하고 물었더니 그 대답이 참으로 무서운 말이었습니다. 그의 대답인 즉 "성경 어디에 그렇지 않은 말이 있습니까?" 하는 것입니다. 지금 이 사람은 3년 동안 산에 가서 성경만 읽고 있다가 이렇게 돌아버린 것입니다. 그 사람이 보는 대로는 성경 어디를 보아도 "네가 메시야다"라고 한다는 것입니다. 그런데 그 사람을 따르는 사람들이 또한 많아서 제가 갔을 때에도 한 4백여명이 모여서는 주여 주여 하고 있는 것이란 말입니다.

아무튼 예수님의 말씀은 내가 미리 말하노니 산에 있든 광야에 있든 어디에 있든지 간에 이상한 소리하는 그들을 믿지 말라는 것입니다. 또한 요즈음은 골방에서 유혹하는 사람들이 많이 있어서 여기에 현혹되는 것을 봅니다. 대개 이런 사람들을 따라가는 사람들이 흔히 무슨 말을 하느냐하면 "족집게" 같다는 말을 하고는 합니다. 그러니까 무엇을 알아맞힌다는 것인데 그 재미에 거기에 가서 결혼 허락한다는 예언기도를 받고 결혼했다가 뒤에 이혼하는 사람을 보았습니다. 또한 그렇게 하여 믿고 사업하겠다며 남의 돈 끌어 넣었다가 크게 망신만 당하고는 이십년이 지나도록 회복하지 못하는 사람도 보았습니다. 이 모두가 잘못된 것입니다. 성령은 결코 점치는 영이 아닙니다. 그 누구를 막론하고, 광야에서든 골방에서든 계시를 받았느니 신통하다느니 하며 말들을 하지만 예수님의 말씀은 한마디로 "믿지 말라"고 하시는 것입니다. 특수한 공간도, 특수한 시간도, 특수한 인물도 믿지 말란 말입니다. 오늘도 우리 주위에는 내가 예수라는사람들이 많이 있습니다. 어떤 이들은 혹시 무엇인가 하고 구경하러 다니다가 그 길로 잘못되는 수가 많이 있습니다. 그러므로 거듭 말하지만 그리스도가 광야에 있다고 하여도 나가지 말고 골방에 있다 하여도 믿지 말라는 것입니다.

그렇다면 이제 어떻게 하라는 것이겠습니까? 그 대답이 여기에 있습니다. "번개가 동편에서 나서 서편까지 번쩍임같이 인자의 임함도 그러하리라!" 그러므로 그런 시시한 이야기들은 믿지 말라시는 것입니다. 여기에서 "번개가 번쩍임 같이"란 무엇을 뜻하는 말씀이겠습니까? 예수님께서는 이 말씀을 비유로 오늘 우리에게 말씀하고 계십니다. 실로 이 이상의 적합한 비유가 없을 것입니다. 번개가 동에서 서로 번쩍하는 것같이 인자가 오는 것도 그렇게 올 것이다!

이 말씀의 뜻은 첫째로 우주적이라고 하는 것입니다. 그러니까 역사의 끝에 가서 공개적으로 올 것이라는 말입니다. 따라서 어느 골방으로 오실 것도 아니고 내가 모르는 먼 산 속에 올 그리스도가 아니라는 말입니다. 번개야말로 한번 번쩍하면 누구나 다 보는 것이 아니겠습니까? 저는 이 번개라는 말을 들을 때면 언제나 생각나는 일이 하나 있는데 다름 아닌 일본의 히로시마에 원자탄이 떨어졌던 자리입니다. 달걀만한 원자탄이 떨어질 때 번쩍한 것이 40만의 생명을 일순간에 빼앗아 가고 그 자리에는 사람의 그림자만 있는 것을 볼 수 있습니다. 아무튼 인간들이 만든 작은 원자탄 한개가 번쩍이는 데에도 이렇게 되는 것이라면 그리스도의 오심이야 걱정할 것이 아닙니다. 이제는 베들레헴으로 오시는 예수님도 아니오, 계룡산이나 삼각산에 오시는 예수가 아니더란 말입니다. 그야말로 번개와 같이! 우주적으로 충만하게 오시리라는 것입니다.

그리고 또한 점진적으로 오시는 것이 아니라 일시적이어서 순간적으로 오시겠다는 말씀입니다. 그러므로 오실 그리스도는 이제 나서서 한살

두살 나이를 먹으며 자라서 성인이 되고 있는 그런 그리스도가 아니라는 말입니다. 다시 오시는 예수 그리스도는 역사의 끝에 심판주로 오시기 때문에 온 인류가 순간적으로 동시에 뵈올 수 있게 번개가 번쩍임같이 오실 것이라는 말씀입니다. 간혹 어떤 이들은 지구가 둥근데 예수님께서 예루살렘에 오시게 되면 우리는 못보겠다는 걱정을 하는 것을 봅니다마는 요즈음은 사람들의 재주도 놀라와서 위성중계만 하게 되면 지구 어느 구석에서 벌어지는 일이든 전세계 사람들이 같은 시간에 같은 장면을 대할 수 있는 처지에 주님의 재림을 놓고 무슨 지구가 둥글고 우주가 넓다며 걱정을 해야 하는 것이겠습니까? 오늘 본문의 '번개가 번쩍임같이' 라는 말은 상징적 표현인 하나의 비유입니다마는 재림은 실제입니다. 이 실제 임할 재림은 신 불신 간에 모든 사람이 동시에 볼 수 있도록 오실 것이라는 말씀입니다.

다음 또 하나 이 말의 뜻은 위엄있게 오시겠다는 말씀입니다. 초라하거나 그저 그렇게 오시는 것이 아니라 번개가 번쩍하면서 우르릉 쾅 할 때와도 같이 놀라우신 위엄과 권세로 오시겠다는 말씀입니다.

뿐만 아니라 이 번개라는 말은 개인적으로 오시겠다는 의미를 갖는 말이기도 합니다. 그러니까 우주적인 사건이면서 동시에 개인적인 사건이 되는 것입니다. 지금은 우리가 오신 예수를 전하면서 이곳 저곳에서 각각으로 따로 가르치고 전도하고 하지만 다음에 오시는 예수님은 누구나 예외 없이 같은 시간에 볼 수 있으며 동시에 한 사람 한 사람이 개별적으로 만나게 되는 것입니다. 그러므로 어느 누구에게 소식을 듣는 것과는 상관없이 내 눈으로 못보았으면 안 오신 것이요, 뿐만 아니라 누가 와서 보았다면 전해 줘야 할 정도로 그렇게 시시하게 오실 예수님이 아니시란 말입니다. 그야말로 번개와 같이! 역사의 끝에! 시간의 끝에! 위엄 있고 장엄하게 나타날 우주적 사건인 것입니다. 이에 예수님께서는 누가 와서 그리스도가 광야에 왔다, 혹은 골방에 있다고 해도 믿지 말라는 것입니다. 세상이 대충은 다 그런 줄 압니다마는 특별히 왜 그렇게 한국에 예수가 많은지 알 수가 없습니다. 제가 계룡산 가서 만난 사람만 하여도 열 사람이 넘는데 저마다 다 자기가 예수라 하고 있는 것입니다. 그리하여 어떤 사람은 자기는 죽은 다음에 살아날 것이라는 말을 해오다 죽게 되자 주위의 추종자들이 장례식은 하지 않고 시체를 앞에 놓은 채 살아날 것을 기다리다가 결국은 썩을 때까지 다 썩어 냄새나는 장례식을 치러야 했던 것입니다. 생각하면 이 얼마나 어리석은 일입니까마는 그러나 그것을 믿고 기다렸더란 말입니다. 그래서 하시는 말씀이 절대로 동요되지 말라는 것입니다. 나 예수가 다시 오는 것은 믿는 자이건 믿지 않는 자이건 간에 동시에 다 알 수 있게 올 것이라는 말씀입니다. 간혹 어떤 이는 "나는 워낙 예수를 잘 못믿어서 나 모르게 오시려나 보다" 하는 생각을 하기가 쉽습니다. 그러나 분명한 것은 다같이 보고 다같이 알게 될 것입니다. 다른 것이 있다면 믿는 사람에게는 구원의 주로, 믿지 않는 사람에게는 심판의 주로 오신다는 점의 차이일 뿐 오시는 자체를 알거나 모른다는 이야기는 절대로 아닙니다.

그리고 오늘 본문 마지막에 주시는 말씀을 보면 "주검이 있는 곳에는 독수리들이 모일찌니라"고 하였습니다. 독수리는 육식 조류로서 특별히 썩은 것을 먹고 사는 새입니다. 그렇기 때문에 어디에고 썩은 시체가 있게 되면 반드시 독수리들이 모여드는 것입니다. 그런데 오늘 본문의 이 말씀을 두고는 여러 가지 해석을 하고 있습니다. 그 한 예가 로마인들의 깃발에 새겨진 독수리와 연관시킨 해석으로 이스라엘 사람들이 로마인들에 의해 다시 침략을 당하여 멸망하게 될 것을 예언하는 말씀일 것이라 생각하여 유대 사람들의 시체가 있는 곳에 독수리가 모인다는 것으로 해석을 합니다마는 그렇게 되면 독수리가 먼저 와서 시체가 된 것이니 말의 순서가 달라지는 것입니다.

그러므로 여기에서 주시는 말씀의 의미는 일단 '시체가 많아지겠다'

는 여기에서부터 출발하여 "독수리가 모일지니라"고 하셨으니 이는 장례를 치러 줄 사람도 없겠다는 것으로 생각하면 이 말씀에 대한 이해는 간단하게 됩니다. 그러니까 독수리가 모임으로 시체가 생기게 된 것이 아니고 시체가 있음으로 독수리가 모여드는 것입니다. 그러면 왜 독수리들이 모일 것이냐 할 때 그것은 시체가 너무 많기 때문인 것이니 다시 말하면 많은 사람이 죽게 되리라는 말씀입니다. 주님의 재림이 임박한 때가 되면 전쟁을 비롯한 온갖 재난으로 많은 사람이 희생을 당하게 되겠는데 그 정도가 너무나도 큰 재난이기 때문에 죽은 몸뚱이 하나도 묻어 줄 사람이 없다는 것입니다. 그러다보니 독수리들이 모일 수밖에 없는 것이란 말입니다. 아무리 죽음이 많다하더라도 빨리 장례를 치른다면 독수리가 뜯어먹는 것은 막을 수 있는 것이 아니겠습니까? 그러나 이 재난의 시기에는 그 누구도 다른 누구를 돕지 않습니다. 따라서 시체 하나를 묻어 주는 사람이 없을 것이라고 하는 구체적인 말씀이 되기도 합니다.

또한 이 말씀을 영적으로 생각해 본다면 '영적인 죽음이 있는 곳에는 반드시 심판의 독수리가 모여든다' 는 것인데 이 심판의 독수리는 주님의 재림을 말하는 것이 아니라 심판 그 자체를 의미하는 것으로 생각되어지는 것입니다.

그러면 이제 우리는 예수님께서 오늘 본문 말씀을 하시기까지 전체 문맥 속에 흐르고 있는 재림 신앙을 가진 자에게 경고하시는 윤리를 생각해 보아야 하겠습니다.

그 먼저는 사랑이 식어질 것이라고 하는 경고입니다. 따라서 사랑이 식어지지 않도록 하라는 말씀입니다. 세상에는 계속 미움이 있어서, 미움을 당하니 또 미워하고, 억울하니 복수하며, 배신을 당했으니 원수가 되는 이러한 악순환이 계속되고 있지만 너희는 그러한 일을 당하더라도 절대로 사랑이 식어지지는 말라는 것입니다. 그리스도인의 생명이 사랑에 있고 예수의 제자라는 표식이 사랑입니다. 그러므로 너희는 절대로 사랑이 식어지지 않도록 하라! 설령 우리가 미움을 받는다 하더라도 나는 저를 사랑해야 하고 배신을 당하더라도 내가 배신을 하여서는 아니됩니다. 비록 내가 다 빼앗겼어도 나는 빼앗아서는 안된다는 것을 기억해야 합니다. 그리고 말세가 가까워 올수록, 주님의 재림이 임박해 올수록, 아니 그보다는 나의 죽음이 가까워 올수록 사랑을 더욱 뜨겁게 불러일으켜야합니다. 여러분! 여러분의 생명이 얼마 남지 않았다면, 또한 그날이 문앞에 이르렀다면 해야 할 일이 무엇이겠습니까? 사랑 밖에 더 다른 무엇이 있겠습니까? 그러므로 끝까지 사랑이 식어져서는 안될 뿐만 아니라 더욱 더 뜨거운 사랑으로 달구어 나가야 할 것입니다.

다음 또 하나는 믿음을 온전케 해야 한다는 것입니다. 오직 그리스도 중심적인 믿음! 그리하여 진실로 주님의 재림만을 기다리는 깨끗한 믿음의 소유자가 되어 순간순간 주님을 만날 생각을 할 수 있어야 합니다. 이러한 믿음의 현상은 초대교회나 중세 수도원적 신앙생활을 하는 사람들의 인사말에 잘 나타나 있습니다. 저들은 '주님이 곧 오신다는 것을 잊지 맙시다' 하는 뜻에서 서로 인사를 나눌때마다 '마라나타'(우리 주여 오소서)라는 말을 사용함으로 교인들 사이에 희망과 용기의 표어로 삼았던 것입니다. 주님은 곧 오실 것입니다. 심판과 구원의 주로 오실 것입니다. 그러므로 이제 우리는 잘 살고 명예롭고 하는 것은 잊어버리고 주님을 만날 바로 그 순간만을 생각하며 재림주를 영접하는 깨끗한 신앙을 갖추도록 늘 새롭게 노력해 나가야 하겠다는 말씀입니다.

그리고 다음 또 하나는 13절에 기록된 말씀과도 같이 끝까지 견디어야 한다는 것입니다. 사랑으로 견디고, 믿음으로 견디며, 소망으로 견디어야 합니다. 이제는 견디는 길 뿐 변절하거나 변덕을 부려서는 안됩니다. 세상이야 어떻게 되든 초지일관하여 나의 사랑, 나의 믿음, 나의 소망에는 변함이 없어야 합니다. 끝까지 견디는 자는 구원을 얻으리라! 오늘 우리에게 들려주시는 주님의 분명한 음성입니다.

나무의 비유를 배우라

그날 환난 후에 즉시 해가 어두워지며 달이 빛을 내지 아니하며 별들이 하늘에서 떨어지며 하늘의 권능들이 흔들리리라 그때에 인자의 징조가 하늘에서 보이겠고 그때에 땅의 모든 족속들이 통곡하며 그들이 인자가 구름을 타고 능력과 큰 영광으로 오는 것을 보리라 저가 큰 나팔소리와 함께 천사들을 보내리니 저희가 그 택하신 자들을 하늘 이 끝에서 저 끝까지 사방에서 모으리라 무화과나무의 비유를 배우라 그 가지가 연하여지고 잎사귀를 내면 여름이 가까운 줄을 아나니 이와 같이 너희도 이 모든 일을 보거든 인자가 가까이 곧 문앞에 이른 줄 알라 내가 진실로 너희에게 말하노니 이 세대가 지나가기 전에 이 일이 다 이루리라 천지는 없어지겠으나 내 말은 없어지지 아니하리라 그러나 그날과 그때는 아무도 모르나니 하늘의 천사들도, 아들도 모르고 오직 아버지만 아시느니라.

(마태복음 24 : 29~36)

나무의 비유를 배우라

　이 본문 역시 앞장에 이어 제자들과 함께 감람산에 오르신 예수님께서 산 아래의 예루살렘 도성을 내려다보시면서 하신 말씀입니다. 제자들의 대부분이 시골 바닷가 갈릴리를 고향으로 한 촌사람들인지라 1년에 몇 차례 육로를 걸어서 예루살렘에 올라와 보면 그저 놀랍고 감격스러우며, 또한 부럽기도한 그런 것이었습니다. 더욱이 지금처럼 이렇게 높은 곳에서 내려다보노라면 예루살렘성이 한 눈에 들어오는 것이 저들의 가슴을 부풀게 하는 것입니다. 그래서는 어쩌면 예수님께서 저 예루살렘성을 왕도로 하여 예수님이 다스리시는 나라를 일으키실 때에 우리도 예수님과 더불어 이 나라를 다스리게 될 것이라는 요행과 청운의 꿈을 꾸고 있는 시간이기도 합니다.
　그러나 예수님께서는 그와는 정반대의 생각을 하고 계시는 것입니다. 회개하지 않는 예루살렘! 암탉이 그 새끼를 날개 아래 모음같이 여러 번 여러 번 회개의 기회를 주었건만 계속 회개하지 않는 이 도성은 망하리라! 예수님께서는 40년 후이면 이 예루살렘성이 깨끗이 망해질 것을 알고 계셨습니다. 예수님께서 말씀하신 대로 40년 후에 망한 이 예루살렘은 얼마나 철저하게 잔멸되었던지 멸망한 지 100년 후에 예루살렘을 방문한 사람의 기록에 의하면 거기에서 사람 100명을 만나지 못했다고 하는 것입니다. 지금처럼 원자탄이 떨어진 것도 아니요 그 재가 남아 있으므로 위험해서 못들어 가는 것도 아닙니다. 순전히 사람과 사람이 맞대어 찌르고 베고 하는 육박전일 뿐인데 아무튼 얼마나 철저하게 잔멸되었던 지 100년이 지난 후에까지 사람 100명을 만날 수 없을 정도로 완전히 망한 것입니다. 그 직접적인 이유는 로마 사람들이 중동을 다스리려 할 때 이스라엘 나라를 두고는 할 수가 없었고, 또한 이스라엘 나라를 지배하려면 예루살렘 성전을 두고는 불가능한 것입니다. 왜냐하면 이것이 정신적인 지주가 되어 예루살렘을 거룩한 도성이요, 하나님의 도성이요 하면서 흠모를 하고 순례를 하기 때문에 이 성을 그대로 두어서는 안되겠다는 생각을 하게 된 것입니다. 그 결과 예루살렘 성을 완전히 없애 버리고 예루살렘 성전은 말씀 그대로 깨끗하게 그 돌 하나도 돌 위에 남지 않게 다 쓸어 버리게 되었던 것입니다. 지금 예수님께서는 바로 이와 같은 철저한 멸망의 그날을 내다 보시면서 슬픈 마음을 가지신 채 역사의 끝, 곧 주의 날에 나타날 사건들을 예언하고 계시는 것입니다.

이미 앞장에서 말씀드린 바와 같이 제자들은 예수님을 향하여 역사의 끝인 '그때'와 그때가 가까웠음을 알리는 '징조'와 그리고 세상의 끝과 주님의 재림과는 어떤 관계가 있는가 하는 세가지의 궁금한 점을 물어 보았습니다. 그런데 이에 대한 예수님의 대답은 어떤 것은 직선적으로 또 어떤 것은 암시적으로 말씀하고 계십니다. 이제 예수님께서는 큰 환난, 특별히 전쟁이 있을 것을 예고하시면서 "민족이 민족을, 나라가 나라를 대적할" 것을 말씀하셨습니다.

오늘날 대부분의 역사가들이 예측하는 바에 의하면 현재에 일어나고 있는 나라와 나라 사이의 전쟁이 동서의 관계, 아니면 자유진영과 공산진영 간의 이데올로기 싸움이라면 이 다음에 일어날 전쟁은 민족 간의 싸움이 되리라는 것입니다. 그러니까 이후의 전쟁은 국경이 문제시 되는 싸움이 아니라 이 민족과 저 민족간의 싸움이 되리라는 것이 역사가들이 보는 견해요 전망이라는 말입니다.

그런데 예수님께서는 전쟁을 설명하시면서 두 가지의 양상으로 나누어 말씀하고 계십니다. 그 하나가 "민족이 민족"을 대항하여 싸우는 것이며 다른 하나는 "나라가 나라"를 대항하여 싸우리라는 말씀입니다. 이에 독일의 히틀러가 유대인 6백만을 죽이는 사건을 두고 저들은 "민족이 민족을"이라는 이 말씀에 적용을 시켰던 것입니다. 분명 나라도 없이 다니는 백성들인지라 이는 나라와 나라와의 관계가 아닙니다. 한마디로 말하면 독일 게르만 민족이 이스라엘 민족을 진멸하려는 그러한 싸움이었습니다. 이는 그야말로 민족이 민족을 대항하는 싸움이어서 이러한 일들이 전개되는 것을 보고 당시의 어떤 이들은 "이렇게 말씀이 응하는 것을 보니 지금이 세상 끝인가 보다" 하는 생각을 했었다고도 합니다. 당시의 사태로 보아 그렇게 생각할 수 있는 이야기인 것입니다. 민족이 민족을! 아무튼 앞으로 있을 전쟁은 국경에서의 싸움이 아니라 어느 국가 어느 사회에 있든지 간에 민족과 민족간의 싸움이 있을 것이라고 하는 이야기입니다.

그리고 또한 기근과 지진이 있을 것이며, 환난이 있고 배교가 있으며, 도덕적인 타락과 사랑이 식어지는 비인간화 현상이 나타날 것이며, 게다가 종교적으로는 "내가 그리스도다"라고 하는 거짓 그리스도와 거짓 선지자들이 곳곳에서 일어나 사람들을 미혹하게 될 것이라는 말씀입니다. 그런데 한 가지 분명하게 알아야 될 것은 예수님께서는 이와 같은 말씀들을 하시면서 "이 모든 것이 재난의 시작이니라!"고 하셨다는 사실입니다. 우리의 생각에는 이만하면 끝이 된 것같이 보이는 데 그것이 아니라는 것입니다. 재난의 시작이라! 오히려 이러한 것들은 보편적인 사건이더란 말입니다. 엄격히 따져 말하면 역사적으로 보아 이러한 때가 없었던 적이 없습니다. 어느 한 시기인들 전쟁이 없었습니까? 또한 기근이 없었습니까? 재난이 없었습니까? 그리고 사랑이 식어지는 일이 어찌 오늘에만 나타나는 일이겠으며, 거짓 그리스도, 거짓 선지자 역시 그러합니다. 그러므로 예수님께서는 지금 이러한 사건들을 말씀하고 계시기는 하지만 이것들은 반복되는 사건들이라는 말씀입니다. 따라서 있었던 일이 다시 있고 지난 사건이 또 다시 나타나게 될 것이라는 이야기입니다.

여기에서 우리가 이단들의 특징을 두고 생각해 보면 대개 세 가지의 특징을 발견할 수가 있는데 그 하나가 긴박한 위기설입니다. 그리하여 어떤 재난이 있게 되던가 도덕적으로 타락한 양상을 볼 때면 도대체 이런 일이 어떻게 있을 수 있는가? 하면서, 이런 일들이 있는 것을 보니 말세가 분명하며 따라서 이제 주님이 곧 재림하실 것이라고 하는 임박한 종말을 고합니다. 그런가 하면 어떤 때에는 시한부 종말을 말하는 것입니다. 예수님께서는 분명히 그날과 그 시는 모른다고 말씀하셨음에도 이단들은 대체적으로 몇년 몇월 몇일 몇시 하는 식의 이야기를 잘하는 것을 봅니다. 그리고 또 한 가지는 자기를 메시야, 곧 재림주로 이야기하는 것입니다. 우리가 믿고 아는 바의 메시야는 오직 예수 그리스도 한분 뿐이신데 저들 이단들은 자기가 메시야요 이 말세에 보내진 유일한 심판자요 주인이 된다고 하는 것 등이 대부분의 이단들이 가지고 있는 특징입니다.

그러나 우리가 한 가지 분명하게 알아야 하는 것은 어려운 일을 당할 때마다 지금이 말세인가보다 하는 극단적인 시한부 종말론은 잘못된 것이라고 하는 점입니다. 그 때문에 지난 날 1차 세계대전이 일어나자 이제는 주님이 오시려나 보다 하고 세상 끝이라고 하던 것이 다시 2차 대전의 발발을 보게되자, 또 다시 이제는 끝이다! 원자탄이 터지니 이제는 정말 끝이다! 사방에서 전쟁이 일어나고 특별히 이스라엘 나라가 독립을 하게 되었을 때에는 이에 관한 많은 유머(humor)가 있었습니다. 그리하여 예수님께서 무화과나무의 잎이 푸르르면 재림하시리라 하셨는데 이렇게 이스라엘 나라가 독립을 하는 것을 보니 이제는 끝이라 하여 한동안 이에 관한 이야기들을 해왔던 것입니다. 아무튼 이와 같이 전쟁이나 재난, 환난 등을 들추어 계속 위기를 고조해 나가면서 지금의 처지가 마지막인 것처럼 극단적인 시한부 종말을 주장하는 것은 크게 잘못된 종말론이라는 것을 잊지 말아야 합니다.

그리고 이제 우리는 예수님께서 하시는 오늘 이 말씀에 귀를 기울여야 합니다. 본문 29절 말씀에 보면 "이 날 환난 후에"라는 말씀이 있습니다. 이는 환난의 1막이 다 지나갔음을 의미하는 말입니다. 그러니까 환난의 사건들이 반복되면서 말세가 된 것 같지만 말세가 아니요, 끝에 있는 것 같으나 아직도 끝은 아니라는 말입니다. 전쟁과 기근, 환난이나 배교, 그리고 사랑의 식어짐과 부도덕한 일들, 이 모든 것들은 이미 계속 있어 왔던 일들로서 이 정도의 반복되는 사건 가지고 마지막은 아니라는 이야기입니다.

문제는 예수님께서 말씀하신 "그날 환난 후에"라는 여기에 있습니다. 그러면 그날 환난 후에 무엇이 어떻게 될 것인가 할 때에 "즉시 해가 어두워지며 달이 빛을 내지 아니하며 별들이 하늘에서 떨어지며 하늘의 권능들이 흔들리리라"고 하는 것입니다. 이는 실로 결정적인 말씀으로 바꾸어 말하면 천지개벽이 있겠다는 것이요 하늘의 질서가 무너지겠다는 것입니다. 해라고 하면 적어도 우리 인간들이 살고 있는 태양계에 있어서는 중심이 되고 기본이 되는 것입니다. 모든 생물이 그러하듯이 우리 인간은 해가 있음으로 살아갑니다. 이 해를 중심으로 춥고 덥고 하는 기온의 조화와 여름과 겨울이라는 각각 다른 계절의 감각을 가지게 되는 것입니다. 저는 여름과 겨울이 갖는 태양과의 관계를 두고 참으로 오묘하다는 생각을 해보고는 합니다. 왜냐하면 여름이란 간단히 말해 해가 바로 위에서 비취는 것이요, 이렇게 바로 위에서 비취던 해가 비스듬히 옆으로 비취면 겨울이 되는 것입니다. 그러니까 똑바로 비취던 것이 조금만 그 각도가 기울어져도 추워서 죽겠다는 것인데 거기에서 좀더 기울어지게 되면 아주 얼어죽고 마는 것입니다. 이와 같이 해를 중심으로 각도만 조금 틀려도 죽느니 사느니 하는 처지이고 보면 우리의 생명이 얼마나 아슬아슬하게 사는 것이냐, 하는 말입니다.

우리는 4계절이 분명한 좋은 기후에서 살아가고 있습니다마는 어쩌다가 적도 가까이에 있는 나라들을 여행할 때이면 이렇게 더워서야 어떻게 사는가 할 정도로 그 열기가 대단한 것을 느끼게 됩니다. 그 기후에 익숙지 못한 저로서는 도저히 살 수가 없을 것만 같은 기후요 온도인 것입니다. 그런데 이와 같은 현상의 모두는 태양과의 관계에서 비롯되는 것입니다. 다시 말하면 태양과의 거리나 각도에 관계된다는 말입니다. 아무튼 태양이 있어서 모든 것의 균형을 잡아 주며 거기로부터 주어지는 빛과 열에 의하여 우리의 생명을 받아 유지하며 살아갑니다. 그런데 그 태양이, 그 해가 어두워진다면 이것은 그 순간에 아주 끝이나고 마는 것입니다. 여기 해가 어두워진다는 것은 구름이 해를 덮어 가린다는 말이 아닙니다. 이는 해 자체가 어두워지는 것을 말합니다. 그리고 달도 그 빛을 내지 않겠다고 하는 것인데 이는 햇빛을 받아 반사되는 것이 달빛이고 보면 참으로 당연한 것이 아니겠습니까? 그런가하면 또한 별들이 하늘에서 떨어질 것이라고 하는 말씀입니다. 이는 실로 굉장한 말씀이요, 일반적인 이야기가 아닙니다. 흔히 말해온 전쟁과 재난, 환난이 있고 하는 이야기와는 전혀 다른 문제요 사건입니다. 해가 빛을 잃고 달이 빛을 잃으며 그리고 별들이 떨어지는 사건! 이것이 진정 마지막 징조라는 것입니다.

그런데 우리는 개인적으로나 민족적으로 혹은 나라 밖의 어려운 사건들을 접하게 되면 쉽게 이제 말세인가 보다 하는 생각들을 합니다마는 결코 그렇지가 않습니다. 그러한 것들은 모두가 다 그림자적인 작은 징조일 뿐입니다. 바꾸어 말하면 그리하여 우리에게 무엇인가를 계속 경고하는 의미의 징조인 것입니다.

그리고 다시 본문에서 이어지는 말씀은 "하늘의 권능들이 흔들리리라"고 하는 것입니다. 이것은 곧 우주의 질서가 깨어지고 체질이 녹아지는 일이 생길 것이라는 말씀입니다. 베드로 후서 3장(10~12)에도 보면 주의 날에는 하늘이 풀어지고 체질이 녹아지리라는 같은 내용의 말씀이 있는 것을 볼 수 있습니다.

저는 어느 기회에 천문학자들이 모여 강연을 하고 토론을 하는 자리에 참석하여 그들의 이야기를 들어본 적이 있습니다. 그때 그 많은 이야기 중 저에게 깊은 관심을 끌게 하여 두고 두고 생각하며 기억나게 하는 것이 하나 있는데 그것이 블랙 홀(black hole)이라는 것입니다. 우주의 범주가 물질계라고 생각하지만 그러나 물질계와 정신계가 하나로 만나지는 것으로 이야기하기도 합니다. 이것은 왜냐하면 정신계는 무한하고 물질계는 유한하다는 도식적인 이야기는 잘못된 것으로 물질계도 무한하다는 것입니다. 이제 우리가 하늘을 우러러 별을 헤아리며 몇억만개, 몇억만개 하고 계속 이야기해 보아도 그 끝은 우리로서는 상상할 수 없는 무한한 지경에 있는 것입니다. 이와 같이 무한한 우주 공간의 저 편에는 우리가 볼 수 있는 정도로 블랙 홀이라는 것이 있다고 합니다. 이것은 한마디로 말해 구멍이 있다는 것인데 그야말로 알 수 없는 구멍입니다. 이제 빙빙 돌고 있던 별이 그 가까이에 가기만 하면 홱 돌아서는 쑥 빠져 들어가고 마는 것입니다. 그래서 블랙 홀이라는 것인데 그러고 나면 다시 나오지도 않거니와 도대체 거기가 어딘지도 모른다는 것입니다. 아무튼 우주에 이와 같은 검은 구멍이 있다면 거기로부터 이어지는 그 다음은 어디냐는 말입니다. 그런데 아무도 그것을 모른다고 하는 것입니다. 그러다가 마지막 헤어질 때 웃으면서 주고받는 말이 "블랙 홀이 무엇입니까?" 하고 누군가가 묻자 "그것은 아무도 모릅니다" 하고 대답을 하자 다른 한 사람이 농담 겸 진담으로 하는 말이 "그게 지옥이지요" 하고 답하는 것을 보았습니다. 이와 같이 우리가 우주의 질서에 대해 안다고 하는 것은 참으로 적고 작은 것입니다.

그런데 그 우주의 질서가 깨어져 하늘의 권능들이 흔들릴 것이니 그 때에 인자의 징조가 하늘에서 보이리라는 것입니다. 그리고 인자의 나타나심은 누구나 다 알아볼 수 있게, 믿는 자이건 믿지 않는 자이건 모두가 다 친히 알아볼 수 있도록 오시겠다는 것입니다. 여기에서 말하는 "인자의 징조"라고 할 때의 이 "징조"가 어떤 것이냐에 대해서는 사실상 물을

나무의 비유를 배우라

수도 답할 수도 없는 내용의 것입니다. 왜냐하면 이것과는 비슷한 것이 없기 때문에 비유로도 설명이 불가능할 뿐만 아니라 이는 역사의 마지막에 단 한번 밖에 없는 사건이기 때문에 그 징조조차도 설명할 수가 없는 것입니다.

이에 예수님께서 하시는 말씀이 해가 어두워지고 달이 빛을 내지 아니하며 별들이 하늘에서 떨어지며 하늘의 권능들이 흔들리는 그때에 인자의 징조가 하늘에서 보일 것이며, 이러한 징조는 어느 곳의 누구이든지 충분히 알아볼 수가 있을 것이니 혹시나 하고 걱정하지 말라는 것입니다. 그리고 이 징조가 나타나게 되면 땅의 모든 족속들이 주님을 영접하지 않았음으로 인하여 통곡을 하게 될 것이라는 말씀입니다. 하지만 그때에 가서 아무리 통곡을 하여도 이미 때는 지나가 버린 것입니다.

이는 마치 가룟 유다에게 계속 회개의 기회가 주어졌음에도 불구하고 끝까지 회개하지 않다가 그 기회를 놓치고 마는 것이나 마찬가지인 것입니다. 마침내 예수님께서는 십자가에 돌아가시고 말았으니 그 다음에야 무엇을 어떻게 하겠습니까? 이제는 그때에 받은 돈을 제사장에게 되돌려주어도 소용이 없으며, 누구를 붙들고 그게 아니었노라고 아무리 하소연을 하여도 돌이켜질 길이 없습니다. 그리하여 마침내 그는 목을 매달아 죽고 마는 것이 아니겠습니까? 그는 회개의 기회를 놓쳤습니다. 이와 같이 회개의 기회를 놓친 사람들이, "이럴줄 알았으면 진작 예수를 믿을 걸" "그렇게 많은 기회가 있었는데 나는 왜 이렇게 되었는가"라며 통곡을 할 것이라는 말씀입니다. 여기에서 땅의 족속들이 통곡을 할 것이라는 것은 땅의 모든 족속들이 징조를 분명하게 보고 그리고 통곡할 것이라는 말씀입니다. 그러므로 새삼스럽게 징조에 대하여 물을 것도 없다는 것입니다.

그리고 또한 구름을 타고 능력과 큰 영광으로 오는 것을 모든 족속이 보리라는 것입니다. 그러므로 거듭 말씀드리지마는 어떤 사람은 보고 어떤 사람은 못보았다거나, 혹은 어디에서 보았다는 등의 그런 소리하는 것이 아니라는 말입니다. 그때와 그 징조는 그렇게 되어있는 것이 아닙니다. 여기에 관한한 아무리 내로라는 사람이 이제다 저제다 하며 무슨 말을 하여도 믿을 것이 없습니다. 이제 오시는 재림의 주님은 아기 예수로 베들레헴에 오신 것처럼, 그렇게 오시는 것이 아닙니다. 예수님께서는 분명히 말씀하시기를 온 인류가 동시에, 밝히 볼 수 있도록 구름을 타고 능력있게 큰 영광으로 오리라는 것입니다. 그런데 이단은 물론 어떤 이들은 이것조차도 비유로 생각하려는 사람들이 있습니다. 이제 구름을 타고 오신다는 이 말씀까지도 상징이고 비유라고 한다면 실로 비유란 어디까지 가되는 것이겠습니까? 그렇다면 해가 어두워진다는 것이나, 별들이 떨어진다는 것, 그리고 나팔소리나 천사까지도 비유라는 말입니다. 이를 두고 어떤 이들은 생각하기를 "그거야 죽을 지경이 되면 해가 안보이니까 없는 것 같지 뭐! 그리고 전쟁이 일어났으니 하늘이 제대로 보이기나 하겠어? 그저 노랗게 보이지" 하면서 이 말씀에 대한 풀이를 정말 이렇게 하고 있는 것을 봅니다. 하지만 이는 다 헛된 소리이며 성경을 그렇게 보는 것이 아닙니다.

그 때문에 예수님께서는 그 전후를 관계적으로 이렇게 말씀하고 계시는 것입니다. 전쟁이 있을 것이다! 재난이 있을 것이다! 지진이 있을 것이다! 그러나 이것은 재난의 시작이다! 그리고 진짜는 해가 어두워지며 달이 빛을 내지 아니하며 별들이 하늘에서 떨어지며 하늘의 권능들이 흔들릴 것이라는 말입니다. 우리는 예수님께서 이와 같이 단계적으로 말씀하시는 의도가 여기에 있음을 알아야 합니다.

그런데 이 단계적인 말씀을 결정적으로 결론짓는 말씀이 오늘 본문에 나타난 무화과나무의 비유를 배우라는 말씀입니다. 이를 위해 앞에 주신 말씀의 장면을 정리해보면 큰 나팔소리와 함께 천사들을 보내어 택하신 자들을 하늘 이끝에서 저끝까지 다 모아서, 다시 말하면 한편에서는 믿지 않았던 자들의 통곡이 있는가 하면 이제 믿는 자들은 다 함께 모여 공중에서 주님을 영접하게 되리라고 하는 것입니다. 이는 실로 굉장한 우주적인 종말을 예고하는 말씀입니다.

    이 말씀에 이어 예수님께서는 무화과나무의 비유를 배우라고 하셨습니다. 이것은 곧 마지막 심판을 말씀하심입니다. 최후의 심판! 그렇기 때문에 여기에는 어떤이들이 말하는 "역사는 돌고 도는 것이다"라고 하는 윤회 같은 것은 인정되지 않습니다. 기독교의 역사관은 어디까지나 직선적입니다. 성서는 창조가 있고 끝이 있는 직선적 역사관을 말하고 있습니다. 더욱이 이 끝에 대해서는 달리 설명할 수 있는 비유도 없습니다. 그것은 왜냐하면 이 끝은 단 한번뿐인 사건으로 끝나기 때문입니다. 이에 예수님께서는 무화과나무의 비유를 배우라고 하시는 것입니다.

    그리고 또한 이 사건은 예언적인 말씀이 성취되는 순간입니다. 구약성서 이사야 13:9~13, 34:8~10, 에스겔 32:7~8, 시편 18:7~15 등 이외에도 주의 날에 있을 무서운 심판에 대한 이야기가 얼마든지 예고되어 있는 것을 볼 수 있습니다. 그런데 바로 그 예언된 말씀이 그대로 여기에서 성취될 것이라는 말씀입니다. 그러니까 이것은 예언의 성취로서의 종말이 되는 것입니다.

    다음 또 한 가지는 예수 그리스도가 그 중심이 된다는 사실입니다. 마침내 주님께서 나타나시어 한편으로는 심판을 하시고 또 한편으로는 당신을 믿는 택한 백성들을 구원하시는 시간입니다. 그리하여 우주의 통치자로 재림하신다는 것입니다.

    이제 그러면 무화과나무의 비유를 배우라고 하시는 말씀의 뜻이 무엇인가 할 때 우리는 이어지는 말씀인 "그 가지가 연하여지고 잎사귀를 내면 여름이 가까운 줄을 아나니"라고 하시는 이 말씀이 뜻하는 바를 생각해 보아야 합니다. 여러분, 이제 무화과나무의 가지가 연하여지고 조그마한 푸른 잎이 돋기 시작하면 무엇을 생각하여야 하는 것이겠습니까? 나타난 현상이 그렇다면 모름지기 잎이 커지면서 열매를 맺는 그때까지를 생각하여야 합니다. 이는 잎이 나오기 시작하였으면 자랄 것이요 자랐으면 나무에는 열매가 달리게 될 것입니다. 그러므로 무화과나무에서 파릇파릇 잎을 내기 시작하면 벌써 여름이 가까웠음을 알아야 하는 것이란 말입니다. 최후의 사건! 그 징조를 아는 길은 그것뿐입니다. 다시 말하면 작은 사건들이 계속 나타날 때 이것을 징조로 볼 줄 알아야 한다는 말씀입니다.

여러분! 혹시 중한 병에 걸려보신 적이 있으십니까? 가만히 보면 어떤 이들은 이 세상에서 영원히 살 것처럼 자기 마음대로 방탕하기도 하고 거짓되기도 하다가 어쩌다가 한번 어려운 병에 걸리게 되면 거기로부터 아주 다른 사람이 되는 것을 볼 수 있습니다. 그것은 왜냐하면 병 중에서 스스로 어쩔 수 없는 자기 자신과 의식이 오락가락하는 것을 맛보는 순간 바로 내 앞에 있는 죽음을 알게 되었기 때문입니다. 질병은 다름아닌 죽음에 대한 연습이요 그 징조입니다. 병은 계속 걸리는 것입니다. 그래서 감기도 앓고 머리도 아픕니다. 그저 조금 심하게 앓거나 가볍게 앓는 차이일 뿐 이렇게 앓아 누울 때마다 이러한 사건은 반복되고 있는 것입니다. 그러나 사람들의 생각이 앓다가는 낫고 앓다가는 낫고 하다보니 또 낫겠지 하는 안일한 마음을 갖습니다마는 그래서 또 낫는 것은 아니기에 언젠가는 그 길로 아주 가고 마는 것이란 말입니다. 우리는 이러한 사실을 잊지 말아야 합니다.

이제 무화과나무의 잎이 조그마하게 돋아났으면 그 잎이 크게 자랄 것은 물론 새로운 가지들이 생기기도 하고 그리고 열매가 맺히는 것입니다. 마찬가지로 내 앞에 작은 사건들이 계속 반복되고 있을 때에 이 사건을 통하여 저 앞에 있는 궁극적 사건을 볼 줄 알아야 한다는 것입니다. 전쟁은 자주 일어나고 곳곳에서 계속되고 있습니다. 그러나 마지막 심판이 있는 전쟁은 그러한 것이 아닙니다. 참으로 저 맨 끝인, 종국에 있습니다.

우리는 때때로 참혹한 기근과 지진의 소식을 듣습니다. 그럴 때면 기근이, 혹은 지진이 또 일어났나 보다 하면서 몇사람 아니면 몇천, 몇만명 죽고 말겠지 하는 생각을 하는 것에 그치고 맙니다. 하지만 이것은 무화과나무의 잎과도 같은 것입니다. 이는 언젠가 그 날에는 세상을 끝내는 그러한 지진이 있을 것이라는 것을 알아야 한다는 것입니다. 그러므로 반복되는 작은 사건을 통하여 큰 사건을 보며 나아가서 그리스도의 왕국을 내다볼 줄 아는 지혜를 가져야 한다는 뜻에서 이 무화과나무의 비유를 배우라는 말씀을 하고 계시는 것입니다.

여러분! 지금 반복되고 있는 사건이 계속 반복되는 것이 아닙니다. 언젠가는 반드시 결정적인 순간이 오는 것입니다. 마치 우리들의 질병이 아프고 낫고 또 아프고 하다가 언젠가는 아주 끝이 나고 마는 것처럼 말입니다. 어제도 제가 서울대학 병원에 들려 의사들 앞에서 이런 이야기를 하고 왔습니다. "사람은 병원에서 태어나 병원에서 죽습니다. 여러분들이 의사로서 환자들을 고치느라고 많은 애를 씁니다마는, 그 수고에 대하여는 고맙게 생각하나 한번 깊이 생각해 보면 별볼일없는 일이 아닙니까? 결국은 기껏 고쳐보았댓자 뺑 돌아와 영안실에서 끝날 것을…, 문제는 다만 며칠을 있다가 오느냐의 차이일 뿐이라"고 말입니다. 그래서 바로 이 무화과나무의 비유를 배울 줄 알아야 한다는 것입니다.

이제 어떤 사람이 여행을 하는 중 국경을 지나게 되어 검문 수색을 당하게 되었습니다. 이에 자동차를 세워놓고 이것저것을 살피며 만져보고는 합니다. 그래서 이 사람이 "왜 그러세요"라고 하였더니 수색하는 사람이 있다가 "걱정하지 마세요, 물건은 빼앗지 않습니다. 그저 무기만 있나 없나를 보는 것입니다" 하고서는 검색을 하고난 후 "이제는 가보세요" 하는 것입니다. 그런데 이 사람이 신앙이 좋은 사람이였던지라 검사관에게 하는 말이 "나 오늘 좋은 것 배웠습니다. 당신네 나라에 들어가는데 지금 나를 검색하셨지요? 내가 가지고 있는 좋은 물건들 하나도 다치지 않고 다만 무기만 찾는다고 하였는데 훗날 내가 하나님 앞에 가서 심판을 받을 때에도 다른 것은 다치지 아니하고 내 마음속, 내 생활 속에 있었던 분노와 증오, 거짓과 위선 등, 이러한 죄만 수색하고 나를 통과시킬 것이 아니냐?"고 말입니다. 우리가 하나님의 심판대 앞에 서노라면 무기와 같은 것, 즉 내가 숨기고 있지만 남을 해하고 하나님의 교회를 해하는 그러한 것들은 검색을 당할 것이란 말입니다. 만약 앞서 이야기한 이 사람에게서 무기가 하나 발견되었다면 그는 어떻게 되는 것이겠습니까? 그 나라에 못들어감은 물론 가진 바 모든 것은 몰수되고 그는 감옥에 들어가야 하는 것입니다. 그런데 그 하나의 무기만 없으면 조금 괴롭기는 하지만 다 뒤져본 다음에는 "미안합니다" 하고서는 보내 주는 것이란 말입니다. 그리하여 이 사람은 이 일을 경험하면서 "나는 최종 심판에 대한 생각을 하며 은혜 많이 받고 갑니다. 덕분에 고맙습니다" 하고 가더라는 것입니다.

여러분! 생각해 보십시오. 우리는 반복되는 사건 속에서, 그리고 하나님의 긍휼과 인내 속에서 살아 갑니다. 그런데도 우리는 때때로 하나님을 소홀히 여기고는 합니다. 그래서는 같은 사건이 반복되는 것을 보면서도 늘 그럴 줄로만 알고 있습니다. 하지만 그 일에도 분명 끝이 있다는 것이 오늘 우리에게 주시는 주님의 말씀입니다. 나무의 가지가 연하여지고 잎이 나오거든 여름이 가까운 줄을 알라! 그리고 35절에서 매우 강하게 결론지어 말씀하시기를 "천지는 없어지겠으나 내 말은 없어지지 아니하리라!"고 하십니다. 이는 천지는 없어지겠으나 내 말은 반드시 이루겠고 이루어질 것이며 그리고 인자의 날이 올 것을 말하는 것입니다.

'인자'라고 하는 것은 예수님께서 자기 자신을 계시하시는데 쓰신 가장 중요한 용어입니다. 예수님에 대한 지칭에는 '예수'를 비롯하여 '메시야' '그리스도' '주' 등 많은 지칭들이 있습니다마는 예수님께서 즐겨 사용하시던 자신에 대한 지칭은 '인자'입니다. 제자들은 예수님을 향하여 메시야나 그리스도라고 하였습니다마는 예수님 스스로는 "나는 메시야다" 혹은 "그리스도다"라고 하신 적이 없으십니다. 그의 제자들이 그렇게 말할 때에 그런 것으로 받아들였을 뿐입니다. 이와 같이 예수님께서는 그 뜻을 알아듣던 못 알아듣던 간에 자신을 가리켜 '인자'라고 하였습니다. 그러고 보면 유식한 사람인 대제사장은 이 '인자'라는 말을 알아듣는 편입니다. 그 때문에 예수님께서 십자가에 달리시기 전 재판을 받는 장면에서 보면 정치가인 빌라도는 "네가 유대인의 왕이냐?"고 묻는 반면에 종교가인 대제사장 가야바는 "네가 하나님의 아들 그리스도인지 우리에게 말하라"고 합니다. 그럴 때에 예수님께서는 그리스도라는 말에 상관치 않으시고 "인자가 권능의 우편에 앉은 것과 하늘 구름을 타고 오는 것을 너희가 보리라"(마 26 : 64)고 말씀하십니다. 그럴 때에 대제사장 가야바가 자기의 옷을 찢으면서 "저가 참람한 말을 하였으니 어찌 더 증인을 요구하리요"라며 분해하는 것을 볼 수 있습니다. 그러고 보면 이 대제사장은 무엇을 좀 알아보는 처지입니다마는 결국은 예수님을 십자가에 못박게 됩니다.

'인자'라는 말은 하나님의 최종 계시자를 말합니다. 다시 말하면 역사의 끝에 나타나는 하나님의 자기 계시를 의미하며 따라서 이는 곧 심판주를 뜻하는 말인 것입니다. 그러므로 예수님에 대한 지칭으로서는 이 말보다 더 중요한 말이 없습니다. 이에 예수님께서 친히 하시는 말씀이 인자의 징조를 보리라는 것입니다. 인자의 징조란 희미한 것이 아니요, 알고 모르고에 해당되는 이야기가 아닙니다. 진정 인자의 징조가 나타나는 그때에는 그것으로 이 세상도 역사도 끝이며 믿지않는 자들에게는 통곡이 그리고 하나님 앞에 부름받은 자들에게는 기쁨의 감격이 있을 뿐입니다.

그렇다면 지금 우리가 알아야 할 징조는 무엇인가 할 때에 그것이 바로 무화과나무의 징조라고 하는 것입니다. 무화과나무의 비유를 배우라!

이제 조그마하게 눈 앞에 나타나고 있는 반복되는 사건들을 보면서 저 끝에 있는 마지막 순간을 내다 볼 줄 아는 지혜를 가져야 한다는 말입니다. 그러므로 진정 우리가 필요로 해야 하는 지혜는 이 무화과나무의 비유를 배우는데 있음을 알아야 할 것입니다.

도적의 비유

천지는 없어지겠으나 내 말은 없어지지 아니하리라 그러나 그날과 그때는 아무도 모르나니 하늘의 천사들도, 아들도 모르고 오직 아버지만 아시느니라 노아의 때와 같이 인자의 임함도 그러하리라 홍수 전에 노아가 방주에 들어가던 날까지 사람들이 먹고 마시고 장가들고 시집 가고 있으면서 홍수가 나서 저희를 다 멸하기까지 깨닫지 못하였으니 인자의 임함도 이와 같으리라 그때에 두 사람이 밭에 있으매 하나는 데려감을 당하고 하나는 버려둠을 당할 것이요 두 여자가 매를 갈고 있으매 하나는 데려감을 당하고 하나는 버려둠을 당할 것이니라 그러므로 깨어 있으라 어느 날에 너희 주가 임할는지 너희가 알지 못함이니라 너희도 아는 바니 만일 집 주인이 도적이 어느 경점에 올 줄을 알았더면 깨어 있어 그 집을 뚫지 못하게 하였으리라 이러므로 너희도 예비하고 있으라 생각지 않은 때에 인자가 오리라.
(마태복음 24 : 35~44)

도적의 비유

이제 주신 본문 말씀에는 도적에 대한 비유의 말씀이 있습니다. 비유에 대한 강해를 거듭할수록 새삼 느끼게 되는 것은 정말 예수님께서는 비유가 아니면 말씀하시지 않았구나 하는 것과 우리도 이러한 관점으로 사물을 보고 사람을 보는 지혜를 배워야 하겠다는 것입니다. 누구이든 어떤 사건 하나만을 생각하며 집착하고 있는 동안에는 여타의 다른 문제는 전혀 모르는 상태에 이르게 됩니다. 그러나 한번 그 사건을 다른 사건, 다른 문제에 투사시켜 비유해 보노라면 많은 새로운 것을 깨닫게 될 뿐만 아니라 보다 여유 있고 정확한 관점에서 수용하며 대응할 수가 있는 것입니다. 그러므로 자신이 겪고 있는 사건이 아무리 절박한 것이라 하더라도 "하늘 아래 이러한 사건은 나만 겪는 것이니 그 누구도 내 마음은 모른다"는 생각으로 고민을 해서는 아니되는 것이며, 대신 다른 사건에 현재의 문제를 비유하고 비교해 나감으로 언젠가는 이 문제에 해결이 주어지겠지 하는 긍정적인 생각을 할 수 있어야 하는 것입니다.

그런데 예수님께서 말씀하시는 비유의 내용이 참으로 다양하고 폭이 넓다는 사실은 이미 잘 알려진 바입니다마는 비유의 특징 중 뺄 수 없는 것이 있으니 그것이 바로 평범한 이야기라는 점입니다. 누구나 다 아는 참으로 보편적인 이야기! 설사 직접 경험도 하지 못했다 하더라도 충분히 납득이 갈 수 있는 것들을 소재로 비유의 말씀을 하시는 것이란 말입니다. 그러기에 옛날 옛적의 해괴한 이야기나 백만인에 한 사람 정도 어쩌다 경험할까 말까하는 아슬아슬한 이야기 같은 것은 단 하나도 없습니다. 이와 같이 예수님께서는 처음부터 끝까지 누구나 다 아는 것을 비유의 소재로 하여 설명하셨으며 이러한 예수님의 방법에 더욱 더 놀라움을 금할 수 없습니다. 따라서 예수님께서 말씀하시는 비유의 내용은 누구나 다 충분히 이해하고 알 수 있는 이야기들인 것입니다.

이제 여기 이 "도적의 비유"를 두고 보아도 세상에 도적을 모르는 사람이 어디에 있겠습니까? 도적을 맞아 본 일은 없다 하더라도 도적에 대한 이야기는 모두가 익히 아는 것이란 말입니다. 그런데 예수님께서 비유로 하신 말씀에는 암탉이 병아리를 품는 모습이나 들의 백합화 등 아름다운 소재들이 있는가 하면 어떤 때에는 그와는 반대로 강도 만난 이야기, 무덤에 관한 이야기, 심지어는 누구나 끔찍하게 생각하는 뱀까지도 비유로 드시면서 거기에다 하시고자 하시는 말씀의 깊은 뜻을 담아 설명하시는 것을 볼 수 있습니다.

이제 우리가 도적이라 할 때 이것은 일단 없어져야 하는 존재입니다. 사회적으로 결코 용납 되어질 수 없는 존재! 그러기에 이것은 '도적'이라는 말의 의미는 물론 그 명칭까지도 존재할 필요가 없는 존재입니다. 하지만 그러면서도 도적은 분명 존재하고 있습니다. 그런데 예수님께서는 이 도적을 두고 "도적은 마땅히 없어져야 한다"거나 혹은 "도적이라면 아예 그 이름조차도 없었어야 하는 것이다" 하는 식으로 이론을 전개하시지 않았습니다. 왜냐하면 도적이라면 이미 많은 사람들이 경험한 바요 익히 아는 바이기에 단지 그것을 소재로 하여 전하고자 하시는 말씀의 교훈을 비유로 설명하고 계시는 것입니다.

더욱 놀라운 것은 예수님께서는 자신을 도적에다 비유하셨다는 사실입니다. 아무리 비유라지만 세상에 어찌 그럴 수가 있는 일이겠습니까? 하지만 예수님께서는 태연히 도적에다 비유하시고 도적이 침입하는 그 순간을 바로 예수님 자신의 재림에 비유 하시면서 주고자 하시는 진리를 말씀하고 계시는 것입니다.

그러면 예수님께서 오늘 본문 말씀을 통하여 하시고자 하시는 그 중점적인 말씀이 무엇인가 할 때 그것은 42절과 44절의 말씀이라고 생각이 됩니다. 왜냐하면 이는 언제나 그랬듯이 "그러므로" 혹은 "이러므로" 하고 결론을 맺는 그 부분이 주어진 테마의 중점적인 부분이 되기 때문입니다.

따라서 "너희도 예비하고 있으라! 생각지 않는 때에 인자가 오리라!" 그리고 "깨어 있어라! 어느날에 너희 주가 임할는지 너희가 알지 못함이니라!"고 하신 이 말씀이 본문의 주제인 것입니다. 그러므로 '도적과 같이 오리라!' 는 것은 하나의 비유요 그 비유에 담긴 말씀의 의도는 현실적으로 항상 깨어 준비하고 있으라는 말씀인 것입니다. 그런데 우리가 이에 대한 준비를 한다고 하여 도적을 기다리는 것은 결코 아닌 것입니다. 단지 도적이 올지도 모른다는 생각에서 오는 도적을 막기 위하여 문단속을 하며 가능한의 대비를 하는 것입니다. 그 때문에 도적이 염려된다고 하여 매일 밤을 잠도 자지 않고 문간에 나와 서 있는 사람은 없는 것입니다. 요즈음은 도난방지를 위한 기구들이 많이 개발되어 있는데 아무튼 그저 준비할 만큼 준비하고 장치할 만큼 장치해 놓았으면, 이제는 자야 하면 자고 일해야 하면 일하는 것입니다. 도적을 막아야 함은 기정 사실이지만 그것으로 인해 해야 할 다른 일들을 젖혀놓은 채 도적을 기다리는 것은 아니란 말입니다. 다만 도적에 대한 예비를 하고 있을 뿐인 것입니다. 바로 이 점이 오늘 본문에서 생각해야 할 매우 중요한 문제라고 보아 집니다.

그런데 예수님께서는 이 도적의 비유를 말씀하시면서 이를 위해 또 다른 비유를 들어 말씀하시는 것을 볼 수 있습니다. 그것이 다름아닌 노아 홍수의 이야기입니다. 이는 참으로 지혜로우신 방법일 뿐만 아니라 그 말씀의 의도가 그렇게도 신중하고 깊을 수가 없습니다. 우리는 오늘 본문에 나타난 노아 홍수의 이야기에서 몇 가지 깊이 주의 하여야할 말씀들을 보게 됩니다. 이제 37절 이하의 말씀을 보게 되면 "노아의 때와 같이 인자의 임함도 그러하리라" 즉 "노아의 때와 같이!"라고 하였는가 하면 "노아가 방주에 들어가던 날까지 사람들이 먹고 마시고 장가들고 시집가고" 하였다는 것입니다. 뿐만 아니라 "홍수가 나서 저희를 다 멸하기까지 깨닫지 못하였다"고 하였으니 이 얼마나 어처구니없는 일이요 무서운 말씀입니까? 진정 사실이 그렇다면 그들로 하여금 깨닫지 못하게 되어 있기라도 하였다는 말입니까? 하지만 결코 그런 것이 아닙니다. 하나님께서는 일찍이 120년 전에 노아에게 말씀하시고 그리고 방주를 예비토록 하셨습니다. 120년 후에 내릴 홍수! 그러나 몇월, 몇일, 몇시라는 말씀은 없습니다. 아무튼 120년 후에는 홍수가 내릴 것이라는 하나님의 이 말씀을 믿는 노아는 자기의 식구들과 함께 하나님께서 지시하신 대로의 구조와 크기(창 6:14~16)의 배를 만들었습니다. 그 규모가 상상을 해 보아도 굉장한크기의 배인데 이것을 바닷가도 아닌 산에다 만들어 놓은 것입니다. 이것을 준비하는 120년 동안 많은 사람들은 노아의 식구들이 이 배를 만드느라고 일하는 모습을 보아왔습니다. 여러분, 그때마다 이들을 보는 사람들이 무엇이라고 하였겠습니까? 추측컨대 미친 할아버지 아니면 정신 나간 할아버지라고 하였을 것입니다. 적어도 배를 만들려면 바닷가에서 만들어야지 어쩌자고 산에서 만들면서, 그것도 하루 이틀 아니면 한달 두달이지 자그마치 120년 동안의 허구한 날을 배만 만들고 있었으니 그 얼마나 웃음거리가 되었겠습니까?

그러나 일단 홍수가 나고 보니 이제는 노아야말로 지혜로운 사람이였으며 진작 어리석은 사람은 노아의 말을 믿지 않고 오히려 비웃어 왔던 그 사람들인 것입니다. 이렇게 되고 보면 이야기는 완전히 달라지는 것이 아니겠습니까? 문제는 저들이 홍수가 나는 그날까지 계속 먹고 마시고 장가가고 시집가고 했다는 것이지 홍수의 예고가 없었던 것은 아닙니다. 다만 저들이 믿지 않았기 때문인 것입니다. 노아가 분명히 말했고 또한 이에 대한 대비로 방주를 만들고 있는 것을 120년 동안이나 보아왔지만 저들은 믿지 않았습니다. 믿지 않으니 모르게 되고 모르다 보니 비난했으며 사실에 있어서는 오히려 멸시했던 것입니다.

하지만 이제 홍수가 나고 보니 상황은 바뀌어 노아는 가장 지혜로운 사람이 되고, 노아의 말을 믿지 않던 저들은 다 어리석은 사람이 되어 멸망을 하고 만 것입니다.

그러면 이 사건을 도적의 비유와 비교해 볼 때 도적 또한 마찬가지입니다. 그저 도적이 온다는 것을 알고 미리 준비하고 대처하는 자에게는 굳이 '도적같이'라는 것이 따로이 없는 것입니다. 이에 사도 바울은 그의 서신(살전 5 : 2, 4)에서 밝히 말하기를 주의 날이 도적같이 오는 것은 사실이나 믿는 자들에게는 결코 도적같이 오지 않는다고 하였습니다. 이는 왜냐하면 알고 있기 때문이며, 또한 오늘이나 내일이나 하고 기다리는 사람에게는 도적이 아닌 손님이 되는 것입니다. 그러니까 도적이라는 것은 오지 않을 것으로 생각하여 아무 준비도 하지 않고 있다가 맞게 되는 여기에서 결국 도적이 된다는 것입니다. 준비가 없었으므로 갑자기 오는 것처럼 되어졌지만 사실은 갑자기 된 것이 아니요, 예고가 없었던 것도 아닙니다. 그러나 믿지를 않았습니다.

여러분! 우리의 지식이 성립되는 것은 우리가 믿음으로 받아들일 때에만 가능하다는 것을 알아야 합니다. 그러기에 '이렇게 하면 망한다'는 그말을 믿지 않는 자는 죽을 때까지 그 사실을 모르고 죽는 것입니다. 하지만 믿는 자에게 있어서는 그 한 마디가 그렇게 중요한 것일 수가 없는 것입니다. 이제 하나님의 말씀을 거역하고 그 뜻을 거역하면 망한다고 하는 말을 들었을 때 "그렇지"하고 내가 받아들이게 되면 그것으로 그 말씀이 내 지식으로 성립이 됩니다. 그러나 "그 망하는 것이 어떻다는 말이요?계속 죄만 짓고도 잘만 살든데" 하고서는 받아 들이지 않는 사람에게는 결코 지식이 성립되지를 않습니다. 그러다가는 죽을 때 가서야 믿었다면 좋았을 것을 하게 되는 것이란 말입니다. 그래서 이 믿음이라는 것이 그렇게 중요하다는 것입니다. 그 실예로서 우리가 잘 아는 바와같이 진주만 폭격을 생각해 볼 수가 있습니다. 1941년 12월 7일 주일 아침 일본의 비행기가 미국의 진주만을 폭격하여 그야말로 쑥밭을 만들게 되었습니다. 그러면 전혀 모르는 상태에서 그 지경이 되었느냐 하면 그렇지가 않습니다. 당시 레이더를 지켜보고 있던 병사가 그 레이더망에 많은 비행기가 떠 있는 것을 발견하고는 수상하여 즉시 본부에 연락을 취하였습니다. 그랬더니 본부의 상사가 대답하기를 "아마도 네가 잘못 보았을 것이다. 그것은 아군이 지금 비행훈련을 하고 있는 것이다" 하고 말했습니다. 하지만 그러고 있는 동안 "쾅" 하고 터지고 말았으니 이제는 속수무책인 것입니다. 수많은 군인이 하루 아침에 죽어나가고 미해군의 그 많은 배가 침몰되고 만것이 아니겠습니까? 이것이 곧 태평양전쟁의 시작이었던 것입니다.

여러분! 경고는 있습니다. 그러나 믿지 않으면 아무런 소용이 없는 것이며, 그러다가는 망할 때 가서는 몰랐다고 하지만 그런 것이 아닙니다. 결코 도적과 같이 왔거나 온 것이 아닙니다. 언제나 예고는 있었습니다마는 믿지 않는 자, 그리하여 준비하지 않는 자에게는 또한 언제나 도적같이 임하는 것입니다. 슈퍼 스타라고 하는 영화에 보면 목을 매달아 죽은 가룟 유다의 혼령이 돌아다니면서 슬피우는 장면이 나오고 있습니다. 가룟 유다야말로 얼마나 무서운 죄를 지은 사람입니까? 예수님을 배반하였고 잡아 넘겨주었으며, 그리고 십자가에 돌아가시게 되었을 때 그는 마음이 너무도 괴롭고 아파서 이제는 회개를 하려고 하였으나 기회가 없었습니다. 그리하여 마침내 그는 스스로 목을 매달아 죽고 말았던 것입니다. 이는 어디까지나 작가의 상상력입니다마는 그 사후의 혼령이 슬피 울면서 읊조리는 가사가 뭐냐 하면 "와이 디든트 텔 미(why didn't tell me)" 즉 "왜 나에게 말하지 않았습니까?"하는 것이 주제입니다. 하지만 조용히 생각해 보면 진정 하신 말씀이 없었더냐는 것입니다. 우리 모두가 잘 아는 바와 같이 예수님께서는 얼마나 자주, 그리고 분명하게 말씀하셨습니까? 마태복음 26장의 기록에 의하면 "너희 중에 한 사람이 나를 팔리라!" "나와 함께 그릇에 손을 넣는 그가 나를 팔리라!"고 하셨는가 하면 가롯 유다가 직접 예수님을 향하여 "내니이까?"라고 물었을 때에는 직선적으로 "네가 말하였도다" 하고 대답하신 것을 볼 수 있습니다.

이와 같이 예수님께서는 여러번 여러번 경고를 하셨음에도 불구하고 회개는 물론 끝까지 반항을 하더니 이제 와서 하는 소리가 "왜 나에게 말하지 않았느냐?"고 하니 이것이 문제인 것입니다. 우리네들 가정에서도 보면 학교 다니는 자녀들이 잠자리에 들면서 내일 아침에 일찍 깨워달라는 부탁을 하고 잤음에도 막상 새벽이 되어 깨우려 들면 제대로 일어나기는 커녕 벌써 깨우느냐며 아주 싸우려고 듭니다. 그러다가 늦게 일어난 다음에는 왜 안 깨웠느냐며 야단을 하고는 하는데 똑같은 이야기인 것입니다. 몇 번이나, 몇 번이나 충분하게 경고는 왔습니다. 그래서는 안된다는 경고를 한두번 받은 것도 아닌데 끝내 정신 차리지 못하고 있다가 "쾅"하고 완전히 터진 다음에 와서야 이래서는 안 되는 것을 하고 있으니 일은 이미 다 끝난 것이란 말입니다. 이것이 바로 인간들의 미련한 생각인 것입니다.

오늘 본문 말씀에는 더욱 심각한 말씀이 있음을 보게 됩니다. 이제 40절과 41절의 말씀을 보게 되면 "그 때에 두 사람이 밭에 있으매 하나는 데려감을 당하고 하나는 버려둠을 당할 것이요" 두 여자가 매를 갈고 있으매 하나는 데려감을 당하고 하나는 버려둠을 당할 것이니라고 하였으니 실로 얼마나 심각한 이야기입니까? 우리는 예수님의 재림을 기다리면서 믿음을 준비하고 등불을 준비합니다. 그리고 이 세상에서의 자기의 일을 해 나갑니다. 그런데 두려운 것은 한 사람은 믿음이 있는 사람, 한 사람은 믿음이 없는 사람, 한 사람은 하나님의 나라에 갈 사람, 한 사람은 지옥으로 갈 사람, 이렇게 그 길이 엄연히 다름에도 같은 시간, 같은 장소에서 구분없이 함께하고 있다는 점입니다.

　이와 같은 경우는 우리들의 신앙생활 주변에서 흔히 볼 수 있는 상황에서 예배를 드리고 말씀을 듣는데도 한 사람은 은혜를 받고 한 사람은 은혜를 받지 못합니다. 한 사람은 감격스러운 눈물을 흘리는데 한 사람은 왜 그런 눈물을 흘려야 하는지조차 알 수가 없어 합니다. 웃을 때에도 마찬가지입니다. 모두가 함께 웃을 때에는 나도 같이 웃는 것이 정상이 아니겠습니까? 그런데 놀랍게도 남들은 하나 같이 웃고 있음에도 팔을 모으고 얼굴이 굳어져 있는 사람이 있습니다. 다른 사람이 감격해 하고 은혜 받는 것을 옆에 앉아 오히려 이상히 생각하는 사람! 어쩌자고 다들 은혜 받는 시간에 주시는 바 은혜는 받지 못하고 그처럼 비뚤어진 마음이 되어 돌아가느냐는 말입니다. 생각하면 참으로 답답하고 불쌍한 처지가 아닐 수 없습니다. 하지만 한 예배당 안에서도 그럴진대 더욱이 일반사회의 같은 직장에서 둘이 일을 하는데 한 사람은 구원 받을 사람, 한 사람은 구원 받지 못할 사람으로 되어져 있다면 그것은 오히려 당연한 것이 아니겠습니까?

　이와 같이 겉으로는 똑같은 시간과 공간 속에 똑같이 있는 것 같으나 그 종말론적인 운명은 전혀 다르다고 하는 것입니다.

　앞에서 말씀을 드렸습니다마는 우리가 하나님의 말씀을 받아들이는 것도 그렇습니다. 똑같은 말씀을 똑같은 시간, 똑같은 장소에서 듣지만 어떤 사람은 은혜로 받아들이는가 하면 어떤 사람은 아예 받아들이지를 못하는 사람이 있습니다. 이는 참으로 안타까운 일이지만 성령의 역사로 이루어지는 것이기에 그 누구도 달리 어찌할 수가 없는 일인 것입니다. 생각해 보면 우리들 자신도 어떤 날은 은혜를 받는가 하면 어떤 날은 전혀 들려지지 않을 때가 있는 것이 아니겠습니까? 가끔 예배를 드리고 돌아가는 길에 "목사님, 오늘 말씀에 은혜 많이 받았습니다" 하고 인사를 받습니다마는 그럴 때마다 저는 생각해 봅니다. 허구한날 말씀을 전하는 저로서는 어느 때라고 하여 특별히 잘 전하는 말씀이 따로 있는 것이 아닙니다. 그것은 하나님의 역사로 그 분이 은혜 받는 시간이 있는가 하면 못 받는 시간이 있는 것입니다. 우리는 이 점을 깊이 생각하여야 합니다. 그러므로 같은 자리, 같은 직장에서, 그리고 같은 시간에, 같은 말씀을 듣는다하여 같은 은혜를 받으리라는 생각은 하지 말아야 합니다. 이는 설사한 평생을 같이 살았다 하더라도 한 사람은 구원을 받고 한 사람은 종내구원 받지 못할 수도 있다고 하는 이야기입니다.

오늘 본문 말씀을 자세히 보면 그 의미상에 있어 예수님께서 말씀하신 열 처녀의 비유(마 25 : 1~12)와 매우 비슷한 것을 발견할 수 있습니다. 열 처녀의 비유에 의하면 신랑을 맞이할 열 명의 처녀 중 다섯 처녀는 등불과 기름을 함께 준비하였으나 나머지 다섯 처녀는 등불만 준비하고 기름은 준비치 않았다가 신랑을 맞이할 수 없었다고 하는 이야기입니다. 이는 우선 당장에는 똑같은 등불을 들었으므로 그 겉모양이야 다를 것이 없지만 속에는 있어야할 기름이 있고 없고 하는 결정적인 차이가 있었다는것입니다. 형식적으로는 똑같이 보입니다. 교회에 왔다갔다하는 것을 비롯하여 봉사한다며 열심히 따라 다니는 것등 밖으로 보기에는 모두가 똑같습니다. 그런데 하나에게는 기름이 없었더라고 하는 것입니다.

이 열 처녀 비유에서 더욱 재미있는 것은 "신랑이 더디 오므로 다 졸며 잘쌔"(마 25 : 5)라고 하는 표현입니다. 그러니까 이 처녀들이 등불을 들고만 있었던 것이 아니라 기름과 등불을 준비해 놓고서는 졸려서 잤다고 하는 것입니다. 그런데 문제는 자기는 잤으나 준비를 하고 잔 사람이 있는가 하면 준비도 하지 않고 잔 사람이 있다는 것에 있습니다. 물론 피곤하면 자야 합니다. 예수님께서 오시리라하여 대문 밖에 서 있을 수만은 없는 일이 아니겠습니까? 그러기에 결국은 각자의 일을 하며 시집도 가고 장가도 가겠습니다마는 문제는 주님의 재림에 대한 준비가 있은 후에 하는 사람이 있는가 하면 그렇지 못한 사람이 있다는 것입니다. 가만히 보면 아이들이 공부를 하는 것도 그렇습니다. 해야할 공부를 먼저 하고 노는 학생이 있는 것에 반해 놀기부터 먼저 한 후에 공부하는 학생이 있습니다. 뿐만 아니라 돈을 쓰는 것도 보아도 어떤 사람은 벌어서 쓰고 남는 것으로 쓰지만 또 어떤 사람은 아무 것도 없음에도 앞으로 벌 셈치고 미리, 그것도 꾸어다가 다 써버리는 것을 봅니다. 이 얼마나 미련한 처사입니까?

언제든지 가장 중요한 것은 준비할 것을 다한 후에 다른 일도 하고 놀기도 해야 하는 것입니다. 만약 그렇지 않고 준비해야 할 가장 귀중한 것은 잊어버린 채 즐기고 노는 것부터 먼저 하고 자기 생각부터 먼저 해 나가는 것이라면 그런 이후의 그 마지막이 어떻게 되는 것이 되겠습니까? 바로 그 때문에 예수님께서는 도적같이 오리라는 말씀을 하고 계시는 것입니다. 이는 언제 오실는지 모른다는 이야기입니다. 하지만 그러므로 또한 준비하라는 말씀입니다.

그런데 여기에 시험이 되는 것은 '도적은 오지 않는다' '도적은 없다' 아니면 '도적이 온다 하더라도 우리 집은 오지 않는다' 혹은 '오늘은 안 온다'고 하는 생각의 잘못입니다. 적어도 도적을 생각할 때면 '도적은 언제든지 올 수가 있다' 아니 그보다도 '오늘 저녁에 올 수도 있다' '아직은 단 한번의 도둑도 맞아본 일이 없지만 그러나 오늘 저녁에 올 수도 있는 것이 아닌가' 하는 생각과 마음가짐으로 문단속을 잘 해야 할 것이란 말입니다. 여러분! 도적 맞지 않는 팔자가 따로 있는 것이 아닙니다. 나의 생전에는 없을 것이라고 하였지만 그럼에도 있습니다. 생각해 보십시오, 그 누구도, 단 한번의 죽어 본 경험을 갖지 않았지만 예외 없이 죽는 것이 아니겠습니까? 그저 언제, 어디에서, 어떻게 죽는다는 것을 모르고 있을 뿐이지 죽음이라는 사실은 어쩔 수 없이 있는 것이며 그리고 너 나없이 맞아야 하는 것입니다.

예수님의 재림도 마찬가지입니다. '도적같이 어느 경험에 올는지 모른다' '그러므로 깨어 있어라' '준비하고 있어라' 여러분! 여기 이 말씀의 뜻이 무엇입니까? 이는 주님께서는 반드시 오신다는 것입니다. 지금까지 오시지 않았지만, 그것은 조금 지연되고 있을 뿐 반드시 오실 것이라는 말씀입니다. 그러므로 오늘이라도 오실 수 있다고 하는 마음으로 준비하고 있어야 한다는 것입니다. 이를 위해 일본의 신학자 우치무라 간조씨의 재미있는 일화를 생각해 봅니다. 한번은 우치무라 간조씨가 두 자녀에게 예수님의 재림에 관한 이야기를 들려주었습니다. 그랬더니 이 아이들이 "지금 2천년이 될 때까지 오시지 않았는데 정말 오실까요?" 하고 반문을 해 옵니다. 그래서는 "암, 오신다" 하고서는 좀더 이야기를 하다가 마침내 학교갈 시간이 되어 집을 나가려고 하는데 날씨가 흐린 것이 비가 올 것만 같습니다. 그 때문에 두 아이가 다투게 되는데 이제 한 아이는 오늘은 비가 안 올 것이니 나는 우산을 가져가지 않겠다고 하고 다른 한 아이는 비가 올 것 같으니 우산을 가지고 가겠다는 것입니다. 옆에서 이것을 지켜보던 아버지는 이때야말로 참 좋은 기회라는 생각으로 "날이 흐렸구나, 지금 우산을 가지고 가면 조금 불편은 하겠지만 비가 안 오면 안오는 대로 도로 가지고 오면 되고, 이렇게 날이 흐렸으니 만일 비가 온다면 우산 가진 것이 얼마나 좋겠니? 이제 조금 편한 것이 좋은지 아니면 안전한 것이 좋은지를 말해 보라"고 하여 우산을 가져가기로 하였다는 것입니다.

여러분! 우리가 오늘 저녁에라도 주님이 오신다면, 혹은 내가 세상을 떠난다면 하는 생각으로 회개할 것 회개하고 몸과 마음을 단정히 하여 잠자리에 들었다고 하십시다. 다시 내일 아침에 일어나면 일어난 것으로 좋지만 만약 못 일어나면 그 모습 그대로 가는 것이란 말입니다. 그런데 여기에 크게 시험되는 것이 있습니다. 그것이 뭐냐하면 꼭 회개할 것인데도 불구하고, 반드시 진실해야 할 것임에도 불구하고 내일하겠다. 다음부터, 내년부터 하고 미루어 나가는 동안에 어느 사이에 타성이 생겨 이제는 주님의 재림마저 멀리 잊혀져 가게 된다는 것입니다. 이는 실로 큰 문제가 아닐 수 없습니다.

주님께서는 반드시 오십니다. 비록 내가 생각한 때에 오시는 것은 아니지만 그분의 오심만은 확실합니다. 그러므로 우리 믿는 자들은 언제나 오늘이 주님께서 오시는 날로 생각하고, 그렇게 믿으며, 깨어 준비하고 있으라는 것입니다. 그럴 때에 우리 믿는 자들에게는 결코 도적같이 오시지 않을 것을 사도 바울은 말하고 있습니다(살전 5 : 4). 그러나 믿지 않는 자에게는 도적같이 오리라! 우리는 이 말씀의 뜻을 깊이 생각하여야 할 것입니다. 그러므로 깨어 있으라! 예비하고 있으라! 생각치 않는 때에 인자가 오리라!

충성된 종의 비유

충성되고 지혜 있는 종이 되어 주인에게 그 집 사람들을 맡아 때를 따라 양식을 나눠 줄 자가 누구뇨 주인이 올 때에 그 종의 이렇게 하는 것을 보면 그 종이 복이 있으리로다 내가 진실로 너희에게 이르노니 주인이 그 모든 소유를 저에게 맡기리라 만일 그 악한 종이 마음에 생각하기를 주인이 더디 오리라 하여 동무들을 때리며 술친구들로 더불어 먹고 마시게 되면 생각지 않은 날 알지 못하는 시간에 그 종의 주인이 이르러 엄히 때리고 외식하는 자의 받는 율에 처하리니 거기서 슬피 울며 이를 갊이 있으리라.

(마태복음 24 : 45~51)

충성된 종의 비유

 본 비유는 앞 장에 이어 예수님의 재림을 배경으로 한 말씀입니다. 우리는 앞 장에서 예수님의 재림이 전혀 생각지 않는 때에 마치 도적이 오는 것과 같이 이루어질 것임으로 항상 깨어 준비하고 있어야 한다는 경고의 말씀을 들었습니다.
 오늘 주신 본문의 말씀은 거기에 이어, 그렇다면 깨어 있다는 것, 그리고 예비하고 있다는 것은 무엇을 의미하며, 또한 어떤 종류의 것을 어떻게 예비하여야 주님의 재림을 맞는 바른 자세인가를 말씀해 주고 있는 내용입니다.
 본문에 의하면 충성된 종이 되어야 한다는 전제 하에 충성된 종과 악한 종이라는 두 형태의 종을 비교하여 말씀하고 계십니다. 이는 앞장의 본문에서 "두 사람이 밭에 있으매 하나는 데려감을 당하고 하나는 버려둠을 당할 것이요, 두 여자가 매를 갈고 있으매 하나는 데려감을 당하고 하나는 버려둠을 당할 것이니라"고 하여 이분 하신 것과 같이 오늘 본문 역시 주님이 오실 때에 충성된 종으로 상급을 받을 종이 있는가 하면 악한 종으로 매를 맞고 쫓겨나 슬피 울며 이를 갈게 될 종이 있을 것이라고 하는 심판의 두 가지 양상을 이렇게 비유로 말씀하고 계시는 것입니다.
 그리고 그 주제는 충성된 종과 같은 자세로 주님을 맞이하라는 데에 있습니다.
 그러면 여기에서 이 충성이라는 것이 어떤 것이냐 할 때 이를 헬라 원문으로는 '피스토스 둘로스'라고 하며, 원어 그대로를 영역할 때에는 페이스풀 서번트(faithful servant)라고 합니다. 그러고 보면 이 '피스토스'라는 말은 간단하게 '충성되다'는 표현으로만 사용할 수 있는 말이 아닙니다. 이것은 '신실하다' '성실하다' 그리고 '충성되다'는 말들로 표현이 됩니다. 그러니까 한마디로 말하면 '믿음직하다'는 그런 말입니다. 따라서 여기에서는 하나님께서 믿으실 만한 성실한 사람이 되라고 하는 말씀인 것입니다.

그러면 하나님께서는 어떤 충성, 어떤 성실을 원하시는가 할 때 오늘 본문이 뜻하는 바에 의하면 먼저 자기 신분에 대하여 성실해야 한다는 것입니다. 오늘 본문에 의하면 우리는 종입니다. 종이란 아무리 큰 일을 맡아 하더라도 변함없이 종일뿐만 아니라, 주인이 있고 없고에 관계없이 종인 것입니다. 그러므로 언제나 종으로서의 자기 신분을 명확히 하라는 것입니다. 그리고 그 신분에 대하여 성실해야 합니다. 이는 요즈음 흔히 쓰는 말대로 자기 페이스(pace)를 분명히 지키라는 것입니다. 다시 말하면 이러나 저러나 나는 종이라는 사실을 잊지 말아야 한다는 것입니다.

뿐만 아니라 나는 종인고로 주인이 따로 있으며, 나의 일하는 바는 주인을 위한 것이라고 하는 그 목적 의식이 분명해야 합니다. 그리고 내가 가진 모든 소유는 다 주인의 것입니다. 가진 바 물건은 물론, 심지어는 나의 몸이나, 건강, 재능까지도 다 주인의 것으로, 주인을 위해서 쓰여질 뿐인 것입니다.

그러므로 그 신분, 그 목적, 그 자기됨이 어떤 경우에도 변해서는 아니됩니다. 야사에 있는 대로 정승 태운 당나귀가 많은 사람들이 정승에게 절을 하자 당나귀인 자기 보고 절을 하는 줄 알고 꾸벅 꾸벅 인사를 받더라는 것인데 그것은 잘못된 것이란 말입니다. 그저 어디까지나 당나귀는 당나귀일 뿐 정승을 태웠다하여 건방지게 정승 행세를 하거나 정승에게 하는 절을 받아서 대신 답례를 해서는 아니되는 것입니다.

마찬가지로 종은 어느 순간이든지 주인 행세를 해서는 아니됩니다. 언제나 변함없이 꾸준하게 자기 위치, 자기 신분을 꼭 지킬 수 있어야 하고 그것이 곧 충성인 것입니다. 그런데 남의 물건 빌어다가 오래 쓰다 보면 내 물건 같아진다는 말이 있듯이 좀 오랫동안 주인의 살림을 맡아서 능숙하게 관리를 하게 되면 어느 사이에 내가 주인인 것처럼 행세를 하려든단 말입니다. 이는 실로 크게 잘못된 처사요 불충성한 행위가 아닐 수 없습니다.

또한 오늘 본문 말씀에 나타난 것으로 보면 주인은 지금 집을 떠나 멀리 여행중에 있습니다. 중요한 것은 주인이 없는 동안에도 좋은 종이라고 하는 사실입니다. 그런데 문제는 이제 주인이 없으니 종 중에서는 내가 고참이라 하고서는 주인 행세를 하고 돌아간다면 안된다는 말입니다. 또 한 가지 중요한 의미는 사도 바울도 언급한 것처럼 눈가림으로(엡 6 : 6) 하지 말고 주인이 있든 없든, 사람이 보든 안 보든 상관없이 성실해야 합니다.

어떤 분이 우리가 쉽게 말해 선한 사마리아인의 비유라고 말하는 그 장면을 두고 재미있는 수필을 쓴 것을 보았습니다. 내용인즉 여리고로 가는 길에서 강도 만난 사람이 쓰러져 누워 있을 때에 이것을 보고도 제사장이나 레위인은 그냥 지나쳐 버리고 만 것인데 이 작가는 이를 추리하기를 사건의 현장이 여리고의 외진 길이요, 사람들이 아무도 보지 않는 데였기에 그렇지 만일 그 일이 예루살렘 거리의 한 가운데서 벌어진 일이라면 제사장이나 레위인이 결코 그냥 지나갔을 리가 없다는 것입니다. 왜냐하면 많은 사람들이 보고 있으니 팔을 걷어부치고 "아! 불쌍한 사람을 도와주어야지!" 하면서 도와주었을 것이라는 이야기입니다. 그런데 아무도 보지도 않는 데서 선한 일을 해보았자 그렇고, 그러다가 죽으면 괜히 헛수고만 한 채 누가 알아 주지도 않고 손만 더럽혀질 일을 왜 하겠느냐는 것입니다.

여러분! 이러한 사람이 참으로 많습니다. 무슨 일을 좀 하는 것 같아서 가만히 보면, 그렇게 이름 내기를 좋아하고, 무슨 일에나 꼭 자기가 앞서야 되는 것처럼 생각하는 치사하고도 병적인 사람들이 많이 있습니다. 명예, 이름 석자 아무것도 아닌데 그렇게 자기 이름 내기를 좋아하는 사람들이 있습니다. 하지만 언제든지 이름 내는 것은 조심하여야 합니다. 어쩌자고 기도를 드려도 사람 앞에, 헌금을 바쳐도 사람 앞에, 봉사를 하면서도 신문에 먼저 내고 시작을 하며, 심지어는 기자회견을 하기까지 하니 문제가 있는 것이 아니겠습니까? 이것은 결코 충성이 아니란 말입니다. 지금 여기에 주인이 있든 없든, 누가 보든 안 보든 상관없이 좋은 충성해야 하는 것입니다.

그런데 본문 48절 말씀에 보면 악한 종은 "마음에 생각하기를 주인이 더디 오리라 하여" 그러니까 주인이 내일 온다고 하면 충성스럽게 잘하겠습니다마는 더디 올 것이니, 다시 말하면 주인이 오는 때에 신경을 쓰면서 그때쯤에 가서 충성을 하리라는 생각으로 지금은 마구 놀아나는 것입니다. 이것이 곧 기회주의자의 처사요 악한 종의 행사인 것입니다. 그러나 우리 성도들은 주인이 언제 오시든 상관이 없습니다. 이제 오셔도 좋고, 오늘 저녁에 오셔도 좋으며, 내일 아침에 오셔도 좋습니다. 사람이야 보든 말든 표리가 부동하지 않아야 하며 언제나 한결같이 성실해야 하는 것입니다.

이에 오늘 본문에 나타나 있는 충성이 갖는 의미를 보면 여기에 매우 재미있는 의미가 포함되어 있습니다. 그것이 무엇이냐 하면, 바로 일하다가 주인을 맞는 것이 충성이라고 하는 것입니다. 그런데 이제 주인이 오리라 하여 하던 일을 그만둔 채 그야말로 흰옷으로 갈아입고 준비하고 섰다가 "어서 오십시오" 하고 맞는다면 그것은 결코 반가운 것이 못됩니다. 오늘 본문 말씀에 의하면 분명 부지런히 일하다가 맞는 것이 충성이요 그래야 착한 종인 것입니다. 그러므로 종이 주님이 오실 것이라 하여 미리 부흥회를 하고 그것에만 신경쓰는 것은 좋은 일이 아닙니다. 그저 언제나 열심히 그리고 정성을 다해 일하는 것입니다.

한번은 인천에서 목회를 할 때 이상한 교단에 미혹이 되어 2년 동안이나 산에 올라가 예수님의 재림을 기다리고 있는 어떤 분을 본 적이 있습니다. 흰 두루마기를 입고는 아무 일도 하지 않고 산 위에서 그러고 있는것인데 그래도 먹기는 먹어야 겠으니 한 달에 한 번씩 내려와서는 부인이 어렵게 콩나물 장사를 하여 벌어 놓은 돈을 가져가고는 하는 것입니다. 그러니까 자기는 그것으로 먹으면서 예수님의 재림을 기다리고 부인은 콩나물 장사를 하게 하는 것입니다. 그래서 한 번은 제가 찾아가 만나 보았더니 정말 흰 옷을 입고는 주님이 오늘 오시려나 내일 오시려나 하고 서 있는 것입니다. 저는 내심 참으로 답답한 사람이라는 생각을 하면서 그 때에도 오늘 이 본문 말씀을 놓고 권면하기를, 부지런히 일하다가 전도하다가, 정말 봉사하다가 주님을 만나면 안되겠느냐고 했던 기억이 있습니다. 그리고 그때 그분에게 주었던 비유를 여기에서 다시 한번 생각해 봅니다. 그분에게 말하기를 "예를 들어 생각해 보십시다. 당신은 집에 들어섰을 때에 아내가 어떤 모습으로 있는 것이 좋습니까? 그래 화장을 잘 하고 화려한 옷을 입고 있다가 기생처럼 어서 오십시오 하면서 문간에서부터 아양을 떠는 것이 좋소? 당신은 어떤지 모르지마는 나는 앞치마를 두르고 부지런히 돌아다니며 일하는 모습이 제일 좋더구만요"라고 하였더니 자기도 그쪽이 좋다는 것입니다. 그러길래 그러면 주님께서도 그러실 것입니다라고 하였습니다.

여러분! 가만히 손 털고 앉아서 맞을 생각일랑 하지 마십시오. 그렇게 맞아야 되는 것이 아닙니다. 오늘 본문에 기록된 대로 부지런히 일하다가, 그대로 주인을 맞이하게 된다면 그 주인이 얼마나 기뻐하겠으며 그 종 또한 얼마나 복된 종이 되겠습니까? 일하는 모습으로 보여진 종! 그가 복된 종이라는 말입니다.

이러한 문제는 초대 교회에도 악영향을 끼치고 있어서 아시다시피 데살로니가 전후서의 테마(theme)가 바로 여기에 있음을 보게 됩니다.

상황인즉 주님의 재림을 기다린다며 일은 하지 않고 있는 것으로 먹다 보니 자기가 가졌던 것은 이미 다 먹어 버렸습니다. 그렇게 되자 이제는 옆집에 가서 "이제 곧 주님께서 오실 터인데 있는 것이나 같이 나누어 먹읍시다" 하고서는 또 먹는 것입니다. 아무튼 이런 식으로 하여 주님의 재림을 기다리는 잘못된 재림관을 전해 들은 사도 바울은 저들을 향하여 "누구든지 일하기 싫어하거든 먹지도 말게 하라"(살후 3 : 10)는 편지를 쓰게 됩니다. 여러분! 누구든지 자기 양식으로 먹지 못하면 남의 양식을 먹기 마련입니다. 불한당이 따로 있는 것이 아닙니다. 놀고 먹는 사람이 불한당이요 땀 흘리지 않는 것이 불한당입니다. 내가 내 양식으로 먹지 않으면 결국은 남의 양식을 빼앗는 것이란 말입니다. 그 때문에 히브리 사람들은 "자식에게 밥벌이를 가르쳐 주지 않는 것은 도둑놈을 만드는 것과 같다"는 유명한 격언을 가지고 있습니다. 여러분, 도둑이 따로 있는 것이 아닙니다. 사실이 그렇지 않습니까? 먹기는 먹어야 하겠는데 밥벌이할 수 있는 것을 가르쳐 주지 않아서 남의 것을 먹었다면 그것이 도둑이란 말입니다.

그러므로 우리는 깊이 생각하여야 합니다. 우리가 진정 주님의 재림을 기다리는 심정이라면 참으로 부지런히, 새벽부터 밤까지 뛸 수 있는데까지 열심히 뛰고 일하다가 주님 맞을 생각을 해야 하는 것입니다. 여러분들께서는 어떻게 생각하실지 모르겠습니다마는 죽는 것도 그렇습니다. 너무 그렇게 오랫동안 병원에 있으면서 억지로 산소호흡 하다가 가는 것이 좋은 것 같지가 않습니다. 그저 마음대로 못해서 때문이지 하나님께서 허락만 하신다면 언제이고 열심히 일하다가, 그것도 복음을 전하다가 가면 얼마나 좋겠습니까? 경우에 따라서는 사람들 보기에 좀 끔찍하다고 할런지 모르지만 사실은 끔찍할 것도 없는 가장 복된 사람인 것입니다. 아무튼 우리가 주님을 맞이하는 바른 자세가 어떤 것이냐 할 때 그것은 어디까지나 가장 성실하게 일하면서 기다리는 자의 자세요, 그것이 또한 충성된 종의 모습이라고 하는 것입니다.

　이제 또한 오늘 본문 말씀을 자세히 상고해 보면 이 종은 혼자서 일하는 것이 아닙니다. 여럿이 협동해서 일을 하고 있습니다. 자기도 일할 뿐만 아니라 다른 사람의 일을 도우면서 서로 서로 협력해 나가고 있습니다. 이것 또한 매우 중요한 문제입니다. 만약에 그렇지가 못하고 나만이 주님 맞을 준비를 해야 하고, 나만이 주의 일을 더 많이 해야 한다는 생각은 참으로 곤란합니다. 나 잘 보이기 위하여 다른 사람은 못하게 하는 것은 충성된 종의 자세가 아닙니다. 다른 사람을 성실하게 도우며 서로 협력하여 주의 일을 하는 그러한 종이 주인을 기쁘게 하는 종이요 충성된 종인 것입니다.

　다시 본문 말씀을 좀 더 깊이 생각해 보면 이 종은 격려하는 사람입니다. 이는 자기가 일할 뿐더러 다른 사람으로 하여금 일하게 밀어 줍니다. 다시 말하면 지도력이 있고 감화력이 있는 사람입니다. 여기에 비해 반대되는 인물은 언제나 남을 피곤하게 하는 사람입니다. 그저 기회만 있으면 남의 마음을 상하게 하는 말을 하여 열심히 일하는 사람에게 찬물을 끼얹고는 일할 마음을 없애 버리는 것입니다. 그렇기 때문에 일을 잘 하다가도 그 사람만 만나게 되면 아예 일할 마음이 없어진단 말입니다. 이와 같이 사람을 피곤하게 만드는 사람들이 있는데 그렇다면 여러분은 어느 편에 속하시는 편입니까? 여러분은 만나는 사람들이 약해졌다가도 힘을 내며 게으름을 부리다가도 여러분을 만남으로 활기를 찾고 열심을 내게 되는 것입니까? 아니면 모처럼 마음먹고 일하려 일어서는 사람을 그대로 쓰러뜨리는 그런 인물은 아닙니까? 남에게 힘을 주는 사람입니까? 피곤하게 하는 사람입니까? 우리는 이 문제의 중요성을 알고 스스로 깊이 생각해 보아야 할 것입니다.

　오늘 본문에 나타난 이 충성된 종은 다른 사람도 성실히 일하게 하는 격려형의 사람입니다. 예를 들어 어떤 사람이 일을 하면서 실수를 하거나 잘못한 것을 보았다면 이를 두고 어떤 이는 이것저것 잘못을 꼬집어 가면서 상대의 마음을 상할대로 상하게 해놓고서 처리하려는 사람이 있는 것을 봅니다. 그렇게 하면 될 것 같아서 하는 짓이겠지만 사실 마지막에는 다 쓰러지고 마는 것입니다. 거기에 비해 약간의 잘못이 눈에 뜨이더라도 덮어주고 감싸주며 좀 잘하는 것이 있을 때에는 크게 칭찬해 줄 수 있는 사람이 있습니다. 다소 격에 어긋난 점이 있다하더라도 "그 정도면 참으로 훌륭합니다" 하고 한 마디 칭찬해 줄 수 있는 정도의 여유가 있는 그런 인간이 되어야 합니다. 우리는 가난하든 부하든, 명예가 있든 없든 간에 남에게 봉사하는 일을 보거든 진정으로 서로가 격려할 것입니다. 그런데 그 마음을 갖지 못하여 다른 사람의 마음을 아프게 하면서 찬물을 끼얹으니 문제가 되는 것이란 말입니다. 그리하여 일을 하던 사람이 섭섭하여 울어야 하는가 하면 심지어 사표까지 내게 하는 소동을 벌이는 것을 볼 수가 있습니다.

 요즈음 저 자신은 그렇게 심방을 많이 못합니다마는 지난날 한참 심방을 많이하던 시절에는 하루에 열 몇집씩 다니며 심방을 할 때가 있었습니다. 그러노라면 심방을 받는 집에서는 무엇인가 대접을 하게 마련인데 사실 그것을 받아 먹는 사람의 입장에서는 여간 고역이 아닙니다. 집집마다 자기 나름대로 생각하여 내어놓는 것을 거절할 수도 없고 그렇게 지내다 보면 어떤 날은 커피만도 열석잔을 마셨던 것을 기억합니다. 어디 그것 뿐이겠습니까? 참으로 괴로운 것은 방금 점심 먹고 다음 집으로 갔는데 냉면을 시켜와서는 기어이 먹게 하는 일입니다. 게다가 더욱 거절할 수없는 것은 이 집이 가난한 가정이기 때문입니다. 그럴 때에는 저 혼자 대표로 먹고 돌아서서 소화제를 먹는 것입니다. 아무튼 이렇게 심방을 하는 터인데 한번은 부자이시고 연세가 많으신 장로님이 같이 수행을 하시게 되었습니다. 그런데 주일이 되어 몇분이 같이 모여있는 자리에서 심방한 이야기들을 하게되자 어떤 분이 하는 말이 "뭐 심방했나? 돌아다니면서 얻어 먹었지" 하고 쏘아붙이는 것입니다. 그러니까 그 말을 들은 그 장로님께서 아무 말씀도 하시지 않고 우시는 것을 보았습니다. 그러다가 한참 후에 하시는 말씀이 "내가 그렇게 가난하게 보이더냐?"고 "내가 음식을 못 먹고 사는 사람이냐?"고 하시면서 되묻자 이제는 아무 말도 못하는 것입니다. 도대체 무엇 때문에 그렇게 입바른 소리를 하는 것입니까? 다른 사람이 수고를 했으면 "장로님 수고 많이 하셨습니다. 연로하신 가운데 매우 힘드셨을 터인데요" 하는 이 부드러운 한 마디가 왜 나오지 못하느냐는 말입니다. 그 비뚤어진 마음 가지고 어떻게, 무엇이 되겠습니까? 그 사람은 정말 입이 중생하여야 합니다. 오늘 본문 말씀에 나타난 바와 같이 충성된 종은 나도 일할뿐더러 다른 사람도 즐겁게 일할 수 있도록 격려해 나가야 하는 것입니다.

뿐만 아니라 여기 이 충성된 종은 피동적인 종이 아닙니다. 45절 말씀에 보면 "집 사람들을 맡아 때를 따라 양식을 나눠 줄 자가 누구뇨?"라는 말씀이 있습니다. 이는 때를 따라 양식을 나누어 주면서 격려하고 일하도록 해 주었을 뿐만 아니라 자세히 보면 여기에는 자율적인 충성이 있음을 발견하게 됩니다. 여러분, 충성에도 자율적인 충성이 있고 타율적인 충성이 있습니다. 종이란 원래 타율적인 것입니다. 따라서 주인이 이것을 하라 하면 이것을 하고 저것을 하라 하면 "예" 하고 저것만 하면 되는 것입니다.

그러나 이 종은 그렇게만 하는 종이 아닙니다. 다른 사람에게 양식도 나누어 주지만 "주인이 안 계시는데 어찌 주인의 명령만 기다리겠습니까?" 하고서는 "오늘은 이것을 합시다" "지금은 이것을 할 때입니다" 하면서 자율적이고 능동적으로, 그리고 창의적으로 일하는 종인 것입니다.

옛날부터 전해지는 야사 중에 이러한 이야기가 있는 것을 봅니다. 내용인즉 어느날 왕이 자기 며느릿감을 선택하기 위하여 곳곳에 방을 써 붙이고는 아리따운 처녀들을 다 모아들였습니다. 그리고는 모여든 처녀들에게 쌀 한되씩을 주면서 이것으로 100일 동안을 먹고 지낸 후에 다시 오라고 하였습니다. 그랬더니 어떤 처녀는 얼마되지 않는 쌀 한되로 100일 동안을 먹느라고 한끼에 몇 알씩의 쌀날로 끼니를 때우다 보니 들것에 들려 왔더라는 것입니다. 그러면서 나는 그것으로 100일 동안을 먹고 지내 왔다는 것입니다. 그런데 그 중의 어떤 처녀는 100일 전의 건강한 모습 그대로일 뿐만 아니라 머리위에 떡 한 시루를 이고 들어오더라는 것입니다. 그래서 그 연유를 물어보았더니 이 처녀는 생각하기를 쌀 한되를 가지고 어떻게 100일을 먹을 수 있나 하여 당장에 그것으로 떡을 만들어 돌아다니며 팔아서는 다시 쌀을 사고, 또 떡을 팔고 하여 100일 동안을 먹고 지내 왔으며 이제 그 남은 것으로 떡 한시루를 해왔다는 것입니다. 이 이야기를 들은 임금님은 네가 내 며느리감이다 하고서 그 처녀를 며느리로 맞아들였다는 이야기입니다. 이 얼마나 지혜로우며 능동적이고 창의적인 아가씨입니까?

여러분, 가만히 생각해 보십시오. 할 일은 얼마든지 있는 것이 아닙니까? 그런데 주인이 이것 하라고 하면 이것 하고 서 있고, 저것 하라면 저것 하고 서 있는 정도라면 그런 종을 데리고 과연 무엇을 할 수 있겠습니까? 충성된 종은 없는 일도 만들어 가면서, 전에 했던 일도 새롭게 고쳐가면서 능동적이고도 창의적으로 일해 나가는 것입니다.

그렇다면 우리가 주님의 재림을 기다리는 일에 있어서도 좀 능동적으로 할 수 있어야 하겠습니다. 그 때마다 누군가가 말해 주기를 기다릴 것이 아니라 내 스스로 힘이 자라는 데까지 하나님께서 주신 은사를 다해서 수고하는 것입니다. 그렇게 할 때에 거기에 은혜가 있는 것입니다.

그리고 오늘 본문에서 또 한가지 깊이 생각할 것은 이렇게 때를 따라 양식을 나누어 주면서 일할 자가 누구인지 바로 그 종이 복이 있으리라고 말씀하신 것인데 그러나 여기에서 한가지 분명한 것은 그 모두가 다 주인의 일이라고 하는 사실입니다. 그렇기 때문에 무슨 일을 하든 내 마음대로 하는 것이 아닙니다. 어디까지나 일하는 목적은 주인에게 있으며, 주인을 위하고 주인의 소유를 늘려나갈 뿐입니다. 그러므로 내 것이라는 생각은 끝까지 가지지 말아야 하는 것입니다.

그런데 오늘 본문 말씀에 의하면 악한 종은 주인이 더디오리라는 생각을 하고서는 그 기간에 동무들을 때리며 술친구들과 더불어 놀아났다는 것입니다. 그러면 친구들은 왜 때렸을까 할 때에 이를 두고 많은 사람들이 생각을 해 봅니다. 그것은 분명 자기는 일을 하지 않으면서 다른 사람을 보고는 내 몫까지 하라고 하자 "내가 왜 하나?" 하고 나옴으로 이제는 완력으로 때리면서 자기의 일을 남에게 맡겨버리는 것입니다. 그리고는 자기는 술친구들과 어울려서 술을 마시며 놀고 있는 터인데 이런 중에 주인이 왔다면 어떻게 되겠느냐고 하는 것이 예수님의 말씀입니다. 충성된 종은 자기의 맡은 일을 성실히 할 뿐만 아니라 다른 사람의 일을 도와주기까지 하는데 악한 종은 주인이 더디 오리라는 전제 하에 자신이 할 일을 남에게 맡기면서 그것이 잘 안된다고 하여 동무를 폭력으로 휘두르며 방탕과 술취함으로 지낸다니 이 얼마나 정확한 말씀입니까? 분명한 것은 오늘도 이 두 형태의 사람이 있다고 하는 사실입니다.

여러분! 오늘 주신 말씀은 그 결론이 더욱 아름답습니다. "주인이 올 때에 그 종의 이렇게 하는 것을 보면 그 종이 복이 있으리로다!" 그러니까 충성된 종이 부지런히 일하는 중에 그 주인이 오면 그 종이 복이 있겠다는 말입니다. 이어 47절 말씀에 보면 "내가 진실로 너희에게 이르노니 주인이 그 모든 소유를 저에게 맡기리라"고 하였습니다. 이는 "착하고 충성된 종아 네가 적은 일에 충성하였으매 내가 많은 것으로 네게 맡기니 네 주인의 즐거움에 참여할찌어다"라고 한 25장의 달란트 비유와 같은 결론의 말씀인 것입니다.

충성된 종에게는 더 많은 것을 맡길 것입니다. 충성이야말로 복을 받는 그릇입니다. 하나님께서는 충성되기 때문에 더 많이 주시고 더 큰 은

사로 채워 주신다는 말씀입니다.

어차피 주님의 재림은 가까워지고 있습니다. 여러분께서는 무엇을 생각하고 무엇을 하셔야 하겠습니까? 그리고 자신은 어떤 종이라는 생각이 드십니까? 하지만 우리 모두는 부끄럽지 않는 충성된 종이 되어 오늘도, 내일도 부지런히 일하다가 그대로 주님을 맞는 복된 종들이 될 수 있기를 바랍니다.

양과 염소 비유

　인자가 자기 영광으로 모든 천사와 함께 올 때에 자기 영광의 보좌에 앉으리니 모든 민족을 그 앞에 모으고 각각 분별하기를 목자가 양과 염소를 분별하는 것같이 하여 양은 그 오른편에, 염소는 왼편에 두리라 그 때에 임금이 그 오른편에 있는 자들에게 이르시되 내 아버지께 복 받을 자들이여 나아와 창세로부터 너희를 위하여 예비된 나라를 상속하라 내가 주릴 때에 너희가 먹을 것을 주었고 목마를 때에 마시게 하였고 나그네 되었을 때에 영접하였고 벗었을 때에 옷을 입혔고 병들었을 때에 돌아보았고 옥에 갇혔을 때에 와서 보았느니라 이에 의인들이 대답하여 가로되 주여 우리가 어느 때에 주의 주리신 것을 보고 공궤하였으며 목마르신 것을 보고 마시게 하였나이까 어느 때에 나그네 되신 것을 보고 영접하였으며 벗으신 것을 보고 옷입혔나이까 어느 때에 병드신 것이나 옥에 갇히신 것을 보고 가서 뵈었나이까 하리니 임금이 대답하여 가라사대 내가 진실로 너희에게 이르노니 너희가 여기 내 형제 중에 지극히 작은 자 하나에게 한 것이 곧 내게 한 것이니라 하시고 또 왼편에 있는 자들에게 이르시되 저주를 받은 자들아 나를 떠나 마귀와 그 사자들을 위하여 예비된 영영한 불에 들어가라 내가 주릴 때에 너희가 먹을 것을 주지 아니하였고 목마를 때에 마시게 하지 아니하였고 나그네 되었을 때에 영접하지 아니하였고 벗었을 때에 옷입히지 아니하였고 병들었을 때와 옥에 갇혔을 때에 돌아보지 아니하였느니라 하시니 저희도 대답하여 가로되 주여 우리가 어느 때에 주의 주리신 것이나 목마르신 것이나 나그네 되신 것이나 벗으신 것이나 병드신 것이나 옥에 갇히신 것을 보고 공양치 아니하더이까 이에 임금이 대답하여 가라사대 내가 진실로 너희에게 이르노니 이 지극히 작은 자 하나에게 하지 아니한 것이 곧 내게 하지 아니한 것이니라 하시리니 저희는 영벌에, 의인들은 영생에 들어가리라 하시니라.

(마태복음 25 : 31∼46)

양과 염소 비유

　이 비유 역시 종말론적인 의미가 있는 비유로서 예수님께서 십자가를 지시기 바로 며칠전 제자들에게 하신 말씀입니다. 그러므로 이 말씀은 매우 심각하고 종말론적인 의미가 있다는 전제 하에 생각해야 할 것입니다. 그리고 또 한가지 기억할 것은 이 양과 염소의 이야기는 일반적으로 비유를 설명하고 있는 영역에 포함시키지 않는 경우가 많습니다.
　그러나 본문 말씀을 자세히 볼 것 같으면 이스라엘 목자들의 생활을 소재로 한 생생한 비유의 말씀이라 여겨집니다. 예수님께서는 비유의 소재를 취하실 때 특별히 도시 중심적인 것에서 취하시지 않고 산과 들, 바닷가 등 가장 평범한 일상 생활에서 많이 취하시던 중 이 목자에 대한 이야기는 예수님의 비유 소재에 있어서 가장 귀중한 것으로 취급되고 있습니다.
　이제 오늘 본문 말씀을 보면 양과 염소에 대한 이야기가 나오고 있습니다. 이것은 우리의 풍속과는 거리가 먼 이야기입니다마는 유목민인 이스라엘 사람들에게 있어서는 가장 친밀한 생활 풍속이기도 합니다.
　이스라엘 사람들이 키우는 것은 양입니다. 그러나 이 양을 키우기 위하여 몇 가지 같이 키우는 것이 있습니다. 그 중의 하나가 개입니다. 우리가 소위 셰퍼드(Shepherd)라고 하여 부르는 개가 있는데 사실 그 셰퍼드라는 말은 목자라는 뜻의 말입니다. 그러니까 양을 지키는 개에게 별명처럼 붙여진 이름인 것입니다. 아무튼 이러한 개를 한마리 키워 놓으면 위험한 일을 당할 때 짖기도 하고 싸우기도 하여 양을 지키는데 많은 도움이 된다고 합니다.

그리고 간혹 큰 목장에서는 나귀나 말을 같이 키우기도 합니다. 그것은 넓은 곳에서 많은 양을 돌보아야 하는 경우에는 필요한 장비와 함께 빨리 움직여야 하는 필요성이 있고 그런 때에는 기동성이 있는 나귀나 말을 타고 달려야 하기 때문입니다.

다음 또 한 가지 같이 키우는 것은 염소입니다. 어디까지나 목적은 양을 키우는 것인데 그 양들 곁에 염소 몇 마리를 반드시 곁들여 키우는 것입니다. 그러나 이렇게 함께 키우다가도 어느 때에 가서는 양과 염소를 구분하여 다룹니다. 아시다시피 양은 온순하기로 대표적인 동물입니다. 그리고 단순하며 기억력이 좋지 못하여 제집 하나도 제대로 찾아오지 못하는 동물입니다. 어쩌다가 아이들이 못살게 장난을 치더라도 물든가 떠받으며 덤벼드는 법이 없습니다. 비록 다른 짐승이 쳐들어온다 할지라도 무방비 상태로 당할 수밖에 없는 것이 양입니다. 이제 생각해 보십시오. 말은 뒷발굽으로 찹니다. 그리고 소는 뿔로 떠받으며 개는 입으로 물어 찢습니다. 이렇게 모두들 자신을 방어도 하고 적을 공격도 할 수 있는 요소들이 있습니다마는 양은 완전히 무방비 상태에 있는 참으로 온순한 동물입니다. 그러면서 또한 인내하고 순종을 잘하기 때문에 아무리 많은 양이라 하더라도 목자가 앞에서 몇 마리만 인도를 하면 그대로 줄줄 목자를 따라서 다니는 것이 양의 특징인 것입니다.

여기에 비해 염소는 거칠고 이기적입니다. 염소에게는 뿔이 있어 떠받는가 하면 나누어 먹지도 않고 이기적이고 배타적이며 질투심이 강합니다. 이렇게 염소는 양에 비해 정반대의 특징을 가지고 있습니다. 그런데 이러한 양과 염소를 함께 기른다는 것은 그럴 만한 이유가 있기 때문이며 이스라엘 목자들이 양을 치는 풍속의 한 부분이기도 합니다. 이러한 배경은 아가서 1장 8절에 기록된 "여인 중에 어여쁜 자야 네가 알지 못하겠거든 양떼의 발자취를 따라 목자들의 장막 곁에서 너의 염소 새끼를 먹일찌니라"는 말씀에서도 생각해 볼 수가 있습니다.

그러면 그 이유가 무엇인가 할 때 우선 먹이를 주었을 때의 문제입니다. 들에서 그냥 풀을 뜯어먹을 때에는 상관이 없지만 겨울이 되던가 하여 먹이를 나누어 주어야 하는 경우 이 양들이 미련하여 한꺼번에 와하고 몰려드는 바람에 잘못하면 앞에 있는 몇 마리가 치어 죽게 된다는 것입니다. 그런데 이런 때에 염소가 한 마리 있으면 그렇게 같이 모여드는 것을 보고 있지 못하여 떠받아 이리 저리 흐트러 놓음으로 치어 죽는 일을 면할 수가 있다는 것입니다. 그리고 특별히 날씨가 추울 때에는 양들이 한 데 모여 서로 몸을 비비며 조여들게 되는데 이런 경우 역시 약한 것은 밟혀서 죽게 된다는 것입니다. 하지만 여기에 염소 몇 마리를 같이 키우면 이 염소는 질투가 심한 것이어서 양들이 같이 모여 있는 것을 보지 못하여 돌아다니며 들이 받아 전부 흐트러 놓음으로 양들이 치어 죽는 것을 면할 수가 있다는 것입니다.

뿐만 아니라 양들은 조그마한 저항도 못하는 완전 무방비 상태인 것에 비해 염소는 이리나 맹수같은 것이 나타나면 죽을 때에는 죽더라도 일단 한번 반항을 하기 때문에 다소간 방어도 된다는 것인데 이런 이유들로 인해 이스라엘의 목자들은 염소를 양과 함께 키운다고 합니다. 그러나 기억할 것은 언제나 양과 염소가 같이 있다는 것은 아닙니다. 보통 들에서 풀을 뜯으며 목자의 뒤를 따라 다닐 때에는 같이 지내지만 대체로 우리에 들어갈 때에는 나누어 놓습니다. 그러니까 어느 순간에는 반드시 구별이 되어진다는 이야기입니다.

바로 오늘 본문 말씀이 그것을 배경으로 하고 있습니다. 마치 목자가 양과 염소를 구별하듯이 하나님의 심판대 앞에서 인간들이 의인과 악인, 구원받을 자와 구원받지 못할 자, 하나님의 백성과 마귀의 백성으로 엄연히 구별하게 될 것이라는 말씀입니다. 염소는 끝까지 염소입니다. 개꼬리 3년을 묻어 두어도 황모가 못된다는 속담이 있듯이 염소는 백년을 가도 염소일 뿐 양이 되는 것은 아니란 말입니다. 다만 현재 양의 무리에 있을 뿐 본질적으로도 염소요 마지막에도 염소인 것입니다. 여기에서 우리는 가라지의 비유를 생각하게 됩니다. 가라지와 알곡이 밭에서 같이 자라고 있으나 알곡은 알곡이요 가라지는 처음부터 끝까지 가라지인 것입니다. 이는 예수님의 12제자 중 가룟 유다가 마찬가지 였습니다. 그는 본질적으로 가룟 유다요 처음부터 구원받지 못할 사람이었습니다. 우리 또한 다를 바가 없습니다. 모두들 다 같이 하나님의 은혜 가운데 살아가고 있으나 양과 염소가 따로 있어서 마지막 심판 날에는 분명하게 구분되어질 것이라는 말씀입니다.

그리고 예수님께서 오늘 본문을 통하여 강하게 말씀하시는 바는 예수님 자신이 심판주라는 것입니다. 그리하여 마치 목자가 양과 염소를 구별하듯이 예수님이 친히 심판날에 그렇게 하시겠다는 것입니다. 우리가 예수님의 호칭을 두고 생각해 보면 예수를 비롯하여 말씀, 메시야, 주, 그리스도 등 여러 가지의 호칭이 있습니다. 그런 예수님께서 자기 자신을 가리켜 부른 호칭은 인자라는 말입니다. 이 인자라는 말은 성경에 무려 90여회나 나타나는 말로서 복음서에만 80여회가 나타납니다. 그런데 이상한 것은 딱 한번 스데반이 순교하는 순간 하늘을 향하여 예수님께서 하나님 우편에 서신 것을 보고 인자가 하나님 우편에 서신 것을 보노라(행 7:56)고 하신 것 외에 복음서에 기록된 전부가 예수님이 친히 자신을 가리켜서 말씀하셨다고 하는 사실입니다. 그러니까 어느 한 제자도 예수님을 향하여 "인자여!" 하고 불러 드린 적이 없다는 말씀입니다. 이는 매우 유감스러운 일이 아닐 수 없으며 결국은 3년을 가르쳐도 예수님을 제대로 이해하지 못했다는 결론이 됩니다.

그런 중에 예수님께서는 십자가를 지시기 위하여 재판을 받으시는 가야바의 관정이나 빌라도의 법정에 선 마지막날까지 자신이 인자임을 말씀하고 계십니다. 그리고 그 인자에 대한 설명을 "전능의 우편에 앉은 것과 하늘 구름을 타고 오는 것을 보리라!"는 것으로 말씀하십니다. 이는 역사의 끝에 구름을 타고 오셔서 온 인류를 심판하시겠다는 말씀입니다. 우리는 예수님을 생각할 때 말구유에 오신 예수, 하나님이 사람이 되어 오신 분, 그리고 묵묵히 십자가를 지셨다가 부활 승천하신 나약한 예수, 희생적인 예수로만 생각하기가 싶습니다. 그러나 예수님께서 마지막에 하신 말씀은 결코 그런 것만이 아닙니다. 예수님 친히 심판주로서 장차 역사를 심판하고 산 자와 죽은 자를 심판하러 오실 것임을 이 비유를 통하여 엄히 말씀하고 계시는 것입니다.

예수님은 목자이십니다. 그는 선한 목자요 양을 위하여 목숨을 버리기도 하십니다. 그러나 장차 재림의 주로 오시는 그날에는 목자가 양과 염소를 구분하듯이 명확하게 구분하시는 심판의 주로 오실 것이라는 말씀입니다. 또한 이렇게 하시는 이유는 양을 보호하기 위하여 염소를 구분하듯이 하나님의 백성을 보호하고 그들에게 영원한 기업을 주시기 위하여 염소와도 같은 악인들을 구분하여 처리하시겠다는 것입니다.

그런데 주의할 것은 오늘 본문 말씀을 잘못 이해하면 심판 받을 때의 그 기준이 마치 선행에 있는 것처럼 오해하기가 싶다는 점입니다. 본문에 의하면 주릴 때에 먹을 것을 주었고, 목마를 때에 마시게 하였으며 나그네 되었을 때에 영접하였고 헐벗었을 때에 옷을 입혔으며, 병들었을 때에 돌아보았고, 옥에 갇혔을 때에 찾아보았다고 하였습니다. 이는 모두가 다 선행인 바 이와 같은 일들은 이스라엘 사람들이 가장 귀하게 생각하는 선행들입니다. 저들은 본래 교육, 다시 말하면 우매한 사람을 가르치는 것을 가장 큰 선행으로 생각하며, 그 다음으로 가난한 자와 병든 자를 돌아보고 나그네를 대접하는 일 등을 생각하게 됩니다.

아무튼 본문에 나열된 이와 같은 선행들이 자칫 하늘 나라에서 심판의 기준이 되는 것처럼 느껴지게 하고 있습니다. 그러나 오늘 주신 본문 말씀은 그렇게 해석할 수 있는 성질의 것이 아닙니다. 왜냐하면 예수님께서 하시는 말씀이 "내가" 주릴 때에 먹을 것을 주었고, "내가" 목마를 때에 마시게 하였으며 "내가" 벗었을 때에 옷을 입혔고 "내가" 나그네 되었을 때에 영접하였으며 "내가" 옥에 갇혔을 때에 찾아 주었다는 것입니다. 그리고 이 말을 들은 자들이 우리가 언제 주님께 그렇게 하였습니까라고 물을 때에 "여기 내 형제 중에 지극히 작은 자에게 한 것이 곧 내게 한 것이니라"고 말씀하십니다.

따라서 예수님께서 말씀하시는 바 그 전체의 뜻은 어디까지나 그리스도 중심적인 선행을 말씀하고 계시는 것입니다. 이것은 참으로 중요한 문제입니다. 그러니까 그리스도로 인하여 중생한 심령들이 그리스도께 충성하고, 그리스도를 위해서 사는 그러한 선행을 의미하는 것입니다. 그렇기 때문에 이는 인간 스스로의 선행도 아니요 나를 위한 선행도, 저를 위한 선행도 아닙니다. 어디까지나 그리스도를 위한, 그리스도 중심적인, 그리스도인의 생활을 말하는 것입니다. 바로 이러한 것을 기준으로 하여 심판이 이루어질 것이라는 말씀입니다.

그리고 다음으로 생각할 것은 그 행위의 문제입니다. 본문이 밝히는 바는 성경을 많이 안다거나 신앙 문제에 대한 지식과 경험이 많다거나 혹은 믿음의 연륜 같은 것이 문제가 되지 않는다고 하는 것입니다. 심지어는 특별하다고 생각되었던 어떠한 직분도 문제가 되지를 않습니다. 여기에서 말하는 바는 오직 믿음으로 말미암은 행위 그 자체입니다. 이것은 종교예식도 아니요, 종교적인 감정도 아니며, 종교적인 특별한 체험을 기준으로 하는 것도 아닙니다. 지금 말씀하시는 예수님의 의도는 행동적 신앙, 실천하는 신앙을 말씀하시는 것입니다.

사도 바울은 고린도전서 4장 2절에서 "하나님의 나라는 말에 있지 아니하고 오직 능력에 있음이라"고 말합니다. 여기에서 말에 있지 아니하고 능력에 있다는 것은 다시 말하여 사랑의 능력, 온유의 능력, 인내의 능력, 헌신의 능력, 순교의 능력을 말합니다. 오직 그리스도를 생각하며 그리스도를 위하여 희생하고 사랑하는 그 마음이 동기가 되고 활력소가 되어 봉사하는 그러한 선행을 말하는 것입니다.

이를 두고 예수님께서는 내게 한 것이라고 말씀하시면서 우리가 그리스도를 사랑하고 그리스도를 위하여 베푼 선행 곧 행동적인 신앙을 기준으로 삼고 계시는 것입니다.

또한 오늘 본문을 자세히 보면 "어느 때에"라고 하는 말이 강조되고 있습니다. 예수님께서 말씀하시기를 "내가 주릴 때에" "내가 목마를 때에" "나그네 되었을 때에" 하시면서 이 어느 "때에"를 말씀하시자 이 말을 들은 의인들이 우리가 "어느 때에" 그런 일들을 하였습니까? 우리는 주님을 만난 일이 없었습니다 하고 말할 것이나 이에 대한 예수님의 대답은 어느 때가 따로 있는 것이 아니라는 말씀입니다.

우리는 선행을 실천하기에 앞서 몇 가지를 생각하게 됩니다. 그 먼저가 선행의 때입니다. 어느 때에 하여야 하나하고 그 시기를 너무 재다가 아무것도 못하고 마는 것을 봅니다. 겨울에는 여름에 하겠다 하고, 여름에는 크리스마스 때에 하리라하고, 다시 크리스마스가 지나면 부활절에, 그리고 또한 돈 벌어 가지고 하겠다며 이럭저럭 생각하다가 모두 때를 넘기고 맙니다. 바로 그 때문에 때를 생각함이 매우 중요한 일인 것입니다.

다음 또 한 가지는 조건을 가려서 어떠한 조건이 되면 그 이후에 선행을 하겠다는 생각입니다.

그런가 하면 대상을 가리는 일입니다. 물론 지금 여기에 주님이 계시면서 헐벗고 굶주리신다면야 당장에 드릴 것입니다. 하지만 우리는 베풀고자 하는 대상을 너무 가리고는 합니다. 그리하여 어떤 때에는 이 사람에게 주어야 될까? 저 사람에게 주어야 될까? 하고 너무 많은 생각을 하다가 결국은 아무에게도 베풀지 못하고 마는 것입니다.

그런데 오늘 주신 말씀은 그러한 것들을 초월하고 있습니다. 어느 때, 어떤 여건, 대상이 누구이든 상관이 없습니다. 다만 주님을 사랑하는 그 마음이 구원이 되고 동기가 된 순수한 신앙적 차원에서 행하는 일이면 그 모두가 다 주님께 한 것이 된다는 말씀입니다.

우리는 "주님이라면야" 하고 직접 주님을 만난다면 다투어 도울 마음을 가지고 있습니다마는 예수님의 생각은 그렇지가 않습니다. 예수님께서는 "여기 내 형제 중에 지극히 작은 자 하나에게 한 것이 곧 내게 한 것이니라"고 하셨습니다. 이 말씀은 추상적인 이야기도 아니요 예수님을 꼭 만나야 된다는 이야기도 아닙니다. 이는 어디까지나 실제적인 문제를 강조하는 것으로서 예수님의 이름으로 하면 그것이 다 예수님께 한 일이 된다는 것입니다. 다시 말하면 어려운 형편에 있는 자들을 주님의 이름으로 주님을 사랑하는 마음으로 도울 때에 그것이 곧 주님께 한 것이 된다는 것입니다. 그러므로 무슨 일을 하든 목적이 주님께 있고, 마음이 주님께 있으며, 그 결과도 주님께 영광으로 돌리면 되는 것입니다.

그런데 우리는 마태복음 18장에서 어린이를 두고 하신 예수님의 말씀에서 보다 심각한 의미를 발견하게 됩니다. 거기에 보면 "누구든지 내 이름으로 이런 어린아이 하나를 영접하면 곧 나를 영접함이니"(마 18 : 5) 라고 말씀하고 계십니다. 다시 말하면 자기 자식을 키우는 것도 주님의 이름으로 키우면 그것이 바로 주님을 영접하는 것이 된다는 말씀입니다. 그런데 이것은 내 자식이니 나중에 늙어서 덕 좀 봐야지 하고 나를 중심으로 생각하게 되면 그것은 주님의 일이 아닌 것입니다. 그러나 엄연히 내가 낳은 내 자식이지만 주님의 영광을 위하여 주님의 이름으로 봉사하게 되면 어린이 곧 주님을 영접한 것이라는 말입니다. 그러므로 그가 누구이든 주님의 이름으로 영접하게 될 때 곧 주님을 영접한 것이 된다는 것입니다.

그리고 오늘 본문 말씀 중 특별히 "내 형제 중에 지극히 작은 자 하나에게 한 것이 곧 내게 한 것이니라"고 하신 말씀은 중요한 요절이 되는 말씀입니다. 여기에서 내 형제 중에라는 것도 예수님과 이름이 같다는 뜻의 말입니다. 그러니까 예수를 믿고 예수의 이름이 있는 자를 그 이름을 소중히 여겨서 사랑한다는 것입니다. 다시 말하면 예수께서 사랑하는 자를 내가 사랑하고, 예수의 이름이 있는 자를 내가 존경하며, 예수님께 대한 사랑으로, 그리스도의 이름으로 저를 영접하면 그가 누구이든 곧 주님을 영접한 것이 되겠다는 것입니다.

제가 신당동 중앙교회에서 전도사로 일할 무렵 한번은 어느 주일 오후에 저희 집으로 초등학생들이 놀러 왔습니다. 이것 저것을 하며 한참 놀더니 이제는 우리 담임 선생님 집에 가보자는 것입니다. 그러길래 그저 그런가보다 했더니 담임 선생님 댁에 가는데 어떻게 그냥 갈 수 있느냐며 저희들끼리 돈 100원씩을 거두는 것입니다. 그것을 지켜보고 있던 제가 그것을 거두어서 무엇에 쓸 것이냐고 하였더니 저들의 대답인즉 선생님 집에 꼬마 아들이 있어서 그 아이 먹을 것을 사다 주어야 되겠다는 것입니다. 그래서 제가 있다가 "이녀석들 교제할 줄 아는군" 하고 한 마디 덧붙여 주었습니다. 여러분! 그렇지 않습니까? 선생님 것으로 직접 드리지 않더라도 선생님께서 사랑하는 아들에게 사탕 한알을 사다 주면 그것이 바로 선생님을 대접하는 것이 된다는 사실을 이 아이들이 벌써 알고 있더란 말입니다. 이는 실로 정치적이요 상당한 수준의 생각입니다. 이와 같이 예수의 형제 중 하나, 바로 예수의 이름이 있는 그분을 그 이름 때문에 내가 사랑한다면 그것은 곧 주님을 사랑하는 것이 된다는 말씀입니다.

게다가 "지극히 작은 자"라고 하는 것은 보답할 수 없는 사람을 말합니다. 바꾸어 말하면 내가 얼마를 주면 저쪽에서 또 무엇으로라도 보답할 수 있는 대상이 못된다는 의미입니다. 예수님께서는 잔치를 베풀 때에도 바로 이러한 대상, 곧 갚을 것이 없는 자들을 청함으로 복이 되리라고 말씀하셨습니다. 다시 말하면 내가 베푼 선행을 저쪽에서 갚아 버리면 내가 한 선행은 무효가 될 것이 아니냐는 말씀입니다. 그러고 보면 예수님께서 말씀하신 지극히 작은 자란 내가 무엇이고 봉사할 때 감히 고맙다는 인사 한 마디도 할 줄 모르는 사람이라는 것입니다.

그러므로 어떤 선행에 앞서 이것을 베풀어서 효력이 있을까? 없을까? 혹은 베푼만큼 제 구실을 할까하는 등등의 생각은 할 것이 아닙니다. 그저 아무런 기대나 바람도 없이 오직 주님을 생각하는 마음에서 도우면 그것이 곧 주님을 향한 선행이 되는 것입니다.

이를 위해 저 유명한 아시시의 성 프랜시스의 이야기를 생각해 봅니다. 그는 귀족이요, 부자였습니다. 어느 추운 겨울날 말을 타고 가던 프랜시스가 불쌍한 거지를 만나게 되어 무엇을 좀 도와주려고 말에서 내려 거지에게로 다가갔습니다. 그런데 가까이 가서 보니 문둥병 환자인 것입니다. 이 프랜시스는 추위에 떨고 있는 그 문둥병 환자인 거지에게 자기의 외투를 벗어 입혀 주었습니다. 그런데 이 거지가 고맙습니다 하고 그것으로 가만히 있어 주었으면 좋으련만 이렇게 입어도 추우니 자기를 좀 꼭 껴안아 달라는 것입니다. 그러길래 기왕에 내렸고 옷까지 주었는데 그것 한번 못 안아 주랴 하고서는 꼭 끌어안아 주었다는 것입니다. 그랬더니 이번에는 좀더 세게 안아달라는 것입니다. 그래서 더 세게 꼭 껴안자 그 문둥병 환자의 얼굴이 예수님의 얼굴로 변화되더니 훌쩍 사라지고 말더랍니다. 이 일이 있은 이후 프랜시스는 귀족의 위치를 버리고 수도사의 길을 감으로 마침내 성 프랜시스가 된 것입니다.

또 하나 마틴이라고 하는 로마 군인의 전설 같은 이야기가 있습니다. 이 마틴이라는 군인은 예수를 믿는 로마 군인이었습니다. 그 역시 말을 타고 가다가 추위에 떨고 있는 거지를 만나게 되어 옷을 주어야 하는 입장이 됩니다. 우리가 아는 대로 로마 사람의 옷은 필로 감은 것이 아니겠습니까? 이 마틴은 그것을 반만 찢어서 주고는 나머지는 그냥 자기가 입고 갔습니다. 그런데 그날 밤 꿈에 예수님께서 나타나셨는데 입으신 옷을 보니 자기가 찢어 준 그 반쪽을 입고 계시더라는 것입니다. 그러길래 하도 어이가 없어서 가만히 보고 있노라니 예수님 옆에 있던 천사가 "예수님 어떻게 옷을 반쪽만 입고 계십니까?" 하고 묻자 예수님께서 대답하시기를 "낮에 저 사람이 반쪽만 주지 않았더냐"고 하시더라는 것입니다. 그래서 이 마틴이라는 군인이 그 앞에서 회개를 했다는 전설 같은 이야기가 있습니다.

여러분! 그리스도에게 한다는 것이 다른 것이 아닙니다. 주님께서는 분명히 말씀하십니다. 여기 내 형제 중 지극히 작은 자 하나에게 한 것이 곧 내게 한 것이니라고! 어느 때 누구에게 하든 주의 이름으로, 주님을 사랑하는 마음으로 봉사할 때 곧 주님께 한 것이란 말입니다. 그리고 이것이 기준이 되어 심판이 이루어진다고 하는 것입니다. 다시 말하면 그리스도를 사랑하는 사랑으로부터 말미암은 선행에 기준하여 양과 염소를 구별하듯이 의인과 악인을 구별하시겠다는 말씀입니다.

그렇다면 우리의 믿음이 진정 사랑으로 행위가 동반되는 믿음인가를 깊이 생각해 보아야 할 것입니다. 그리고 주님께서 우리를 심판하시는 날 주님 우편에 있는 양의 무리에 들 수 있는 성도들이 되어야 하겠습니다.

자라나는 씨앗 비유

또 가라사대 하나님의 나라는 사람이 씨를 땅에 뿌림과 같으니 저가 밤낮 자고 깨고 하는 중에 씨가 나서 자라되 그 어떻게 된 것을 알지 못하느니라 땅이 스스로 열매를 맺되 처음에는 싹이요 다음에는 이삭이요 그 다음에는 이삭에 충실한 곡식이라 열매가 익으면 곧 낫을 대나니 이는 추수 때가 이르렀음이니라.
 (마가복음 4 : 26~29)

자라나는 씨앗 비유

　일반적으로 말하여 마가복음에는 네 가지의 비유가 나타나는 것으로 이야기합니다. 그리고 그 넷마저도 다른 복음서에 기록된 것을 다시 설명하는 것들이 있습니다. 그러다보니 마가복음에만 독특하게 나타난 것은 둘, 좀더 깊이 생각하면 셋으로 볼 수가 있습니다.
　아시다시피 각 복음서는 저마다 형식상의 특징을 가지고 있습니다. 그 결과 마태복음에는 비유가 많고 요한복음은 설교형의 말씀이 많은 것을 보게 됩니다. 여기에 비하여 마가복음은 특별히 예수님께서 활동하신 행적을 위주로 기록하고 있으면서 비유는 넷뿐입니다. 그런가 하면 격언이 많습니다. 생각해 보면 이 격언 역시 집약된 하나의 비유라고 말할 수 있습니다. 예를 들어 예수님께서 너희는 "소금과 같다" 혹은 "빛과 같다"고 말씀하셨을 때 이것은 긴 문장의 이야기가 아닌 극히 짧은 한 마디에 불과하지만 그 뜻하는 바를 보면 그것 역시 집약된 비유로 볼 수 있다는 것입니다. 따라서 이렇게 합하면 마가복음에는 모두 12개의 비유가 있는 것으로 생각할 수 있습니다.
　이제 오늘 본문에서 생각할 것은 씨앗이 자라는 비유입니다. 이것은 언뜻 생각하면 이미 예수님의 비유강해 상권에서 설명한 바 있는 마태복음에 기록된 비유를 연상하기가 쉽습니다. 그러나 그 뜻하는 바의 내용은 전혀 다른 차원의 이야기입니다. 씨 뿌리는 비유에서 보면 씨앗은 언제나 좋은 것으로 나타나고 있습니다. 따라서 씨앗에 대한 비평은 없으며 단지 그 씨앗이 뿌려졌을 때, 그 씨앗을 받아들이는 밭이 길가나 돌작밭 아니면 가시덤불 혹은 옥토로 각각 다르다고 하는 내용인 것입니다. 다시 말하면 꼭 같은 복음의 씨앗을 받아들이고 있지마는 마음밭에 따라 복음을 받아들이고 은혜를 받는 것이 다르다는 말씀입니다. 여기에서 원하는 바는 모두 옥토가 되는 것입니다.

그런가 하면 가라지의 비유 같은 것은 밭은 좋으나 좋지 못한 씨앗이 뿌려져 있는 것입니다. 그러니까 씨앗 자체에 알곡과 같은 씨앗이 있고 가라지와 같은 씨앗이 있으며, 이 두 씨앗이 꼭 같은 마음밭에 뿌려진다는 것입니다. 그러므로 옥토라는 것은 좋은 것이나 그 옥토만 가지고 좋은결실을 가져오는 것은 아닙니다. 다시 말하면 그 사람 참 좋지! 누구 말이나 잘 들어주지, 할 정도로 수용성이 좋은 사람이 있습니다마는 그것만 가지고 구원받는 것이 아닙니다. 그렇게 마음이 좋은 사람은 나쁜 말에 대해서도 마음이 좋습니다. 왜냐하면 받아들이는데에 소질이 있어서 이래도 오케이(O.K) 저래도 오케이 하다보면 모두가 다 오케이가 되어 안된다는 것입니다. 그 때문에 마음 밭이 옥토라는 그것만 가지고는 아니되는 것이란 말입니다. 그 밭을 가지고 교회에만 나오면야 되겠지만 술집으로 갔다가는 전혀 이야기가 달라지는 것이 아니겠습니까? 이와 같이 가라지의 비유는 씨앗이 다르다는 것이 문제가 된다는 이야기입니다.

그리고 겨자씨의 비유는 작은 데서부터 시작하여 커진다는 것으로 이것은 복음의 역사가 미미한 데서부터 시작하여 엄청나게 큰 역사를 이룬다는 것을 주제로 하고 있습니다.

그러나 오늘 본문에 나타난 이 자라나는 씨앗에 대한 비유는 씨앗에 대한 분류나 밭의 종류에 대한 이야기는 전혀 없는 가운데 단지 씨앗이 자라나는 과정만을 주제로 말씀하고 계십니다. 그런 점에서 지금까지 이야기해 온 씨 뿌리는 비유나 가라지 비유, 그리고 겨자씨의 비유와는 그 차원이 다르다는 것이며 뿐만 아니라 이 비유는 마가복음에만 있는 독특한 성격을 지닌 비유로서 매우 귀중한 생명의 신비를 말해 주고 있습니다.

우리는 여기에서 사도 바울을 통하여 주신 고린도전서 13장 11절에 기록된 "내가 어렸을 때에는 말하는 것이 어린 아이와 같고, 깨닫는 것이 어린 아이와 같고, 생각하는 것이 어린 아이와 같다가 장성한 사람이 되어서는 어린 아이의 일을 버렸노라"는 말씀을 생각해 봅니다. 누구에게나 말하는 것, 깨닫는 것, 생각하는 것에 있어서 유치한 때가 있게 마련입니다마는 성장한 다음에는 그래도 좀 높은 수준에서 말하기도 하고 듣기도 하며, 깨닫기도 하고 생각하기도 해야 하는 것입니다. 다시 말하면 언제나 유치한 가운데 머물 것이 아니라 당연히 성장된 수준에 이르러야 함을 말씀해 주고 있습니다.

또한 베드로후서 3장 18절에 보면 "구주 예수 그리스도의 은혜와 저를 아는 지식에서 자라가라"는 말씀이 있습니다. 여러분! 이 은혜! 예수 그리스도의 은혜 안에 자라가야 합니다. 이 은혜 밖으로 나가게 되면 이상한 방향으로 자라게 됩니다. 아시다시피 자라는 것이나, 생각하는 것에도 두 가지의 양상이 있습니다. 그리하여 은혜 가운데 자라는 사람은 시간이 흐를수록 더욱 은혜를 깊이 깨달아 이것도 은혜요 저것도 은혜이며, 이것도 감사하고 저것도 감사합니다. 하루하루 시간이 흐르는만큼 더 크고, 더 깊게 느끼며 감사하는 성장이 있습니다.

그런가 하면 나쁜 방향으로 자라는 사람은 모든 것을 부정적으로 봅니다. 그러자니 이것도 망했고 저것도 썩었으며, 저 사람도 형편없고 이 사람도 나쁩니다. 그저 악한 방향으로만 생각이나 지혜가 자라갑니다. 하지만 이것도 성장은 성장인 것입니다.

그러므로 우리가 자란다는 문제를 놓고 생각할 때에도 은혜 안에서 자라야 하고 예수 그리스도를 아는 지식에서 자라야 하는 것입니다. 우리가 진정 그리스도를 안다면. 사실은 모든 문제가 해결이 됩니다. 이는 모든 문제에 대한 해답이 그 속에 감추어져 있기 때문입니다.

이 성장의 문제를 두고 엘리코트(Ellicort)라는 신학자는 심리학적 단계로서의 3단계의 성장을 이야기하고 있습니다.

그 첫째가 사상, 곧 생각에 있어서의 성장입니다. 다시 말하면 생각이 발전하고 성장한다는 것입니다. 따라서 책을 한권 읽더라도 어린이가 읽는 것과 어른이 읽고 생각하는 바가 다른 것입니다. 생각이 깊은 사람은 조그마한 사물 하나를 대하더라도 많은 것을 생각하고 많은 것을 느끼게 됩니다. 이와 같이 생각의 성장이 곧 인격의 성장이라는 것입니다.

다음 두번째 성장은 행위의 성장을 말하고 있습니다. 이제는 행동 반경이 넓어지고 유능해지며, 전에는 말만하던 사람이 직접 행동으로 옮기게 되는 그러한 성장입니다.

그리고 세번째 성장은 목적에 대한 성장입니다. 목적이란 전체에 대한 의미를 말해 주는 것입니다. 따라서 성숙한 사람은 매사에 있어서 항상 의미를 부여합니다. 반면에 의미를 모르고 사는 사람은 어린아이와도 같은 것입니다. 그러므로 목적에 대한 바른 인식은 우리 모두가 깊이 생각해야 할 문제인 것입니다. 공부를 하는 목적, 직업을 가진 목적, 사는 목적 등, 지금 내가 가진바의 목적은 어느 정도 성장해 있는 것입니까? 진정 우리의 목적이 어느 정도 성장한 단계에 이르렀다면 "하나님의 영광을 위하여"라는 본래적인 그 목적이 크게, 그리고 전적으로 느껴지면서 그 목적 속에 내 자신이 흡수되고 마는 것입니다. 그렇게 될 때 이제는 하나님의 영광을 위해서라면 나는 죽어도 좋고 수치를 당해도 좋은 것입니다. 바로 이러한 단계를 보고 높은 성장이라고 말할 수 있을 것입니다.

이제 본문으로 돌아가 생각해 보면 여기에는 성장에 관계된 세 가지의 전제가 있음을 발견하게 됩니다.

그 첫째가 씨앗입니다. 얼핏보아 본문에서는 종자에 대한 거론을 하지 않는 것 같으나 사실은 중요한 것으로 나타납니다. 그리하여 본문은 그내용의 시작을 "하나님의 나라는 사람이 땅에 씨를 뿌림과 같으니"라는 말씀으로 시작하고 있습니다. 무엇보다도 성장을 위해서라면 먼저 씨앗이 있어야 합니다. 이것은 곧 말씀이요 진리이며, 객관적으로 주어진 생명을 말합니다. 앞에서 말씀드린 바와 같이 밭이 좋은 옥토라고만 하여 거기에서 싹이 나는 것은 아닙니다. 싹은 밖으로부터 뿌리워진 씨앗에 의하여 돋아나는 것입니다. 그러므로 우리는 아무리 마음 밭이 곱고 고명한 인격의 소유자라 할지라도 반드시 말씀의 능력이 객관적으로 부여되지 않으면 안된다고 하는 사실을 잊지 말아야 합니다.

다음 두번째는 씨앗을 뿌리는 사람이 있어야 한다는 것입니다. 이제 여기에 많은 씨앗이 있다 하더라도 뿌리는 자가 없으면 아무런 소용이 없습니다. 이에 사도 바울은 로마서 10장 14절에서 "듣지도 못한 이를 어찌 믿으리요. 전파하는 자가 없이 어찌 들으리요"라며 외치고 있는 것입니다. 그 누구이든 듣지 못한 복음을 믿을 수가 없으며 전하는 자가 없고서는 또한 들을 수가 없는 것입니다.

그러므로 복음은 반드시 전해야 된다는 사실을 우리는 잊지 말아야 합니다.

저는 간혹 예수를 처음 믿기 시작하신 분들이 참으로 기뻐하면서 하는 이야기 중에 이렇게 좋은 예수를 왜 진작 믿으라고 권해 주지 않았을까 하는 것과 더욱이 아래 윗집이 모두 교회에 나가는 사람들인데 단 한 번도 진지하게 교회에 나가자는 말을 하지 않더라는 이야기를 들을 때마다 참으로 기가 막히다는 생각을 하게 됩니다. 어쩌면 저 사람은 어느 모로 보나 전도해도 안 믿을 사람 같아서 그랬는지는 모르지만 전도는 참으로 소중한 것이요 반드시 해야 하는 것입니다. 물론 내가 한 마디 전한다고 하여 듣는 사람이 바로 믿는 것은 아닙니다. 그러나 믿든지 안 믿든지 간에 전도에 대한 책임은 반드시 다해야 합니다. 그렇다면 더욱이 이웃에 사는 분들이나 일가 친척, 친구분들께는 당연히, 그리고 부지런히 전도해야 합니다. 그런데 만약 이것을 제대로 안 하는 것이라면 우리가 하나님 앞에 바로 서기가 어렵다는 사실을 알아야 합니다. 이와 같이 전도에는 무거운 책임이 있습니다. 그래서 에스겔서는 기록하기를 이를 파숫군의 책임이라고 하였습니다(3:17). 만약 파숫군이 졸면 어떻게 되겠습니까? 파숫군이 졸면 전체가 죽습니다. 따라서 그 죽음에 대한 책임은 파숫군이 져야 합니다. 이에 에스겔서는 그 피 값을 네 손에서 찾을 것이라고 기록하고 있습니다(3:18). 이 얼마나 무서운 일입니까? 우리는 이 사실을 알고 반드시, 그리고 부지런히 전도해야 함을 잊지 말아야 할 것입니다.

이제 세번째는 땅이 있어야 합니다. 땅 중에서도 옥토가 준비되어야 합니다. 그런데 여기에서 생각할 것은 씨앗이나 그 씨앗을 뿌리는 사람, 그리고 주어지는 좋은 땅, 이 모두가 다 은혜라고 하는 사실입니다. 그리하여 그 은혜 속에서 씨앗이 뿌려지고 자라나게 되는 것입니다. 그렇게 하여 얻어지는 생명! 이러한 생명을 두고 생각할 때 우리는 적어도 네 가지의 신비를 생각하게 됩니다.

그 첫째는 출생의 신비로서 사람이 태어나는 것도 신비로운 일입니다마는 죽은 것과 같은 메마른 씨앗에서 싹이 나오는 것을 보면 참으로 신비롭습니다. 도무지 그 속에 무엇이 있을 것 같지가 않습니다. 하지만 분명히 나타나는 생명이 있으니 이것이 생명이 출생하는 신비인 것입니다.

두번째는 성장의 신비입니다. 우리가 하는 것이라고는 고작 물을 주는 일밖에 없는 것 같은데 자라고 꽃이 핍니다. 게다가 요즈음에 와서는 사람들이 재주를 부리느라 소위 수중재배를 한다며 물만 부어 놓고 식물을 키우기까지 하니 이 얼마나 신비로운 일입니까? 아무튼 이와 같은 생명이 자란다는 것은 참으로 신비로운 일입니다.

다음 세번째는 죽음의 신비입니다. 생명이 죽는다는 것! 다시 말하면 인간이 죽고, 동물이 죽으며, 식물이 죽는다는 것은 무엇을 의미하는 것이냐 할 때 이것 역시 신비한 것입니다.

그리고 네번째는 부활의 신비입니다. 분명 죽고 썩어져 없어진 것 같은데 또다시 살아나는 그 신비를 우리는 보고 있습니다. 여기에서 우리가 기억할 것은 이와 같은 신비는 하나님께서 만들어 놓은 것이기에 인간들이 이모저모로 응용하고 있을 뿐 이 신비의 자체에 대해서는 인간으로서 할 말이 없는 것입니다. 그러므로 이 신비는 여전히 신비로운 것입니다.

그런데 오늘 본문 말씀에 의하면 이와 같은 신비로운 역사는 지성 이전의 일이라는 것입니다. 그러니까 나도 모르는 사이에, 하나님의 경륜 속에서 태어나고 자란다는 이야기입니다. 예를 들어 모세가 부름을 받은 것은 80세였습니다. 그러나 하나님께서는 이미 80년 동안에 걸쳐, 다시 말하면 모세가 태어나 갈대상자에 실려 강물 위를 떠내려가는 데서부터 건져내임을 받게 하시고 바로의 궁전에서 자라게 하셨으며, 미디안으로 보내시어 훈련을 받게하신 다음 그를 부르십니다. 그리하여 모세가 분명한 자아의식을 갖게된 것은 그의 나이 80이었을 때입니다. 이와 같이 하나님께서는 이미 오래 전부터 미리 준비를 하셨으니 바로 거기에 하나님의 경륜이 있었던 것이 아니겠습니까?

마찬가지로 그 어느 한 사람이 예수를 믿어 구원을 받게 된다는 데까지 이른다는 것이 그렇게 쉬운 일이 아닙니다. 그러나 우리가 모르는 사이에 하나님께서는 우리가 상상할 수 없는 엄청난 역사를 이루어가고 계시는 것입니다. 얼마전에 있었던 한 결혼식을 통하여서도 그러한 일이 있었습니다. 이제 예수를 잘 믿는 장로님댁 아들과 온 집안이 불교 신자인 집 딸이 연애를 하게 된 나머지 처녀는 총각을 따라 교회를 나오게 된 것입니다. 그래서 이 총각이 처음에는 이 처녀의 신앙을 두고 이게 진짜인가 하여 1년간 시험을 하였다는 것입니다. 그런데 마침내 이 처녀가 세례를 받는 데까지 신앙이 자라게 되자 이제는 부모님들의 강한 반대에도 불구하고 결혼을 강행하기로 한 것입니다. 그러자니 특별히 처녀집 부모님들의 역정이 오죽하였겠습니까마는 놀라운 것은 그 처녀의 아버지 되시는 분이 생각하기를 이제 내 사위될 사람이 교인이고 더욱이 사돈될 사람이 장로라면 그 성경이라는 것이 어떤 것인지 나도 상식적으로라도 한번 읽어 보아야지 하고서는 성경을 읽기 시작하여 신구약 성경을 다 읽었다는 것입니다. 그러면서 하는 말이 "그 참 좋은 말이 많습니다"라고 하길래 저가 있다가 "이제 교회에 나오시면 더 좋은 말을 많이 들을겝니다"라고 하였습니다. 이렇게 해서 그 분은 결국 교회에 나오고 있습니다.

여러분, 보십시오. 이제 그 집안은 하나가 믿음으로 인해 모두가 구원을 받게 된 것이란 말입니다. 처음 두 젊은이가 양 가정에 파문을 일으키며 연애를 시작했을 때 그 누구인들 이후에 이런 일이 있을 것을 상상이나 할 수 있었겠습니까? 그러나 엄연히 한 가문을 구원하는 역사가 그 속에서 이루어지고 있었으니 이 얼마나 신비로운 역사인 것입니까?

그리고 오늘 본문에 보면 "저가 밤낮 자고 깨고 하는 중에"라는 말씀이 있습니다. 여기에서 밤이라고 하는 것은 무의식 상태를 말합니다. 생명은 우리가 무의식 상태에서 쉬는 중에도 자라고 의식 속에서 활동하는 동안에도 자랍니다. 우리는 그 자라나는 모습을 확인하고 느낍니다. 그러나 우리는 생명 자체에 대해서는 알 수가 없습니다. 그저 계속 성장할 뿐인 것입니다.

그런데 예수님께서는 본문에서 식물의 성장을 3단계로 구분하여 말씀하고 계십니다. 이에 보면 맨 먼저는 싹이요 그 다음은 이삭이며, 그리고 그 이삭에 충실한 곡식으로 자란다는 것입니다. 이와 같이 3단계로 표현하신 예수님의 말씀은 그 자체에 오묘한 의미가 있습니다.

여러분께서 아시는 바와 같이 싹이 나는 것을 보면 씨앗이 망그러지고 썩어지는 거기에서 연약하기 그지없는 조그마한 풀잎이 파르스름하게 고개를 내미는 것을 볼 수 있습니다. 이는 생각할수록 참으로 신비로운 장면이며 아름답고 귀한 생명의 시작인 것입니다. 이때의 모습은 너무나도 나약하여 어린아이의 발길이 스쳐도 곧장 없어지고 맙니다. 그러나 이 생명의 시작이란 많은 사람의 희망이며 기쁨을 주는 것입니다. 그러므로 이 나약한 새 생명은 누군가가 도와주어야만 하는 것입니다.

마찬가지로 한 사람이 예수를 믿어 새로운 생명으로의 새 사람이 된다고 할 때 그 처음은 매우 나약한 것입니다. 그러나 이는 참으로 소중한 존재입니다. 이제 문제는 그러면서도 나약하다고 하는 사실입니다. 그래서 흔들리고 바람만 세차게 불어도 추위를 타며, 조그만 추위에도 얼어죽고 마는 것입니다. 이처럼 나약한 것이 싹이라고 하는 것입니다. 저가 이북에서 자라던 어린 시절에 보면 저의 고향에서는 고구마를 많이 심는 편인데 이 고구마의 순, 곧 싹을 내기 위하여 자그마치 안방을 할애하는 것입니다. 그러니까 상당한 기간에 걸쳐 마치 어린아이를 키우듯이 따뜻한 자리는 고구마가 차지하게 해놓고 사람들은 윗목에서 지내게 되는 것입니다. 그리하여 아침 저녁으로 정성껏 물을 주면서 잘 돌본 싹이 20~30센티 정도로 자라게 되면 그 때에 그 싹을 땅에다 옮겨심어 고구마를 생산케 하는 것입니다. 이와 같이 연한 싹은 약한만큼 잘 돌보아야 하는 것입니다.

여기에서 우리는 분명히 생각해야 할 것이 있습니다. 그것은 처음 예수를 믿는 사람을 대하는 태도입니다. 이제 처음 예수를 믿는 사람을 보게 되면 본인은 물론 보는 사람도 참으로 고맙고 감격스럽습니다. 그리하여 열심과 성의를 다해 교회일에 참여하며 찬양을 드리고자 합니다. 그러나 분명한 것은 매우 약한 상태에 있다고 하는 사실입니다. 그 때문에 혹 먼저 믿는 사람 중에서 누군가가 잘못된 말을 하게 되면 그것으로 인해 상처를 입는가 하면 당장에 쓰러지고 마는 것입니다. 같은 경우라도 10년, 20년 믿는 사람이라면 사람들이 모였으니 그럴 수도 있겠지하고 그런대로 넘겨 버릴 수가 있지만 처음 믿는 사람으로서는 그렇게 되지가 않습니다.

그 때문에 통계에 의하면 서울 시민의 60%가 적어도 한번쯤은 교회를 다녀 보았다고 하는 것입니다. 그런데 그 60%가 다 어디로 가고 불과

20%밖에 안되느냐는 말입니다. 그 이유는 교회가 저들에게 실망을 주었기 때문입니다. 우리는 이 점을 잊지말아야 합니다. 다름아닌 먼저 믿는 사람들이 실망을 주었단 말입니다. 이제 조그마한 싹이 예쁘게 올라온 것을 보면서 감격해하고 기뻐하면서 필요한 도움을 주어가며 잘 돌보았어야 했겠는데 그러지를 못해서 그만 상처를 입고 쓰러지고 말았으니 이 얼마나 마음 아픈 일이냔 말입니다. 이와 같이 싹으로 태어나는 생명은 신비로움이 있고 희망과 기쁨을 주지만 동시에 너무도 약한 것임을 잊지 말아야 합니다.

그리고 예수님께서는 그 다음에는 이삭이라는 것을 말씀하고 계십니다. 이제 이삭이라고 할 때 이것은 자기 정체가 분명해졌음을 의미하는 것입니다. 다시 말하면 이삭이 쏙 내밀게 되면 그때에 가서는 이것은 알곡이다. 혹은 가라지다하고 분명한 자기 정체를 드러내게 될 것이라는 말입니다. 그렇지 않고 잎들만 푸르게 있을 때에는 거기에 대한 상당한 전문가가 아니고서는 자신을 가질 수가 없습니다. 그러나 일단 이삭이 돋아난후에는 알곡과 알곡이 아닌 여타의 것임을 분명하게 알 수가 있는 것입니다.

이와 같이 이삭이 나온다는 것은 그리스도인의 자기 정체감을 말하는 것입니다. 바꾸어 말하면 어느 정도의 신앙이 성장한 다음에는 나는 그리스도인이라는 사실을 밝혀 말하게 된다는 것입니다. 이를 위해 한 장병의 이야기를 생각해 봅니다. 비록 군대에서 뿐만 아니라 믿지 않는 사람들의 틈바구니에서 식사 때마다 기도를 한다는 것은 사실 보통 용기가 아니면 힘든 일인 것입니다. 그런데 이 청년이 근간에 속한 부대에서는 식사 때가 되면 "감사의 묵념"을 하고서는 식사를 한다는 것입니다. 그래서 이 청년은 다른 사람이 묵념을 하는 동안 자기는 기도를 할 수가 있어서 좋다는 것입니다. 그런데 그런 것이 없었을 때에는 다른 사람들이 마구 먹는 판에 혼자서 기도하기가 매우 힘들었다는 것입니다.

사실이 그렇습니다. 어느 장소에서든 혼자서 기도하고, 어디에서든 "나는 예수 믿는 사람이오" 하기가 쉬운 것이 아닙니다. 그래서 자동차 뒤에 붙이는 예수 그리스도 하나님의 아들 구세주라는 고백을 담은 초대교회 그리스도인의 상징인 물고기 모양의 스티커를 많은 교인들이 좋아할 것 같아서 만들었는데 의외로 많은 사람들이 사지를 않는다고 합니다. 그러면 왜 안 사느냐 할 때 이제 좀 다른 데도 가야 하겠고 행동으로도 제재받고 싶지가 않는데 "예수 믿는 사람이 저따위냐?" 할까 봐서 못 달겠다는 것입니다. 하지만 그것 붙이고 다닐 자신이 없다면 그 사람은 아직 그리스도인이 아니기에 회개하여야 합니다. 어디서나 자신 있게 자동차 뒤에다 "나는 예수 믿는 사람이오" 하고 다닐 수 있어야지 이것을 술집에 대어 놓으면 곤란한데, 혹은 다른 사람이 보면 무엇이라고 할까 하는 정도라면 이것은 그야말로 유치한 것이 아닐 수 없습니다. 그런가하면 어떤 이들은 이러한 이야기를 하기도 합니다. 더러는 예수 믿는 사람의 자동차인 것을 알면 차를 찌그러뜨리기도 하고 자국을 내기도 한다는 것입니다. 하지만 진정 예수를 믿는 사람이라면 그런 정도의 손해쯤은 좀 본들 어떻겠는가 하는 것입니다. 우리가 가슴에다 직접 십자가를 달거나 복장을 별나게 하고 그럴 것은 아닙니다마는 그리스도인의 자기 정체감은 매우 중요한 것입니다. 그리하여 언제 어디서나 그리스도인으로 행동하고 그렇게 말하는, 조금도 부끄러움이 없는 명확한 이상을 보여야 하는 것입니다. 이에 예수님께서 말씀하시기를 "누구든지 사람 앞에서 나를 부인하면 나도 하늘에 계신 내 아버지 앞에서 저를 부인하리라"(마 10 : 33)고 하셨습니다. 그러므로 우리는 이 두려운 말씀을 기억하면서 그리스도인의 정체를 분명히 하는 가운데 이웃을 만나고 시험을 이기며 나아가서 그리스도인의 신분에 어긋나는 말과 행동이 있게 해서는 아니될 것입니다.

이제 다음으로 생각할 것은 그 이삭이 충실한 곡식이 될 것을 말씀하신 것입니다. 충실한 곡식은 햇빛을 받아 무르익어 갑니다. 제맛을 낼 수 있도록 확실하게 익어가는 것입니다. 마찬가지로 고개를 숙이고 참다운 그리스도인의 맛을 내는 충실한 그리스도인이 된다는 것입니다. 그리하여 이제는 그리스도인이 아닌 요소를 다 제거하면서 오직 봉사와 희생이 있을 뿐인 것입니다. 마침내 충실히 무르익어 고개를 숙인 다음에는 "이제 나를 베어 잡수세요" 하는 시간인 것입니다. 쉬운 예로서 감 같은 것을 두고 생각해 보더라도 맛이 들어 익기 전에는 나무 잎과 같은 녹색을 지니고 있습니다. 이것은 나뭇잎과 같은 보호색으로 있으면서 "나를 따 먹지 마세요" 하는 것이 됩니다. 그러다가 다 익어 빨갛게 된 다음에는 무성했던 잎들도 떨어져 나가고 이제는 "빨리 따가 주세요"라는 자태로 있게 되는 것입니다.

바로 이와 같은 모습이 무르익은 성숙한 그리스도인의 모습인 것입니다. 이는 곧 자기를 주기 위해 준비된 신앙이라 하겠습니다. 그리하여 내가 무엇을 도와 드릴까요? 나를 사용하십시오 하면서 봉사적인 인간으로, 희생적인 인간으로, 쓰여짐을 기뻐하는 것입니다. 이에 사도 바울은 "내가 너희를 위하여 받는 괴로움을 기뻐하고 그리스도의 남은 고난을 그의 몸된 교회를 위하여 내 육체에 채우노라"(골 1 : 24)며 그리스도를 위하여 당하는 고난을 마치 훈장처럼 생각하며 영광스럽게 받아들이고 있습니다. 그 때문에 그는 옥중에서도 기쁨이요, 매를 맞으면서도 기쁘기만 한 것입니다.

이번에 우리 교회의 교육관을 신축하면서도 참으로 아름다운 일들이 많이 있었습니다. 다섯대의 피아노를 비롯하여 강대상을 준비하는 일 등 필요한 비품들을 갖추는 일에 앞장서서 하겠다는 분들이 너무 많아서 조금 늦게 말씀하신 분들은 부득불 그 기회를 얻을 수가 없었던 것입니다. 여러분! 봉사라는 것이 바로 이러한 것입니다. 그 누구인들 돈이 아까운 줄을 모를 리가 있겠습니까마는 그러나 "나를 따 가세요!" 하는 것이란 말입니다. 이 얼마나 아름다운, 그리고 무르익은 그리스도인입니까? 여기에 비해 무엇이고 좀 봉사하라고 하기만 하면 징징거리며 힘들어 하는 사람들은 아무래도 곤란한 사람들인 것입니다. 우리는 그리스도를 위하여 수고하며 고생하는 것이 즐거움이 되는 성숙한 그리스도인의 인격으로 성숙해 나가야 하는 것입니다. 여기에 신비가 있습니다. 중생이 신비요, 성화가 신비며, 영화가 신비입니다. 이런 신비함 속에서 생명은 성장해 나가는 것입니다.

그러므로 우리는 이러한 생명의 역사 앞에서 성장의 문제로 인하여 절대 염려할 것이 아닙니다. 생명은 생명 자체의 신비한 능력에 의해서 성장해 나갈 것입니다. 그러기에 왜 믿음이 빨리 자라지 않는가라며 조바심을 부릴 일이 아닙니다. 진정 필요한 것은 그 자람을 기다리며 지켜보는 인내입니다. 그리고 열매를 맺고자 한다면 예수님께서 요한복음 15장에서 말씀하신바 대로 포도나무에 가지가 붙어 있어야 하듯이 온전히 그리스도를 중심으로 살아야 하며, 그 가지를 깨끗이 하여야 합니다. 마음이나 생각은 물론 그 생활이 순수하고 깨끗한 것이라면 반드시 좋은 열매를 맺게 될 것입니다. 기억할 것은 굳이 좋은 열매를 맺기 위해 따로 애쓸 필요가 없다는 것입니다. 왜냐하면 좋은 나무만 되면 좋은 열매는 자연히 맺게 마련인 것입니다. 그런데 이 좋은 나무는 내 마음대로 되는 것이 아닙니다. 이는 하나님께서 주시는 바의 은사이며 나로서는 그저 깨끗하게 할 뿐인 것입니다. 이를 위해 언제나 말씀에 겸손히 순종하게 되면 나도 모르는 사이에 신비롭게 열매가 맺혀 제맛을 내는 성숙한 그리스도인이 될 것입니다.

등불 비유

또 저희에게 이르시되 사람이 등불을 가져오는 것은 말 아래나 평상 아래나 두려 함이냐 등경 위에 두려 함이 아니냐 드러내려 하지 않고는 숨긴 것이 없고 나타내려 하지 않고는 감추인 것이 없느니라 들을 귀 있는 자는 들으라 또 가라사대 너희가 무엇을 듣는가 스스로 삼가라 너희의 헤아리는 그 헤아림으로 너희가 헤아림을 받을 것이요 또 더 받으리니 있는 자는 받을 것이요 없는 자는 그 있는 것까지 빼앗기리라.
 (마가복음 4 : 21~25)

등불 비유

오늘 본문에서 말씀하시는 이 등불은 당시 이스라엘 사람들이 사용하고 있는 등불을 두고 이야기하는 것임을 먼저 생각해야 합니다. 이 때의 등불이란 그저 조그마한 질그릇 같은 것에 기름 붓고 심지를 만들어 잠기게 한 후 그 심지 끝에 불을 붙여 밝히게 하는 정도의 것입니다. 그리고 또 하나 생각할 것은 예루살렘 성전 안에는 항상 등불이 켜져 있었다고 하는 사실입니다. 그리고 이 불을 붙여 밝히는 일은 제사장의 책임인 것이며 이 일을 위해서는 자주 등잔을 살펴보아 기름을 채우고 심지를 잘 정비하여 어느 순간도 불이 꺼지는 일이 없게 해야 하는 것입니다. 따라서 이 등잔은 곧 빛을 말함과 동시에 나아가서는 하나님의 빛이 된다는 그러한 상징으로 생각되게 하였습니다.

그런데 이와 똑같은 말씀이 마태복음 5장 15절에도 기록되어 있는 것을 볼 수 있습니다. 그러나 두 본문에 나타난 등불은 똑같은 표현 형식을 취하고 있으나 그 지적하는 바의 의미는 각각 다른 것으로 생각을 합니다. 이에 한번 비교를 해보면 마태복음에서 "너희는 세상의 빛이다" 혹은 "너희는 세상의 등불이다"라고 하셨을 때 이 말씀의 결국도 예수님이 빛이며 또한 너희가 빛이라는 것으로 설명이 전개되겠습니다마는, 오늘 본문에 나타나는 이 등불은 같은 등불임에도 복음 자체를 말씀하고 있는 것입니다. 그러므로 그 지적하는 바가 조금 다른 것입니다.

특별히 오늘 본문 말씀에서 거슬러 올라가 4장의 시작을 보면 예수님께서는 우리가 너무나도 잘 아는 씨 뿌리는 비유를 말씀하고 계십니다. 그리고 이어서 이 등불 비유를 말씀하고 계시는 것입니다. 아시다시피 씨를 뿌리는 비유에 있어서는 그 씨앗이 복음을 말하는 것입니다. 마찬가지로 여기 이 등불 비유에 있어서는 등불이 복음인 것입니다. 따라서 예수님께서는 복음! 즉, 거룩한 진리의 등불을 말씀하고 계시는 것입니다. 그리하여 이 복음이 어떻게 전파되는 것인가를 등불을 비유로 하여 매우 세밀하게 설명해 주고 계십니다.

먼저는 등불은 반드시 비춰져야 한다는 점입니다. 어디까지나 빛의 존재는 빛을 비추는데 그 의미가 있다는 것입니다. 그러므로 빛을 발하는 등불은 주위를 두루 밝힐 수 있게 언제나 높이 두어야지 말 아래에나 침상 밑에 둘 수는 없는 것입니다. 우리는 이 빛이 있음으로 방향감각을 찾고 사물을 보게 됩니다. 뿐만 아니라 가치규정이 됩니다. 빛이 없으면 아무리 훌륭한 것이라 하더라도 가치와는 상관이 없는 것입니다. 우리가 교회에 나오기 위해서도 이것 저것 몸치장을 하고 여성들은 얼굴 화장에 많은 신경쓰며 단장을 했습니다마는 한순간 불이 꺼지면 그 모두가 다 무효인 것입니다. 이와 같이 빛은 가치의 기준이 됩니다.

나아가서 빛은 곧 생명입니다. 빛이 있음으로 생명이 존재합니다. 따라서 빛이 없다면 세상의 모든 생명은 존재할 수가 없습니다. 이와 같이 빛은 소중한 것입니다. 이러한 빛을 두고 예수님께서 "너희는 세상의 빛이다" "나는 세상의 빛이다"라고 하셨으니 이 얼마나 깊은 뜻이 있는 말씀입니까? 그런데 이 복음이 빛이라는 말씀입니다. 이 빛이 있어서 생명이 있고 가치 기준이 있으며 삶의 방향을 정해 주는 것이란 말입니다.

따라서 이 빛은 반드시 전해져야 합니다. 이 말은 이 빛 자체가 본성적으로 전파되어지도록 되어 있는 특성을 가지고 있다는 의미입니다. 그 때문에 전도도 그렇게 생각됩니다. 흔히들 부흥회나 어떤 특별한 모임이 있을 때에 보면 '한 사람이 한 사람씩 전도합시다' 하고서는 전도 운동을 벌이는 경우가 있습니다마는 사실 그러한 것은 문제가 있는 것입니다. 왜냐하면 이미 복음 자체가 전도하도록 되어 있는 것이기 때문입니다. 진정 내가 복음의 참뜻을 깨닫고 그리스도의 사랑을 깨달았다면 전도하지 말라고 하여도 전도하게 되어 있는 것이란 말입니다. 가장 가까운 사람은 물론 만나는 사람이면 누구에게나 전하지 않고는 배길 수가 없는 것이 복음인 것입니다. 그렇다면 결국 내가 전도하지 못함은 아직도 복음을 바로 받아들이지 못했다는 증거입니다. 그러므로 예수 믿으라는 말 한마디 못하는 벙어리 교인은 교인이 아닙니다. 복음은 빛과 같아서 반드시 많은 사람을 향해 빛을 발하게 되어 있습니다. 이것은 빛의 본성임과 동시에 빛에 대한 우리의 사명도 말해 주는 것입니다.

이제 두번째로 생각할 것은 이 빛은 숨겨질 수 없다고 하는 말씀입니다. 본문에 기록된 대로 등불을 가져왔으면 높이 등경 위에 두는 것이지 곡식을 되는 말 속이나 평상 아래에 두어 주위를 여전히 어둡게 하려는 것은 아니란 말입니다. 여기에서 말이라는 것은 요즈음의 젊은이들은 잘 모를 것입니다마는 옛날 우리나라에서도 곡식이나 물의 양을 무게가 아닌 부피로 계산하던 시절에 가정마다 가지고 있던 하나의 계량기입니다. 그러니까 이것은 상당히 큰 그릇과도 같은 것으로 대체로 둥글게 된 원통 모양과 사각으로 된 것이 있습니다.

그런데 이와 같은 말 속에 등불을 넣어둔다면, 즉 바꾸어 말하면 등불을 말로 덮어 버린다면 어떻게 되겠느냐는 것입니다. 또한 "평상 아래에 두려 함이냐?"는 것인데 여기에서 이 평상이란 사실은 침상, 곧 침대를 말하는 것입니다. 그리고 그 아래에 둘 수는 없지 않느냐고 하시는 것은 반드시 높이 두어야 함을 말씀하시는 것입니다. 다시 말하여 무엇으로도 숨겨질 수 없다고 하는 이야기입니다. 이는 복음은 반드시 전파되어져야 하며 또한 그럴 수밖에 없다고 하는 말씀입니다. 빛이 그러하듯이 복음은 자유로운 것입니다. 따라서 공산주의 세계에서나 자본주의 세계, 미개한 사회이거나 문명사회 도시이거나 농촌을 가리지 않고 복음은 계속 전파되어져야 하고 그렇게 되게 되어 있습니다.

그러면 이제 말과 평상을 두고 그 상징적 의미를 한번 생각해 보고자 합니다. 물론 예수님께서 이 말씀을 하신 것이 단순히 일상 생활에서 쉽게 접하는 용구이기에 그저 그렇게 말씀하신 것인지는 알 수가 없습니다. 그러나 굳이 '말'과 '평상'이라는 것에 상징적 의미를 부여한다면 두 가지 측면을 이야기할 수 있습니다.

먼저, 이 '말'이라고 하는 것은 거래, 곧 장사를 할 때 사용하는 하나의 계량기입니다. 그 때문에 한말 두말 하면서 말로 되어 헤아린다는 것은 한편으로는 속지 않기 위하여, 더 안주기 위하여 정확하게 하기 위하여 하는 것입니다. 따라서 이것은 장사를 의미하는 상업의 상징이요 사업의 상징인 것입니다. 그렇다면 여기에서 말할 수 있는 것은 어떠한 물질적인사업이나 기업 행위에 의해서도 복음 전파가 저해를 받아서는 아니된다는 것입니다. 다시 말하면 나는 사업 때문에, 혹은 장사하느라, 농사일 때문에 전도를 못한다는 말은 안된다는 이야기입니다. 왜냐하면 복음은 절대로 숨길 수 없기 때문입니다. 복음을 말로 덮어 숨겨둘 수는 없는 것이란 말입니다. 어디까지나 높은 데 있으면서 멀리, 넓게, 두루 비추어야 하는 것입니다.

그리고 '평상'이란 영어로 베드(bed)라고 합니다. 그러니까 이것은 다름 아닌 침상, 혹은 침대를 말하는 것입니다. 이 침상은 휴식을 말하는 것이요, 동시에 향락을 상징하는 것으로 해석을 합니다. 향락을 두고 이야기하자면 여러가지로 말할 것이 많을 것입니다. 그 중에 이 침상의 용도를 보면 간혹 영화 장면 속에서도 볼 수 있듯이 식탁의 의자와도 같이 쓰여져서 아예 비스듬히 누워서 뒹굴면서 음식을 먹는 것입니다. 그리고 보면 이 침상은 침상임과 동시에 식탁의 의자 노릇도 하고 있는 것입니다. 이와 같이 2천년 전으로 돌아가 생각해 보면 이것은 육체를 위한 향락을 의미하는 것으로 말할 수 있습니다.

어떤 분이 말하기를 세계적으로 유명한 두 역사적인 문제아가 있으니 그 하나는 카를 마르크스요 또 하나는 프로이트라고 하였습니다. 아시다시피 하나는 유물주의의 대표요 하나는 향락주의, 섹스(Sex)의 대표입니다. 공교롭게도 이들 두 사람은 모두 이스라엘의 뿌리를 가지고 있는 사람들입니다. 아무튼 복음은 어떤 유물론적인 것으로도 그리고 어떤 향락적인 것으로도 결코 방해되어서는 안되는 것입니다. 이는 어떤 경우에도 이 복음의 등불은 보다 높은 곳에 있어서 언제나 만물을 밝힐 수 있어야 한다는말씀입니다.

다음으로 22절 말씀을 보면 "드러내려 하지 않고는 숨긴 것이 없고 나타내려 하지 않고는 감추인 것이 없느니라"는 말씀이 있습니다. 이 말씀은 표현 그대로 보아서는 아무리 생각해도 잘 모를 말씀입니다. 이는 직역을 해 놓았기 때문인데 누가복음 8장 17절에는 조금 달리 표현하여 "숨은 것이 장차 드러나지 아니할 것이 없고 감추인 것이 장차 알려지고 나타나지 않을 것이 없느니라"고 기록하고 있습니다. 그러니까 이는 감추인 것이 그대로 나타나지 않을 것이 없다고 하는 해석입니다.

그런데 오늘 본문은 원문을 그대로 직역을 해 놓았기 때문에 그냥 잠깐 보아서는 이해가 안되는 것 같습니다마는 직역한 여기에는 또 다른 의미가 있기 때문입니다. 그래서 빈센트(Vincent)라는 주석가는 이를 "숨은 것은 드러내게 하려 함이요, 감추인 것은 나타내려 함이니라"고 번역하고 있습니다. 아무튼 헬라 원문대로 살펴보면 우리 성서에 기록된 직역이 맞는 것입니다. 그리고 의미상에 있어서 먼저 잠시 숨겨진 때가 있다는 것입니다. 그러나 그 숨겨진 때가 있는 것은 숨겨지기 위한 숨겨짐이 아니라 드러내기 위해 잠시 숨겨졌다는 것입니다. 복음 전파의 일이 어떤 때에는 활발하고 거침없이 전파되는가 하면 어떤 때에는 잠깐이고 숨겨지는 듯이 보일 때가 있습니다. 오늘 본문은 바로 그러한 경우를 두고 하는 말씀입니다. 한동안 교회가 핍박을 당하고 어려운 시련이 몰아쳐 오게되면 이제는 교회가 무너지려는가 보다 하는 생각이 들 때가 있습니다. 그러나 이상한 것은 교회가 핍박을 당하게 되면 질적인 성장을 하게 된다는 사실입니다. 여기에 비해 자유로울 때에는 양적인 성장을 합니다. 그러므로 핍박을 당한다고하여 복음 전파가 절대 중단되는 것은 아닙니다. 다만 잠시 잠깐 숨겨지는 듯이 보일 때가 있다는 말입니다.

그리고 어떤 때에는 잘못된 이단 사상이나 신학적으로 보아 자유주의적인 성향에 의해 복음 전파가 크게 방해를 받을 때가 있습니다. 그리하여 이대로 얼마 동안 계속 가게 되면 과연 교회는 어떻게 되겠는가 하는 염려가 될 때가 있습니다. 그러나 분명한 것은 하나님께서는 자기의 일을 거기에서 중단하시지 않습니다. 잠깐 멈추는 것 같고, 숨어 묻히는 것 같지만 또 다시 깊은 속에서부터 여전히 솟아오릅니다. 그러기에 드러내지 않고는 숨긴 것이 없고 나타내려 하지 않고는 감추인 것이 없는 것이란 말입니다. 오히려 드러내기 위하여 잠깐 숨겨지는 복음! 그리고 더 큰 복음적 역사를 이루기 위해서 잠깐 숨겨진 듯이 보일 때가 있습니다.

이는 우리나라의 교회사에서도 찾아 볼 수 있는 일입니다. 일본의 식민지 치하에서, 특별히 3·1운동을 계기로 교회가 당한 수난은 참으로 말할 수 없는 것이었습니다. 교회에 불을 지르는가하면, 남녀를 불문하고 끌고가 갖은 고문을 다하며 죽이기까지 하는 것이었습니다. 당시의 상황으로 보면 이제 교회는 없어지려나 보다 하지만 오히려 그 일로 인하여 한국 교회는 크게 부흥이 됩니다. 그러기에 한국 교회사를 기록하는 사람은 한결같이 3·1운동은 한국 교회의 부흥에 절대적인 역할을 했다고 말합니다. 잠깐은 숨겨졌었습니다. 그러나 드러내기 위한 숨겨짐이었던 것입니다. 그리고 보면 성경은 절대로 함부로 의역할 문제가 아닙니다. 어디까지나 먼저 직역을 하고 볼 것입니다. 그리고 그 말씀대로를 놓고 깊이 생각해 나가면 분명 거기에 의미가 있는 것입니다. 주어진 말씀이 말이 안되는 것 같고 모를 것 같지만 잠시 잠깐 숨겨지나 결국 드러내기 위하여 숨겨지는 것이라고 하는 매우 긍정적이고 적극적인 선교의 방향을,

복음의 역사를 말해 주고 있는 것입니다.

그리고 24절 말씀을 보면 "너희가 무엇을 듣는가 스스로 삼가라"는 말씀이 있습니다. 이는 우리가 등불을 보면서 가져야할 자세를 말하는 것입니다. 복음이라면 두말할 나위 없이 마음 문을 활짝 열고 받아들여야 할것입니다마는 문제는 진공 상태란 아무것에게나 흡수력이 강합니다. 따라서 어둠이 짙고 보면 아무런 불빛이라도 무비판적으로 따라가려고 합니다. 하지만 그렇게 할 수밖에 없는 것이 또한 인간의 심사가 아니겠습니까? 그러기에 오히려 이러한 때가 더욱 위험하다는 것입니다. 왜냐하면 진리를 찾는 강한 욕구로 인해 오히려 비진리에 빠지는 경우가 있기 때문입니다. 그래서 오늘도 보면 보다 잘 믿어 보겠다는 간절한 마음과 열렬함 때문에 오히려 가지 않았어야 할 곳을 가게 되고, 배워서는 안될 것을 배웠으며, 듣지 말았어야 할 것을 들어버리는 경우가 있는 것을 봅니다. 바로 이와 같은 경우를 염려하여 "무엇을 듣는가 스스로 삼가라"는 것입니다. 듣는 것을 사모하되 참으로 잘 가려서 들어야하겠다는 말입니다. 반드시 바른 빛을 찾기 위해 어떤 종류의 것인가를 살피라는 말씀입니다. 그리하여 참 진리에로 우리의 마음 문을 열어야 한다는 것입니다.

뿐만 아니라 이어지는 말씀에 보면 "너희의 헤아리는 그 헤아림으로 너희가 헤아림을 받을 것이요"라고 한 참으로 귀한 말씀이 있습니다. 이것 역시 헤아린다는 것으로 직역을 했기 때문에 이해가 쉽게 되는 것 같지가 않습니다. 이를 위해 요한계시록 22장 18~19절에 기록된 "내가 이 책의 예언의 말씀을 듣는 각인에게 증거하노니 만일 누구든지 이것들 외에 더하면 하나님이 이 책에 기록된 재앙들을 그에게 더하실 터이요, 만일 누구든지 이 책의 예언의 말씀에서 제하여 버리면 하나님이 이 책에 기록된 생명나무와 및 거룩한 성에 참예함을 제하여 버리시리라"는 말씀을 생각해 봅니다. 이 말씀은 간단히 말하여 하나님의 말씀에 대해서는 추호도 가감이없어야 한다는 것입니다.

이는 매우 중요한 말씀입니다. 다시 말하면 성경에서 홍해를 건너갔다고 하면 건너간 줄로 믿을 것이며, 예수님께서 부활하셨다고 하면 하신 것으로 믿어야 합니다. 그 앞에서 무슨 엉뚱한 생각으로 추리를 하며 딴 소리 할 것이 아닙니다. 장님이 눈을 떴다고 하면 뜬 것으로 알 것이지 아마도 그 사람이 진짜 장님이 아니었겠지라는 쓸데없는 소리들을 하지 말라는 것입니다. 이런 식으로 헤아리지 말라는 말입니다. 그래서 헬라 원문에 보면 '메트로 메트레이테' 라고 하여 잰다고 하는 뜻의 '메트로' 와 한 말 두 말하며 액체나 곡식을 되는 말인 '메트레이테' 의 두 단어가 나란히 하여 문장을 이루고 있는 것을 볼 수 있습니다. 그러니까 자로 말하면 한 자 두 자, 말로 한다면 한 말 두 말 하면서 이렇게 재고 헤아린다는 것입니다. 그러니까 원뜻은 저울이라도 상관이 없겠습니다마는 너희가 되는 말로서 너희도 됨을 받을 것이라고 하는 의미입니다. 다시 말하면 너희가 말을 될 때 흔들어서 가득 가득 넘치게, 후하게 되면 너희가 복을 받을 때에도 후하게 받게 될 것이라는 말씀입니다. 이제 하나님의 말씀을 그대로, 마음 문을 활짝 열고 전적으로 받아 들이면 큰 축복을 받게 될 것입니다. 그러나 반대로, 하나님의 말씀을 이렇게 저렇게 헤아려 이것은 비과학적이고 저것은 비논리적이라는 등 자꾸만 쪼개고 잘라 놓으면 하나님께서 주시는 축복도 그만큼 헤아림을 받게 될 것이라는 말씀입니다. 결국 너희가 되는 되로서 너희가 됨을 받을 것이다! 너희가 재는 자로서 너희도 잼을 당할 것이다! 너희가 헤아리는 헤아림으로 너희가 헤아림을 당할 것이다!

　그러므로 우리는 복음에 대해서는 언제나 전적으로 아멘하면서 받아 들일 수 있어야 하고 또한 받아들이는 만큼 하나님의 축복도 전적으로 받을 수 있음을 기억해야 합니다. 만약 그렇지 않고 하나님의 말씀을 가감하려들면 그것은 스스로 하나님께로부터 오는 은혜와 재앙을 가감하게 되는 것입니다. 이에 다시 한번 생각할 것은 시편 81장 10절에 기록된 "네

입을 넓게 열라 내가 채우리라" 하신대로 말씀을 향하여, 은혜를 향하여, 들려 주시는 대로 다 받겠습니다 하고 넓게 넓게 열 것입니다. 그러노라면 그 열려진만큼 하나님께서 채워 주시는 것입니다. 그런데 입을 조그맣게 열고 있는 사람이 있습니다. 마음 문을 도무지 열어 놓지 않는 사람이 있습니다. 그래서는 함께 찬송을 불러야 하는 시간임에도 겨우 한 줄을 부르고 나머지는 무슨 생각을 하는지 가만히 앉아 있는 것입니다. 그럴 때면 앞에서 바로 생각하기를 저 분은 지금 무슨 생각을 하고 있을까하는 안타까운 마음을 갖게 됩니다. 그런 사람은 그 마음문을 반밖에 열어 주지 않는 것입니다. 다른 것은 몰라도 우리가 하나님의 말씀을 받아들이는 자세에 있어서는 마치 대문을 활짝 열어 놓는 것과 같이 마음 문을 활짝 열어젖힌 상태로 있어야 하는 것입니다. 그럼에도 불구하고 하나님의 말씀을 놓고 이렇게 저렇게 비판하면서 마음 문을 좁히고 헤아리고만 있으니 그러는 동안에 문제가 많은 것입니다.

어떤 때에 보면은 신학을 하지 않은 분인데도 신학을 논하면서 기독교적인 글을 많이 쓰는 분이 있는 것을 봅니다. 그래서 한번은 어느 대학 교수님에게 한마디 하기를 "교수님, 이것은 우리 분야인데 철학을 하신 교수님으로서는 이 분야에 대해서는 안 하시는 것이 좋겠습니다. 교수님께서는 많은 생각을 하셨겠지만 신학을 전문으로 하는 우리 편에서 볼 때에는 아무래도 좋지가 않습니다"라고 하였더니 "그렇지요?" 하면서 앞으로는 아무래도 그 분야에 대해서는 쓰지 않으려고 합니다하는 말을 하는 것을 보았습니다. 그런데 이 분은 아들이 목사까지 되었는데도 교회를 나오지 않습니다. 그래서 저도 몇 번 이야기를 했습니다마는 그 나오지 못하는 이유를 설명하는 것이 재미있습니다. 그 분의 말인즉 "내가 참 못됐습니다. 책도 조금 읽고, 신학책도 가끔 읽어보고, 철학도 조금 했다 해서 교회에 와서 딱 앉으면 목사님이 뭐라고 하시면, 아 그거 옳은 말씀입니다라고 했으면 좋겠는데 음! 그거 아닌데, 소크라테스! 그 소크라테스는 내가 더 잘 아는데 그 사람은 그런 사람 아닌데" 하고서는 자꾸만 이런 생각이 나서 도무지 은혜가 되지 않는다는 것입니다. 그러면서 하는 말이 "나 이것 변변치 않은 공부 좀 한 것 때문에 예수를 똑바로 믿기를 못합니다"라는 것입니다. 하지만 그 말 자체가 참 겸손한 말이기도 합니다. 아무튼 마음이 활짝 열려지지 않고는 100%의 긍정이 안된다는 것입니다. 이는 참으로 불행한 일입니다. 너희의 헤아리는 그 헤아림으로 너희가 헤아림을 받을 것이라! 하나님의 말씀에 관한 한 결코 자로 잴 것이 아닙니다. 모두를 그대로 믿어둘 것입니다. 확실하게 깨달아지거든 깨닫는 대로 믿고, 그렇지 않거든 아직도 내가 부족해서 그런줄 알고 언젠가는 깨달아지리라는 생각으로 넘어갈 것입니다. 어떤 경우에도 하나님의 말씀을 제하거나 부인하며 비판할 생각은 하지 말아야 합니다. 더욱이 다 알 수도 없는 것이 하나님의 말씀이 아니겠습니까? 그러니 네 입을 넓게 열라 내가 채우리니! 이제 전적으로 입을 열고 받으라, 그리고 충성하라! 그럴 때에 하나님께로부터 오는 전적인 축복을 받게될 것입니다.

그러나 이와는 반대로 하나님의 말씀으로 비판적으로 감하게 되면 하나님의 은혜와 축복이 감해질 뿐만 아니라 요한계시록에서 기록된 말씀대로 저주를 더하시리라는 것입니다. 그러므로 복음에 대한 우리의 자세는 언제나 활짝 열린 상태에 있어야 하는 것입니다. 조금 다르게 표현하면 언제나 크고 깨끗한 그릇으로 준비해야 된다는 말씀입니다. 주님께서는 그 깨끗하고 큰 그릇에 넘치도록 채워 주실 것입니다. 그리고 있는 자는 더 받을 것이요 없는 자는 그 있는 것까지 빼앗기리라는 것입니다. 있는 자는 더 받으리라! 받고 더 크게 열면 또 더 주시고, 보다 더 크게 열면 보다 더 주시겠다는 말씀입니다.

여러분! 큰 그릇을 준비하면 더 주십니다. 그래서 하신 말씀이 너희의 헤아리는 그 헤아림으로 너희가 헤아림을 받을 것이라고 하신 것입니다. 그러므로 우리는 주님께서 주시는 이 계시의 말씀, 생명의 빛에 대해서는 언제나 활짝 열린 상태로 "말씀하옵소서, 온전히 따르겠습니다" 하는 자세로 있어야 하는 것입니다.

우리는 마태복음 8장에서 한 백부장이 예수님으로부터 이스라엘 중 아무에게서도 이만한 믿음을 만나보지 못하였다고 하는 대단한 칭찬을 듣는 것을 볼 수 있습니다. 여기에서 그렇게 칭찬을 들은 백부장의 믿음이란 '주님 말씀으로만 하옵소서 그대로 하겠습니다' 하는 믿음입니다. 이제 가라 하면 가고 오라 하면 오겠습니다. 내 손이 모자라면 부하들을 동원하겠습니다. 그저 "말씀으로만 하옵소서 그러면 내 하인이 낫겠삽나이다" 이 얼마나 환히 열려진 마음입니까? 이를 보신 예수님께서 기이히 여기실 정도로 기뻐하시면서 온 이스라엘 중 아무에게서도 이만한 믿음을 만나보지 못했다며 크게 칭찬을 하시게 됩니다.

여러분! 하나님의 말씀은 언제나 현재적으로 지금 여기에서 계속 나타납니다. 생명의 빛은 항상 밝게 비춰지고 있습니다. 그러나 내 마음의 문이 이 빛을 향하여 열려지지 않는다면 아무리 찬란한 빛도 나와는 상관이 없는 것입니다. 나의 눈을 감고, 나의 귀를 막고 있는 이상 하나님의 음성이나 그 은총이 나에게 무슨 상관이 있겠습니까? 그러므로 우리는 하나님의 말씀 앞에서 마음의 문이 닫혀지지 않게 함은 물론 언제나 활짝 열린 상태에서 받아들임으로 주시고자 하시는 모든 은혜를 크게 누릴 수 있는 복된 그리스도의 사람들이 되어야 할 것입니다.

문지기 비유

가령 사람이 집을 떠나 타국으로 갈 때에 그 종들에게 권한을 주어 각각 사무를 맡기며 문지기에게 깨어 있으라 명함과 같으니 그러므로 깨어 있으라 집주인이 언제 올는지 혹 저물 때엘는지, 밤중엘는지, 닭 울 때엘는지, 새벽엘는지 너희가 알지 못함이라 그가 홀연히 와서 너희의 자는 것을 보지 않도록 하라 깨어 있으라 내가 너희에게 하는 이 말이 모든 사람에게 하는 말이니라 하시니라.
(마가복음 13 : 34~37)

문지기 비유

저 나름대로 이름하여 문지기 비유라고 해 본 이 비유는 종말론적인 메시지를 주는 말씀입니다. 본문의 맥락을 보다 상세히 알기 위해서 13장 1절부터 계속 읽어 내려오노라면 여기에는 세상 끝의 징조와 함께 예수님의 재림을 가까이한 우리의 생활이 어떠해야 하는가를 자세히 말씀해 주는 내용들로 이어지고 있습니다. 생각하면 예수님의 메시지는 거의 전부가 종말론적인 것입니다. 이는 예수님께서 말씀하신 그 주제가 하나님의 나라요, 하나님의 나라는 그 개념 자체가 종말론적인 것이기 때문입니다. 따라서 이 종말론을 이해하는 것에서부터 출발하지 않고는 예수님께서 말씀하신 그 깊은 진리를 바로 이해할 수가 없습니다. 그러므로 흔히들 기독교를 단순한 윤리적 차원에서 생활철학이나 도덕적 종교로 이해하려는 것은 근본적으로 크게 잘못된 생각인 것입니다. 이는 예수님의 말씀은 전부가 종말론적인 의미를 지니고 있기 때문에 비록 윤리적인 말씀을 하신다 할지라도 그것은 종말론적인 의미에서의 윤리이며 사랑 또한 마찬가지입니다. 그리고 가치관 역시 철두철미 종말적인 하나님의 나라에 근거한 가치관을 말씀하고 있습니다. 따라서 우리가 성경을 깨끗한 마음으로 대하고 보면 예수님의 말씀은 모두가 종말론에 중심을 두고 있다는 것을 발견하게 될 것입니다.

이제 오늘 본문 말씀 중에 나타나고 있는 이 문지기 비유는 그 형식 상으로 보아 마태복음 25장에 있는 열 처녀의 비유나 달란트 비유와 유사한 점을 가지고 있습니다. 열 처녀 비유에서는 신랑이 오는 종말적인 순간을 중심으로 기름을 준비한 다섯 처녀와 그렇지 못한 다섯 처녀의 운명이 판가름 납니다. 그런가 하면 달란트 비유 역시 어떤 주인이 타국에 가면서 종들에게 각각 달란트를 맡기고 갔다가 오랜 후에 돌아와서는 그동안 그것을 어떻게 했는지를 회계하고 거기에 상당하는 상과 벌로써 처우를 했다는 이야기입니다.

여기에 비해 오늘 본문의 내용은 짧은 가운데서도 비슷한 것 같지만 좀더 발전적이고도 깊은 데가 있는 것으로 생각됩니다. 따라서 오늘 본문은 보다 선명하게 종말적인 말씀을 전해 주고 있는 것입니다.

이제 오늘 본문 말씀을 보면 그 시작이 "가령 사람이 집을 떠나 타국으로 갈 때에 그 종들에게 권한을 주어" 하면서 시작되는 것을 볼 수 있습니다. 여기에서 "가령"이라고 한 이것은 이 말씀이 곧 비유임을 뜻합니다. 그렇다면 집을 떠나서 타국으로 가는 사람, 그리고 또한 조만간 여행을 마치고 돌아올 그 사람은 누구를 가리키는 것이겠습니까? 주신 말씀을 그대로 깨끗하게 직선적으로 이해를 한다면 그 "사람"이란 바로 예수님 자신을 가리키는 것이요 그리스도와 인자를 말하는 것입니다. 그래서 누가복음에는 예수님에 대한 호칭을 태반 "인자"로 표현하고 있는 것을 볼 수 있습니다.

따라서 인자의 개념에서 오늘 본문을 생각해 본다면 "가령 사람이" 할 때의 그 "사람"은 곧 인자를 가리킴이요 "타국으로 갈 때에" 하는 것은 외국으로 여행을 떠난다는 것으로 이것은 예수님께서 십자가에 돌아가시고 부활하셔서 승천하시는, 그리하여 타국으로 가시는 것을 생각해 볼 수 있습니다. 그리고 약속대로 다시 돌아올 것입니다. 여기에서 오늘 본문 말씀이 주고자 하는 것은 이 사람이 타국에 갔다가 돌아오는 동안 다시 말하면 예수님께서 승천하셨다가 재림주로 오실 그 기간 동안에 되어져야 할 일과 우리의 사명이 무엇이며 무엇을 생각하고 어떻게 살아야 할 것인가를 말해 주는 데에 있습니다. 그런데 본문 말씀을 자세히 보면 여기에는 두 가지의 대상이 나타나고 있는 것을 볼 수 있습니다. 그 하나는

"종들에게 권한을 주어"라고 하였으니 일단 종이라는 대상이 있고, 그리고 본문의 마지막 부분에 기록된 "이 말이 모든 사람에게 하는 말이니라"고 하신 모든 사람입니다. 그러니까 말씀은 종들이 하고 있으나 그 말씀의 내용과 그 뜻은 모든 사람에게 관한 것이라는 말씀입니다. 여기에서 우리는 다시 한번 깊은 진리를 깨닫게 됩니다.

그러면 이제 먼저 생각하고 싶은 것은 '타국으로 갔다가 돌아온다'는 내용입니다. 여기에서 타국에 갔다가 돌아오기까지의 기간을 두고 신학에서는 중간기라는 뜻에서 인테림(interim)이라는 말을 씁니다. 그런데 이 승천에서 재림까지의 기간이 선교하는 기간이요, 교회론적인 기간이며 지금 우리가 살고 있는 바로 이 현재라고 하는 시간인 것입니다. 그러므로 이 기간이 회개할 시간이요, 하나님의 일을 해야 하는 사명적 기간인 것입니다. 사도행전 1장을 보면 예수님께서 승천하시는 장면이 나옵니다. 그리고 승천하시기 전에 제자들을 향하여 "땅끝까지 이르러 내 증인이 되리라"고 하신 바로 그 기간입니다.

그러나 기억할 것은 이 기간이 오랫동안 지속되는 것이 아닙니다. 분명 어느 순간에는 끝이 납니다. 타국으로 갔다가, 가심을 본 그대로 오실 것이란 말입니다. 다만 그 주어진 그 기간 내에 교회가 있고 선교가 있으며 그리스도인의 사명이 있습니다.

다음으로 오늘 본문 말씀을 자세히 보면 "그 종들"이라는 말씀이 있습니다. 이 종들이란 가깝게는 열두 제자인 사도들을 말하는 것이며 넓게는 오늘에 이르기까지 그리스도를 영접하고 사명을 받은 모든 신자들을 말하는 것입니다. 그렇기 대문에 이 본문 말씀의 주제는 모든 사람으로 하여금 깨어 있으라는 것입니다. 영적으로 깨어 있고, 도덕적으로, 선교적으로, 신앙적으로 깨어 있으라는 말입니다. 만약 깨어 있지 못한 상태라면 이것은 혼돈과 무의식의 상태에 있음을 말하는 것입니다. 그리고 헛된 시간을 보내며, 성경이 가르쳐 주는 바와 같이 방탕하고 술취한 생활을 하는 이것이 바로 깨어 있지 못한 상태인 것입니다. 가만히 보면 깨어 있는 것 같으나 눈을 뜨고도 자는 사람이 많이 있습니다. 눈은 졸지도, 감지도 않았는데 영은 잠들었더란 말입니다. 그 때문에 로마서 13장 12~14절 말씀에 보면 "밤이 깊고 낮이 가까웠으니 그러므로 우리가 어두움의 일을 벗고 빛의 갑옷을 입자, 낮에와 같이 단정히 행하고 술 취하지 말며 음란과 호색하지 말며 쟁투와 시기하지 말고 오직 주 예수 그리스도로 옷 입고 정욕을위하여 육신의 일을 도모하지 말라"고 하였습니다.

깨어 있으라는 말은 앞을 생각하라는 말입니다. 현재에서 현재만을 생각하는 것이 아니라 앞일을 생각합니다. 예를 들어 가까이에 불이 타고 있다면 아직은 내 몸에 불길이 닿지는 않았지만 그 불이 내게 올 것을 알아 대피를 하고, 옆집에서 도둑을 맞았으면 내집도 단속을 할 줄 아는 그것이 깨어있는 상태이며 그러한 의식이 앞을 생각한다는 것입니다. 그러고 보면 사도 바울의 말씀은 매우 구체적인 말씀입니다. 밤이 깊고 낮이 가까웠으니 그러므로 어두움의 일을 벗고 빛의 갑옷을 입자! 지금 여기에서는 깊은 밤중에 아침을 생각하고 낮을 생각하는 것입니다. 현재는 밤이요 아직도 밤입니다. 그러나 시간은 흐르는 것, 이미 밤은 깊었으니 이는 아침이 가깝다는 뜻이기도 한 것이란 말입니다. 그러므로 어두움의 일을 벗고 빛의 갑옷을 입자는 것입니다. 물론 아직도 어두운 것은 사실입니다. 그러나 앞에 있는 빛을 미리 보고 준비하는 그것이 깨어 있는 상태입니다. 공부하는 학생들을 두고 이야기 한다면 시험 때가 되어서야 걱정을 하고 밤을 새우는 것이 아니라 아예 1, 2년 후에 볼 시험을 위해서 지금부터 미리 공부한다는 자세로 하는 그것이 깨어 있는 것입니다.

또한 깨어 있으라는 말은 대망을 뜻하는 말입니다. 그러니까 아무 생각없이 지나다가 꽝하고 터진 다음에 아이구 하는 것이 아니라 미리 생각하고 준비하여 기다린다는 말입니다. 만약 전혀 생각지 못하고 있는 상태에서 엄청난 사건을 만난다면 그 얼마나 난감한 일입니까? 그러나 미리 생각을 합니다. 그리고 기다립니다. 그 쉬운 예로서 죽음이라는 것이 바로 그러한 것이 아니겠습니까? 여러분께서는 죽음의 문제를 놓고 얼마나 깊이 생각해 보셨습니까? 그리고 죄송하지만 나에게 이러한 죽음을 주십시오 하고 하나님께 기도해 보셨습니까? 만약 이 문제를 놓고 기도해 보시지 않았다면 오늘부터 열심히 기도하십시오. 이것은 누구에게나 대단히 중요한 문제입니다. 왜냐하면 너나 할것 없이 반드시 죽을 것이기 때문입니다.

혹시라도 자신은 안 죽을 것처럼 생각하는 사람이 있다면 그야말로 몽롱한 사람인 것입니다. 반드시 죽을 죽음! 그렇다면 죽음을 당해서 죽는 것이 아니라 죽음을 기다리는 것입니다. 준비된 마음으로 하는 것입니다. 여기에 그리스도인의 깨어 있는 모습이 있습니다. 그러기에 그리스도인의 죽음 앞에서는 그렇게 괴로워하거나 놀랄 것이 아닙니다. 그 누구가 죽더라도 지나치게 야단스레 울고불고하는 것은 예수 믿는 사람답지가 않습니다. 죽음 앞에서의 우리네 풍속이 그렇기도 하고 물론 효도 못한 후회함도 있기는 하겠지만 죽음에 관한한 그렇게 생각하는 것이 아닙니다. 특별히 자기의 죽음에 대해서는 대망하는 마음으로 준비하고 맞을 수 있는 사람이 되어야 합니다. 그것이 바로 깨어 있는 그리스도인의 참모습인 것입니다.

그리고 깨어 있으라는 말은 준비함을 말합니다. 눈은 뜨고 그냥 앉아만 있는 것이 아니라 무엇인가 행동하면서 준비해야 합니다. 바로 그것을 말해 주고 있는 것이 달란트 비유입니다. 그러므로 충성을 다하며 기다려야 합니다. 여기에는 결산의 의미가 있습니다. 장차 주님을 뵙게 될 때 나는 어떤 모습으로 보일 것인가? 어떤 낯으로 대할 것인가 말입니다. 이 세상에서 잘살고 못살고 하는 것은 잠깐 접어두고 내가 지금 이대로 주님 앞에 간다면 나는 어떤 모습으로 주님을 만나게 될 것인가 하는 이것이 바로 깨어 있는 자세입니다.

오늘 본문 말씀은 주님이 언제 오실지 모르기 때문에 깨어 있으라고 합니다. 우리는 이 말씀이 종말론적이면서 동시에 대망적인 말씀임을 알아야 합니다. 그저 어쩔수 없이 맞겠다는 것이 아니라 처음부터 올 줄로 알고 반갑게 맞기 위해 기쁨으로 기다린다는 그런 의미에서 깨어 있으라는 말입니다.

뿐만 아니라 더욱 깊은 의미의 말씀은 종들에게 권한을 주었다고 하는 말씀입니다. 그러니까 상당한 권한을 주면서 깨어 있으라고 한 것입니다. 권한이란 하나의 권세이며 동시에 책임을 말하는 것입니다. 따라서 이제는 책임과 그에 따르는 자유와 자율성이 주어진 것입니다. 이것은 곧 달란트 비유에서 다섯 달란트, 두 달란트하고 맡겨진 것과 같은 것입니다. 다섯 달란트 받은 사람은 그 다섯 달란트가 권한이요 자유이며 책임입니다. 또한 두 달란트 받은 사람은 그 두 달란트가 권한인 동시에 자유요 책임입니다.

마찬가지로 오늘 본문 말씀 역시 권한을 주었다고 하였습니다. 여기에서 알아야 할 것은 반드시 주어진 권한만큼의 책임이 있다고 하는 사실입니다. 건강하면 건강한 만큼, 병이 들어 병원의 침상에 누워 있다면 병원 안의 그만큼 밖에는 권한도 자유함도 없는 것입니다. 또한 나의 처지가 가난하다면 가지고 있는 그 가난한 재산만큼의 권한과 책임 밖에는 없는 것입니다. 그러나 부자인 경우에는 그 권한이나 책임도 많은 것입니다. 예를 들어 어떤 사장이 2천명의 종업원을 두고 경영을 하고 있다면 그 사장은 그 2천명에 대한 권한과 책임을 지는 것입니다. 만약 내가 교사라면 내가 맡은 학급의 70명 학생이 나의 권한이요 여기에 대한 크나큰 책임이 있는 것입니다. 가정도 마찬가지입니다. 그것이 나의 선교지요 나의 사명이 있는 곳입니다. 그리고 "각각 사무를 맡기며"라고 한 것은 각자에게는 주어진 책임의 영역이 있다는 것입니다. 그리하여 남자는 남자로서, 여자는 여자로서, 아버지는 아버지로서, 어머니는 어머니로서 혹은 선생

은 선생으로서. 제자는 제자로서 각각 그 재능과 정도에 맞는 책임이 맡겨졌다는 것입니다.

그런데 오늘 본문은 이 사람을 비유하여 문지기라는 표현을 하고 있습니다. 성경에는 여러가지의 문지기를 이야기 하고 있습니다. 그 중 대표적인 몇 곳을 찾아본다면 먼저 요한복음 10장 3절에 기록된 문지기입니다. 거기에 보면 목자와 문지기 그리고 양이라고 하는 세 등장 인물이 있는 것을 보게 됩니다. 여기에서 알아야 하는 것은 목자는 예수님을 뜻하고 양은 모든 사람을 말하는 것입니다. 그렇다면 문지기는 누구를 말하는 것이겠습니까? 이것이 바로 사명자를 말하는 것입니다. 따라서 예수님 앞에서는 열두 제자요 오늘 우리로 말하면 집사, 장로, 권사, 교사 등 먼저 믿고 주님께로부터 무엇인가 일하도록 맡겨진 바 된 그런 사람이 문지기인 것입니다. 말씀에 의하면 문지기는 목자가 올 때까지 문을 지키고 있다가 목자가 들어오면 그 목자를 위해 문을 열어 주어야 한다는 것입니다.

또한 마태복음 16장 19절 말씀에 보면 예수님께서 친히 베드로에게 말씀하시기를 "내가 천국 열쇠를 네게 주리니 네가 땅에서 무엇이든지 매면 하늘에서도 매일 것이요 네가 땅에서 무엇이든지 풀면 하늘에서도 풀리라"고 하신 이 천국 열쇠가 다름 아닌 문지기인 것입니다. 이는 실로 대단한 권한이 아닐 수 없습니다. 하지만 거기에는 또한 그 만큼의 책임이 있습니다. 감히 천국문을 열고 닫는 막중한 책임이 있는 것이란 말입니다. 이를 두고 꼭 베드로만 그런 것이 아니라는 사실을 생각해 보셨습니까? 누구이든 예수 믿는 사람이면 다 그런 것이랍니다. 그리하여 어떤 이는 진실되게 믿음으로 천국문을 열어서 "저 아무개 같으면 나도 믿어야지" 하고 문이 활짝 열려지게 되어 수십 수백명이 몰려 들어오는가 하면 어떤 경우에는 못된 사람이 있어서 천국문을 고장을 내고 막아 버려서 "저 사람 때문에 나는 예수 안 믿어" 하고서는 아예 닫아 버리고 마는 것입니다. 그렇다면 이 얼마나 책임이 막중한 것입니까? 이것이 바로 문지기인 것입니다. 여러분! 며느리 노릇을 하십니까? 성실하게 기독교인으로 잘 신앙생활을 하면 비록 믿지 않는 시어머니라 하더라도 다니면서 하는 말이 "나는 교회에는 나가지 않지만 예수는 믿는게 훨씬 좋더구먼" 하고 다닌다는 것입니다.

오래전 이야기입니다마는 한번은 방송 설교를 들은 다른 교회의 어떤 부인이 찾아와서는 가정에서, 특별히 시어머니의 핍박이 심하여 교회를 그만두든지 아니면 이혼을 하고 나가든지 하려고 한다는 것입니다. 그래서 제가 예수 믿은 지 얼마나 되었습니까 하고 물었더니 3년이 되었다는 것입니다. 그런데 요즈음에 와서 핍박이 시작되었다는 것입니다. 그러길래 제가 "알만 합니다" 하고서는 "그 이유가 있지요. 핍박을 하려면 처음 예수 믿기 시작할 때 할 것이지 왜 하필이면 이제 와서 시작되었습니까? 어쩌면 안 믿는 시어머니라도 벌써 3년이 되었으면 예수믿는 며느리가 좋다고 할 때가 되었는데 어째서 이렇게 반대가 되었습니까?" 하자 잠시 가만히 있더니 "그러고 보니 조금 이유가 있는 것 같은데요" 하는 것입니다. 여러분! 이것이 바로 천국문을 닫는 사람인 것입니다. 우리는 나로 인하여 천국문이 열리고 있는지 닫히고 있는지를 똑똑히 알아야 합니다. 우리는 한 순간도 천국문의 문지기라는 신분을 잊지 말아야 합니다.

뿐만 아니라 에스겔 3장 17절 말씀에 보면 "파숫군"이라는 말로 이를 대신하고 있습니다. 거기에 17절 이하에서 다음과 같은 참으로 엄청난 파숫군의 책임을 말하고 있는 것을 볼 수 있습니다. "인자야 내가 너를 이스라엘 족속의 파숫군으로 세웠으니 너는 내 입의 말을 듣고 나를 대신하여 그들을 깨우치라. 가령 내가 악인에게 말하기를 너는 꼭 죽으리라 할 때에 네가 깨우치지 아니하거나 말로 악인에게 일러서 그 악한 길을 떠나 생명을 구원케 하지 아니하면 그 악인은 그 죄악 중에서 죽으려니와 내가 그 피 값을 네 손에서 찾을 것이고, 네가 악인을 깨우치되 그가 그 악한 마음과 악한 행위에서 돌이키지 아니하면 그는 그 죄악 중에서 죽으려니와 너는 네 생명을 보존 하리라. 또 의인이 그 의에서 돌이켜 악을 행할 때에는 이미 행한 그 의는 기억할 바 아니라 내가 그 앞에 거치는 것을 두면 그가 죽을찌니 이는 네가 그를 깨우치지 않음이라 그가 그 죄 중에서 죽으려니와 그 피 값은 내가 네 손에서 찾으리라." 이 얼마나 무서운 말씀입니까? 이것은 곧 문지기의 책임이 그만큼 큰 것임을 말해 주고 있는 것입니다. 특별히 전쟁을 하는 최일선에서 보면 파숫군인 보초병의 사명이 참으로 막중합니다. 그렇기 때문에 보초병으로서 졸았다면 그것은 당장에 총살감이 됩니다. 제가 군대에 있던 시절입니다. 하루는 일직사령을 하면서 주위를 돌아보는 중인데 한 보초병이 총을 거꾸로 메고서는 졸고 앉아 있는 것입니다. 그래서 숫제 가만히 총을 빼앗아 들고 한 바퀴 돌아와 보니 아직도 자고 있는 것입니다. 그러길래 발길로 툭차서 깨웠더니 정신을 차리면서 내가 자기의 총을 들고 있는 것을 보고서는 엎드려 엉엉 우는 것입니다. 왜냐하면 제가 이것을 그대로 보고하면 그 보초병은 죽겠기 때문입니다. 그래서 살려 줄 터이니 다시는 이러지 말라며 총을 돌려 주었습니다. 그 일이 있은 이후 그분하고 저하고 얼마나 친해졌는지 모릅니다. 여러분! 생각해 보십시오. 이 보초병 한 사람이 졸면 여기에 있는 수백명이 하루 아침 하루 저녁에 죽임을 당할 수가 있습니다. 한 사람의 깨어 있지 못함이 엄청난 결과를 가져오게 된다는 말입니다. 이와 같이 문지기의 책임이 참으로 막중합니다.

그러기에 오늘 본문 말씀은 문지기인 너는 깨어 있으라는 것입니다. 설령 다른 사람들은 졸거나 잠을 잔다 하더라도 문지기 너만은 똑똑히 깨어 있어야 한다는 것입니다. 그 이유는 주인이 언제 올런지 알지 못하기 때문이라는 것입니다. 이것은 다시 말해 깨우치라는 말입니다. 문지기라면 문을 지키고 있으면서 누가 오고 가는지를 잘 살펴서 깨우칠 책임이 있음이니 이는 곧 복음을 전하라는 말입니다. 듣든지 안 듣든지 열심히 전하라! 그리하여 그 누구도 "나는 복음을 들어본 적이 없습니다"라는 말이 나오게 해서는 안된다는 말입니다. 가르치고 또 가르치고, 인도하고 또 인도 해야 합니다.

  어떤 초등학교에도 못가본 분의 가정에서 그 자녀들은 그야말로 모두 일류 대학에 보내면서 훌륭하게 키워 박사도 배출하는 것을 보았습니다. 들리는 말에 의하면 자기 이름 석자도 못쓰는 분이라고 합니다. 그래서 한번은 제가 직접 물어본 일이 있습니다. "보자하니 집사님께서는 별로 공부를 하신 것 같지가 않는데 자녀들은 어떻게 이렇게 훌륭하게 키우셨습니까?"라고 하였더니 그 집사님의 대답은 간단합니다. "그저 아이들 공부할 때 너무 대견하고 귀엽고 고마워서 옆에 앉아서 깨어 있었지요"라는 것입니다. "그러면 무엇을 하며 있었습니까?"라고 하였더니 "그저 뜨게질을 하며 풀었다 떴다 했지요" 하는 그것뿐입니다. 자기는 텔레비전 보면서 아이들 보고는 공부하라 하고, 자기는 놀러가면서 너 정신 차리고 공부해라는 그런 것이 아닙니다. 함께, 친히 깨어 있었습니다. 여러분 이 것을 알아야 합니다. 깨어 있는 사람과 같이 있으면 깨어 있기가 쉽습니다. 반면에 꾸벅꾸벅 조는 사람과 함께 있으면 나까지 졸리게 되는 것이 아니겠습니까? 이 집사님은 자기가 깨어 있었다고 하는 이것 하나만 가지고 훌륭한 어머니가 될 수 있었습니다. 여러분, 자녀들의 공부 문제도 똑똑히 바로 생각해야 됩니다. 아이스크림이나 커피를 가지고 되는 것이 아니란 말입니다. 공부할 수 있는 분위기! 그것은 깨어 있다는 것 하나만 가지고도 충분한 것입니다. 그런데 왜 쓸데 없는 생각들을 하는 것입니까? 그것이 말로 되는 것입니까? 교훈으로 됩니까? 문제는 내가 먼저 깨어 있어야 합니다. 그러노라면 저도 깨어 있게 될 것입니다.

  우리는 흔히 말해 하품은 전염이 된다고도 합니다마는 어떤 때에 졸리는 사람이 앞에 앉아 계속 하품을 해대면 그 하품이 나에게도 전달이 되어 어느 사이에 나도 하게되는 것을 봅니다. 식사도 그렇습니다. 앞에 있는 사람이 맛있게 먹는 것을 보면 나도 입맛이 동하는데 그렇지 않고 그저 껄껄하게 앉아 있으면 내 입맛까지 떨어지게 된단 말입니다. 마찬가지로 하나님의 말씀을 듣는 것도 그렇습니다. 정말 말씀을 사모하며 열심히 듣는 은혜로운 분이 옆에 앉으면 나까지도 은혜를 받습니다. 그러나 옆에 앉은 사람이 부스럭거리며 딴청을 피우고 있으면 어느 사이에 나까지 시험에 들게 됩니다. 그러므로 깨어 있으라! 너는 문지기다! 너로 인하여 네 영역 안에 있는 사람들이 살기도 하고 죽기도 한다! 이 얼마나 두렵고 막중한 책임의 말씀입니까?

현대인에게는 세 가지의 죄가 있는데 그것은, 배우지 않는 죄, 행하지 않는 죄, 가르치지 않는 죄라고 합니다. 참으로 부지런히 가르쳐야 합니다. 우리는 문지기로서 나 자신이 먼저 정신 차리고 깨어 있을 뿐만 아니라 나의 영역 안에 있는 모든 사람들로 하여금 주님의 재림을 기다리도록 가르치고 경고하며 힘써 일깨워야 할 것입니다.

35절 말씀을 보게되면 "그러므로 깨어 있으라 집 주인이 언제 올런지 혹 저물 때엘는지, 밤중엘는지, 닭 울 때엘는지, 새벽엘는지 너희가 알지 못함이라"고 하였습니다. 이것은 아주 정확하게 로마 야경인들의 교대 시간을 말해주고 있는 것입니다. 로마인들은 저녁 6시부터 아침 6시까지를 4경으로 나누며 야경인은 그 4경을 따라 교대를 하였습니다. 그러니까 지금으로 말하면 저물 때엘는지는 저녁 9시쯤 되고, 밤중엘는지는 저녁 12시, 닭이 울 때엘는지는 새벽 3시 그리고 새벽엘는지는 6시가 됩니다. 이와 같이 교대로 야경을 하며 보초를 서는데 문제는 어느 사람이 어느 경점에 있을 때에 올런지 모른다고 하는 것입니다. 그러므로 이 시간은 괜찮겠지 하고 졸아서는 안된다는 것입니다.

제가 이북에서 생지옥과 같은 광산촌으로 끌려 갔다가 탈출에 성공한 비결도 그런 것이었습니다. 얼마나 지독한 곳이었는지 그저 아침 저녁으로 두번 수수밥을 주고는 새벽에 일어나서 어두울 때까지 일만 하게 하는 곳입니다. 잠잘 이부자리가 주어지거나 옷을 벗고 입는 일도 없습니다. 그냥 누웠다가 일어나면 되는 것이고 물론 세수 같은 것은 할 필요도 없습니다. 심지어 사람이 죽어도 장례식이 따로 없이 그저 발로 차서 묻어 버리면 됩니다. 그런가 하면 매일같이 도망치다 붙들려온 사람들이 매를 맞으며 발길로 채인 다음에는 그대로 생매장을 당하는 것입니다. 그래서 여기 있다가는 안되겠다는 생각으로 도망갈 궁리를 하며 머리를 짜내는데 하나님께서 지혜를 주셨습니다. 주위를 가만히 살펴보니 삼중 보초를 서긴 했으나 총가진 사람은 몇이 안되는 것이었습니다. 왜냐하면 6·25때라 이미 총은 남쪽으로 다 왔기 때문에 총이 별로 없었던 것입니다. 그 때문에 보초라 할찌라도 총을 들지 않은 상태에서 둘씩 둘씩 돌아가면서 서는 것입니다. 그렇다면 이쪽에서 다섯 여섯명 떼를 지어가면 들키더라도 때려 눕히면서 가면 되겠다는 생각이 들었습니다. 따라서 혼자 도망해서는 안되겠다는 생각으로 다섯 사람을 데리고 함께 도망을 하여 살았습니다.

또한 두번째 지혜는 모두들 밤 중에 도망을 하다가 잡혀 오는데 이것은 밤중에는 보초가 엄하기 때문이라는 사실입니다. 그러나 새벽이 되면서 훤할 때 쯤이면 이제는 벌써 다 되었다 하고서는 보초병들까지도 꾸벅꾸벅 졸고 있다는 것을 알았습니다. 그래서 때는 새벽이다 하고서 아침 새벽 날이 훤히 밝아 올 때 남쪽으로 뛰어 살았습니다. 여러분, 이제 주신 말씀도 그렇습니다. 모든 시간이 다 중요하지만 대개가 새벽쯤이면 이제는 다 되었다 하고 허술해지기가 쉬운데 문지기는 그때에도 깨어 있으라는 말씀입니다. 새벽이라고 날이 밝았다고 방심하지 말란 말입니다. 9시든, 12시든, 3시든, 6시든, 어느 시간이든 한 순간도 절대로 방심하지 말고 깨어 있으라 너는 문지기다! 이 얼마나 중요한 말씀입니까? 그리고 더욱 중요한 것은 이 말씀이 모든 사람에게 주어진 말씀이라고 하는 사실입니다.

어느 권사님 한 분이 완전히 죽는다고 할 정도로 무의식 상태에까지 갔다가 1주일 만에 소생을 하고서는 심방간 저에게 그 동안에 천당갔던 이야기를 숨이 차면서도 장황하게 하는 것입니다. 그리고 나서 마지막에 하는 이야기가 중요합니다. 그 권사님의 말이 전에는 전도할 때에 "교회에 나갑시다. 교회에 나가서는 손해나는 것 없습니다. 배울 것도 많고요" 하고 꼭 이렇게 말했는데 그것이 잘못한 것이라면서 이제는 그렇게 하지 않고 "예수 믿고 천당 갑시다"라고 하겠다는 것입니다. 이야기가 달라졌습니다. 그 후로 이 권사님은 누구나 붙들고 "예수 믿고 천당 갑시다"입니다.

여러분! 교회의 메시지는 종말론적입니다. 그렇기 때문에 하나님의 나라에 초점을 두고 계속 설명하고 있는 것입니다.

분명 인자는 다시 올 것이다. 그러므로 깨어 있으라! 인자가 올 때에 자는 것을 보지 않도록 하라! 너희는 문지기니라!

교만한 손님 비유

안식일에 예수께서 바리새인의 한 두령의 집에 떡 잡수시러 들어가시니 저희가 엿보고 있더라 주의 앞에 고창병 든 한 사람이 있는지라 예수께서 대답하여 율법사들과 바리새인들에게 일러 가라사대 안식일에 병 고쳐 주는 것이 합당하냐 아니하냐 저희가 잠잠하거늘 예수께서 그 사람을 데려다가 고쳐 보내시고 또 저희에게 이르시되 너희 중에 누가 그 아들이나 소나 우물에 빠졌으면 안식일에라도 곧 끌어내지 않겠느냐 하시니 저희가 이에 대하여 대답지 못하니라 청함을 받은 사람들의 상좌 택함을 보시고 저희에게 비유로 말씀하여 가라사대 네가 누구에게나 혼인 잔치에 청함을 받았을 때에 상좌에 앉지 말라 그렇지 않으면 너보다 더 높은 사람이 청함을 받은 경우에 너와 저를 청한 자가 와서 너더러 이 사람에게 자리를 내어 주라 하리니 그때에 네가 부끄러워 말석으로 가게 되리라 청함을 받았을 때에 차라리 가서 말석에 앉으라 그러면 너를 청한 자가 와서 너더러 벗이여 올라 앉으라 하리니 그 때에야 함께 앉은 모든 사람 앞에 영광이 있으리라 무릇 자기를 높이는 자는 낮아지고 자기를 낮추는 자는 높아지리라.
(누가복음 14 : 1~11)

교만한 손님 비유

누가복음 14장은 여섯 개의 비유가 있는 장입니다. 특별히 그 중 다섯 개는 누가복음에만 기록되어 있는 것이라는 특징을 가진 비유들입니다.

그 첫번째가 되는 본 비유는 그 배경에 있어 조금 특이한 면을 가지고 있습니다. 성경을 보면 예수님께서 세상에 계시는 동안 어떤 특별한 사람의 초청을 받아서 대접을 받았다고 하는 이야기가 그렇게 많지 않습니다. 이에 성경을 보면 세리 마태, 세리 삭개오, 마리아와 마르다, 즉 나사로의 가정에서 대접을 했다는 정도이고 그래도 조금 고관으로 생각되는 집에서 대접을 한 것이 바로 오늘 본문에 나타난 바리새인의 집, 그 중에서도 두령의 집에서 대접을 한 일입니다. 그런데 이렇게 대접은 했습니다마는 그 분위기로 보아서는 마음에서부터 예수님을 존경하는 좋은 뜻에서 한 것 같지 않습니다. 생각하기에는 그저 예수님께서 어떻게 하나 보자는 심사에서 초대를 하고 대접을 한 것이 아닌가 하는 생각이 듭니다.

아무튼 예수님께서는 특별히 안식일에 바리새인의 집에서 대접을 받게 되었습니다. 그런데 이렇게 안식일에 대접을 했다는 것에는 보다 중요한 의미가 있습니다. 아시다시피 이스라엘 사람들은 안식일을 매우 소중하게 생각하고 거룩하게 지킬 뿐만 아니라 안식일은 반드시 가족과 함께 지키는 것을 관례로 하고 있습니다. 그리고 때로는 두세 가정이 함께 모여 지내기도 하는데 음식은 그 전날 만들어 놓았다가 회당을 다녀온 후 쭉 둘러앉아 오찬을 나누며 지내는 것입니다. 이때의 음식은 안식일에 먹는 것이어서 그렇게 푸짐하거나 고급스러운 것은 아니라고 합니다. 그러니까 안식일은 으레히 아무 일도 하지 않는 날인지라 그저 둘러앉아 잔치를 하는 것입니다. 그러나 이 잔치는 누구를 대접한다는 의미가 되기도 하지만 자칫 잘못하면 자기를 과시하는 대접이 될 수도 있습니다. 이제 "오늘은 우리 집으로 가십시오"라고 하였을 때 여기 이 바리새인 두령쯤 되면 요즈음 말로 오픈 하우스(open house)를 하는 것입니다. 이렇게 되면 손님을 가려서 청하는 것이 아닙니다. 그리고 대체로 그 이면에는 우리는 안식일이면 이렇게 손님을 초대합니다 하는 교만한 마음이 작용을 하고 있는 것입니다. 오늘 여기에도 보면 청하고 대접하는 것에 대한 뚜렷한 목적도 없는 가운데 마련된 자리인 것 같습니다. 그러나 한 가지 분명한 것은 주인과 손님은 언제나 비슷한 데가 있다는 점입니다. 그래서 주인이 교만한 사람이면 그 주인이 청하는 사람도 교만한 사람들이며 따라서 초청 받아가는 사람 역시 교만한 사람일 수밖에 없는 것입니다. 겸손한 사람은 교만한 사람의 집에 가기를 꺼려하는 것이 사실입니다.

    이와 같이 주인과 손님은 어딘가에 비슷한 데가 있는 것이라는 점에서 예수님께서 이렇게 바리새인의 집에 가신 것은 완전히 예외적인 일이라고 생각합니다. 그 때문에 성서 학자들은 예수님께서 정말 초청을 받아서 가신 것인지조차도 의심스럽다는 말을 하고 있습니다. 아무튼 예수님께서는 안식일을 맞아 회당에 가셨다가 이 바리새인 두령의 집에서 오픈 하우스를 하는 초청을 받아 거기에 들려 음식을 잡수시게 된 것입니다. 그러나 그 잔치는 예수님을 위해서 마련한 잔치가 아닌 것으로 보여집니다. 본문에서 느낄 수 있는 것은 바리새인 자신도 두령이어서 교만한 사람이지만 그 집에 지금 초청을 받아온 사람들도 대체로 교만한 사람들로 보여지고 있습니다. 그런데 이 사람들이 안식일인지라 정장을 하고 들어서면서 각각 그 앉을 자리를 두고 신경을 쓰는 것입니다. 이는 왜냐하면 앉는 곳에도 그 신분의 높고 낮음에 따라 그 좌석의 높고 낮음도 배열되기 때문입니다. 그래서 들어서기가 무섭게 제일 상좌에 앉을 사람은 누구인가 그리고 누가 더 높은가를 두고 신경을 쓰고 있는 것입니다. 그러자니 아주 보기 흉한 장면이 벌어지게 된 것입니다. 아무래도 좀 낮은 자리에 앉아야 할 사람이 먼저 와서는 윗자리에 버티고 앉았는데 그 뒤에 낮은 자리에 앉힐 수 없는 손님이 오자 주인은 어울리지 않게 윗자리에 앉아 있는 그 손님에게 부득불 "더 높은 분이 오셨기 때문에 죄송하지만 저쪽으로 좀 내려앉아 주십시오" 하고 양해를 구하는 것입니다. 그렇게 되면 별수없이 내려 앉아야 하고 이런 식으로 자꾸 밀려 내려가면 얼마나 부끄러운 일이겠습니까?

이제 이 장면을 보신 예수님께서는 그런 경우를 당하지 않는 간단한 요령을 가르쳐 주십니다. 그 첫째는 상좌에 앉지마라, 즉 앉지 않으면 될 것이 아니냐는 것이고, 둘째는 차라리 낮은 자리에 앉으라는 것입니다. 이 얼마나 간단하고 분명하신 말씀입니까? 서로 상좌를 택하면서 네가 크냐? 내가 크냐? 네가 양반이냐? 내가 양반이냐? 눈치 작전을 하며 시기하는 저들, 요즈음 우리로 말하면 돈이 더 많은가? 명예가 더 높은가 아니면 나이가 더 많은가? 학벌이 더 높은가? 혹은 누가 터줏대감인가 하며 여러 가지로 신경을 쓰는 것을 보시고 그 마음을 읽으신 예수님께서 이 장면을 비유로 말씀하시는 것입니다. 그러니까 지금 예수님께서는 생생한 사건의 현장을 보시면서 그 현장을 비유로 저희에게 말씀하신 것입니다. 이와 같이 우리는 사건의 현장을 비유로 볼 줄 아는 지혜를 가져야 합니다. 그리하여 망신스러운 현장을 보게 되면 거기로부터 깨달음이있고, 높은 자리에서 낮은 자리로 옮겨지는 것을 보면 그것을 하나의 비유로 깨달으며, 겸손한 사람이 많은 사람 앞에서 추대되는 것을 보면 그것을 비유로 새로운 진리를 깨닫는 그러한 지혜가 있어야 할 것입니다.

그런데 본 비유를 말씀 하심에 있어 예수님께서는 8절에 기록된 바와 같이 비유의 소재로 삼게된 안식일 잔치의 현장에서부터 혼인 잔치에로 그 장소를 옮겨서 말씀하고 계십니다. 그리고 하시는 말씀이 "혼인 잔치에 청함을 받았을 때에 상좌에 앉지 말라. 그렇지 않으면 너보다 더 높은 사람이 청함을 받은 경우에 너와 저를 청한 자가 와서 너더러 이 사람에게 자리를 내어 주라 하리니 그때에 네가 부끄러워 말석으로 가게 되리라. 청함을 받았을 때에 차라리 가서 말석에 앉으라. 그러면 너를 청한 자가 와서 너더러 벗이여 올라 앉으라 하리니 그때에야 함께 앉은 모든 사람 앞에 영광이 있으리라"는 것입니다. 이 얼마나 구체적이고도 간단 명료한 말씀입니까? 말씀의 주제는 겸손입니다. 그러므로 너희는 항상 겸손하라는 말씀입니다. 숨겨진 마음으로뿐만 아니라 말로도 겸손하고 행동으로도 겸손하며 한번 자리에 앉는 그것마저도 겸손하라는 것입니다. 이는 언제나 겸손하라는 것이요 그것이 중요하다는 말씀입니다. 이에 빌립보서 2장(1~11)에 보면 겸손하신 예수 그리스도를 하나님께서 높이셔서 만왕의 왕을 삼으시고 그 앞에 삼라만상이 무릎을 꿇게 하셨다고 했습니다. 또한 베드로전서 5장 5절 말씀에 보면 "서로 겸손으로 허리를 동이라 하나님이 교만한 자를 대적 하시되 겸손한 자들에게는 은혜를 주시느니라"고 하였습니다. 특별히 잠언 25장 6~7절 말씀에 보면 오늘 본문과 매우 비슷한 말씀이 있는 것을 보게 됩니다.

그렇다면 이제 우리가 생각해야 될 것은 어떻게 하면 겸손할 수 있는가? 그리고 겸손한 행위란 어떤 것인가 하는 문제입니다. 오늘 본문을 통하여 예수님께서 말씀하시는 겸손이란 그 성격에 있어서 먼저 사실에 근거하라는 것입니다. 이는 사실상에 나타난 평가에 근거하라는 말입니다. 다시 말하면 내가 나를 평가하는 평가와 다른 사람이 나를 평가하는 그 평가가 다를 수 있다는 것입니다. 그 결과 내가 나를 볼 때에는 80점짜리로 보는데 다른 사람이 나를 볼 때에는 50점짜리로밖에 보지 않는단 말입니다. 이렇게 평가하는 바가 다를 때 문제가 있다는 것입니다. 그리하여 잔칫집에 초대를 받아 갔다면 나는 나를 어느 정도로 평가할 것이냐하는 이야기입니다. 그리고 나는 여기에 앉을 사람인가 아니면 저기에 앉을 사람인가를 생각해 보라는 것입니다. 이 때에 나를 얼마짜리로 평가하는가에 따라서 그 시간에 존경을 받을 수도 있고 망신을 당할 수도 있다는 말입니다. 그렇다면 우리는 여기에서 매우 간단하게 대답을 얻게 됩니다. 그 대답은 내가 나를 평가하는 그 평가가 다른 사람이 나를 평가하는 것보다 낮고 못해야 된다는 것이 아니겠습니까?

그러나 사람들은 대체로 그렇지가 못합니다. 오히려 그와는 반대로 자신이 내린 평가가 다른 사람에 의한 평가보다 훨씬 높습니다. 착각은 자유라는 젊은이들의 유행어가 있습니다마는 그러나 뒤에는 망신이 올 것입니다. 그러자니 이것을 어떻게 하면 좋겠습니까? 문제는 여기에 있고 모든 불평이 여기에서 비롯됩니다. 그 때문에 심리학에서 말하는 바에 의하면 사람에게는 두 가지 종류의 고민이 있는데 하나는 불만이라는 고민이요 다른 하나는 불안이라는 고민이 있다는 것입니다. 그러면 불만이 무엇이냐 할 때 이것은 내가 나를 평가하는 것보다 다른 사람이 나를 평가해 주는 점수가 낮을 때에 일어나는 고민입니다. 다시 말하면 나는 옳은데 다른 사람은 옳지 않다하고, 나는 제법 유식한 것으로 생각하고 있는데 다른 사람은 무식한 사람으로 보아 주고, 나는 제법 인격이 높은 것으로 아는데 별볼일 없는 사람으로 보아주니 불만이라는 것입니다. 그래서 왜 이렇게 나를 몰라주는가 하는 불만 때문에 고통스럽단 말입니다.

그런가 하면 이번에는 내가 나를 평가하는 것보다 다른 사람이 해 주는 평가가 너무 높게 되면 불안해지는 것입니다. 나는 별로 아는 것이 없는데도 많이 아는 것으로 알고 나는 가진 것이 없음에도 있는 것으로 알고, 아무 능력도 없는데 무엇이나 할 수 있는 사람으로 보아줄 때, 그렇게 되면 불안해지고 마는 것입니다. 그렇다면 불만과 불안 중 어차피 어느 한쪽을 택해야 한다면 여러분들께서는 어느 편을 택하시겠습니까? 여기에서 우리가 알아야 하는 것은 차라리 불만스러운 것이 낫다고 하는 사실입니다. 만약 불안한 처지라면 그것은 참으로 견디기 힘든 일이요 잠 못 이루는 고통에 빠지게 됩니다. 그러므로 차라리 불만해 하는 편에서 그것을 참도록 해야 할 것입니다. 왜냐하면 그쪽이 훨씬 쉽기 때문입니다.

이를 위해 윌리엄 캐리(William Carey)라고 하는 유명한 선교사의 이야기를 생각해 봅니다. 윌리엄 캐리라고 하면 인도의 선교사로서 크게 성공한 분이며 그를 아는 모든 그리스도인들로부터 높은 존경을 받는 분입니다. 특별히 선교사들에게 있어서는 교과서적인 인물로 알려져 있으며 동시에 언어학자로서 자그만치 34개국어로 성경을 번역한 참으로 훌륭한 인물입니다. 그런데 이분이 나이 많아진 어느 날 인도를 방문하게 되었을 때 어느 못되고 교만한 사람이 많은 사람들 앞에서 이 윌리엄 캐리에게 망신을 좀 주겠다는 심사에서 윌리엄 캐리가 본래는 수선공이었다는 것을 들추어 "선생님! 선생님은 선교사가 되기 전에는 구두를 만드는 사람이었다면서요?" 하고 핀잔을 주었습니다. 이 말을 들은 윌리엄 캐리는 아무런 불만도 없이 싱글벙글 웃으면서 "아니에요, 선생님 잘모르셨습니다. 나는 구두를 만드는 재주는 없었고 구두를 기웠습니다!"라고 대답했다는 것입니다. 그러자 아무도 입을 열지 못하고 그렇게 질문한 사람은 몹시 부끄러워지고 말았습니다.

여러분! 남이 나를 낮게 평가한다고 하여 거기에 맞서 대답할 것이 아닙니다. 그저 그가 나를 평가한 것 보다 한 계단만 더 낮추면 문제는 간단하게 해결됩니다. 그런데 그것을 못해서 바둥거리며 자기 인격을 자기가 세워 보겠다며 애를 씁니다. 하지만 그러면 그럴수록 자기의 인격은 수렁으로 빠져들어 간다는 사실을 잊지 말아야 합니다. 그 누구이든 자기를 향하여 사실 이상의 평가를 하게될 때 거기에는 무서운 부끄러움이 따르는 것입니다. 문제는 그럼에도 불구하고 사실에 근거한 정확한 평가를 기대하기가 어려운 것은 사람마다 자기를 평가할 때에는 어떻게든 조금이라도 높이려 하고 다른 사람에 대하여 어떻게든 깎아내리려는 좋지 못한 마음들을 가지고 있기 때문입니다. 그러므로 문제의 해결은 자기 평가를 보다 낮추는 데에 있습니다. 남들이 나를 어떻게 평가하든 그보다 한 계단만 더 낮추게 되면 아무런 문제도 없게 됩니다. 그런데 그것을 아니라 하고 나오게 되니 여기에 끝없는 고민이 있는 것입니다.

다음으로 오늘 본문에서 생각할 것은 기다리라는 것입니다. 다른 사람이 나를 평가하는 것은 언제나 잘못될 수가 있습니다. 그러나 그것 때문에 신경쓸 것이 못되는 것은 그들이 나를 잘 몰라서 그럴 수도 있기 때문입니다. 지난날 한창 국민재건복을 입고 다닐 무렵 한번은 제가 그 옷 차림으로 조선호텔을 들어가려는데 저만큼 서 있던 수위가 못들어가게 하는 것입니다. 그래서 가까이 가서 "왜 그러시오?" 하고 한 마디 하였더니 들어가라는 것입니다. 본래 사람은 입은 옷을 보아 평가하는 것이 아니지만 대체로 그렇게 옷을 입은 사람이 얻어 먹으러 오는 것이고 보면 그 수위에게만 잘못을 돌릴 수가 없는 것입니다. 그러므로 자기를 잘못 평가해 주는 것에 대하여 조급하게 성낼 것이 아닙니다. 잘못된 평가란 잘 몰라서 그럴 수도 있거니와 더욱이 자신이 그렇지 않으면 그뿐인 것입니다. 그런데 이것을 꼭 변명을 하고 설득을 시켜서라도 정확한 평가를 받아야만 마음이 시원하시겠습니까? 우리의 인격이 그렇게 대단한 것도 아닐진대 더러 업신여김을 당하면 어떻고 누명을 좀 쓴들 무슨 상관이 있다는 말입니까?

그러니 기다리라는 말씀입니다. 오늘 여기 이 잔치 자리에서도 먼저 와서 윗자리에 앉거나, 여기가 내 자리려니 하고 바로 앉을 것이 아니라 주인이 와서 차례를 쫓아 "선생님은 여기에 앉으십시오" 하고 앉힐 때까지저 말석에서 조금 기다리라는 것입니다. 사실 사람을 평가한다는 것이 얼마나 어려운 일입니까? 평가를 받는 것이나 평가를 한다는 것이 쉽게 하루 아침에 되어질 수 있는 것이 아닙니다. 그러므로 조급해하거나 불안해하지 말고 기다려야 합니다. 참된 평가란 직장으로 말하자면 은퇴한 후에야 알게 됩니다. 이와 같이 사람은 떠난 다음에야 알게 되고 보다 정확한 것은 미안하지만 죽은 다음에야 아는 것입니다. 저는 문득문득 생각나는 장례식이 하나 있습니다. 인천에서 목회를 할 때에 한 번은 국회의원을 하던 분이 세상을 떠나게 되어 장례식을 인도하러 갔다가 조객이 둘뿐인 것을 보고 깜짝 놀란 적이 있습니다. 상황에 따라서 여러 가지 이유가 있겠습니다마는 사람은 장례식날 보아야 합니다. 지금 가까이에 있다고 하여 쉽게 평가할 수 있는 것이 아닙니다. 그 사람에 대한 바른 평가는 그 사람이 떠난 다음에 나오게 됩니다. 그러나, 어쩌면 그것도 올바를 수가 없습니다. 진정한 바른 평가는 오직 하나님 앞에 가서야 받을 수 있는 것입니다. 그러기에 오늘의 평가에 대하여 높다, 낮다, 잘못되었다며 불만해하지 마십시다. 더욱이 악인의 형통함을 보며 투기하지 말 것입니다. 그렇게 되면 악에 치우칠 뿐이기 때문입니다. 그저 오늘도 내일도 무던히 기다려서 주님 친히 평가해 주시고 높여 주시는 그날, 그 시간까지 기다릴 것입니다.

또한 생각할 것은 더 높은 자가 있음을 잊지 말라는 것입니다. 이는 혼인 잔치에 초대되어 갔을 경우 그 많은 손님 중에는 나보다 더 높은 자가 있음을 생각하라는 말입니다. 다시 말하면 내가 주빈이겠지 하는 부질없는 생각을 갖지 말고 언제나 나는 말석의 사람이라는 생각을 하라는 것입니다. 그중에는 보다 높은 사람, 더 좋은 사람이 얼마든지 있습니다. 하나님께서 보실 때에는 더욱 그러합니다. 하나님께서는 누구를, 어떻게 평가 하실는지 아무도 모릅니다. 오늘 여기에 몇 사람이 모여 이 분은 지체가 높고 훌륭한 분이라고 했다 하여 그대로 높은 것이겠습니까? 결코 그렇지가 않습니다. 나보기에는 시원치가 않지만 하나님께서 보실 때에는 더 높은 자리에 앉히실 분이 얼마든지 있다고 하는 것입니다. 그러므로 더 높은 손님이 있다는 것을 알아서 항상 다른 사람을 나 보다 높이고, 낮게 여기는 겸손이 있어야 하는 것입니다. 이를 위해 빌립보 2장 3절 말씀을 보면 "오직 겸손한 마음으로 각각 자기보다 남을 낫게 여기고" 하는 말씀이 있습니다. 다른 사람을 나보다 훌륭하게 여기는 그러한 마음이 없이는 절대로 겸손해질 수가 없는 것입니다.

그리고 또 한가지 생각할 것은 주인이 평가해 주신다는 것입니다. 오늘 본문에 의하면 손님들이 와서 서로 상좌에 앉기 위해 눈치작전을 하면서 분수에 맞지 않게 높은 자리에 앉았을 경우 주인이 보다 높은 사람을 데리고 와서는 이 사람에게 자리를 내어주라 할 것이 아니겠는가? 그렇게 되면 얼마나 부끄러워하면서 말석으로 가게 되겠는가 하는 것입니다. 그러니까 결국은 주인이 문제라는 말입니다. 왜냐하면 판단은 그에게 있기 때문입니다. 우리도 언제나 진짜 주인은 그리스도뿐이라는 사실을 잊지 말아야 합니다. 그리고 그 완전에 기준을 두고 나를 평가해야 합니다. 그렇게 되면 내가 저 사람보다 조금 낫다 못하다 하는 것은 문제될 바가 아닙니다. 그리스도 앞에 서고 보면 조금 낫고 못하고는 그게 그것일 뿐 윗자리, 아랫자리가 별도이겠습니까? 그러므로 스스로 높일 생각은 아예 하지 말라는 이야기입니다. 뿐만 아니라 나는 평가하는 자가 아니라 평가받는 자라는 것을 잊지 말아야 합니다. 사람으로부터, 하나님으로부터 계속 평가받는다는 생각은 하지 못하고 다른 사람을 평가할 생각만 하니거기에 문제가 있는 것입니다. 언젠가 벚꽃이 만발한 창경원을 다녀오신 분이 벚꽃은 못보고 사람만 보고 왔다기에 저가 있다가 다른 사람을 본 것이 아니라 나를 구경시킨 것입니다 하고 표현을 바꾸어 준 적이 있습니다. 내가 다른 사람들 본 생각만 했지 그 중에 끼여 변변치 않은 자기 모습을 돌아다니며 구경시킨 생각을 않는단 말입니다. 여러분, 나는 항상 다른 사람으로부터 평가를 받고 있습니다. 더욱이 기억할 것은 주인의 절대적인 평가가 있다는 사실입니다.

다음으로 또 하나 생각할 것은 그 잔치의 성격이 그날의 주빈을 말해 준다는 것입니다. 그러니까 그 잔치의 성격에 따라서 주빈이 결정되고 바

뀔 수 있다는 말입니다. 이는 곧 결혼 잔치에 있어서는 신랑 신부가 가장 윗자리에 앉을 것이며, 회갑 잔치에서는 인격이야 어떻든 회갑을 맞는 사람이 윗자리에 앉고 그 곁에는 친척들이 앉는 것과 같이 그 잔치의 성격에 따라서 높임을 받아야 할 사람이 따로 있다는 것입니다. 그런데 그것을 알지 못하고 아무데서나 내가 윗자리에 앉아야 할 것으로 생각을 한다면 그것처럼 잘못된 것이 없습니다. 경우에 따라 잔칫집에서 높임을 받아야 할 사람이 있는가 하면 초상집에서 높임을 받아야 할 사람이 따로 있다는 말입니다. 부끄러움은 바로 여기에 있습니다. 생각할 바를 생각지 못하고 스스로 자기를 높이려 할 때 점점 무서운 수렁으로 빠져들게 됩니다.

 이에 예수님께서 말씀하시기를 "네가 부끄러워 말석으로 가게 되리라"고 하십니다. 이 말씀을 우리들 자신에게 한번 비추어 보십시다. 내가 왜 이렇게 부끄러움을 당하고 있는가를 말입니다. 예수님의 말씀대로 하여 이유를 찾는다면 이는 스스로 높였기 때문이요 평가를 잘못했기 때문입니다. 그러므로 이 순간 당장에 그 평가를 꺾어서 절하해야 합니다. 그렇게 하고 보면 아무 고민도 없게 될 것입니다. 심지어 부부간에도 그런 것을 보게 되는데 어떤 부인들은 내가 저런 사람하고 어디 살 사람이야? 내가 실수를 해서 어쩌다 이런 사람에게 걸려서 사는 것이지 하며 자기를 높이고 있습니다. 그런가 하면 남편은 남편대로 아내를 낮추어 놓고는 영재수없이 걸렸다는 생각을 하고 있단 말입니다. 이렇게 하고 일생을 산다니 한심한 노릇이 아니겠습니까? 그러나 이것을 한번 반대로 생각하여 나보다 아내가 낫지, 이 사람 덕분에 내가 살아! 또 아내는 나 같은 것이 아무것도 아닌데 하나님께서 이렇게 좋은 남편을 주어서 이렇게 복스럽게 살지 하고 생각한다면 오늘 밤부터 참으로 기막히게 행복해질 것입니다.긴 이야기가 필요하지 않습니다. 잔칫집 이야기에까지 갈 것도 없이 안방에서 다 되는 이야기입니다. 여러분! 자기 평가를 깎아내려 남이 나를 평가하는 것보다 한 계단 더 낮추십시오. 예수님은 하늘 보좌를 내어 놓으시고 사람의 형체를 입으셨으며 마침내는 십자가에 죽기까지 복종하셨습니다. 이에 성경은 우리에게 말씀하기를 "너희 안에 이 마음을 품으라 곧 그리스도 예수의 마음이니"(빌 2 : 5)라고 하였습니다. 예수님께서는 이 시간도 매우 구체적으로 말씀하십니다. 차라리 가서 말석에 앉으라! 그리고 자기를 높이는 자는 낮아지고 자기를 낮추는 자는 높아지리라고.

손님 초청 비유

또 자기를 청한 자에게 이르시되 네가 점심이나 저녁이나 베풀거든 벗이나 형제나 친척이나 부한 이웃을 청하지 말라 두렵건대 그 사람들이 너를 도로 청하여 네게 갚음이 될까 하라 잔치를 배설하거든 차라리 가난한 자들과 병신들과 저는 자들과 소경들을 청하라 그리하면 저희가 갚을 것이 없는고로 네게 복이 되리니 이는 의인들의 부활시에 네가 갚음을 받겠음이니라 하시더라.
(누가복음 14 : 12~14)

손님 초청 비유

앞장에서는 초대 받은 손님으로서 잔치석상에 이르렀을 때에 어떻게 처신해야 할 것인가를 비유로 그리스도인의 생활 태도를 말씀한바 있습니다.

이제 오늘 본문에서는 초대 받은 입장이 아닌 청하는 자의 입장에서 그 잔치를 배설하고 초청하는 동기를 비유로 하여 말씀하고 계십니다. 여기에서 먼저 한 가지 생각하고 싶은 것은 지금 예수님께서 이렇게 말씀하시는 시간이 음식을 잡수신 다음인지 아니면 전인지는 모르겠으나 일단 초청을 받은 손님의 입장에서 자기를 초청한 자에게 이렇게까지 직설적으로 말씀하실 수 있을까 할 때 실로 그 용기가 너무도 놀랍습니다. "자기를 청한 자에게 이르시되" 지금 예수님께서는 예수님을 청해 준 그 본인에게 직접대고 말씀하시는 것입니다. 그리고 하시는 말씀이 "부한 이웃을 청하지 말라!" "잔치를 배설하거든 차라리 가난한 자들과 병신들과 저는 자들과 소경들을 청하라!"고 말씀하십니다. 분명히 자신이 청함을 받아 대접을 받고 있는 시간임에도 불구하고 예수님께서는 이렇게 불순하고 잘못된 동기로 사람을 초청하며 잔치를 배설할 것이 아니라는 이야기입니다. 보자하니 대접받는 사람도 불쾌하고 대접하는 사람도 그렇게 마음 좋은 것 같지가 않는 이런 잔치란 무의미한 것이라는 사실을 아주 직설적으로 설명하고 계시는 것입니다. 그리하여 자기를 청한 자에게 잔치의 현장에서 그 청한 동기를 비판하시고 이것을 비유로 그리스도인이 사회생활을 함에 있어서 어떻게 살아가야 할 것인가를 말씀하고 계십니다.

이제 12절 말씀을 다시 한번 읽어 보면 "또 자기를 청한 자에게 이르시되 네가 점심이나 저녁이나 베풀거든 벗이나 형제나 친척이나 부한 이웃을 청하지 말라. 두렵건대" 즉 이유는 "그 사람이 너를 도로 청하여 네게 갚음이 될까 하라, 잔치를 배설하거든 차라리 가난한 자들과 병신들과 저는 자들과 소경들을 청하라"고 말씀하십니다. 이렇게 말씀하시는 예수님의 의도는 청한 자의 동기를 말씀하고자 하심입니다. 따라서 이는 곧 그리스도인의 행위의 동기, 혹은 선행의 동기가 어떠해야 됨을 가르쳐 주시는 것입니다. 우리가 이 세상을 살아가다 보면 잘못하는 일도 많지만 때때로 선한 일을 할 때가 있습니다. 본래 하나님의 형상으로 지음을 받고 태어났기에 선한 일을 해야하고 또한 좋아합니다. 그래서 다소간에 선행을 베풀게 마련인데 문제는 그 선행을 할 때에 그 동기가 어디에 있고 목적이 어디에 있느냐 하는 것입니다. 우리는 이 동기를 두고 다시 한번 진단해 보아야 합니다.

오늘 본문 말씀의 내용은 지금 이 일은 무엇 때문에, 왜 내가 하고 있는가? 그 근본 동기가 어디에 있는가를 묻고 항상 순수한 동기와 깨끗한 마음으로 시작하여 끝도 또한 그렇게 되도록 힘써야 한다는 것입니다. 예수님께서 하신 말씀은 오늘날과 같은 사회에서는 통하지 않을 만큼, 어쩌면 이렇게 하고서는 살아갈 수가 없을 것만 같은 너무나도 깨끗한 마음입니다. 그러나 예수님께서는 그와 같이 순수하고 깨끗한 동기를 원하고 계십니다. 그러기에 잔치를 베풀 때에든지 아니면 선행을 행할 때엔 먼저 그 동기를 물으라는 것입니다.

여기서 일반적으로 보여지는 선행의 동기를 이야기하자면 첫째 생각되는 것이 의무감에서 비롯되는 동기입니다. 그럴 수밖에 없는 어떤 의무를 느끼고 있다는 것입니다. 말하자면 지난날에 내가 많은 신세를 졌으니 이제는 갚아야 되겠으며, 과거에 내가 초청을 받았으니 오늘은 내가 초청을 해야 되는 이러한 입장은 모두가 다 의무적인 것이란 말입니다. 그렇기 때문에 우리가 사랑을 하고 선행을 한다고는 하지만 자녀가 혹은 친척들을 위해서 베푸는 선행은 사실상에 있어서 선행의 의미가 없을 때가 많습니다. 왜냐하면 그렇게 밀착된 관계에 있어서는 하고 싶지 않더라도 도리가 없는 것이기에 거기에는 강한 의무가 있는 것입니다. 내가 낳았으니 키워야 하고 혈연으로 맺어져 있으니 그냥 보고 지나칠 수만은 없는 것이란 말입니다. 그래서 부모랍시고 자녀들에게 내가 너를 위해 얼마나 애쓰는지 아느냐며 이런 저런 이야기를 늘어놓으면 아이들이 겉으로 말은 안 하지만 속으로 하는 말이 "누가 낳으랬나? 자기 자식 자기가 키우면서 무슨 말이 많지! 이게 어디 나만 위한 건가 나도 공부하느라고 죽을 지경인데" 하는 생각을 하게 된답니다. 이와 같이 막상 동기가 어디에 있는 것인가를 묻게 되면 순수한 동기를 찾기가 매우 힘든다는 것을 느끼게 됩니다. 그러므로 자녀를 위한 것이든 그 누구를 위한 선행이든 간에 다시 한 번 그 동기의 순수함을 물어본다는 것은 매우 중요한 일입니다. 만약 과거에 대한 부담 때문에 할 수 없이 해야 하는 의무 같은 것이라면 그것처럼 괴로운 일이 없을 것입니다. 뿐만 아니라 직업을 의무로 하는 것도 그렇습니다. 이제 와서 이럴 수도 저럴 수도 없다는 부득이한 동기에서 하는 일이라면 그 얼마나 무거운 짐이 되고 피곤한 일이겠습니까?

이와 같이 여러 가지로 불가피한 동기들이 많이 있겠습니다마는 그 중에서도 이미 받았기 때문에 이제는 갚아야 한다는 마음과 게다가 체면을 생각하는데서 비롯되는 경우가 많이 있습니다. 언젠가 한번은 사무실에서 어떤 장로님과 함께 자리를 하고 있는 중 그 장로님이 이제는 결혼식에 가야겠다는 것입니다. 그러길래 그런가보다 하고 있는데 주머니에서 수첩을 꺼내더니 뒤적거리는 것입니다. 그래서 "왜 빨리 일어나 가시지 않고 수첩은 무엇하러 뒤지십니까?" 하였더니 그 장로님의 말씀인즉 지난번 우리 딸의 결혼식때에 부조를 얼마를 했는지를 보느라고 그런다는 것입니다. 여러분, 바로 이것이 의무라는 것입니다. 이것은 결코 선행이 아닙니다. 결혼식 주례를 하면서 보면 축하하는 마음으로 안에까지 들어오지도 않고 그저 문전에서 봉투 하나 내고 가는 사람들이 많이 있습니다. 그것은 선행이 아님은 물론, 그런 동기에서 나온 행위란 하나같이 피곤한 것들입니다. 안할 수가 없고, 안하면 말 듣는 것! 그래서 나는 자기 결혼식에 가 주었는데 우리 아들 장가가는 데에는 왜 안 왔느냐고 하고 나올 것이란 말입니다. 마치 품앗이를 하는 것처럼 오고 가는 체면치레! 이러한 체면이란 굉장히 무거운 밧줄이며 여기에 끌려다닌다는 것은 대단히 괴로운 일인 것입니다. 여기에는 자원하는 바의 자율성이 없습니다. 따라서 이것은 진정한 의미에서의 선행이 될 수 없는 것입니다. 뿐만 아니라 이렇게 되면 형식에 치우치게 되고, 피곤하며, 대체로 마지막에는 불평으로 끝나게 됩니다. 아무튼 의무를 앞세운 경우의 선행이란 선행이라는 어떤 형식은 있을지 모르나 그 내용에 있어서는 결코 선행이 아닌 것임을 알아야 합니다.

그리고 두번째 동기로서는 도덕적 향락주의입니다. 이것은 하나의 자기사랑이요, 자기의 쾌락을 뜻하는 말입니다. 다시 말하면 내가 봉사를 하고 어떤 선한 일을 할 때이면 내 마음이 기쁘고 즐거우니 다른 사람 아닌 내 마음이 좋아지기 위해 선행을 하는 것입니다. 그러니까 저 사람을 돕자는 것도 아니요 의나 진리를 위하는 것도 아닙니다. 다만 받는 것보다는 주는 것이 내 마음에 좋으며, 주면서 갖게 되는 다소간의 기쁨이 있기 때문입니다. 이제 우리가 나보다 나은 사람들하고보다는 나보다 못한 사람들과 함께 사는 것이 편한 이유도 바로 이런 데에 기인하는 것입니다. 게다가 때때로 남을 봉사한다는 자위적 심리까지 작용하기 때문에 마음이 편안해지는 것입니다. 나아가 좀더 깊이 생각해 보면 언젠가 남에게 잘못한 일 때문에 마음이 늘 괴로운 터인데 이제 나보다 어려운 처지의 사람들과 살면서 어떤 도움을 줌으로 지난날의 과오와 현재의 괴로움을 씻고자 하는 일종의 보상심리가 있기도 한 것입니다. 예를 들어 과거에 남의 물건을 도둑질했다면 오늘은 내가 사서라도 남에게 주면서 그것을 보상하고 싶은 것이란 말입니다. 그러므로 이것은 진정한 선행이 될 수 없는 것입니다.

아무튼 이와 같이 선행 자체에 목적과 동기가 있는 것이 아니라 자기 마음의 평안과 즐거움을 위해 베푸는 선행이 있습니다. 또한 선행을 마치 훈장이나 액세서리처럼 생각하여 나는 최소한 이렇게 다른 사람을 돕는 사람임을 나타내 보이고자 하는 것입니다. 이에 성경에도 보면(막 12 : 41~44) 연보를 하면서도 자기 재산의 전부인 두 렙돈, 즉 엽전 두닢을 넣고는 몸둘 바를 모르는 과부가 있는가 하면 부자들은 풍족한 중에 내면서도 사람들 앞에서 이렇게 많이 낸다는 것을 자랑스럽게 생각하는 모습이 었음을 엿볼 수 있습니다. 여기에서 부자와 같은 경우 이것은 하나님 앞에 한 것도 아니며 그렇다고 특별한 의미를 갖는 것도 아닙니다. 그저 사람 앞에서 자기를 자랑하는 것 외에 아무것도 아닙니다. 그래서 선한 사마리아 사람의 비유를 두고 자주 재미있는 이야기들을 합니다마는 거기에서도 나오는 이야기가 그 강도 만난 사람이 쓰러져 있는 장소가 멀리 외진 여리고 골짜기가 아닌 예루살렘 한복판이었다면 레위인이나 제사장이 결코 그냥 지나가 버리지 않았을 것이라는 이야기입니다. 그런데 여리고 골짜기는 보아 주는 사람도 없거니와 강도 만난 사람은 다 죽어가고 보자하니 도와주더라도 제대로 인사를 치를 것 같지도 않고 하여 그냥 버려두고 가버렸다는 것입니다. 이와 같이 선행이란 여러가지 동기에서 행해질 수 있습니다. 그러므로 우리는 어떤 선한 일을 행함에 있어서 그 동기를 묻고 또 물어 참으로 순수한 동기에서 나온 진정한 선행을 할 수 있어야 할 것입니다.

다음 세번째로 생각하는 동기로서는 받고자하는 마음이 먼저 있음으로 주게 된다는 것입니다. 바꾸어 말하면 계산이 앞서 있다는 말입니다. 그러니까 이것은 되돌아올 대가를 바라는 마음에서 행하는 선행으로 마치 장사꾼과 같은 동기가 되는 것입니다. 그러기에 오늘 본문 말씀에서도 부자를 청하지 말라는 것인데 이는 저가 부함으로 또 다시 나를 청하게 될것이며, 그렇지 않더라도 어떤 방법으로든 내가 되돌려받게 될 것이 아니겠느냐는 말씀입니다. 물론 우리가 선행을 함으로 먼훗날 그 명목으로 받을 수도 있습니다마는 그러나 선한 일을 할 때에 받고자 하는 마음으로 하는 것이 아니란 말입니다. 그런데 문제가 되는 것은 받고자 하는 마음에서 하기 때문입니다.

이를 위해 어느 선교사에게 있었던 이야기를 생각해 봅니다. 중국에서 복음을 전하던 선교사가 어느날 홍수에 휘말려 떠내려 가게 되었습니다. 이것을 본 어떤 사람이 이 서양 선교사를 죽을 처지에서 건져내 주었습니다. 그러자 이 선교사는 너무도 고마와서 내 평생 이 은혜를 갚겠다며 선생님의 존함이 어떻게 되시느냐고 물었습니다. 그런데 그 사람은 끝까지 자기의 이름을 밝히지 않고 하는 말이 "성경에 어디 선한 사마리아 사람의 이름이 있습니까?" 하고서는 그대로 훌훌 떠나더라는 것입니다. 이 얼마나 멋있는 이야기입니까? 여러분! 성경에 선한 사마리아 사람의 이름이 없다는 것을 기억 하십시오. 혹시 요즈음 유행하는 말 중엔 '선금 십일조'라는 말을 들어보신 분이 있는지 모르겠습니다. 본래 십일조란 내가 하나님 앞에서 받은 바의 10분의 1을 하나님께 바치는 것입니다. 그렇게 하면 하나님께서 창고가 넘치도록 복을 주시마고 하셨습니다(말 3:10). 여기에서 명심할 것은 바치는 것은 순수하게 바쳐져야 하고 축복은 그런 다음에 온다고 하는 것입니다. 그러므로 온전한 십일조를 드림으로 복을 받는다 하여 바칠 때에 받고자 하는 마음으로 바치는 것은 아닙니다. 이제 내가 선행을 함으로 칭찬을 받을 수는 있지만 그렇다고 칭찬을 받기 위해 선행을 하는 것은 아니란 말입니다. 마찬가지로 선행을 함으로 복을 받을 수도 있겠으나 처음부터 복 받고자하는 마음에서 선행을 해서는 안된다는 것이며 이는 같은 것 같으면서도 실상에 있어서는 엄청난 차이가 있는 것입니다. 그러면 이 '선금 십일조'란 어떤 것이냐하면 예를 들어 지금 내가 100만원의 수입이 있었다면 당연히 10만원의 십일조를 바쳐야할 것입니다. 그런데 이 '선금 십일조'는 그 순서를 바꾸어 내가 100만원을 벌고 싶으면 미리 꾸어서라도 그 십일조의 몫으로 10만원을 바치는 것입니다. 그러니까 한마디로 말해 네가 100만원을 벌고 싶으냐? 그렇다면 미리 10만원을 바치라는 이야기입니다.

여러분, 우리는 받고자 하는 마음이 먼저 있어서 하는 선행은 결코 선행이 아님을 분명히 알아야 하겠습니다. 뿐만 아니라 받고자 하는 마음을 앞세워 하는 것이라면 이것은 하나님께 장사하는 것이 된다는 사실을 기억할 것입니다.

그러면 본문에서 손님을 청할 때에 나타난 받고자 하는 마음이 어떤 것이냐 할 때 우선 몇 가지로 생각해 볼 수가 있습니다. 그 중에 먼저 생각할 수 있는 것이 일단 손님을 초대함으로써 돌아오는 이득을 생각하는 것입니다. 이는 한마디로 말하여 매우 정치적인 생각입니다. 그러니까 이렇게 귀한 분을 모셨고 또한 많은 사람들과 친해짐으로 언젠가는 나를 도와줄 수도 있을 것이며 더욱이 그토록 귀한 손님이 우리 집을 다녀감으로 많은 사람들이 나를 높이 보고 신임해 줄 수도 있을 것이란 말입니다. 그 때문에 아마 예수님을 이 자리에 청한 의도도 예수님께서 무엇을 주리라는 생각을 한 것은 아니지만 예수님 같은 귀한 분을 우리 집에 한번 청했다는 사실로 인하여 자기의 인격을 높이려는 데에 있었다고 보여집니다. 그리하여 어느 때이고 예수님께서 출세를 하게되면 "우리집은 예수님께서 다녀간 집"이라며 한 마디 하게 될 것이란 말입니다. 아무튼 예수님께로부터 무엇인가 바라는 바가 분명 있었던 것입니다. 이처럼 돌아오는 이득을 먼저 생각하는 지극히 정치적이고 상업적인 이야기가 오늘 본문에 담겨져 있습니다.

그런가 하면 비단 그런 이득이 아니라 하더라도 도로 청하여 갚음이 있기를 바라는 마음입니다. 오늘은 내가 이렇게 청했으니 이 다음에는 나를 청해 줄 것이 아니냐는 것입니다. 이에 예수님께서는 매우 직설적이고도 구체적으로 말씀하시기를 "그 사람들이 너를 도로 청하여 내게 갚음이 될까 하라"는 것입니다. 이와 같이 도로 청할 것을 미리 생각하면서 사람을 청한다는 것 역시 좋은 동기가 되지는 못합니다.

그리고 가장 정신적이면서도 사회적인 것으로 볼 수 있는 칭찬과 존경과 그리고 명예를 생각하는 것입니다. 이를 위해 사람도 청하고 선행을 하기도 한다는 것입니다. 그리하여 그 아무개가 참 훌륭한 일을 한다는 칭찬을 들을 뿐만 아니라 그로 인해 명예를 얻고자 하는 것입니다. 한마디로 말해 이것은 돈을 내고 명예를 사는 것입니다. 하지만 이런 식의 선행이 분명 있다는 이야기입니다. 그래서 조그마한 선한 일을 하면서 신문에 내는가 하면 아예 기자부터 불러놓고 일을 치르는데 아무래도 아름답지 못한 것 같습니다. 언젠가 한번 홍수가 나서 여러 지역에서 많은 사람들이 피해를 입어 수해 의연금을 모금할 때입니다. 그 때문에 방송국에서는 연일 누가, 혹은 어디에서 몇백만원, 몇천만원을 내었다며 보도를 계속하고 있었습니다. 그 때 저희 교회에서도 헌금을 하여 어떻게 쓰는 것이 가장 바람직한 것인가를 생각하고 있는데 방송국에서는 소망교회에서도 모금을 좀 해달라며 자꾸만 전화가 오는 것입니다. 그래서 우리는 그렇게는 안할 것이며 방송에는 무엇하러 나오느냐 하고서는 현지 답사를 해 보았더니 나라에서 쌀과 라면은 주는데 반찬이 없어서 무척 고통스럽다는 것입니다. 그렇다면 필요한 반찬거리를 보내는 것이 좋겠다는 생각에서 고추장을 비롯하여 깡통으로 처리된 천만원어치의 반찬을 트럭에 싣고 직접 현장으로 갖다 주었습니다. 그 후 그 분들이 하는 이야기가 소망교회가 진짜 소망교회라는 것입니다. 이 말은 자기네들이 당장에 필요한 것을 갖다 주었기 때문에 하는 말입니다. 그런데 방송국으로 갖다 준 것은 9개월 후에까지도 그 사람들 손에 돌아가지 않았습니다. 도대체 수재를 당한 지가 언제인데 이러고 있느냔 말입니다. 가지고 오는 것 기다리며 모아서는 조사하고 무엇하고 하는 동안에 다 끝나고 말았으니 이런 것이 문제란 말입니다.

그렇기 때문에 예수님께서 말씀하신대로 오른손이 하는 것을 왼손이 모르게 한다는 것이 얼마나 중요한 것인지 모릅니다. 그리고 정말 이름없이 빛도 없이 하는 마음이 앞서야 합니다. 그런데 여기에도 시험이 있으니 그것이 다름 아닌 비난이라는 것입니다. 만약 제가 오늘이라도 구제를 하겠다고 나서게 되면 당장에 들려오는 말이 "제가 돈이 얼마나 있다고 그렇게 뿌리고 다니냐?" 혹은 "국회의원 출마라도 할려나?"는 등 별별 소리가 다 나올 것입니다. 여러분도 마찬가지입니다. 그러나 그럴 때에 잊지 말아야 하는 것은 그러한 비난을 들음으로 마음이 상하거나 혹은 대항하며 변명을 하게 되면 그 선행의 동기는 또 다시 잘못된 것이 된다는 점입니다. 처음은 좋은 동기에서 시작되었으나 결과적으로 잘못된다면 그 처음 동기는 의미가 없는 것입니다. 다시 말하면 결과가 첫 동기를 다시 묻게 되는 것입니다. 그러므로 그때에 가서 비난을 감당하지 못하면 결국은 동기가 흐려지고 있는 것이며 따라서 순수하지 못한 것이 되고 맙니다. 그렇다면 우리 믿는 사람들이 선한 일을 하고나서도 꼭 비난을 듣는다하여 이상하게 생각할 것이 아닙니다. 이 시험을 잘 감당해냄으로써 그 선행이 하나님 앞에 기록되는 것입니다. 만약 그렇지 않고 그 비난에 대항하여 다른 말이 나오게 되면 모처럼의 고운 뜻과 수고한 바가 다 무위로 돌아간다는 것을 잊지 말아야 합니다. 그렇기 때문에 선한 일에는 칭찬보다는 비난이, 그리고 명예보다는 시비가 따르게 마련입니다. 그러나 조금도 이상할 것이 없음은 물론, 그로 인해 그 선행에 대한 의미를 재확인하게 되는 것입니다.

그러면 우리가 생각해야 할 순수한 동기란 어떤 것인가 할 때 그것은 오직 하나님께 향하는 마음뿐입니다. 그러자면 먼저 하나님께 감사하는 마음이 있어야 합니다. 사람들이야 무엇이라고 하든 나 같은 죄인을 구속해 주신 하나님의 그 은혜를 생각하며 감사하는 마음에서 나오는 그것만이 선행의 순수한 동기가 될 수 있는 것입니다.

그리고 두번째로 생각할 수 있는 것은 감사하는 마음이 바탕이 되어 뜨거운 사랑이 발동할 때 그 사랑이 동기가 되는 것입니다. 다시 말하면 직감적인 긍휼이 선행으로 이루어지는 것을 말합니다. 그 때문에 선행이란 한번 마음에 꼭 집히는 즉시에 행해야지 하룻밤만 자고 나도 마음이 달라지고 두번만 다시 생각을 하여도 마음이 변하게 됩니다. 여러분께서 남을 도와주는 경우에도 그렇습니다. 어떤 때에 누가 와서 도움을 청할 경우 단번에 아무말 없이 도와주면 간단한데 이것을 도와줄까 말까 하고 두번만 생각하게 되면 "이렇게 자꾸 도와줘 버릇하면 버릇이 되어 이 사람 못쓰게 되는데" 하고 방향을 돌리게 되는 것입니다. 게다가 이 돈으로 찬거리를 사면 얼마나 되는데 하고 나오면 안 되는 것입니다. 제가 인천에서 목회를 하면서 대심방을 하던 어느 날 경제적으로 매우 어려운 처지에서 환자가 누워있는 한 가정을 심방하게 되었습니다. 그때만 하더라도 대심방이라면 장로, 권사, 집사하여 7~10명의 수행원이 함께 다니는 형편이었습니다. 그런데 저희들이 미처 모르는 중에 지금 이 환자가 이렇게 어려운 처지에 누워 있는 것입니다. 그때에 어느 장로님 한 분이 환자가 누워있는 아랫목에 손을 넣어 보고는 싸늘하자 "아이구 연탄불이 꺼졌는가 보구먼" 하고서는 당장에 부엌으로 나가 보더니 정말 연탄불이 꺼졌다며 들어와서는 이리 저리 둘러보면서 병원에는 가보았느냐고 물어봅니다. 그러자 "병원에 갈 돈이 있어야지요?" 하고 환자는 힘없는 대답을 합니다. 이 장로님은 생활이 그렇게 넉넉한 분이 아닙니다. 그저 구멍가게 같은 데서 장사를 하며 지내시는 분입니다. 그런데 이 장로님께서 자기 주머니에 들어있는 장사 밑천 그대로를 모두 꺼내어 가만히 이불 밑에 넣어놓고 나오는 것입니다. 그러길래 제가 "장로님 얼마나 드린겁니까?" 하고 물어보았더니 자기도 모른다는 것입니다. 그리고 "장사는 무엇으로 하시렵니까?" 하였더니 "아! 장사야 내일 또 벌면 되지요 뭐" 하는 것입니다. 그것을 보면서 새삼 그 장로님이 참 귀한 분이라는 생각을 하게 되었던 것입니다.

여러분! 우리는 첫 동기, 첫 마음, 처음 사랑을 잊지 말아야 합니다. 다시 말하면 맨 처음에 생각되어진 그 직감적인 긍휼에서 선행이 이루어지게 할 것이란 말입니다. 만약 그러지 않고 두번 세번 생각하다보면 그러는 동안 벌써 그 선행은 행하지 못할 것이 되고 만다는 것입니다. 선한 사마리아 사람의 비유를 두고 보아도 현대인이라면 아마 이렇게 생각하였을 것입니다. "가만히 보자하니 다 죽어가는 지경이고, 도와주기 시작했다가는 끝이 없을 것이란 말이야! 뿐만 아니라 나아도 병신이 되겠으니 그대로 죽는 게 낫겠어"라고 말입니다. 무슨 일이든 생각을 하기로 들면 별별 생각을 다하게 되는 것이며 그러다 보면 도와주게 되어 있지가 않습니다. 그러므로 다음 일은 생각할 것 없이 처음에 가지는 그 뜨거운 사랑과 그 긍휼 그대로를 가지고 행할 때 그것이 선행이 되는 것입니다.

다음 세번째로 생각하는 것은 아무것도 바라지 않는 마음입니다. 따라서 이 마음이 있는 한 어떠한 비난과 오해가 있어도 개의치 않습니다. 왜냐하면 그것은 내 잘못이 아니며, 혹은 잘못이 있다손치더라도 내 마음의 동기는 그런 것이 아니었기 때문입니다. 이는 후회 없는, 그리고 일관성 있는 순수한 동기로 임해야 한다는 말입니다. 랍비의 교훈에 보면 "최고의 선행은 주는 자가 누구에게 주는가를 모를 때에만 선행이다"라는 말이 있습니다. 다시 말하면 내가 무엇을 줄 때에 누구에게 준다는 것을 모르는 것이 좋으며, 또한 받는 자 편에서도 누가 내게 주었다는 것을 모를 때에 그것이 순수한 선행이라는 말입니다. 우리가 교회에 헌금을 하는 일도 그렇습니다. 간혹 어떤 분들이 "우리 교회는 넉넉한데 내 십일조 내는 것으로 시골 교회를 도와주면 안됩니까?" 하고 질문을 해올 때가 있습니다. 여러분! 십일조는 내 마음대로 쓸 수 있는 돈이 아닙니다. 그렇기 때문에 그것은 안됩니다. 어디까지나 내가 썼으며 내 돈인 것이지 어떻게 그것이 하나님의 돈이겠으며 게다가 갖다 준 사람으로 인사까지 받았다면 나에게서 끝난 것이지 어떻게 하나님께 바친 것이 되겠습니까? 그래서 안된다는 것입니다. 그러나 꼭 어떤 교회를 돕고 싶을 경우에는 헌금을 내면서 "이 헌금은 ○○교회로 보내주시기를 바랍니다"라는 전제를 붙이면 그 교회로 보낼 수가 있습니다. 그렇게 되면 그 교회에서는 소망교회에서 보냈다는 것 외에 끝까지 누가 보냈다는 것을 모르고 지낼 것입니다. 그러므로 거기에 진정한 선행이 있는 것입니다. 그런데 내가 보내고 내가 인사 받으며, 감사장, 감사패 다 받고 나서 무슨 선행을 이야기한단 말입니까? 선행이란 결코 그렇게 하는 것이 아닙니다. 랍비의 교훈처럼 정말 누가 바쳤는지 누가 보냈는지, 누가 받았는지도 모르게 이루어지는 것이 진정한 선행인 것입니다. 만약 그와는 달리 대상을 알게 되면 훗날 그 사람이 자칫 잘못되기라도 하는 경우 "내가 모처럼 도와주었더니 저 사람이 저렇게 되었구나" 하는 섭섭한 마음을 가지게 되는데 이 또한 잘못된 것입니다: 바로 이런 점 때문에 주는 자와 받는 자 사이에 전혀 아는 바가 없어야 진정한 선행이라는 것입니다.

그래서 히브리 격언에는 "선행의 최대 보수는 한번 더 선행을 할 수 있다는 것이다"라는 말이 있습니다. 이는 선행을 함으로 얻어지는 결과, 그 최대의 보수는 또다시 선행을 할 수 있는 기회가 주어지는 것이라는 말입니다. 참으로 중요한 보수가 아닐 수 없습니다.

오늘 본문 말씀의 결론으로 돌아가 보면 "두렵건대 그 사람들이 너를 도로 청하여 네게 갚음이 될까 하라"는 것입니다. 그러니까 잔치를 베풀든 남을 돕든 간에 혹시 내게 갚음으로 다시 돌아오면 어떻게 하나 하는 두려운 마음으로 차라리 아무 것으로도 갚을 것이 없는 자들을 도우라는 말씀입니다. 그러자면 13절에 기록된대로 가난한 자들과 병신들과 저는 자들과 소경들을 청하라는 것입니다. 이들은 하나같이 전혀 갚을 길이 없는 사람들입니다. 이와 같이 갚을 길이 없는 사람! 보다 극단적으로 말하면 고맙다는 인사도 못할 그런 사람을 도우라는 것이며 그것이 순수한 선행이 된다는 말입니다.

그리고 마지막으로 생각할 것은 이렇게 하면 의의 부활시에 하나님께서 직접 갚아 주신다는 것입니다. 그러므로 이것은 하늘나라에 쌓는 것이며 결과적으로는 하나님께 꾸이는 것이 됩니다. 또한 참된 선행은 결코 무상으로 끝나는 것이 아니라 반드시 그와 그 후손에게 돌아가며 이것은 하나님에 의해 이루어지게 됩니다. 이제 우리는 우리의 선행을 놓고 새로운 진단을 하면서 아무쪼록 어떠한 경우에도 위선적인 선행이 되지 않도록, 그리고 신앙적인 가장 순수한 동기에서 선행을 할 수 있게 해야 할 것입니다.

망대 세우는 비유

　허다한 무리가 함께 갈새 예수께서 돌이키사 이르시되 무릇 내게 오는 자가 자기 부모와 처자와 형제와 자매와 및 자기 목숨까지 미워하지 아니하면 능히 나의 제자가 되지 못하고 누구든지 자기 십자가를 지고 나를 좇지 않는 자도 능히 나의 제자가 되지 못하리라 너희 중에 누가 망대를 세우고자 할찐대 자기의 가진 것이 준공하기까지에 족할는지 먼저 앉아 그 비용을 예산하지 아니하겠느냐 그렇게 아니하여 그 기초만 쌓고 능히 이루지 못하면 보는 자가 다 비웃어 가로되 이 사람이 역사를 시작하고 능히 이루지 못하였다 하리라.
　　　　　(누가복음 14 : 25~30)

망대 세우는 비유

　오늘 본문 말씀은 허다한 무리가 함께 갔다는 것으로 시작되고 있습니다. 그리고 이때는 예수님의 3년에 걸친 전도사업이 마감되어 가고 있는 즈음입니다. 어느 사건이 먼저 있었는지는 확실치 않지만 5천명을 먹인 사건도 이 말씀 이전에 있었던 것으로 생각이 됩니다. 이러한 배경하에 지금 많은 무리들이 예수님을 따라가고 있는 것입니다. 그러나 그 많은 사람들이 따르는 동기에는 각각 다른 여러가지가 있었을 것입니다. 우리가 다같이 경험하고 아는 바와 같이 교회를 나왔다고 하여 그 처음 동기가 그렇게 아름다운 것만은 아닙니다. 알고 보면 교회에 나오는 것도 여러 가지 이유에 의해서 나오게 됩니다. 이는 예수님을 따르는 제자들에게 있어서도 마찬가지였습니다.
　그래서는 남들이 따라가니 따라가기도 하고, 혹은 호기심에서 구경삼아 가기도 하며 더러는 좋지 않은 마음으로 예수님을 책잡기 위해 따라다니는 사람들도 있었습니다.
　그러나 이렇게 많은 무리가 따랐다는 것은 대체로 보아 그저 좋은 마음으로 따른 것이며, 그러면서도 그 따르는 동기가 확실했던 것은 아닙니다. 다시 말하면 저들이 "주는 그리스도시요 살아계신 하나님의 아들이시니이다" 하는 확실한 고백내지 그것을 알고 따랐느냐 할때 그렇지는 않다고 하는 것입니다. 단순히 군중심리에 의해서, 혹은 예수님께서 친히 시사하신 바대로 정치적 동기, 즉 예수님께서 빨리 세력을 갖추고 권좌에 앉아 이 나라를 로마의 속국으로부터 자유케 해주었으면 좋겠다고 하는 그런 간절한 마음의 정치적 동기가 다분히 개제되어 있었다고 볼 수 있습니다. 그런가 하면 한편으로는 요즈음 우리가 흔히 쓰는 말로 표현하여 기복 사상에 의하여 따라가는 사람입니다. 이는 한마디로 말해 예수님을 따라가서 복을 받겠다는 것입니다. 그리하여 기적을 바라는 마음으로 가난한 자는 부하고 싶고, 병든 자는 건강하고 싶으며, 눌린 자는 높임을, 그리고 천한 자는 존귀한 사람이 되고 싶은 것입니다. 아무튼 이와 같이 자기의 필요, 자기의 욕망이 동기가 되어 예수님을 따르게 된 무리가 적지 않았던 것입니다. 바로 이러한 각양 각색의 사람들이 무리가 되어 지금 예수님에게 밀려오는 것입니다.

다시 한번 생각해 보지만 누구이든 예수를 처음 믿을 때의 동기가 그렇게 아름다운 것만은 아닙니다. 무엇보다도 우선은 모르기 때문에 대개가 주관적인 이모양 저모양의 동기를 가지고 예수님을 따르게 됩니다. 그래서 요즈음도 보면 병을 고치기 위해, 혹은 부자가 되고 출세를 하기 위해, 또는 입학시험 때가 되면 시험에 합격하기 위해 간절히 기도를 하며 열심을 내는 것을 볼 수 있습니다. 물론 이러한 것들을 극단적으로 물리치거나 정죄할 만한 이야기는 아닙니다마는 어쨌든 예수님께서 바라시는 바의 수준 높은 동기라고는 볼 수가 없습니다.

그런데 예수님께서는 오늘 본문 속에서 이렇게 줄렁줄렁 따라오는 무리들을 앞에 놓고 한번 다져보려고 하십니다. 여기에서 기억할 것은 이렇게 많은 사람이 따른다고 할 때 거기에는 양적인 비대와 함께 반드시 질적인 문제가 따르게 됩니다.

이에 예수님께서는 저들 무리들의 마음을 한번 흔들어서 왜 예수를 따르고 있는 것인지, 그리고 이런 입장에서도 끝까지 따를 수 있을 것인지를 다짐받고자 하시는 것입니다. 그러니까 지금 네가 무슨 목적으로 나를 따르는 것인지의 시험을 걸어, 저들로 하여금 자기가 예수를 따르는 그 동기와 목적이 어디에 있는가를 다시 한번 반성하게 하려는 것입니다. 또한 나아가서는 자기를 따르는 사람들이 단순히 와아 하고 따르는 정도에 머물기를 원치않고 계십니다. 뿐만 아니라 저들의 호기심이나 정치적인 소망 같은 것에도 흥미가 없으며 열심을 내는 동조자나 지지자, 혹은 학생을 찾는 것도 아닙니다.

예수님께서 원하시는 것은 제자입니다. 물론 열두 제자도 제자이긴 하지만 예수님의 말씀에 순종하면서 예수님과 함께 하여 종말적인 최후의 순간에 이르러서도 예수님이 계신 곳까지 함께 있기를 원하는 그 마음의 소유자를 원하시는 것입니다. 그러니까 이것은 오늘 만나고 헤어지며 병고침을 받고는 배반하고, 무엇을 좀 배우고는 돌아가는, 그리고 졸업하고 끝나는 식의 그런 이야기가 아닙니다. 예수님께서 따르는 무리들로부터 분명하게 기대하신 바는 나의 제자가 되라는 것입니다. 그 때문에 사도행전을 보면 예수 믿는 사람을 가리켜 제자로 이름하고 있습니다. 비단 교인이나 성도만이 아닌 예수의 제자! 제자란 가까이에 스승을 모시고 철저히 그의 교훈과 행동, 그의 모범적 생활을 본받으며 스승이 죽을 때에 함께 죽을 수 있어야 하는 것입니다. 만약 그렇지 않고 스승이 죽는 것을 보고도 살아남는다면 그는 제자가 될 수 없습니다. 제자란 지식으로만 배우는 것이 아닙니다. 몸으로 배우고 전체를 헌신하는 것입니다. 지금 예수님께서는 바로 그러한 제자를 원하고 계시는 것입니다. 그러므로 우리는 모두가 다 이러한 예수님의 제자가 되고 날로 주님이 기뻐하실 만한 제자가 되어야 할 것입니다.

그런데 오늘 본문을 보면 예수님께서는 자기를 따르는 사람들을 앞에 놓고 "이렇게 지지하고 따라와 주어서 고맙다"거나 "열심히 배우라" 그리고 "열심히 따르라"는 이러한 말씀을 하시는 대신 매우 어렵고 무거운 세 가지 부정의 말씀을 하십니다. 그러니까 이러하지 아니하면 나를 따를 수 없다고 하는 세 가지 상황을 말씀하고 계시는 것입니다.

그 첫째로 26절 말씀을 보면 "무릇 내게 오는 자가 자기 부모와 처자와 형제와 자매와 및 자기 목숨까지 미워하지 아니하면 능히 나의 제자가 되지 못하고"라고 하였습니다. 여기에서 우리는 심한 어폐를 느끼게 됩니다. 그리하여 어떻게 부모나 형제 자매를 미워해야 하며 또한 처자식을 미워하란 말인가 하는 것으로 들려집니다. 더욱이 마지막 부분에서 "자기 목숨까지 미워하지 아니하면" 하는 데에는 문제가 있는 것입니다. 그렇다면 이 말씀이 뜻하는 바가 무엇인가 할 때 이것은 예수님을 따르기 위해서는, 다시 말하면 예수님을 사랑하기 위해서는 무엇이든지 미워할 수 있어야 한다는 이야기입니다. 이는 사랑이 어떤 결정적인 순간에 이르면 둘 중에 어느 하나를 택해야 한다는 것입니다. 그 누구라도 둘 다를 위할 수 있고, 둘 다를 사랑할 수 있는 것이 아닙니다. 어느 때가 되면 부득불 하나만을 택해야 합니다. 우리가 잘 아는 이야기 중에 딸의 신랑감을 놓고 어머니와 아버지의 견해가 다른 틈바구니에서 신부감인 딸이 마침내 동가식(東家食) 서가숙(西家宿) 하겠다는 말을 했다는 이야기가 있습니다마는 어디 그게 가능한 말이겠습니까? 저쪽도 아깝기는 하지만 부득불 하나를 버려야 합니다.

마찬가지로 우리가 예수님을 사랑함에 있어서 양쪽 다 사랑할 생각은 갖지 말라는 것입니다. 결정적인 시간에 가서는 예수를 위해서 모든 것을 버려야 합니다. 바로 그러한 각오가 없이는 예수님의 제자가 될 수 없음을 말씀하고 계시는 것입니다. 사실 이런 경우는 우리 주위에 얼마든지 있습니다. 저가 아는 목사님 한 분도 일제하에서 복잡하고 어려웠던 가정 형편 때문에 주위의 친구들이 다 순교를 함에도 자신은 순교 대신 신사 참배를 했음을 두고 두고 후회를 합니다. 공교롭게 자녀들이 말썽을 부리고는 하는데 이 목사님은 "저 말썽부리는 자녀들 때문에 나는 순교를 못했다"며 가슴아파하는 것입니다.

여러분, 우리는 이것을 알아야 합니다. 이런 시간에야말로 둘 중 어느 하나를 택해야 하는 것이며, 만약 그것을 넘어서지 못하면 제자가 될 수 없다는 것입니다.

그리고 오늘 본문에 표현된 미워한다는 말은 우리 말이 나타내고자 하는 의미와는 조금 상이한 데가 있습니다. 히브리 말에 있어서 이 "미워한다"는 말은 우리가 생각하는 "증오한다"는 뜻의 어원을 가진 말이라고 합니다. 이는 어디까지나 학술적인 이야기입니다마는 그러나 그 뜻하는 바는 예수님을 제일로 사랑하고, 그리고 그 다음에 자기 목숨, 부모와 처자, 형제 자매 등을 사랑할 수 있어야 곧 예수를 사랑할 수 있다는 것입니다. 바꾸어 말하면 예수를 둘째, 셋째로 사랑하는 사람은 절대로 예수의 제자가 될 수 없다는 말입니다. 사실이 그렇습니다. 그런 사람은 예수를 똑바로 사랑할 수가 없으며, 따라서 예수님의 제자가 될 수 없습니다. 그렇기 때문에 예수님께서는 자기 목숨까지 미워하지 아니하면 능히 나의 제자가 되지 못한다고 하신 것입니다.

　다음 두번째는 27절에 기록된 자기 십자가를 지고 나를 좇지 않는 자도 능히 나의 제자가 되지 못한다고 하는 말씀입니다. 여기 십자가를 지고 나를 좇지 않는 사람이란 무엇을 뜻하는 것이 겠습니까? 자꾸만 십자가를 벗으려는 사람들을 많이 봅니다마는 그래서는 예수의 제자가 될 수 없습니다. 어디까지나 십자가를 지고 죽기까지 따를 생각을 해야 합니다. 우리는 십자가를 벗기 위해 예수를 믿는 것도 아니요 그 때문에 하나님 앞에 나오는 것이 아닙니다. 이 십자가는 예수의 십자가가 아닌 나의 십자가입니다. 누구에게나 있는 각자의 십자가입니다. 그러므로 진정예수의 제자가 되겠다면 나의 십자가를 져야하는 것입니다. 여러분께서는 자신의 십자가가 무엇이라고 생각하고 계십니까? 그리고 내가 그 십자가를 지겠다는 것입니까? 아니면 벗어 버리자는 것입니까? 이에 대한 우리의 자세가 분명해야 됩니다. 우리는 십자가를 지고 따르겠다는 생각을 해야지 벗고 따르려 해서는 안됩니다. 참으로 많은 사람들이 십자가를 벗으려 하다가 더 큰 화를 당하는 것을 보게 됩니다. 내 몫의 십자가를 벗어 보겠다며 도망 갔다가 엄청난 불행을 당하는 사람들이 얼마나 많으냔 말입니다. 아무리 괴롭고 답답하며 쑤시고 아파도 내 몫에 태인 십자가는 내가 져야 됩니다. 그러지 않고 십자가를 벗으려 하거나 벗기 위해 따르는 것이라면 그는 결코 예수의 제자가 될 수 없습니다.

그리고 세번째는 33절에 기록된 자기의 모든 소유를 버리지 아니하면 능히 내 제자가 되지 못하리라고 하신 말씀입니다. 이것은 세상을 향한 애착심을 두고 하신 말씀입니다. 소유라는 것은 비단 물질뿐만 아니라 명예와 이 세상으로 끌리는 여타의 모든 애착심을 말합니다. 요즈음 보면 오락 좋아하다가 교회에 제대로 못나오는 분이 많고, 취미생활에 너무 빠져 신앙생활 제대로 못하는 사람도 많습니다. 어떤 분들은 말하기를 교회에 나오는 시간에 텔레비전 프로가 제일 좋다는 이야기를 하는데 그것도 말썽입니다. 오늘도 보면 돈을 사랑하고, 사업을 사랑하며 심지어는 자기 명예를 사랑하는 마음 때문에 분명히 신앙생활을 간절한 마음으로 바로 해야 될 줄을 알면서도 제대로 못하는 것을 보게 됩니다. 그냥 한번 뚝 꺾어 깨끗이 치워 버리면 정말 시원하게 신앙생활을 하게 될텐데 여전히 거기에서 벗어나지 못하는 안타까운 심령들을 봅니다. 그 때문에 예수님께서는 내 제자가 되려면 자기의 모든 소유를 버리라고 말씀하신 것입니다.

그러면 왜 이렇게까지 버리라고 하시는 것이겠는가 할 때 본문에 나타난 바의 그 이유는 참된 종교란 상당한 대가를 지불해야 되기 때문입니다. 여러분! 우리의 신앙 생활에 대하여 공짜를 바라지 마십시오, 유명한 신학자 본 회퍼의 말에도 "요즈음 사람들은 너무 공짜 신앙을 좋아한다"고 말한 바 있습니다. 무엇이든 너무 쉽게 되기를 바라고 마술적으로, 혹은 기적적인 결과를 바랍니다마는 그 모두가 다 잘못된 생각들입니다. 진정 참된 신앙생활을 원한다면 상당한 대가를 지불할 생각을 해야 합니다. 아주 비싼 값을 지불하고 진리를 찾을 생각을 할 것이란 말입니다.

한번은 어떤 분이 하나님을 좀더 알았으면 좋겠는데 기독교를 어떻게 하면 빨리 알 수가 있겠느냐는 것입니다. 그래서 제가 성경을 얼마나 읽어 보았습니까 하고 물어보았습니다. 그랬더니 안 읽어 보았다는 것입니다. 그러면 예수는 얼마나 믿었습니까 하였더니 한 일년 믿었다는 것입니다. 그러길래 다시 예를 들어 영어 공부를 몇 년이나 하셨느냐고 물어 보았습니다. 그러자 "중학교, 고등학교, 대학교, 그래도 몇 년 했지요" 합니다. 다시 제가 있다가 "그래서 지금 외국인을 만나서 영어를 잘할 수 있습니까?" 하고 물었더니 "아! 못하지요" 하는 것입니다. 10년 동안이나 영어 공부를 하고서도 외국 사람을 만나면 인사 한마디 제대로 못하는 처지에 어떻게 생명의 진리인 감히 하나님의 말씀을 몇 시간 내에, 일문일답으로 이해되어지기를 바라느냐는 말입니다. 이것은 무엇인가 크게 잘못된 생각이며, 진리에 대한 모독이요, 기독교에 대한 모독입니다. 여러분, 신앙은 일생 동안의 과제입니다. 그러므로 상당한 값을 지불할 각오를 가지고 출발을 해야 합니다.

그리고 미래에 대한 각오가 있어야 합니다. 여러분, 예수가 누구입니까? 그는 다름아닌 십자가를 지신 분입니다. 어떤 무신론자는 기록하기를 현대 교인들은 체면이 없다는 것인데 그 하나는 열심히 회개한 다음에 또 죄짓고 그리고 또 회개하고, 그것도 한두 번이지 몇십년 동안 그짓을 하면서도 여전히 같은 눈물을 흘리고 있으니 체면이 없다는 것이며, 두번째는 예수가 십자가를 지셨다는 이야기는 입버릇처럼 하면서 자기는 고스란히 평안 무사하기만 바라고 있으니 이것이 체면 없는 사람들의 짓이라는 말입니다. 그 때문에 가장 철면피하고 체면 없는 사람들이 기독교인라며 비난을 하고 있는 것입니다. 이는 일리가 있는 이야기입니다. 십자가의 길을 생각하면서 그렇게 너무 쉽게 편안하기만을 바라며 매사가 성공적인 것을 소원으로 삼고 그리고 마지막에 가서는 예수 십자가의 공로로 기도를 한다니 이것이 어디 앞뒤가 맞는 이야기이겠습니까? 우리는 좀더 깊이 생각하는 중에 미래에 대한 비상한 각오가 있어야 되겠습니다.

뿐만 아니라 예수님께서 이렇게 강하게 말씀하시는 이유는 그만한 가치가 있기 때문이라는 것입니다. 모두를 미워할 만한 가치가 있고, 십자가를 질 만한 가치가 있으며, 이 세상의 모든 것을 버릴 만한 충분한 가치가 있다는 것입니다. 그러므로 걱정하지 말라는 것입니다. 이후에 더 큰 것으로, 영원한 것으로 받게 될 것이니 걱정하지 말란 말입니다. 이제 예수님께서 우리를 향하여 미워하라, 버리라, 십자가를 지라고 하셨을때 그 말씀이 어찌 우리에게 고생과 희생만을 강요하는 것이겠습니까? 분명 여기에는 그만한 충분한 가치가 있기 때문입니다. 여러분, 귀한 물건을 살 때를 한번 생각해 보십시오. 마음에 드는 물건이 있을 때에는 몇십만 원의 돈을 주고서도 아깝지 않은 마음으로 그 물건을 가지고 나옵니다. 이때에 돈까지 가지고 나오는 것이 아닙니다. 왜냐하면 내가 가진 물건이 저 돈보다 중요하기 때문입니다. 그만한 가치가 있는 것이기에 아깝지 않게 돈을 내어주고 이 물건을 갖는 것이란 말입니다. 마찬가지로 우리가 예수 그리스도를 소유한다는 것은 그만큼의 엄청난 가치가 있는 것임을 잊지 말아야 합니다.

예수님께서는 이러한 의도에서 오늘 본문에 나타난 비유로 말씀하십니다. 이에 하시는 말씀이 만약 망대를 세우고자 하는 사람이 있다면 먼저 거기에 필요한 예산을 생각해 보아야 될 것이 아니겠는가? 그리고 자기가 가진 것으로 그 일이 가능한지를 계산해 보아야 할것이 아닌가? 만약 그런 생각도 없이 망대를 짓기 시작하는 사람이 있다면 그 얼마나 어리석은 사람인가? 그리고 그렇게 하여 짓다가 도중에 그만 두게 된다면 이 또 얼마나 미련한 사람이냐는 것입니다. 그러니까 이 말씀의 의도는 첫째는 망대의 가치, 망대를 세우는 목적이 어디에 있느냐는 것이며 두번째는 먼저 예산을 세우라는 것입니다. 일단 시작을 했으면 도중에서 끝낼 수는 없는 일이니 경비는 얼마나 들겠고, 또한 시간은 얼마나 걸릴 것인지 그것들을 미리 생각한 후에 공사를 시작하라는 것입니다. 그리고 세 번째는 망대를 지은 다음에 얻어지는 소득이 무엇이냐는 것입니다. 따라서 이와 같은 것들이 확실해지면 이제는 서둘러 공사를 진행시킬 수 있는 것이 아니겠느냐? 그런데 망대가 무엇에 쓰여지는지, 예산이 얼마나 필요한지도 생각지 않고 무작정 시작을 했다가 도중에 그만두게 되면 그것은 아무런 소용이 없는 일이 아니겠느냐? 그러므로 나를 따라 오려거든 그만한 각오가 있어야 할 것이라는 말씀입니다.

그리고 예수님께서는 망대를 짓는 이야기에 이어 전쟁에 나가는 임금의 이야기를 하고 계십니다. 이 두 이야기를 비교해 보면 망대를 세우는 것은 건설적인 것인데 비해 전쟁에 나간다는 것은 파괴적인 내용입니다. 그런가 하면 특별히 망대에 대한 이야기는 저들이 알고 있는 현실적인 사건을 충분히 이해하신 예수님께서 그것을 비유로 말씀하신 것이라는 풀이를 해봅니다. 그 이유는 총독 빌라도가 정치적인 목적하에 외부로부터 물을 끌어들이지 않으면 물을 마실 수 없는 예루살렘 사람들을 위해 수로(水路)를 만들어 주겠다고 약속을 하고는 공사를 시작하게 됩니다. 그런데 문제가 되는 것은 수로 공사를 시작함과 동시에 기념탑부터 먼저 세우게 됩니다. 그리고는 중간에 생각이 변하고 돈도 모자라는지라 그 공사를 중단하고 만 것입니다. 이에 주석가들은 지금 예수님께서 바로 그 일을 은근히 지적하시면서 이 비유를 말씀하시는 것으로 해석을 합니다.

아무튼 그렇게 큰소리치면서 일은 시작해 놓고 마지막에는 흐지부지하게 용두사미가 되고 말았으니 이렇게 되어서야 되겠느냐? 예수를 따르는 일은 결코 그럴 수가 없다 그러므로 시작을 하였으면 끝을 내어야 하고, 시작할 때에는 끝낼 각오를 하고 시작하라는 말씀입니다. 감히 예수의 제자가 된다는 그 가치! 그러기 위해 지불해야 될 대가! 희생이 얼마나 큰 것인가를 처음부터 알고 출발하라는 것입니다. 여기에 대해 오늘 우리에게 주신 예수님의 말씀은 전적으로 헌신해 주기를 기대하고 계십니다.

유명한 칼럼니스트인 월터 리프먼은 현대사를 연구 분석하는 가운데 다음과 같은 재미있는 결론을 내렸다고 합니다. 그것은 오늘 이 세대는 두 사람, 두 종류의 철저하게 헌신한 제자들로 인해 움직여지고 있다는 것입니다. 그 하나는 카를 마르크스의 제자들이요 다른 하나는 예수의 제자들이라고합니다. 카를 마르크스의 제자들은 공산주의를 위해 목숨을 바칩니다. 그 때문에 오늘도 공산주의가 온 세계 위에 이만큼 서 있는 것입니다. 또한 예수를 위해 생명을 바치고 전 삶을 바친 예수의 제자들이 있습니다. 이 두 종류의 전적으로 헌신한 제자들에 의해서 이 세계가 움직여지고 있다는 것입니다. 이것은 사실입니다. 우리가 진정 주님을 따르는 것이라면 철저하게 목숨을 걸고 따라가야 합니다.

그러면 이 전적으로 따른다는 것은 무엇을 의미하는 것이겠습니까? 첫째는 망대를 세우는 것처럼 공개적인 것을 말합니다. 그러니까 예수를 믿을 때에 공개적으로 믿어야 한다는 것입니다. 흔히들 마음으로 믿고, 조용히 믿고, 은근하게 믿고 하는 식의 이야기들을 합니다마는 그런 소리 하는 것이 아닙니다. 그저 한번 예수 믿는다하면 철저하게 드러나게 믿는 것입니다. 어떤 분이 나이도 이제 오십이 넘은데다가 건강도 좋지 않고 사업도 여의치 않아 괴로워하는 중에 어떤 분의 권유를 받고 교회를 나오게 되었습니다. 그런데 이 분이 교회에 나와서 깜짝 놀란 사실은 자기와 20년 동안이나 가깝게 지내는 친구가 바로 그 교회의 장로가 되어 있더라는 것입니다. 이 분이 놀란 것은 저 친구가 나하고 그렇게도 친한데 어찌하여 20년 동안이나 나에게 예수 믿는다는 말을 한 마디도 하지 않았을까 하는 그것으로 인해 놀랐다는 것입니다. 나는 지금까지 답답한 사정을 겪다 못해 지금 이렇게 교회에 나왔는데, 저는 교회의 장로인 가까운 친구로서 20년이 되는 지금까지 예수 믿으라는 말을 한 마디도 않했으니 저가 어찌 예수 믿는 사람이냐는 것입니다. 여러분, 이런 교인이 되어서는 안 됩니다. 진정 예수를 믿는 사람이라면 그저 만나는 사람마다, 때를 얻든지 못얻든지 계속 전도해야 합니다. 예수님께서는 그와 같은 공개적인 신앙을 소유한 제자를 원하십니다. 니고데모처럼 밤에 찾아다니는 제자가 아니요, 아리마대 요셉처럼 숨어다니는 제자가 아니라 떳떳이 공개적으로 나는 기독교인이라는 고백을 하고 예수를 전파하는 그러한 제자가 되어야할 것입니다.

다음 두번째는 철저하게 순종하는 것을 의미합니다. 이는 우리가 순종하는 만큼 예수의 제자가 되고, 순종하는 만큼 예수님으로 말미암은 은혜를 받을 수 있기 때문입니다. 여기에서 은혜라는 말을 능력이나 행복이라는 말로 바꾸어 표현해 본다면 순종하는 만큼의 능력, 순종하는 만큼의 행복을 얻을 수 있다는 이야기입니다. 그래서 어떤 분은 말하기를 10% 순종하는 사람은 10%의 행복을, 100% 순종하는 사람은 100%의 행복을 얻을 수 있다고 하였습니다.

어느날 영국의 한 시골에서 아프리카인을 위한 선교와 의료사업을 위해 헌금을 하고 있었습니다. 그런데 서양 사람들이 헌금을 담는 그릇은 우리의 주머니 모양과는 달리 조금 작기는 하지만 보통은 마치 우리가 사용하는 세숫대야처럼 생긴 것이어서 헌금을 넣으면 다 보이게 마련입니다. 이제 이와 같은 헌금 그릇이 쭉 돌아가면서 헌금을 담게 됩니다. 그러는 중 한 소년 앞에 이르자 이 소년이 대뜸 그 그릇 위에 올라앉는 것입니다. 그래서 이것이 무슨 짓이냐며 놀라서 묻자 그 소년의 대답인즉 "저는 돈이 없으니 제 몸을 바치겠습니다"라고 했다는 것인데 그가 바로 맨 먼저 아프리카의 선교사가 된 저 유명한 리빙스톤이라고 합니다. 여러분! 우리는 이 어린 소년이 "나는 돈이 없습니다. 내 몸을 바치겠습니다"라며 죽기로 헌신하는 그 자세, 그 뜻을 깊이 생각해야 될 것입니다. 진정 전적으로 헌신하기를 원하는 거기에 열매가 있는 것입니다. 저는 어느 축구 선수의 이야기를 매우 재미있게 들은 적이 있습니다. 훌륭한 축구 선수로 많은 표창과 상금을 받는 선수인지라 기자가 마이크를 내밀며 "하루에 몇 시간이나 연습을 하십니까?" 하고 물어보았습니다. 그랬더니 그 선수가 대답하기를 "공을 차고 있는 시간은 차고 있는 시간이구요, 공을 안차면 축구에 대해서 이야기를 하구요, 또 축구에 대해서 이야기를 안하면 축구에 대해서 생각을 합니다"라는 것입니다. 그러니까 스물네 시간 다 연습을 한다는 말입니다. 어느 시간도 쉬지 않고 나는 오직 축구만을 생각했다는 이것이 바로 전적인 헌신입니다.

오늘 주님께서 하시는 말씀은 너희가 진정 나를 따르려느냐? 내 제자가 되려느냐? 그렇다면 나를 첫째로 사랑해야 하고, 십자가를 지고 따라야 하며, 모든 소유를 버리고 따라야 한다, 이 세 가지를 잊지 말라! 그리하고야 내 제자가 될 수 있으며 또한 그 가치가 얼마나 큰 것인가를 미리 알아서 그 어떤 대가라도 지불할 각오로 출발할 것이며, 그리고 일단 출발을 하였으면 마지막까지를 생각하고 출발하라는 것입니다. 다시 말하면 주님을 따르려거든 십자가를 질 각오와 끝을 낼 생각으로 출발하라는 말씀입니다. 그렇게 할 때에 주님께로부터 오는 제자의 특권과 제자의 영광, 그리고 제자의 능력을 다 함께 누리게 될 것입니다.

전쟁에 나가는 왕

 또 어느 임금이 다른 임금과 싸우러 갈 때에 먼저 앉아 일만으로서 저 이만을 가지고 오는 자를 대적할 수 있을까 헤아리지 아니하겠느냐 만일 못할 터이면 저가 아직 멀리 있을 동안에 사신을 보내어 화친을 청할지니라 이와 같이 너희 중에 누구든지 자기의 모든 소유를 버리지 아니하면 능히 내 제자가 되지 못하리라.
(누가복음 14 : 31~33)

전쟁에 나가는 왕

오늘 본문의 비유는 예수님의 제자가 되기 위해서는, 그리고 그 특권을 누리기 위해서는 상당한 값을 지불할 각오가 있어야 한다는 점에서 앞장의 망대 비유와 그 주제를 같이하고 있습니다. 예수님께서 이미 앞장에서 밝혔듯이 자기를 따르는 많은 무리들이 있음에도 그들 모두가 좋은 동기에서 따른다고 보지도 않았거니와 제자로 보지도 않았으며 그리고 끝까지 따를 것으로 생각하지도 않으셨던 것 같습니다. 그러기에 요한복음 2장 23~24절 말씀에 보면 "유월절에 예수께서 예루살렘에 계시니 많은 사람이 그 행하시는 표적을 보고 그 이름을 믿었으나 예수는 그 몸을 저희에게 의탁치 아니하셨으니 이는 친히 모든 사람을 아심이요"라고 하였습니다. 저들을 알기 때문에, 다시 말하면 지금은 좋다며 이렇게 따르다가 조금만 있으면 또 모른다고 할 것이란 말입니다. 그래서 하시는 말씀이 "내게 오는 자가 자기 부모와 처자와 형제와 자매와 및 자기 목숨까지 미워하지 아니하면 나의 제자가 되지 못하리라"는 것이며 "자기 십자가를 지고 좇지 않는 자도" 그리고 "모든 소유를 버리지 아니하면" 능히 나의 제자가 되지 못한다고 하시는 것입니다. 이는 곧 이 정도가 되어야 예수의 제자됨이 가능하다는 것을 말씀하고 있는 것입니다.

그러므로 우리가 예수의 제자가 된다고 할 때에는 먼저 그 결과부터 생각할 수 있어야 합니다. 그리하여 예수의 제자가 되면 어떻게 되는 것인가? 무엇을 얻을 것인가? 그리고 예수의 제자가 된다고 하는 그 자체가 갖는 값어치는 어떤 것인가를 먼저 평가해야 합니다. 다시 말하면 예수의 제자가 됨으로써 얻어지는 능력과 영광을 먼저 생각하라는 말입니다. 이제는 예수와 함께 능력의 사람, 기적의 사람이 되고 예수와 함께 낙원에 거하는 영광을 누리게 될 것을 생각함으로 이것이 너무 크고 놀라와 현재에 당하는 어려움과 고통을 능히 극복할 수 있게 되는 것입니다.

그런데 문제는 이 예수 믿는다고 하는 것이 얼마나 중요한 일인가? 또한 얼마나 값비싼 일인가? 그리고 얼마나 영광된 것인가를 잘 모를 때가 있다는 것입니다. 그 때문에 이를 소홀히 여기는 경우가 많습니다마는 생각해 보면 우리가 교회에 나오는 이 한시간 한시간이 얼마나 소중한 것입니까? 온 세계를 놓고 볼때 우리가 이렇게 자유롭게 한 자리에 모여 이렇게 가득히 하나님 앞에 예배를 드릴 수 있다는 것이 얼마나 귀중한 일인지 모릅니다. 그러므로 우리는 여기에 내가 일원이 되었다는 그 제자됨에 대한 존재 가치의 엄청남을 항상 깨닫고 있어야 합니다. 고귀한 가치는 그를 위해서는 지불하는 모든 대가에 대해 조금도 아쉬움이 없는 충족을 주는 것입니다. 이렇게 볼 때 우리는 먼저 제자됨의 뜻을 안 후에 그 길로 가는 방법에 대한 문제를 생각해야 할 것입니다. 여러분, 무지한 용기는 용기가 아닙니다. 제자가 된다는 것이 얼마나 어렵고 또한 귀중한 일인가를 알아야 합니다. 그렇지 않고 단순한 호기심으로 따라가는 것은 자기 스스로를 속이는 것입니다. 그렇다면 우리는 확실하게 알고 분명하게 결단해야 되겠습니다. 그리고 당연한 값을 지불해야 될 것입니다.

그러면 이제 망대를 짓는 일과 전쟁을 하는 두 상황의 문제를 두고 비교를 해 볼 때 망대를 짓는 비유는 망대를 쌓는다는 입장에서 건설적인 것인데 비해 전쟁은 파괴적인 것입니다. 전쟁으로 인한 파괴가 먼훗날에는 건설적인 것이 될 수 있을는지 모르나 전쟁 자체는 분명 파괴적인 일입니다. 그런데 예수님의 말씀은 이 두 사건을 놓고 건설하는 일에도 값을 지불해야 되며 전쟁이라고 하는 파괴적인 행위에 대해서도 값을 지불해야 된다는 이야기입니다.

그런 의미에서 볼 때 전쟁에 대한 이 비유는 참으로 심각한 것이 됩니다. 만약 망대를 쌓다가 도중에서 그만두었다면 "저 사람 정신없이 시작했다가 그만두었군" 하는 비난을 받으며 투자한 만큼의 물질적인 손해를 보면 되는 것입니다. 그러나 전쟁이란 실패하면 죽는 것이며 이것은 오직 생사의 문제로 귀결되는 것입니다. 그런 의미에서 전쟁에 나가는 본 비유는 망대를 쌓는 비유보다 훨씬 더 심각하고 종말적인 의미를 지니고 있습니다. 다시 말하지만 망대를 쌓는 비유에 있어서는 지불해야 될 대가가 돈이지만 전쟁에 나가는 임금의 경우에 있어서는 지불해야 될 대가가 생명입니다. 이것은 실로 엄청나게 비싼 값을 지불해야 된다는 이야기입니다.

그렇다면 오늘 본문을 통하여 예수님께서 말씀하시고자 하시는 그 주제가 무엇이냐 할 때 그것은 곧 예수님의 제자가 된다는 것은 전쟁에 나가는 하나의 군인이 되는 것과 같다는 것입니다. 여기에는 오직 죽느냐? 사느냐의 양자 택일의 문제만 있는 것입니다. 그러니까 결국은 어떻게 살아남느냐의 문제인 것입니다. 아시다시피 이스라엘 사람들은 남녀 공히 군복무를 하며 실전에 참여합니다. 한번은 텔레비전 화면에서 훈련을 받고 있는 이스라엘 여군에게 한국 기자가 "훈련이 힘들지 않습니까?"라고 묻고는 힘들다는 그에게 "그런데 왜 이것을 하십니까?"라고 하였더니 간단하게 대답하는 말이 "죽는 것보다는 나으니까요"라는 것입니다. 그렇습니다. 군복을 입고 완전무장을 한 채 뛰며 훈련을 받는다는 것은 쉬운 일이 아닙니다. 그러나 죽는 것보다는 나은 것이 아니냐는 말입니다. 그리고 "왜 이 전쟁을 계속해야 된다고 생각하십니까?" 하고 물었더니 이 대답 역시 간단하게 "살아남기 위해서"라는 한마디입니다. 그는 거창하게 추상적인 이야기를 늘어놓는 것이 아니었습니다. 전쟁이란 죽느냐? 사느냐의 문제이며, 따라서 살아남는 것이 우선의 문제입니다. 그러고 보면 적을 점령하기 위해서 싸운다기보다는 우선 자기 방어를 위해 싸우는 것입니다. 그래야 살아남기 때문입니다.

그리고 여기에는 보다 높은 의미가 하나 있습니다. 여러분께서 아시는대로 전쟁에 나가서는 살 수도 있고 죽을 수도 있습니다. 그 누구라도 반드시 살기만 한다는 보장은 없습니다. 제가 군인으로 일선에 있을 때에 보면 첩보대가 한번 나갈 때에 보통 12명 정도의 인원으로 밤에 몰래 나가게 되는데 이 삼일 후에 돌아올 때에는 평균 8명 정도밖에 돌아오지 않는 것이었습니다. 그렇다면 적어도 3분의 1은 죽든지 실종된 것이 아니겠습니까? 언제, 누구에게 그런 일이 닥쳐올지 모릅니다. 어느 전쟁, 그 누구에게도 승산만 있는 전쟁은 없는 것입니다. 다시 말하면 "아군의 피해는 전혀 없다"고 하는 그런 전쟁은 없는 것이란 말입니다. 그저 마지막에 가서 이기는 자가 이긴 것뿐 사실은 양쪽 다 피해가 있는 것입니다. 오늘날 미국과 러시아, 자유진영과 공산진영이 대결을 하고 있음에도 함부로 싸우지 못하는 이유가 바로 이런 것이 아니겠습니까? 이쪽이든 저쪽이든 꽝하고 터지는 날에는 다 죽을 판이니 누군가 살아남을지는 모르나 피해가 너무 클 것이란 말입니다. 이 세상 어디에도 승산만 있는 전쟁은 없습니다. 그러므로 전쟁에 나갈 때에는 반드시 죽을 각오를 하고 나가야 하는 것입니다. 이는 누구에게나 죽는다는 가능성이 반은 있기 때문입니다.

그러면 왜 그와 같은 전쟁에 나가는 것인가 하고 묻는다면 거기에는 죽음보다 더 중요한 문제가 있기 때문이라는 전쟁철학이 있습니다. 다시 말하면 자유가 죽음보다 더 중요한 것이니까 말입니다. 그래서 이스라엘의 육일 전쟁시에 있었던 이스라엘 청년들의 이야기는 참으로 유명한 세계적인 화제가 된 것입니다. 당시 아랍권의 청년들은 유학하고 있는 외국으로부터 본국으로 돌아오라는 통보를 받고도 돌아가지 않았습니다마는 이스라엘 청년들은 단 한번도 그 누구에게고 돌아오라는 연락을 들은 바가 없었음에도 자기 민족을 지키기 위한 전쟁에 나가기 위해 걸음을 재촉하며 본국으로 돌아갔던 것입니다. 그때에 한 청년을 붙들고 "무엇하러 돌아가느냐? 이길 자신이 있느냐? 지금 3억대 5백만의 한심한 전쟁인데 어차피 질 전쟁이 아닌가? 거기에 죽으러 가느냐?" 하고 물었습니다. 그 랬더니 이 청년의 대답이 "내가 살아남으면 언젠가는 결혼을 하고 아이를 낳을 것이 아니겠는가? 그러면 그 아이가 커서 나에게 묻기를 '우리나라 가 큰 위기 속에 육일 전쟁을 치를 그 때 아버지는 어디에 계셨습니까?' 하고 묻는다면 나는 그때에 무엇이라고 대답을 하겠소? 나는 요행히 미국에 있으면서 편안하게 지냈다고 말할 바에는 차라리 지금 죽는 것이 낫다"고 했다는 것입니다. 적어도 여기에 전쟁의 철학이 있는 것입니다. 살고 죽는 문제보다 더 중요한 문제가 있기에, 그렇게 비굴하고 더럽게 살기 보다는 차라리 죽는 것이 낫다고 생각될 때에 싸우러 나가는 것입니다.

그런데 오늘 본문 말씀에 의하면 싸움을 시작하기 전에 먼저 적을 헤아려본다는 것입니다. 그리고 만일 자신이 없거든 미리 화친을 하라는 것입니다. 이 말씀은 결코 쉽게 타협을 하라는 것이거나 그저 죽음을 면하라는 그런 이야기도 아닌 것 같습니다. 이 말씀의 의도는 전쟁에 나갈 때에는 그 만한 각오를 하고 나가라는 것입니다. 만약 싸우러 나간다면 죽을 각오를 하고, 그리고 죽는다면 왜 죽어야 하는가? 죽을 만한 가치가 있는가를 물어 상당한 결심을 하고 나갈 것이라는 말씀입니다. 우리가 잘 아는 말 중에 "적도 모르고 나도 모르면 백전 백패요, 나는 알고 적을 모르면, 즉 어느 한 편을 모르면 일승 일패며, 적도 알고 나도 알면 백전백승"이라는 유명한 말이 있습니다. 오늘 본문 말씀은 전쟁에 나가기 전에 먼저 나도 알고 적도 알아야 된다는 것입니다. 그러니까 양편을 다 알고 싸우라는 것입니다. 그리고 싸워야 할 이유가 있거든 싸울 것이되, 이길 수 있거든 싸우고, 이기지 못하고 죽더라도 죽음의 확실한 의미가 있거든 나가 싸우라는 말씀입니다.

앞서 말씀드린 바와 같이 전쟁에는 언제나 위험이 따르게 마련입니다. 동시에 상당한 모험성이 있습니다. 그 때문에 전쟁에는 무엇보다도 정보가 먼저라고 합니다. 작전을 위해서는 정보와 지혜와 전략을 다 쏟아 이렇게도 저렇게도 생각을 해볼 것입니다. 그러나 진작 싸움터에 나가 보면 미처 생각지 못했던 일들이 터져 나오게 됩니다. 잘 아시는 이야기입니다마는 머리 좋기로 유명한 제갈공명이 화전(火戰)을 하기 위해 배에 나무를 가득 싣고는 나무에 불을 질러 강 저편에 있는 적군을 향해 띄우게 됩니다. 그렇게 하여 적군의 진지에 불을 붙이게 되면 손 하나 대지 않고 전쟁에 이길 수가 있는 것입니다. 그런데 그 배가 가는 도중에 비가 옴으로 그 전쟁은 완전히 패하고 맙니다. 그러자 지략이 뛰어나기로 유명한 제갈공명이 어찌하여 전략을 잘못 세워 이렇게 되었느냐며 비난을 받게 되는데 이때에 제갈공명이 진인사대천명(盡人事待天命)이라는 유명한 말을 한 것이 아니겠습니까? 그저 사람의 일을 다하고 나서는 하늘의 명을 기다리는 것이 아니겠느냐는 이야기입니다. 이는 참으로 옳은 말입니다. 우리가 가지고 있는 지혜를 다 동원하여 헤아리고 살펴보며, 또다시 작전 계획을 세우고 참모회의를 거듭하며, 심지어는 첩보를 하고 실험도 해봅니다마는 그래도 나머지는 상당한 모험이 있고 위험이 있습니다. 그리고 결국은 하나님께 맡길 수밖에 없는 것입니다. 전쟁이라는 것이 이런 것일진대 헤아리지도 않고 싸움에 뛰어든다면 그것처럼 바보스러운 일이어디에 있겠습니까?

이에 예수님께서는 오늘 본문 속에서 매우 전략적인 표현으로 여기 있는 일만으로 저쪽 이만을 대적할 수 있을까? 다시 말하면 어떻게 하면 이길 수 있을까를 헤아리지 않겠느냐는 것입니다. 여기 양진영의 숫자를 보면 비등한 숫자가 아닙니다. 이쪽은 만명인데 저쪽은 이만명입니다. 숫자로는 저쪽이 갑절이나 더 많습니다. 그렇다면 이 적은 수로서 어떻게 저 많은 적을 이길 것입니까? 하지만 전쟁은 숫자로서만 이기는 것이 아니기에 지혜를 모아 몇 가지 생각을 해야 할 것입니다. 비록 숫자는 적지만 무기가 좋으면 되겠습니다. 이런 점에서 우리 한국이 북한과의 대결에서 자신을 가지고 있는 것이 아니겠습니까? 숫자적으로는 북한의 장병이 우리 보다 많은 것이 사실입니다. 그러나 우리 생각에는 우리가 가진 무기들이 우수하다는 것이며, 심지어는 저들의 무기는 그동안 땅속에 묻어 놓았기 때문에 녹이 슬어서 못쓴다는 생각까지도 하며 우리의 것이 좋다는 것입니다. 아무튼 수는 적더라도 성능이 좋은 새로운 무기를 가졌다면 승산이 있는 것입니다.

그런데 무기로도 아니라면 또 무엇이 있어야 하겠습니까? 그렇다면 기술이 좋아야 합니다. 얼마 전 공군 조종사로 귀순한 이웅평씨의 말에 의하면 북한에는 기름이 모자라서 이론으로만 비행훈련을 할 뿐 진짜 비행기는 몇 번 못 타본다고 합니다. 이렇게 남한에 와서 보니 북한에서와는 달리 밤낮으로 날으는 연습을 하여 아주 익숙하게 비행을 하는 기술적인 비행사들이 많은데 자기는 일등 비행사이지만 북한의 비행사는 그렇게 비행을 잘할 수가 없다는 것입니다. 그러고 보면 그 무기를 조종하는 사람, 곧 기술이 문제인 것입니다.

그런가 하면 전략상의 문제가 있습니다. 언제, 어떻게 어디를 기점으로 적을 공격하고 기습할 것인가 하는 등의 전략상의 우수함이 있어야 합니다.

그리고 더욱 중요한 것은 정신력입니다. 다시 말하면 사기가 있어야 합니다. 군인에게 있어서는 군인의 정신이 빠져나가면 아무데도 쓸모가 없는 것입니다. 전쟁이 일어나기만 하면 도망가고 싶은 군인이라면 그 수가 아무리 많다 한들 무엇에 쓰겠습니까? 그러므로 군인으로서의 확고한 정신력이 있어야 하는 것입니다. 이를 다른 말로 표현한다면 결심과 헌신이 있는 정의의 군인이 되어야 한다는 말이 되겠습니다.

이제 그렇다면 이쪽은 일만이고 저쪽은 이만이라 했을 때, 그럼에도 불구하고 이길 수 있는 가능성이 어디에 있는가를 미리 생각해야 될것이 아니겠느냐는 말씀입니다. 여러분! 이 얼마나 귀중한 말씀입니까? 이렇게 말씀하시는 예수님의 의도는 양적인 우세보다는 질적인 우세를 가져야 한다는 뜻입니다. 마귀의 세력, 불의의 세력은 이만에 선한 세력은 일만이지만 질적인 우세가 있을 때에 능히 이 일만이 이길 수 있다는 말입니다. 이에 예수님께서는 "적은 무리여 무서워 말라 너희 아버지께서 그 나라를 너희에게 주시기를 기뻐하시느니라"(눅 12 : 32)고 하셨습니다. 적은 무리여 무서워 말라! 생각해 보면 예수님의 주위에는 그저 열두 사람의 제자가 있다고는 하지만 그 중에 하나는 가룟 유다이고 아무리 둘러보아도 별 신통한 인물이 없는 것 같습니다. 그 때문에 무엇인가 해보겠다고 이렇게 따라다니고는 있지만 저희들 스스로도 참으로 답답했겠다는 생각이 듭니다. 게다가 예수님께서는 십자가를 지시겠다는 말씀까지를 하시니 불안하고 떨릴 수밖에 없는 것입니다. 그래서 하시는 말씀이 적은 무리여 무서워 말라! 비록 수는 적지만 여기에 의가 있고 진리가 있으며 하나님이 함께 계시니 걱정하지 말라! 내가 너희와 함께 있으리라는 것이 아니겠습니까?

그러므로 여기에서 우리가 생각해야 할 것은 예수님께서는 원하시는 것은 양적인 우세가 아닌 질적인 우세입니다. 따라서 그리스도인의 무장은 결코 물량적인 것이 아닌 정신적이요 신앙적인 것이며, 눈으로 보이는 것이 아니라 보이지 않는 것, 그리고 내적이요 질적인 것입니다. 분명 마귀의 수가 더 많고 죄악의 세계가 더 크고 강하게 보이지만 문제는 질적인 것입니다. 아무리 악의 세력이 강하고 때로는 그 세력 앞에서 풍전등화와 같은 위기를 느낄 때가 있지만 이길 수 있는 길은 결코 수의 우세함에 있는 것이 아니라 질적인 강력한 힘에 있는 것이란 말입니다. 그래서 이 일만으로 저 이만을 이길 수 있다는 것입니다. 그렇다면 이 일만에게는 능히 이만을 이길 수 있는 질적인 우세함을 가지고 있어야 된다는 것입니다. 그러니까 수적인 열세는 있으나 질적인 강함이 있고, 돈은 없으나 믿음이 있으며, 환경은 나쁘지만 강한 정신력이 있고 그리고 진실한 충성심이 있을 때에 승리할 수 있다는 것입니다. 그런데 여기에서 중요한 것은 그러면 그 싸워야 할 대상이 누구냐 하는 것입니다. 그 누구도 싸우는 대상과 공격의 방향이 정확하지 않고는 이길 수가 없는 것입니다. 이에 사도 바울은 "내가 달음질하기를 방향 없는 것같이 아니하고 싸우기를 허공을 치는 것같이 아니하며"(고전 9 : 26)라고 하였습니다. 가끔 권투시합하는 것을 시청하노라면 막상 시합을 하는 선수들을 보는 것보다 옆에서 해설을 하는 해설자의 이야기를 듣는 것이 더욱 흥미로울 때가 많습니다. 어쩌다가 한번 친다는 것이 헛쳐지는 바람에 홱하고 돌아가면 해설자가 말하기를 저렇게 힘껏 쳤을 때에는 상대방이 맞아 주어야지 맞지 않고 돌아가 버리게 되면 오히려 때린 것보다는 훨씬 더 힘이 빠지게 된다는 것입니다. 그것은 옳은 이야기입니다. 내가 때릴 때에는 상대방이 맞아 주어야 합니다. 만약 그렇지 않고 헛치기만 하면 공연히 내 힘만 빠지게 되는 것입니다. 그러므로 대상을 분명히 보고 때려야 합니다. 그런데 선수들이 직접하는 말에 의하면 15라운드 경기 중 종반전인 10라운드를 넘어서게 되면 어떤 경우에는 지친 나머지 상대방도 제대로 못보는 상태에서 그저 연습하던 운동신경만 가지고 팔을 내밀면서 어떻게 하면 케이오(K.O.)패를 면할 수 있나 하는 생각으로 종치는 소리만 기다려진다고 합니다.

여러분! 우리는 이것을 분명히 알아야 합니다. 대상을 분명히 보고 치십시다. 그리고 그가 누구냐! 어느 정도의 힘과 기술이 있느냐 분명히 알아야 합니다. 게다가 특별히 한 가지 알아야 하는 것은 그가 얼마나 잔인한 자인가 하는 잔인성의 파악입니다. 여러분이 아시다시피 이스라엘 사람들은 불과 5백만이라는 숫자를 가지고 3억을 상대로 하여 싸웠으나 이겼으며 지금도 다수의 아랍국가들을 상대로 싸우면서 잘 견디고 강하게 싸워 이깁니다. 그렇다면 이 강한 힘이 어디에서 나오는 것이겠습니까? 저들은 그 이유를 "우리는 우리가 이 전쟁에서 실패한다면 얼마나 비참해지는 것인가를 알고 있기 때문이다"라고 기록하고 있습니다. 우리가 영화에서도 자주 보듯이 독일의 나치하에서 당한 잔혹함! 6백만이라는 대학살! 현재의 이스라엘 인구가 5백만에 불과한데 남녀노소 어린아이 할것 없이 대항하지도 않는 6백만의 생명을 가스실에 넣어 불태워 버린 그 끔찍한 이야기가 바로 엊그제의 현실이란 말입니다. 전쟁에 진다는 것! 나라를 빼앗긴다는 것은 이렇게 되는 것이니 그럴 바에는 전쟁에 나가서 죽으라는 것입니다. 그러자니 강할 수밖에 없으며 패전 같은 것은 생각을 하지 않습니다. 죽음을 생각하면서도 패전은 생각하지 않는 여기에 강한 힘이 있는 것입니다. 여러분! 우리는 마귀와의 싸움이 어떤 것인가를 분명히 알아야 합니다. 이겨도 되고 져도 되는 싸움이 결코 아닙니다. 여기에는 한 치의 양보도 있어서는 안됩니다. 지면 먹히는 것이요, 그 길로 지옥으로 떨어지게 됩니다. 한번 양보를 해 보십시오. 그대로 계속 물고 치며 들어오다가 마지막에는 나를 꼼짝 못하게 만들고 맙니다. 결국은 그대로 지옥으로 처넣고 마는 것입니다. 그러므로 패전이 얼마나 참혹한 것이며 적이 얼마나 잔인한 것인가를 알았다면 어떠한 지경에서도 물러설 수가 없는 것이며 그 때문에 강해지는 것입니다. 우리는 마귀와의 싸움이 얼마나 지독한 것이며 그 결과가 어떤 것인가를 알아서 결코 한치의 양보나 후퇴가 있어서는 안될 것입니다. 이에 사도 바울은 선한 싸움을 싸우라!(딤전 1 : 18) 하나님의 전신갑주를 취하라(엡 6 : 13)고 말합니다. 또한 사도 베드로는 "너희 대적 마귀가 우는 사자같이 두루 다니며 삼킬 자를 찾나니 믿음을 굳게 하며 저를 대적하라"(벧전 5 : 8~9)고 합니다. 이는 마귀와의 싸움에서 절대로 물러서지 말라는 것이며 당연히 그러해야될 줄로 압니다.

　　어느 날 전쟁 터에 있던 알렉산더 대왕이 목이 말라서 견딜 수 없는 지경에 이르렀습니다. 그런데 안타깝게도 아군 진지 가까이에는 물이 없고 적의 진지 가까이에 가야만 물이 있습니다. 아무튼 대왕이 목마르다는 말을 들은 한 신하가 "조금만 기다리십시오" 하고서는 저녁 어두움을 틈타 적군 진지에 있는 우물에서 생명을 걸고 고생을 하면서 물 한 그릇을 떠다가 대왕에게 바쳤습니다. 그러면서 그는 "왕이여 이 물을 드시고 힘을 내시어 우리 장병들을 잘 지휘해 주시기를 바랍니다"라는 한 마디를 남긴채 숨을 거두고 말았습니다. 그때에 알렉산더 대왕은 "이 물은 물이 아니라 한 신하의 피다! 내가 어떻게 이 피를 마시겠느냐? 나만 아니라 우리 장병 모두가 다같이 목이 마른데 나는 이것을 마실 수 없노라!"고 하면서 목말라하는 전 장병을 향해 "자, 이제 진군이다!" 하고 외치며 사기 충천하여 나가 싸운 결과 승리하여 마음대로 물을 마실 수가 있었다는 것입니다. 한 사람의 진실된 충성이 그 전쟁을 승리로 이끌게 된 것입니다. 우리 사람의 마음은 이상하게도 다른 사람이 패하는 것을 보게 되면 나도 패하게 되는 경향이 있습니다. 반면에 한 사람의 열성과 충성은 다른 많은 사람에게 충성심을 불러일으키게 됩니다.

요한계시록 2장 10절 말씀에 보면 "네가 죽도록 충성하라. 그리하면 내가 생명의 면류관을 네게 주리라!"고 하였습니다. 우리 모두는 전쟁에로 부름을 받았습니다. 따라서 여기에는 목숨까지도 버릴 수 있는 비상한 각오와 결단이 있어야 합니다. 그리고 목숨보다 더 귀중한 것이 있음을 알고 주님 앞에 나아 올 때에 비로소 예수의 제자가 될 수 있는 것입니다. 그러므로 로마서 8장 17절의 말씀처럼 우리가 그와 함께 영광을 받기 위하여 고난도 함께 받아야 할 것입니다. 어떠한 경우에도 우리는 전쟁에서 낙오자가 되어서는 안될 것입니다. 예수 그리스도와 함께 고난을 받으며 이 전쟁에 나가 싸우노라면 또한 그 승리의 영광도 예수 그리스도와 함께 누리게 될 것입니다.

말씀 비유

　태초에 말씀이 계시니라 이 말씀이 하나님과 함께 계셨으니 이 말씀은 곧 하나님이시니라 그가 태초에 하나님과 함께 계셨고 만물이 그로 말미암아 지은 바 되었으니 지은 것이 하나도 그가 없이는 된 것이 없느니라 그 안에 생명이 있었으니 이 생명은 사람들의 빛이라 빛이 어두움에 비취되 어두움이 깨닫지 못하더라 하나님께로서 보내심을 받은 사람이 났으니 이름은 요한이라 저가 증거하러 왔으니 곧 빛에 대하여 증거하고 모든 사람으로 자기를 인하여 믿게 하려 함이라 그는 이 빛이 아니요 이 빛에 대하여 증거하러 온 자라 참빛 곧 세상에 와서 각 사람에게 비취는 빛이 있었나니 그가 세상에 계셨으며 세상은 그로 말미암아 지은 바 되었으되 세상이 그를 알지 못하였고 자기 땅에 오매 자기 백성이 영접지 아니하였으나 영접하는 자 곧 그 이름을 믿는 자들에게는 하나님의 자녀가 되는 권세를 주셨으니 이는 혈통으로나 육정으로나 사람의 뜻으로 나지 아니하고 오직 하나님께로서 난 자들이니라 말씀이 육신이 되어 우리 가운데 거하시매 우리가 그 영광을 보니 아버지의 독생자의 영광이요 은혜와 진리가 충만하더라.
(요한복음 1 : 1~14)

말씀 비유

우리는 예수님에 대한 상징적인 호칭들이 복음서를 비롯하여 성서의 여러 곳에서 다양하게 나타나고 있는 것을 볼 수 있습니다. 예를 들어 선한 목자라든지, 포도나무, 생명의 떡, 그리고 이것은 내 피요 내 살이라고 할때의 그 상징적 표현 등등, 참으로 많은 각기 다른 비유와 상징적 호칭들이 예수님을 지칭하고 있습니다. 더욱이 좀더 깊이 들어가 생각해 보면 예수님을 가리켜 메시야다 선지자다, 혹은 인자다 하는 이 말들까지도 결국은 비유로 생각할 수 있을 만큼 그 지칭이 의미하는 바는 언제나 따로 있는 것입니다.

이제 오늘 본문을 대함에 있어서 먼저 기억할 것은 오늘 본문에서 예수님을 말씀으로 표현하고 있는 것은 어디까지나 하나의 비유라고 하는 점입니다. 바꾸어 말하면 예수가 말씀 그대로라는 말이 아니라는 것입니다. 이는 예수는 목자라고 했다하여 우리가 표현 그대로를 받아들여 예수님을 양치는 목자로 이해해 버리는 것은 아니라는 이야기입니다. 그리고 필요한 것은 그 목자라는 말이 주고자 하는 의미를 아는 일입니다. 그러므로 예수님을 하나님의 아들이라고 할 때에도 그 아들이라는 그 말의 뜻이 무엇인가를 생각할 것이지, 조금 죄송스러운 표현입니다마는 예수님이 하나님의 아들이라면 예수님의 어머니는 누구란 말인가 하는 식으로 생각을 엮어나가는 것은 대단히 잘못된 것입니다. 비유란 어디까지나 비유이기에 표현과 꼭같은 바로 그것이 아닙니다. 영어로 말하자면 라이크 (like ; 유사한)이지 세임(same ; 동일한)은 아니라는 이야기입니다. 그런 의미에서 예수님의 비유적인 호칭들이 갖는 그 독특한 성격과 개념들을 바르게 알아야 하겠습니다.

그런데 여기에서 우리는 왜 그렇게 여러 가지의 비유를 사용했을까 하는 점을 생각하게 됩니다. 그것은 예수님을 이런저런 측면에서 입체적으로 보면서 나아가서는 종합적인 이해를 갖게 하기 위한 것이며, 보다 중요한것은 예수님의 말씀을 듣는 대상들이 각각 다르기 때문입니다. 그리하여 농사를 짓는 사람들 앞에서는 "나는 포도나무다"라고 하시는가 하면 양을 치는 사람들에게는 "나는 선한 목자"라는 말씀을 하시는 것입니다. 아무리 내용이 좋다고 해도 목자가 무엇인지 모르는 사람들에게 목자라는 말을 할 수 있는 것은 아니지 않습니까? 이와 같이 대상에 따라 문화권이 다르고 여러 가지 생활 형태가 있기 때문에 각각 다른 그들을 이해시키기 위해서는 그들에게 맞는 비유를 들게 됨으로 이렇게 많은 비유를 사용하게 된 것입니다. 그러므로 이들 모두는 각각 독특한 개념과 특징을 가지고 있습니다.

그러면 이제 우리가 생각할 것은 본문에 기록된 이 "말씀"이라는 말이 뜻하는 바, 다시 말하면 이 "말씀"이라는 말이 예수를 어떻게 소개하고 있는가 하는 점입니다. 이 말씀이란 말은 헬라어로는 '로고스'라고 하는 독특한 말입니다. 그런가 하면 우리들이 일상 주고받는 언어인 말을 두고는 '레마'라고 합니다. 따라서 이 로고스라고 하는 말은 말이라는 같은 표현을 쓰는 말이기는 하지만 매우 차원 높은 의미를 가진 신비로운 말입니다. 그 때문에 중국 사람들은 이 로고스를 도(道)라고 번역하였으며 그 결과 중국 성경을 번역해 사용하던 우리 나라 초기의 구역성경에는 "태초의 도가 계시니라"고 기록되어 있습니다.

그런데 이 말씀, 로고스라고 하는 말을 사용함에 있어서 우리는 몇 가지의 특징을 생각하게 됩니다. 첫째는 이 로고스라는 말은 요한복음에만 사용된 말이라고 하는 점입니다. 다른 복음서인 마태, 마가, 누가복음에는 이 로고스라는 말이 없습니다. 바울 서신에는 쓰여진 경우가 있습니다마는 특별히 예수님을 가리켜서 로고스라는 말을 쓰지는 않았습니다. 그렇기 때문에 예수님을 가리켜 로고스라고 표현한 것은 요한만이 사용한 독특한 전문용어인 것입니다. 이는 "그 이름은 하나님의 말씀이라"는 요한계시록 19장 13절 말씀에서도 입증이 되고 있습니다.

그리고 두번째로 생각할 것은 이 표현을 사용한 요한복음은 성경이 기록되는 시대적 과정에 있어서 가장 후기에 쓰여진 책이라고 하는 점입니다. 사도 요한에 대해서는 베드로의 물음을 받은 예수님께서 "내가 올 때까지 그를 머물게 할찌라도 네게 무슨 상관이냐?"(요 21 : 22)고 말씀하신 바가 있습니다마는 어쨌든 그는 가장 나이 어린 제자로서 가장 늦게까지 살면서 맨 마지막에 요한복음을 기록하게 됩니다. 따라서 이 요한복음은 다른 복음서에 비해 기독교의 교리가 최고의 수준에 이르렀을 때에 기록된 것이라고 말할 수 있습니다. 그러니까 초기에는 예수님을 의사로, 이적기사를 행하는 분으로, 혹은 정치적인 메시야 또는 인자로, 하나님의 아들로 표현하던 것이 예수님께서 부활 승천하신 다음에는 주라는 말로 바뀌게 되고 이러한 과정 속에 요한복음에 가서는 예수를 로고스로 표현하고 있는 것입니다.

다음 세번째로 생각할 것은 이 표현은 지극히 변증적이며 설교적인 용어라고 하는 점입니다. 그렇다면 여기에는 분명히 그에 해당하는 대상이 있음을 의미합니다. 다시 말하면 무엇 때문에 사도 요한은 당시에 이미 예수님을 지칭하는 메시야, 혹은 하나님의 아들, 그리스도 등 일반적으로 알려진 여러 가지 표현이 있고 더욱이 예수님 자신이 쓰지도 않으신 이 로고스를 유독 사도 요한만이 사용하고 있는 것인가 할 때 거기에는 그만한 필요성이 있었다는 것입니다. 당시 헬라 사회에서 소위 영지주의(靈智主義; Gnosticism)라고 하는 이단 사상이 만연해 있었습니다. 이 사상은 간단히 말하여 헬라 철학의 한 양상이 종교성을 가지고 기독교에 도전해 온 것이라 할 수 있겠습니다. 그런데 저들은 하나님과 인간 사이에 중간 역할을 하는 신도 인간도 아닌 피조물 중의 가장 으뜸인 그 어떤 존재를 설명하는 독특한 개념의 로고스라는 말을 사용하고 있었습니다.

이에 사도 요한은 저들이 사용하는 로고스라는 말을 빌어서 당신들이 생각하고 있는 로고스는 잘못된 것이며 예수가 로고스됨은 이런 것이라고 하는 변증적 입장과 선교적 이유에서 이 로고스라는 말을 쓰게 된 것입니다. 다시 말하면 로고스는 피조물이 아닌 창조주로서 인간을 구원하기 위해 피조물의 옷을 입고 이 땅에 오셨다는 설명을 하고 있는 것입니다. 그러니까 로고스라는 말은 빌어왔으나 그 개념과 뜻은 완전히 기독교적인 것으로 다시 정립하고 있는 것입니다. 따라서 사도 요한이 말하는 로고스와 헬라 철학에서 말하는 로고스는 전혀 다른 개념의 로고스가 되는 것입니다.

그러면 이제 사도 요한이 예수를 로고스, 곧 말씀이라고 했을 때에 그 말이 갖는 의미는 무엇인가를 한번 생각해 보아야 하겠습니다.

그것은 첫째 선재하시다는 의미입니다. 비록 우리 인간으로 오시긴 했으나 인간 이전에 처음부터 계셨다는 말입니다. 성경이 말씀하고 있는 가장 핵심적인 것은 예수님은 말 구유에 오신 분이지 말 구유에서 시작된 분은 아니라는 것입니다. 보통 우리 인간들은 전에는 없었던 것에서 잉태되어 세상에 태어나는 날이 생일이요 그때부터 시작이 됩니다. 그러나 예수는 그렇지 않습니다. 그 분은 역사 이전에 계셨고, 오늘 본문이 말씀하시는 바와 같이 태초부터 계셨습니다. 그런데 만약 우리에게 크리스마스가 있다고 하여 예수님의 생애가 베들레헴에서부터 시작되는 줄로 안다면 그것은 크게 잘못된 것입니다. 다시 말하지만 예수는 사람이 되시기 전 태초부터 계셨다고 하는 것이 성경이 말해 주는 로고스의 개념입니다. 사도요한이 오늘 본문의 시작을 "태초에 말씀이 계시니라"고 한 것은 창세기 1장 1절의 "태초의 하나님이 천지를 창조하시니라"와 비교하려는 의도가 있는 것 같습니다. 이 두 성경은 "태초"라는 같은 말을 사용하고 있는데 이 태초라는 것은 천지 창조 이전을 말하는 것입니다.

그러면 왜 예수라는 이름을 두고 굳이 로고스라는 말을 사용했느냐 하는 문제입니다. 예수는 사람의 이름입니다. 따라서 예수만으로 이해한다면 그것은 베들레헴에서부터 시작이 됩니다. 그러나 로고스로 부르게 되면 태초부터 계신 분으로 그 의미가 바뀌게 됩니다. 이에 사도 요한은 우리가 본 것은 예수이지만 그 예수의 존재는 태초부터 계신 분이라는 것을 말하고 싶은 뜻에서 예수라는 이름 대신 로고스라는 말을 쓰게 된 것입니다. 이는 곧 예수님의 본래성을 말하고자 하는 것이며, 우리가 만난 예수 이전의 예수, 하나님 되신 예수를 먼저 생각함입니다. 이러한 입장은 사도 바울도 마찬가지여서 그의 기독론이라고도 말하는 빌립보 2장 6~7절에 보면 "그는 근본 하나님의 본체시나 하나님과 동등됨을 취할 것으로 여기지 아니하시고 오히려 자기를 비어 종의 형체를 가져 사람들과 같이 되었고"라며 강조하고 있습니다. 이 말씀 역시 예수는 결코 이 땅에 오셨을 그때의 예수가 아니라 하나님과 동등된 말씀으로서의 예수, 하나님으로서의 예수를 말하고 있는 것입니다.

이와 같이 성경이 밝혀 말하고 있는 가장 귀중한 교리는 예수는 동정녀의 몸에서 나신 예수에서부터 생각할 것이 아니라 그는 본래 하나님이시라고 하는 그의 본래성을 이해해야 된다는 것입니다. 그리고 그 결론은 예수는 하나님이시라고 하는 그의 신성을 설명하는 데 있습니다. 그렇기 때문에 "말씀은 곧 하나님이시니라" 할 때에 "하나님"이라는 말은 흔히 우리가 아버지 하나님 할 때 쓰는 그 단어가 아닙니다. 헬라 원어상으로 보면 정관사가 있는 '호 데오스'가 아닌 정관사 없는 '데오스'입니다. 이는 삼위일체, 다시 말하면 성부, 성자, 성령을 모두 합친 그런 의미에서의 하나님을 말하고 있는 것입니다. 그러니까 이러한 예수를 설명함에 있어서 '예수는 하나님이시다'라는 말 대신에 하나의 비유로서 '예수는 로고스다'라는 표현을 쓰고 있는 것입니다.

여기에서 우리는 초대 교회의 교인들이 예수를 믿는다고 하는 것이 어떤 것이었는가를 생각하게 됩니다. 저들 초대 교인들은 예수를 하나님으로 믿었으며 그리고 그 예수가 사람으로 오셔서 십자가 위에서 죽으시고 부활하시어 승천하셨으며 지금도 함께 계시는 것으로 믿었습니다. 우리 소망 교인들은 예배를 드리고 나갈 때마다 "볼찌어다 내가 세상 끝날까지 너희와 항상 함께 있으리라"(마 28 : 20)는 말씀을 대하고 있는데 여기에는 매우 중요한 의미가 있습니다. 이 말씀은 아무나 할 수 있는 말이 아닙니다. "너희들 기억 속에 내가 있으리라"는 말은 할 수가 있겠으나 "내가 너희와 항상 함께 있으리라"는 이 말은 하나님 외에는 못하는 말입니다. 그러므로 이 한마디가 바로 예수가 하나님 되심을 말하고 있는 것입니다. 어디에나 계시고, 언제나 계시는 무소부재(無所不在)하신 분! 이것은 하나님이 하나님을 설명할 때만이 쓰시는 자기 표현입니다. 그리하여 초대 교인들은 예수님께서 하신 이 말씀을 아멘으로 받아들이고 어디에나 항상 함께 계시는 예수님을 의식하고 체험하면서 살았습니다. 그 때문에 그들은 사자의 이빨이나 감옥도 두려워하지 않았습니다. 그러한 사람이 예수 믿는 사람입니다. 예수를 믿는다는 것은 성경을 많이 알았다고 되는것이 아닙니다. 사도행전(18 : 21~19 : 7)을 볼 것 같으면 아볼로 같은 사람은 성경에 능통한 사람으로 예수님에 관한 말씀으로 가르치기도 하였으나 성령을 몰랐으며, 예수님께서 현재 우리와 함께 계신다는 사실을 몰랐습니다. 그러므로 그는 성경을 가르치고 예수를 이야기하면서도 크리스천은 아니었습니다. 그러던 그가 후에 성령을 받음으로 비로소 이 사실을 체험하게 됩니다.

아무튼 초대 교회의 교인들은 예수님의 현재성과 그리고 부활 승천하신 그분께서 반드시 재림하실 것이라고 하는 미래에 대한 구체적인 역사성을 믿고 있었습니다. 그러니까 이를 종합하여 사도 요한의 입장에서 보면 예수는 하나님이시다라고 믿는 것이 기독교인이요, 예수가 로고스다 하고 믿는 것이 바로 초대 교인이었다는 것입니다.

다음 두번째로 생각할 것은 이 "말씀"이란 곧 계시자라는 뜻이 있습니다. 말이라는 것이 무엇이냐할 때 그것은 인격과 인격의 만남에서 마음과 뜻을 나타내고 전하는 수단입니다. 우리가 흔히 쓰는 비유 중에 꿀먹은 벙어리 같다는 말이 있습니다. 꿀을 먹긴 먹었지만 말을 못하니 그 맛을 표현할 길이 없고 따라서 다른 사람은 알 수도 없는 노릇이란 말입니다. 사람으로서 듣지 못한다는 것은 참으로 괴로운 일입니다. 어쩌다 집안에 잘 듣지 못하는 사람이 있게 되면 그를 위해서는 소리를 크게 질러야 함으로 온 식구가 싸움하듯 합니다. 농아학교에 가보면 그들 중 90%는 말을 못하는 벙어리가 아니라고 합니다. 신체적인 구조로 보아서 혀와, 입, 성대 등은 완전한데 듣지를 못함으로 말을 못한다는 것입니다. 이 얼마나 불쌍한 이야기입니까? 그러니까 듣지 못할 경우에는 말할 수 있는 기능조차도 무효가 되고 마는 것입니다. 우리에게 있어서 이 언어라는 것이 얼마나 중요한 것입니까? 인간은 이 언어를 통해 서로를 알 수가 있고 이해를 하게 됩니다. 그 때문에 가정에 있어서도 가장 답답해하는 문제가 바로 대화가 없다고 하는 것입니다. 흔히들 가정에서의 대화 문제를 놓고 "밥만 먹으면 되었지 대화는 무슨 대화냐?"고 하는 이들이 있습니다만은 그게 그런 것이 아닙니다. 대화란 마음을 주고받는 것이므로 이 대화가 없고서는 좋은 가정을 만들 수가 없는 것입니다. 그러므로 말이란 영혼의 깊은 곳을 들여다볼 수 있는 유일한 길이요 또한 창문입니다.

그런데 이 말에 대한 개념의 배경에는 헬라적인 것과 히브리적인 각기 다른 성향의 개념이 있습니다. 따라서 헬라적인 개념에서의 말은 일단 주술적으로 생각을 합니다. 그러니까 마치 마술사들이 주문을 외우면 어떤 변화가 오는 것과도 같은 마술적 능력이 동반하는 것으로 생각을 하는 것입니다. 그 결과 나쁜 말을 계속하면 나빠지고 좋은 말을 계속하면 좋아진다는 것입니다. 이는 우리 마음이 그렇게 하므로 기뻐지기도 하고 슬퍼지기도 하는 것이기에 그런 생각을 할 수도 있는 것이겠지만 그렇다고 이것을 특별히 주술적으로 이해했다는 데에는 문제가 있습니다.

여기에 비해 히브리 사람들은 말에 대한 개념을 신학적으로 이해합니다. 그리하여 말은 곧 행동이라고 생각하며 축복도 저주도 그리고 기도도 말로 이루어집니다. 따라서 말은 대단히 중요하게 생각합니다. 신명기 14장 28절 말씀에 보면 하나님께서는 너희 말이 내 귀에 들린대로 내가 너희에게 행하리라고 하셨습니다. 이는 우리가 주고받는 말로써 한 것까지도 다 들으시고 그 들으신대로 행하시겠다는 말씀입니다. 그러니까 망할놈이라고 하였으면 망한다는 것입니다. 아무렇게나 내뱉은 한마디 한마디가 저주가 되고 축복이 된다는 말입니다. 그러므로 말이란 결코 함부로 해서는 안되는 것입니다. 특별히 말을 신학적으로 이해하는 히브리 사람들에게 있어서는 창조도, 구원도 그리고 심판도 하나님의 말씀으로 된다고 믿고 있습니다. 그 증거로서 예수님의 사건을 보게 됩니다. 예수님께서는 병자들을 고치실 때에 네 죄사함을 받았느니라는 말씀을 하실 때도 있었지만 일어나라 하심으로 일어나고 에바다 하심으로 눈이 열리며, 죽은 자를 향해서 나오라 하심으로 나사로가 살아 나왔던 것입니다. 그리하여 저들은 말씀을 곧 능력이요 역사라는 생각을 하게 됩니다.

말씀에 대한 이와 같은 이해는 마치 태양을 이해하는 이치와도 같습니다. 여기 태양이 있다고 할 때 태양이라는 자체만 가지고는 우리가 태양을 알아볼 수가 없습니다. 그 태양에서 전달되어지는 빛이 지구에까지 이르고 또한 우리 시야에 들어옴으로 비로소 태양을 알게 됩니다. 하지만 아무리 태양이 거대하다 하더라도 빛이 발산되지 않으면 모를 것입니다. 마찬가지로 말씀을 통해서 본체를 알아보게 됩니다. 그리고 본체가 있으면 거기로부터 말씀이 나오게 되어 있습니다. 그러므로 이 말씀은 하나님의 자기의 표현 곧, 본체의 계시라고 말할 수 있습니다. 다시 말하면 하나님이라고 하는 생명의 본체로부터 온 것이 말씀이라고 하는 것입니다. 그러고 보면 이 생명으로부터 들려지는 말씀, 보여지는 말씀, 사건으로 나타나는 말씀, 이 모두가 다 말씀인 것입니다. 이를 성경에 나타난대로 말하자면 로고스가 말씀이요, 선지자들의 예언이 말씀이며, 예수 그리스도의 인격과 그 생애로 나타난 사건적인 말씀이 있습니다. 그리고 또한 제자들을 통해 선포되는 말씀이 있는가 하면 그것이 기록된 말씀으로 우리에게 읽혀집니다. 뿐만 아니라 상징으로 주어진 말씀인 성찬식이 있어서 눈으로 보고 손으로 만지며 입으로 먹는 말씀의 시간이 있습니다. 이 모두는 하나님께서 우리를 향하여 말씀하시는 내용과 방법이 되는 것입니다.

그러므로 예수는 곧 말씀이다라고 할 때에 그것은 하나님의 본체가 우리에게로 다가와 우리로 하여금 하나님을 알아 볼 수 있도록, 그리고 그 뜻을 전달받아 우리 안에서 그 뜻이 이루어지도록 역사하는 것을 말합니다. 그렇기 때문에 이를 간단히 설명하자면 예수는 하나님의 말씀이라는 말은 바꾸어 말해 예수는 하나님의 계시자라는 말이 되는 것입니다.

이제 세번째로 생각할 것은 이 말씀은 육신을 입고 오셨다고 하는 것입니다. 우리는 이것을 성육신(成肉身; Incarnation)이라고 합니다. 그런데 사도 요한은 '사람이 되셨다'는 말 대신에 '육신이 되었다'는 말을 쓰고 있습니다. 그것은 당시에 영만을 중요하게 생각하는 이단 사상인 노스틱주의자, 곧 영지주의자들 때문에 저들은 영을 중요하게 생각하는 반면 육에 대한 생각은 그렇지를 못했습니다. 그래서 저들은 생각하기를 예수님이 오셨다 하더라도 그것은 마치 도깨비나 귀신이 출현하듯이 잠시 잠깐 보였다가 가신 분이지 우리들처럼 이 더러운 죄악 세상의 몸이 되어 살았을 리가 없다는 것입니다. 하지만 사도 요한은 예수는 도깨비 같은 그런분이 아니라 진짜 몸을 입으신 사람이 되셨다는 것이며, 그 말 대신에 육신이 되셨다는 말을 강조 합니다. 여기에는 그만큼 변증적인 의미가 있는 것입니다. 그 때문에 예수님의 십자가의 장면을 증거하는 데에도 사도 요한만이 "내가 목마르다"(19:28) 그리고 "창으로 옆구리를 찌르니 곧 피와 물이 나오더라"라고 하는 참으로 인간적인 장면을 담은 남다른 기록을 하고 있습니다. 이와 같이 사도 요한이 다른 복음서에 없는 표현을 굳이 써야했던 것은 예수는 결코 도깨비 같은 존재가 아니라 어디까지나 진짜 사람이었음을 변증하려는 사도 요한의 논법인 것입니다. 그러므로 다시 말하지만 예수가 말씀이라고 하는 거기에는 하나님이면서 사람이 되어 오셨다고 하는 의미가 있는 것입니다

    이를 위해 성 다미안(Damian, St.)의 이야기를 생각해 봅니다. 다미안은 오모로카의 섬에서 문둥병 환자들을 위해 평생을 살기로 맹세를 하고 저들을 위한 수고를 아끼지 않았습니다. 그런데 오모로카의 환자들은 다미안을 향해 당신은 무엇 때문에 와서 이러느냐며 믿어 주지 않습니다. 그리고 하는 말이 "우리는 병들었고 당신은 손이 있으며, 우리는 장님인데 당신은 눈을 뜬 처지에서 괜히 사치스러운 생각으로 그러지 말라"는 것입니다. 그렇게 되자니 복음을 받아드릴 리도 없습니다. 마침내 다미안은 "하나님이여 나로 하여금 문둥병자가 되게 해주십시오"라는 간절한 기도를 드리게 됩니다. 이리하여 다미안이 문둥병자가 되자 비로소 그 환자들이 저 사람은 진정 우리를 위하여 온 사람이라며 그의 말을 듣고 복음을 받아드리더라는 것입니다.

    여러분! 말씀이라는 것이 이렇게 힘이 듭니다. 말은 있으나 통하지 않고 마음에 와서 부딪치는 바가 없습니다. 그것은 믿음이 없기 때문입니다. 그렇다면 그 믿음이 생기기 위해서는 얼마나 큰 역사가 이루어져야 하는가 할 때 바로 그 역사를 위해 예수님께서는 말씀으로써 사람이 되어 오셨고 그것도 가난한 목수의 집안에서 태어나게 됩니다. 그러므로 우리는 이 사실을 잊지 말아야 하고 믿음으로 응답해야 합니다. 언제나 듣는 자의 자세는 말하는 자의 의도를 향해 마음 문을 활짝 열고 겸손히 100퍼센트 받아들이는 길 밖에 없습니다. 그렇게 할 때에 말씀하시는 분의 뜻

이 내게 와서 역사하게 되는 것이며 따라서 그 능력과 그 지혜와 그 생명력이 나에게 작동을 하게 되는 것입니다. 그리고 중요한 것은 그렇게 될 때에 그 본체를 이해하게 된다는 것입니다.

여러분, 우리는 예수님께서 육신을 입고 오셨다하여 그 분을 사람으로 보아서는 아니됩니다. 뿐만 아니라 말씀으로 오셨다 하여 말씀뿐인 것으로 생각해서도 아니됩니다. 어디까지나 말씀하시는 본체로, 하나님으로 이해해야 합니다. 그 때문에 예수님께서는 아버지를 보여 달라는 빌립을 향해 친히 말씀하시기를 "나를 본 자는 아버지를 보았거늘 어찌하여 아버지를 보이라 하느냐?"고 하십니다. 내가 계시자요 내가 말씀일진대 내 말을 듣고 나를 보았으면 곧 하나님을 만난 것인데 무엇 때문에 또 아버지를 보자는 것이냔 말입니다. 이에 사도 요한은 오늘 본문의 결론을 "말씀이 육신이 되어 우리 가운데 거하시매 우리가 그 영광을 보니 아버지의 독생자의 영광이요 은혜와 진리가 충만하더라"고 하였습니다.

이와 같이 사도 요한은 말씀으로서 사람이 되어 오신 예수를 사람으로 보지 않고 말씀으로 보았으며 독생자의 영광으로 보았습니다. 바로 여기에 예수를 바로 보는 믿음의 눈이 있는 것입니다.

어린 양과 비둘기 비유

이튿날 요한이 예수께서 자기에게 나아오심을 보고 가로되 보라 세상 죄를 지고 가는 하나님의 어린 양이로다 내가 전에 말하기를 내 뒤에 오는 사람이 있는데 나보다 앞선 것은 그가 나보다 먼저 계심이라 한 것이 이 사람을 가리킴이라 나도 그를 알지 못하였으나 내가 와서 물로 세례를 주는 것은 그를 이스라엘에게 나타내려 함이라 하니라 요한이 또 증거하여 가로되 내가 보매 성령이 비둘기같이 하늘로서 내려와서 그의 위에 머물렀더라 나도 그를 알지 못하였으나 나를 보내어 물로 세례를 주라 하신 그이가 나에게 말씀하시되 성령이 내려서 누구 위에든지 머무는 것을 보거든 그가 곧 성령으로 세례를 주는 이인 줄 알라 하셨기에 내가 보고 그가 하나님의 아들이심을 증거하였노라 하니라.

(요한복음 1 : 29~34)

어린 양과 비둘기 비유

우리가 성경을 대할 때에 그 말씀이 내게 주시는 말씀으로 다가오기 위해서는 반드시 성령의 역사하심이 있어야 합니다. 그러므로 이러한 성령의 역사가 있기 위해서는 반드시 기도하는 마음으로 성경을 읽어야 합니다. 그리고 꼭 한 가지 기억할 것은 세상의 일반적인 서적, 다시 말하면 논리적이고 합리적인 것을 추구하는 지식 전달 위주의 책들을 대하듯이 해서는 안된다는 점입니다. 성경은 결코 합리적이거나 논리적이 아닌 상징적이요 실제적인 책입니다. 그렇기 때문에 성경을 읽으면서 스스로 이런 저런 면으로 자꾸만 분석과 비판하려 드는 것은 좋은 태도가 아닙니다. 언제나 성경은 겸손한 마음으로 읽어나가는 중에 성령의 감동을 통하여 성경 자체가 내가 말씀하실 수 있도록 기회를 드려야 합니다. 그리하여 성경을 읽어나가면서 이해가 잘 되면 잘 되는대로 이 말씀이 오늘 내게 주시는 말씀이구나 할 것이며 이해가 안되면 안되는대로 이 말씀은 오늘 내게 필요한 말씀이 아니라고 생각하면 됩니다. 지금 당장에는 확신이나 깨달아진 바가 없지만 신앙적인 나이가 들고 세월이 좀더 흘러 필요한 때가 되면 그 말씀을 내게 필요한 말씀으로 가르쳐 주실 것입니다.

그런데 이것을 급하게 알겠다고 덤벼든다거나 자신이 결론을 내리겠다며 서두는 것은 좋은 일이 아닙니다. 그런식으로 성경을 대하다가는 신앙적인 많은 손해를 봄은 물론 자칫 잘못 다치기가 쉽습니다. 극단적인 한 예로서 예수님께서 몇년 몇월 몇일에 오실 것인가를 알아 보겠다며 이리저리 찾아다니다가 저에게까지 전화를 걸어오는 답답한 이들이 있습니다. 그러면서 하는 말이 "목사님께서 이것을 모르시면 됩니까?" 하고 나오는 것입니다. 이런 사람들에게는 그 어떤 설명도 받아들여지지가 않습니다. 그러고도 전화를 끊지 않고 계속 이야기를 해오면 제가 있다가 "잘 했던 못했던 제 학위 논문이 종말론입니다" 하고서는 그만두자며 끝을 낼 수밖에 없습니다.

다시 말하지만 성경은 겸손한 자세로 그 자체가 말씀해 주도록 기다리는 마음으로 대해야 합니다. 그리고 잊지 말아야 하는 것은 성경에서 사용하고 있는 언어는 상징적이며 또한 종교적인 철학적이 아닌, 언어라고 하는 점입니다. 그렇기 때문에 성경은 이원론적이고 논리적인 것이 아닌 상징적이고 실제적이며 그리고 사건 자체를 통해서 말씀하십니다. 이에 크라프트(C.H. Kraft)라는 학자는 성경을 두고 영감된 사례의 책(The insprired case book)이라고까지 하였습니다. 영감된 사례! 그러니까 성경 속의 그 많은 사건, 즉 민족의 이야기, 사람들의 이야기, 전쟁 이야기 등등, 그 여러 가지 다양한 사건들 모두가 다 영감된 사건으로 그 어떤 사건이라고 하는 언어를 통하여 우리에게 말씀하고 있다는 것입니다.

이러한 견해는 우리가 소위 학문적인 입장에서 말하는 헬라적 방법과 히브리적 방법에는 차이가 있음을 의미하는 것입니다. 따라서 성경은 헬라적 방법이 아닌 히브리적 방법으로 이해되어져야 하는 지극히 종교적인 책이며 그 언어는 항상 사건적이요, 그 사건을 통한 상징적인 언어로 꾸며지고 있습니다. 그러므로 우리는 이 점을 알고 성경을 읽어나가야 합니다. 아무리 훌륭한 내용이 있고 논제가 있다하더라도 그 방법론 자체가 잘못되면 논리도 잘못되고 결론도 잘못 내려지게 되는 것입니다. 바로 여기에 우리의 고민이 있습니다. 그러나 분명한 것은 성경은 하나님의 말씀이기에 지극히 경건한 자세로, 그리고 이 말씀을 내게 주시는 말씀으로 받아들이는 겸손한 자세로 읽어야 한다는 것입니다.

이제 오늘 본문 말씀으로 돌아가 보면 매우 귀중한 두 가지의 비유가 있습니다. 여기에 나타난 두 가지 동물, 곧 어린 양과 비둘기는 기독교의 상징이 되는 동물들입니다. 따라서 이 두 동물이 상징하는 바의 그 의미를 이해할 수 있다면 그것으로 충분히 기독교를 이해한 것이며 성경의 골수를 아는 것이 됩니다. 그러나 이 어린 양과 비둘기의 뜻을 모른다면 성경 66권을 다 외운다 하더라도 아무런 소용이 없습니다. 이제 가만히 한 번 생각해 보십시오. 기독교의 모든 진리가 어린 양과 비둘기라는 이 두 동물 속에 담겨져 있습니다. 이것은 철학적인 언어가 아닌 상징적인 언어입니다. 이것들은 어디까지나 동물에 불과하지만 그 속에 우리의 신앙 고백이 있고 또한 하나님의 계시가 다 들어 있습니다. 그렇기 때문에 우리에게는 '무엇무엇과 같다' 라는 말밖에 더 다른 용어가 없음을 잊지 말아야 합니다. 저는 항상 언어의 부족을 느끼면서 생각되는 일이 하나 있습니다. 그것은 귀여운 어린아이를 안고 교회에 나오던가 하면 사람들이 아이의 예쁜 모습을 들여다보면서 하는 말이 "그것 인형 같다"라고 하는 것입니다. 생각해 보면 이것은 말도 안되는 이야기입니다. 아무려면 산 아이를 인형 같다고 해서야 되겠습니까? 그런데 기껏 예쁘다는 것이 인형 같다고 하는 것입니다. 그러면서 이제는 예쁜 인형을 보고는 "그것 진짜 어린애 같다"라는 말을 합니다. 이는 그 이상의 말이 없기 때문이 아니겠습니까? 그 이상의 말을 찾는다면 기껏 '천사 같다' 라고 할 수 있을지 모르지만 본 것도 아니니 그 소리도 못하겠고 해서 하는 최상의 말이 예쁜 아이를 보고는 인형 같다고 하고, 예쁜 인형을 보고는 진짜 어린애 같다라고 하는 것입니다. 이와 같이 말이란 완전한 표현을 하기에는 항상 부족하게 마련입니다.

그러면 이제 예수 그리스도에 대한 표현을 두고 생각할 때 예수님의 일생을 포함한 뜻, 곧 우리를 위해서 십자가에 죽으시고, 우리를 위하여 부활하셨으며, 우리의 생명이 되시고 소망이 되시며 구주가 되시는 그 예수를 바라보면서 단숨에 무엇이라고 해야 그나마 만족한 표현이 되겠습니까? 이런 저런 언어로 다 맞춰 보아도 말은 부족할 뿐입니다. 그런 중에서도 이스라엘 사람들은 "세상 죄를 지고 가는 하나님의 어린 양"이라는 말을 쓰고 있습니다. 이 '어린 양'이라는 말 속에 그 모든 의미가 다 포함되어 있습니다. 알고 보면 '어린 양'이라고 하는 이 말의 뜻 하나를 가르치기 위해 구약성경이 기록된 것입니다. 특별히 레위기서에 기록된 그 많은 제사와 피흘리는 이야기는 역사가 요세푸스(Josephus)의 말대로 도살장과 같은 인상을 줍니다. 그러나 그 많은 제사와 피흘림은 오직 하나 예수를 증거하자는 것에 있었습니다. 그러니까 '예수는 어린 양이다'라고 하는 그 말을 가르치기 위해 수천년 동안 성전 안에서 피를 흘린 것입니다. 이처럼 그 뜻을 전한다는 것이 얼마나 어려운 일인지 모릅니다. 그 때문에 우리가 부모된 도리에서 자식에게 계속 말을 해도 알아듣지 못하면 마침내는 "너도 이제 부모가 되어 보아라"는 말 밖에는 할 말이 없는 것을 봅니다. 예를 들어 공부에 대한 충고도 그렇습니다. 젊은 자식을 앞에 놓고 "지금이 얼마나 중요한 시기이니? 이제와 생각하니 공부 안한 것밖에 후회되는 것이 없더라. 그러니 너는 그런 일이 없도록 열심히 해라"며 아무리 이야기를 해도 알아듣지를 못하고 결국은 또 그 나이가 되어야 압니다. 물론 그러한 설명을 들으면서 이치적으로야 모를 사람이 있겠습니까마는 그 뜻이 전달되기란 쉽지가 않다는 것입니다. 흔히들 인생은 허무한 것이라고 합니다. 그리고 이 말은 철학가의 말도 아닌 아무나 할 수 있는 말입니다. 하지만 그럼에도 불구하고 그것을 깨닫기가 쉽더냐는 것입니다. 어떤 분은 돈은 많이 벌었는데 부인은 지금 병원에 누워 있는가 하면 남편되는 자신도 진찰 결과가 못고칠 병인가 싶다는 것입니다. 그렇다면 돈을 많이 벌었으니 어쩌란 말입니까? 그렇게 많이 벌어 놓고 먹기는 보리죽만 먹고 앉았으니 답답한 이야기가 아닐 수 없습니다. 물론 그렇게 일을 안하고 논다고 해서 건강하다는 것은 아닙니다. 그러나 건강까지 해쳐 가면서까지 그렇게 해야 할 이유는 하나도 없는 것인데 이것 하나를 깨닫는 것도 쉽지가 않습니다.

아무튼 예수는 어린 양이다라는 이것 하나를 가르쳐 주기 위해서 그 많은 제사가 이루어졌습니다. 우리는 요한복음 3장 16절에 기록된 "하나님이 세상을 이처럼 사랑하사 독생자를 주셨으니 이는 저를 믿는 자마다 멸망치 않고 영생을 얻게 하려 하심이니라"는 말씀을 성경에서 가장 중요한 요절로 생각하고 있습니다. 그런데 이 독생자, 즉 외아들이라는 것이 무엇을 말함인지 그 뜻을 알기가 쉽지 않습니다. 하나님께서는 그것 하나를 가르쳐 주시기 위해서 아브라함을 고생시킨 것입니다. 이삭이라는 외아들, 그것도 백세에 주시고는 감당키 어려운 고통을 주십니다.

　다름아닌 독생자인 예수를 주었다고 하는 이 한마디를 설명하기 위해 그 많은 사건이 이루어지고 그 많은 역사가 기록됩니다. 어쩌면 여러분과 저에게도 이를 가르치기 위한 사건이 있었는지도 모릅니다. 왜냐하면 그러한 상징적 사건에 부딪힐 때만이 이 상징적 언어가 통하기 때문입니다.

　이에 사도 요한은 증거합니다. 이 증거라는 말은 설명한다는 것과는 다른 말입니다. 설명이란 없는 것을 가상으로 만들어 이야기할 수도 있고 분명치 않은 원리를 설명해 낼 수도 있습니다. 그러나 증거란 이미 변경될 수 없는 사건이 있고, 그 사건 그대로를 증명하는 것입니다. 그렇게함으로써 그 증거를 받는 사람에게 이 사건이 사건화됩니다. 사건과 사건화는 같은 것이 아닙니다. 예를 들어 저 건너편에 불이 났다고 할 때에 그쪽에서는 아무리 "불이야"를 외치고 사람이 타서 죽는 상황이 벌어졌다 할지라도 이쪽에서 믿지 않으면 그 불은 이쪽 사람에게는 불이 난 것이 아닙니다. 이쪽에서도 불이 났다는 것을 믿을 때에만이 사건화되는 것입니다. 요즈음 우리 주위에 의식화라는 말을 자주 쓰고 있습니다마는 그것이 다름아닌 사건이 사건화되게 하는 것입니다. 분명히 사건임에도 불구하고 그 사건의 증거를 받아들이지 않고 믿지 않는다면 아무리 큰 사건이었다 할지라도 내게는 사건이 아닙니다. 그때문에 모르고 지내는 편이 좋다는 것이 아니겠습니까? 얼마 전 미국을 다녀오면서 저 스스로 내 마음을 이렇게 가져서는 안되는데 하는 생각을 해 본 일이 있습니다. 그것이 뭐냐하면 지금 미국의 큰 걱정거리인 소위 에이즈(AIDS)라는 병 때문에 갖게 된 불결한 생각들입니다. 현재 3만여명이 이 병에 걸려서 시달리고 있으며 날로 증가 추세에 있는데 이 병은 일단 걸렸다고 하면 죽게 되는 것입니다. 그런데 미국의 텔레비전에서는 살이 마구 썩어 문드러지는 이 에이즈의 증상을 그대로 드러내보이면서 이 병에 걸린 사람은 빨리 보고하라는 광고를 매시간마다 보내 주고 있는 것입니다. 하지만 초기에는 증상을 모르는지라 누가 걸린 것인지 알 수가 없는 노릇이란 말입니다. 이와 같이 속수무책의 그야말로 천벌이라고 하는 무서운 병이 만연해가고 있는 것입니다. 그리하여 90년대에는 자그마치 60만이 되었으니 큰 걱정입니다. 그리고 사실에 있어서는 밝혀진 것보다 훨씬 더 많다고 하니 문제는 더욱 심각한 것입니다. 그런데 이 문제를 두고 저로서 나쁘다는 것은 길거리를 다닐 때 이 사람은 그것이 아닐까? 혹은 저 사람은 그것이 아닐까하고 생각을 하게 되니 미국땅이 아주 더러워서 못견디겠다는 마음이 드는 것입니다. 그래서 유심히 그것에 관한 글들을 읽는 중에 다행히 음식점에서는 옮지 않는다기에 마음을 놓고 지낼 수가 있었습니다. 만일 그렇지 않고 음식점에서도 옮길 수가 있다고 하면 그 길로 빨리 떠나와야지 계속 미국땅을 밟을 수도 없겠다는 기분이었습니다. 아무튼 세계는 지금 이 에이즈로 인해 공포에 떨고 있습니다. 우리 나라도 참전한 바 있는 월남전에서 여러 해 동안 싸우면서 죽은 사람이 5만명인데 이제 다음 해부터는 에이즈로 인해서 자그마치 1년에 5만명이 죽는다는 것입니다. 여러분, 멀쩡한 청년들이 1년에 5만명이나 죽어간다는 것을 한번 생각해 보십시오. 수년간 총알이 날아들고 폭탄이 떨어지는 전쟁 속에서도 5만명 밖에 죽지 않았었는데 비하면 이 얼마나 엄청난 이야기입니까? 더욱이 그리고도 속수무책이고 보면 참으로 끔찍한 사건이 아닐 수 없습니다. 이러한 말씀을 드리는 이유는 증거라는 것이 바로 이런 것임을 말하고자 하는 데 있습니다. 그러니까 엄연한 사건이 증거를 통해서 사실화되어 나가는 것이란 말입니다. 그런데 예수님께서 우리 인간을 위하여 십자가에 죽으셨다! 하나님은 우리를 사랑 하신다! 그리고 내 죄를 사해 주셨다고 하는 이 엄연한 사건이 내게 주시는 사건이 되지 않는 한 이 진리는 나와는 상관이 없는 것입니다.

이에 세례 요한은 본문에서 증거 하기를 "세상 죄를 지고 가는 하나님의 어린 양"이라는 모든 뜻이 다 들어 있는 상징적인 언어를 쓰고 있습니다. 그러면 여기에서 말하고 있는 어린 양이란 무엇을 뜻함인가 할 때 그것은 성경 전체가 설명하고 있는 것이기에 얼마나 깊고 넓은 심오한 말씀인지 모릅니다마는 그 요점은 속죄물이라는 데에 있습니다. 어린 양으로 표현했다 하여 그저 양은 순진하고 착하니까 그렇게 말하자는 것이 아닙니다. 성경이 말씀하고 있는 어린 양의 뜻은 죄를 대속하는 속죄물을 말하는 것이며 이것이 요한의 기독론이요 성경이 말하는 기독론입니다.

그러면 이제 '예수는 어린 양이다!' 라고 할 때 예수님을 보는 우리의 시각이 어때야 하는 것이겠습니까? 요즈음 어떤 사람들은 예수님을 혁명가로, 혹은 경제가로 또 어떤 이들은 훌륭한 성현으로 보기도 하고 심지어는 기적을 보이는 마술사로 보기도 합니다. 그러나 예수를 믿는다는 것은 그런 것이 아닙니다. 진정 예수를 믿는다는 것은 예수를 하나님의 어린 양으로 알고 믿는 것을 말합니다.

오늘 본문에서 세례 요한이 "하나님의 어린 양이로다"라고 한 말씀은 십자가에 그 초점을 맞추고 있는 것입니다. 복음서들을 읽어보면 마리아와 요셉의 이야기를 비롯하여 병 고친 이야기, 떡을 먹이신 이야기 등 갖가지의 많은 이야기들이 있으나 그 문맥의 흐름은 십자가에 초점을 맞추고 있습니다. 십자가를 설명하기 위해서 죽은 나사로가 다시 사는 이야기도 있습니다. 그런데 죽은 자를 살리시는 분이 죽었습니다. 죽을 수밖에 없어서 죽은 것이 아닙니다. 더욱이 죽은 자를 살리는 분이 꼭 죽어야 할 것은 아닙니다. 그러나 죽으셨습니다. 바로 여기에 의미가 있는 것입니다. 할 수 없어서 죽은 것이 아니라 우리를 위해서 죽으신 것이란 말입니다. 그것을 설명하기 위해서 나사로가 다시 사는 사건도 있어야 했던 것입니다. 이러한 맥락에서 보게 되면 한 말씀 한 말씀, 한 사건 한 사건이 얼마나 귀중한 것인지 모릅니다.

그러면 이제 십자가가 무엇인가를 규명하자면 도대체 어떻게 설명을 해야 하는 것이겠습니까? 그것은 한 인간의 죽음입니까? 아니면 혁명가의 실패입니까? 혹은 하나의 어떤 사건입니까? 그런데 여기 성경이 말하는 어린 양의 뜻은 그런 것이 아니라 거룩한 제단에 바쳐진 하나의 소중한 제물입니다. 그러니까 갈보리 언덕이 다름아닌 하나의 제단이요 그리고 예수님은 그 위에 바쳐진 제물인 것입니다. 이를 위해 히브리서 9장 12절 말씀을 보면 "염소와 송아지의 피로 아니하고 오직 자기 피로 영원한 속죄를 이루사 단번에 성소에 들어가셨느니라"는 말씀이 있습니다. 예수가 제물이라고 했을 때 이 제물에서 흐르는 피를 한번 상상해 보십시오. 본래 드리던 양과 소의 피는 모두가 다 상징적이고 그림자적인 것이며 이제 본체이신 예수께서 자기의 피를 가지고 하나님의 성소에 들어가셨습니다. 이렇게 하여 만민의 죄, 곧 내 죄를 사하신 것입니다. 다시 말하면 예수의 제사성과 십자가의 속죄성을 말하는 것이 됩니다.

이제 좀더 깊이 들어가 생각해 볼 때 그러면 피라는 것은 또 무엇을 말함인가 할때 피는 곧 생명을 말하는 것입니다. 생명을 살리기 위해서는 생명이 죽어야 하는 것입니다. 그렇게 되면 이제는 죽음과 피의 문제가 되는데 이것은 하나님의 자기 희생을 이렇게 계시하신 것입니다. 죄의 값은 사망이기에 하나님께서도 절대로 거저 용서하시지는 못하십니다. 누가 죽든 대신 죽어야 합니다. 우리는 이 점을 알아야 합니다. 우리는 흔히 생각하기를 어떤 잘못이 좀 있다 하더라도 "미안합니다. 그저 서로 용서

하십시다" 하고 악수하면 끝난 줄 알지만 하나님 앞에서는 그렇게 되는 것이 아닙니다. 죄의 값은 사망입니다. 반드시 그것을 위한 희생을 지불해야 합니다. 이는 우리 인간과 인간 사이의 관계에서도 비슷하게 느낄 수 있는 문제입니다. 예를 들어 내가 누구를 용서하려들면 용서하는 만큼의 희생을 내가 당해야 합니다. 따라서 물질도 명예도 손해를 보게 됩니다. 바로 여기에서 똑똑한 사람은 덕이 없다는 말이 나오게 되는데 그것을 따지다 보니 돈은 손해를 보더라도 명예는 손해를 안 보겠다고 하기 때문입니다. 하지만 그렇게 하고서야 어찌 사랑이 있을 수 있겠습니까? 사랑을 하다보면 명예도 내 의도 손해를 보게 됩니다. 때에 따라서는 멀쩡한 사람이 죄인의 누명을 써야 하니까 말입니다. 그런데 우리는 사랑을 너무 공짜로 생각합니다. 요즈음 사람들처럼 "아이 러브 유(I love you)" "아이 러브 미(I love me)" 하고 쉽게 한 마디 하면 통하는 줄 아는 모양입니다마는 결코 그렇게 간단하게 생각할 것이 아닙니다. 사랑하기 위해서는 막대한 희생이 필요한 것이며 더욱이 죄인을 사랑하기 위해서는 엄청난 값을 지불해야 합니다.

　하나님께서는 우리를 사랑하십니다. 이 사랑을 위해서 하나님께서는 피비린내나 고기 타는 냄새를 원하시는 것이 아닙니다. 이사야서 1장에 보면 아주 긴 말씀으로 "너희의 무수한 죄물이 내게 무엇이 유익하뇨 나는 수양의 번제와 살진 짐승의 기름에 배불렀고 나는 수송아지나 어린 양이나 수염소의 피를 기뻐하지 아니하노라 너희가 내 앞에 보이러 오니 그것을 누가 너희에게 요구 하였느뇨 내 마당만 밟을 뿐이니라. 헛된 죄물을 가져오지 말라"(11~13)고 하십니다. 이러한 말씀은 하나님께서 우리에게 보여 주시는 귀한 상징적 언어입니다. 따라서 이 말씀은 우리가 어떤 제물을 하나님 앞에 바침으로 그것으로 인해 하나님의 진노를 풀어 드리자는 것이 아닙니다. 오로지 하나님 스스로 우리를 용서하시기 위해 지불하고 있는 그 엄청난 희생을 그 제물을 통하여 우리에게 설명해 주시는 것입니다. 그리하여 우리로 하여금 그것을 믿도록 하기 위한 것이며 믿어서 용서한 사건이 내게 있어서 구속의 사건으로 나타나기를 원하고 계시는것입니다. 우리는 이것을 잊지 말아야 합니다.

로마서 1장 17절 말씀에 보면 "복음에는 하나님의 의가 나타나서 믿음으로 믿음에 이르게 하나니 기록된 바 오직 의인은 믿음으로 말미암아 살리라 함과 같으니라"는 말씀이 있습니다. 여기에서 오직 믿음이라고 한 이 믿음은 어떤 믿음이냐 할 때 이것은 제물이 될 양의 머리에 죄인이 손을 얹고 회개의 기도를 함으로 죄를 전가시키는 의식을 취한 후에 이 양을 불사르게 되는데 이때에 죄인은 그 제물이 불타고 있는 동안 그 무릎 앞에 꿇어엎드려 회개하는 것입니다. 이것은 곧 양이 지글거리며 불에 타 죽을 때에 내가 죽는 마음으로 있는 것입니다. 이것이 곧 속죄라는 것이며 영어로는 어토운먼트(atonement)라고 합니다. 이 속죄라는 어토운먼트는 애트(at) 원(one) 먼트(ment)가 모인 것으로 하나가 된다는 뜻의 말입니다. 속죄는 하나가 됨으로 이루어지는 것입니다. 그러므로 우리는 십자가를 쳐다볼 때마다 거기에서 내가 죽은 것입니다. 거기에서 나를 위해 죽으셨고 나 또한 거기에서 죽은 것입니다. 따라서 우리는 이러한 믿음으로 제물을 바쳐야 하고 제물을 보아야 하며 그리고 십자가를 보아야 합니다. 믿음으로 죄인과 죄물은 하나가 되는 것입니다.

그리고 오늘 본문에 보면 예수님께서 세례 요한에게 세례를 받으시는 것을 볼 수 있습니다. 예수님은 죄인이 아닙니다. 그러므로 세례를 받으실 필요가 없으신 분입니다. 그럼에도 세례를 받으십니다. 죄인이 아닌 자가 죄인인 것처럼 세례를 받았습니다. 이미 여기에서부터 십자가가 이루어지고 있는 것입니다. 우리는 그것이 무엇을 의미하는가 하는 그 언어를 받아들여야 합니다. 그리고 그 언어를 이해하고 믿음으로 구원의 역사가 이루어지는 것입니다.

이제 또한 생각할 것은 오늘의 주제가 되는 성령은 비둘기같이 임한다고 하는 것입니다. 여기에서 기억할 것은 "비둘기"가 아니라 "비둘기같이"라고 했다는 점입니다. 그런데 성령이 비둘기같이 예수님의 머리 위에 임했다는 이 사실을 두고 많은 사람들이 이러한 현상이 예수님을 위한 것이냐? 아니면 세례 요한을 위한 것이냐? 혹은 제자들을 위한 것이냐는 이야기들을 하고 있습니다. 그런데 분명히 알아야 되는 것은 예수님께서 세례 요한을 향해 세례를 받으시는 자세로 이렇게 서 있고 이제 세례 요한 이물로 세례를 주게 되는 상황에서 예수님의 머리 위에 성령이 비둘기같이 임하는 것을 본 사람이 누구냐 할 때 그것은 분명 세례 요한입니다. 그리고 예수님께서 이것을 의식했느냐? 안했느냐 하는 것은 성경에 없는 이야기입니다. 물론 예수님께서도 의식은 하셨으리라 믿습니다. 그러나 비둘기 같은 모양으로 보여 주신 그 이유는 오직 세례 요한을 위해서입니다. 그렇기 때문에 오늘 본문에서도 보면 세례 요한이 증거하기를 "내가 보고 그가 하나님의 아들이심을 증거하였노라"고 하였습니다. 그러니까 성령은 무엇을 하는 것이냐고 할 때 그것은 예수가 하나님의 아들이심을 증거하는 것입니다. 바로 그 일을 위해서 비둘기 같은 모양으로 나타난 것입니다.

그러면 이 비둘기는 또 무엇을 뜻하는 것이겠습니까? 비둘기는 성경에 50여번 나타나는 것으로 그 첫번째 기록이 창세기 8장 8절의 노아 홍수 때입니다. 그리고 사람들이 기른 날짐승 중에 역사적으로 맨 먼저 기르기 시작한 것이 비둘기라고 합니다. 그런데 여기에서 우리는 비둘기에 대해 평범하게 알고 있는 것들, 다시 말하면 비둘기는 가장 순결하고 깨끗한 날짐승이라고 하는 그런 것을 논하자는 것이 아닙니다. 성경이 말하는 본뜻은 이 비둘기도 제물이라고 하는 것입니다. 가장 가난하고 어려운 처지의 사람들이 하나님 앞에 속죄제로 드릴 때에 쓰는 제물이 바로 이 비둘기입니다. 그러므로 세상 죄를 지고 가는 하나님의 어린 양이라고 할 때의 어린 양뿐만 아니라 이 비둘기에도 제물의 의미가 있음을 알아야 합니다. 다시 말하면 우리가 십자가를 보면서 예수를 생각하듯이 비둘기를 보면서 성령을 생각하고 그 성령이 또한 우리에게 증거해 주십니다.

그런데 비둘기 같은 성령이라고 표현한 것에는 몇 가지의 의미가 있습니다. 그 하나가 비둘기는 순결하다고 하는 것입니다. 성령이 함께하는 사람은 순결하고 사랑하며 유순합니다. 그리고 무엇보다도 화평합니다. 비둘기는 아무리 많이 있어도 서로 다투지를 않습니다. 가만히 지켜보면 저들의 사랑이 대단합니다. 거칠고 더러운 세상에 살면서도 절대로 대항하거나 함께 부정해지지 않습니다. 비둘기는 순결하고 선합니다. 그렇기 때문에 이러한 비둘기의 성품을 놓고 성령이 비둘기같이 임했다고 하는 것입니다. 그러므로 성령을 받은 사람은 비둘기와 같이 순결하고 선한 사람이 될 것입니다.

그러나 좀더 나아가서 성령이 말하는 골자는 거기에 있지 않습니다. 비둘기는 희생합니다. 그리하여 하나님 앞에 제물로 바쳐집니다. 그렇다면 오늘 예수님이 세례를 받으실 때에 성령이 비둘기같이 임했다는 것은 무엇을 의미하는 것인가 할 때 그것은 성령의 함께하심, 즉 예수가 하나님의 아들이심을 증거하는 것이 곧 성령이라는 말입니다. 여기에서 잠깐 신학적인 문제를 말씀드리고 넘어갈까 합니다. 문제는 예수님께서 이렇게 세례를 받으실 때에 성령이 임했다면 그 이전에는 성령을 받지 못했는가 하는 것입니다. 예수님께서는 마리아가 잉태할 때부터 성령을 받은 것이 아니겠습니까? 그렇다면 오늘 여기에 받은 성령은 무엇인가 할 때 이것은 기능적인 의미가 있는 것입니다. 지금까지는 하나님과 동행하는 의미에서의 성령의 역사가 있었지만 이제 세례를 받으신 다음부터는 가정을 떠나 복음을 전하는 공생활에 나서게 되는 사명적 의미가 있습니다. 다시 말하면 오순절에 성령이 강림하여 모든 사람이 방언을 하며 큰 역사를 이루었는데 그렇다면 그 전에는 성령을 못받았었는가 할 때 이미 베드로가 신앙고백을 할 때 성령의 역사가 있었습니다. 그러나 오순절에 성령이 강림함으로써 그들이 그리스도를 증거하게 됩니다. 그 때문에 성령을 가리켜 하나는 '구원의 영'이라 말하고 또 하나는 '증거의 영'이라고 말합니다. 오늘 여기에서는 증거의 영으로 나타나고 있음을 신학적으로 정리하여 이해하면 되겠습니다. 그리하여 그 성령의 임하심으로 이가 곧 하나님의 아들이심을 가르쳐 주고 있는 것입니다.

오늘도 성령은 예수가 그리스도이심을 내게 가르쳐 주십니다. 그 분이 나를 위하여 십자가에 돌아가셨고 하나님께서 오늘 나를 사랑하신다는 것을 성령이 증거해 주십니다. 세례 요한은 성령의 임하심을 봄으로써 이분이 개인적으로 하나님의 아들이심을 알게 됩니다. 오늘도 예수를 알아볼 수 있는 길은 성령뿐입니다. 우리는 이 점을 깊이 생각해야 하겠습니다.

어느 날 대서양을 지나가던 배 한 척이 파손되었다고 합니다. 그러자니 모두가 구명대를 차고 바다에 뛰어들어야 할 상황이 되었습니다. 그런데 구명대가 모자라서 두 부부와 한 아이가 있는 가족에게 한 개의 구명대가 주어지게 됩니다. 이때에 아이의 아버지 되는 남편이 아내에게 주면서 하는 말이 당신이 아이를 안고 이 구명대를 가지고 바다에 뛰어들라는 것입니다. 그리고 나는 구명대 없이 바다에 뛰어들었다가는 아무래도 죽을 터이니 당신이 살아남고 훗날 아들이 자라거든 아버지가 구명대를 너에게 주시고 죽었다는 것을 들려주라고 하였습니다. 그런 일이 있은 후 이 부인은 그 구명대를 보관해 놓았습니다. 아이들이란 자라면서 말썽을 부리게 마련인데 이 아들 역시 어머니의 마음을 상하게 하였습니다. 어느 날 이 어머니는 자기 아들에게 아버지에 대한 이야기를 들려주고는 그 오래된 구명대를 보여 주었습니다. 우리 가족이 타고 가던 배가 파손되었을 때 너와 나를 살리기 위해서 너의 아버지는 이 구명대를 우리에게 주시고 대신 죽었다! 그 증거가 이것이다! 이 말을 들은 아들이 그 사실을 알고 믿게 된 그때부터 절대로 그 어머니의 마음을 아프게 하지 않았다는 이야기입니다. 나를 위해서 죽은 아버지의 구명대를 봄으로 그 증거를 받아들이며 그리고 믿습니다. 이와 같이 믿는 순간 효력이 있는 것입니다. 그러나 믿지 않으면 영원히 아무 상관도 없는 것이 되고 맙니다. 오늘도 어린 양과 비둘기, 그리고 성령이 다 함께 예수가 나의 구주이심을 증거하고 있습니다. 이 증거를 겸손히 받아들일 때에 구원의 역사가 나타나게 되는 것입니다.

천사와 사닥다리

　이튿날 예수께서 갈릴리로 나가려 하시다가 빌립을 만나 이르시되 나를 좇으라 하시니 빌립은 안드레와 베드로와 한 동네 벳새다 사람이라 빌립이 나다나엘을 찾아 이르되 모세가 율법에 기록하였고 여러 선지자가 기록한 그이를 우리가 만났으니 요셉의 아들 나사렛 예수니라 나다나엘이 가로되 나사렛에서 무슨 선한 것이 날 수 있느냐 빌립이 가로되 와 보라 하니라 예수께서 나다나엘이 자기에게 오는 것을 보시고 그를 가리켜 가라사대 보라 이는 참 이스라엘 사람이라 그 속에 간사한 것이 없도다 나다나엘이 가로되 어떻게 나를 아시나이까 예수께서 대답하여 가라사대 빌립이 너를 부르기 전에 네가 무화과나무 아래 있을 때에 보았노라 나다나엘이 대답하되 랍비여 당신은 하나님의 아들이시요 당신은 이스라엘의 임금이로소이다 예수께서 대답하여 가라사대 내가 너를 무화과나무 아래서 보았다 하므로 믿느냐 이보다 더 큰 일을 보리라 또 가라사대 진실로 진실로 너희에게 이르노니 하늘이 열리고 하나님의 사자들이 인자 위에 오르락내리락하는 것을 보리라 하시니라.
　　　　　　(요한복음 1 : 43~51)

천사와 사닥다리

　예수님께서 제자를 부르시는 장면은 4복음 모두에 기록 되어 있습니다. 그런데 요한복음 1장에 기록된 내용은 공관복음에 기록된 것과는 달리 보충 설명적인 면을 가지고 있습니다. 그것은 마태, 마가, 누가복음 같은 데서는 예수님께서 바닷가를 지나시다가 베드로, 요한, 안드레, 야고보 등 이런 사람들이 그물을 씻는 것을 보시고는 그저 "나를 따르라"는 한 마디를 하시자 그대로 일어나 곧장 따르는 것으로 간단히 기록이 되어 있습니다마는 요한복음에는 그런 것이 아니라 이미 그 이전에 만난 바가 있었다는 사실을 설명하고 있습니다. 그러니까 예수님의 제자 중 대표적인 다섯 사람들은 세례 요한의 제자들로서 세례 요한이 예수님을 '하나님의 아들로' '하나님의 어린 양'으로 증거할 때에 그 증거를 받아들이고 믿기만 한 것이 아니라 그 증거를 따랐습니다. 그런 점에서 베드로와 요한은 역시 훌륭한 데가 있는 것입니다. 그러니까 세례 요한이 예수님에 대한 그런 증거를 줄 때에 "참으로 그렇겠습니다" 하고 앉아 있는 것이 아니라 이 분이 메시야다 할 때에 "예! 그렇습니까?" 하면서 행동적으로 예수님을 따르게 됩니다. 그 결과 예수님께서는 이들을 첫 제자로 삼으셨습니다.
　요한복음의 기록에 의하면 예수님을 맨 처음 따른 제자로서 세례 요한의 제자였던 요한과 안드레가 먼저 따르고, 그에 이어 안드레가 자기 형님 베드로를 예수님께로 인도하게 됩니다. 그리고 다음날에는 예수님을 만난 빌립이 친구 나다나엘을 인도하게 됩니다. 이리하여 요한복음 1장에는 다섯 제자를 부르시고 다섯 제자를 삼으시는 장면이 나오고 있습니다. 여기에서 우리가 한 가지 알고 지나갈 것은 예수님의 제자들은 그렇게 돌발적인 결단으로 따랐다기보다는 이미 세례 요한을 통하여 가르침을 받았을 뿐만 아니라 구약성경을 통하여 메시야가 오리라는 것을 알았으며 그리고 세례 요한이 이분이 바로 그 분이다 하고 확실하게 증거할 때에 그 증거를 받아들이는 것만이 아니라 증거를 따름으로써 예수님의 제자가 되기 시작하는 것이라고 하는 점입니다.

그리고 그 다섯 제자 중 맨 마지막에 부름 받은 제자가 나다나엘 입니다. 이 나다나엘은 본 비유와 연결되는 인물이기에 본문에 나타난 그 개인의 정도를 잠깐 생각해 봅시다. 본문에 의하면 빌립이 나다나엘을 찾아 메시야를 만났다고 할 때에 기록에는 없으나 분명 고향을 물었던 것 같습니다. 그래서 그에 대한 대답으로 나사렛 사람이다라고 하자 "나사렛에서 무슨 선한 것이 날 수 있느냐?"고 하는 것입니다. 다시 말하면 나사렛에 대해서는 내가 잘 알고 있는데 그 보잘것없는 작은 동네에서 무슨 그렇게 선한 것이 날 수 있겠느냐며 일단 부정을 하는 것입니다. 이것은 자기가 가지고 있는 경험과 선입관에 비추어 상식 밖의 일이기 때문입니다. 그러나 이 나다나엘은 일단 부정은 하지만 부정을 하는 그 자리에 머물지를 않습니다. 이 점은 우리가 배워야 할 나다나엘의 훌륭한 점입니다.

어떤 경우에고 나의 가진 바 상식으로 판단을 내릴 수가 있습니다마는 그러나 그것을 고정관념으로 묶어두어서는 아니됩니다. 그 고정관념을 일단 넘어서는 믿음과, 순종과 그리고 겸손이 있어야 합니다. 나다나엘은 그래서 예수님의 제자될 자격이 있습니다. 일단 부정을 하면서 "나사렛에서 무슨 선한 것이 날 수 있겠느냐?"고 하면서도 그는 빌립을 따라서 예수님께로 나왔던 것입니다. 이것이 그의 훌륭한 점이요 적극적이고도 긍정적인 면이며 그리고 또한 창조적인 면입니다. 예수님께서는 이러한 나다나엘이 나오는 것을 보시자마자 "이는 참 이스라엘 사람이라 그 속에 간사한 것이 없도다"라며 칭찬을 하시게 됩니다. 저는 그 장면이 그렇게 아름다울 수가 없습니다. 나다나엘이라는 사람은 의심이 있는 사람입니다. 하지만 생각해 보면 의심을 갖지 않는 신앙은 진정한 의미에서의 신앙이 아닙니다. 의심은 의심대로 있으나 그 의심을 극복하는 믿음이 있습니다. 의심을 십자가에 못 박아버리는 믿음이 있기에 그리스도인인 것입니다. 그리스도인이라 하여 전혀 의심이 없는 것이 아닙니다. 한번은 어떤 대학에 가서 특강을 하고 나오는데 한 똑똑한 청년이 저에게 하는 말이 "목사님께서는 오늘 말씀하시는 것을 보면 매우 확신이 있으시고 또한 자신이 있으신데 간혹 의심이 나시는 것은 없으십니까?" 하고 묻는 것입니다. 그러기에 "의심이 더 많지요" 하고 대답을 하였더니 "그러면 그 의심이 있는데 어떻게 믿습니까?" 하는 것입니다. 그래서 다시 대답하기를 "의심과 믿음은 별개의 것이며 믿는다고 하여 의심이 없어지는 것은 아닙니다. 그리고 의심은 극복하는 것이지 없어지는 것은 아닙니다"라고 하였습니다.

　　의심은 죽을 때까지 남아 있는 것입니다. 이성이 살아 있고 생각이 있는 동안은 항상 있습니다. 만약 의심이 조금도 없는 사람이 있다면 모르기는 하지만 그 사람은 오히려 정신이 좀 온전치 못한 상태가 아니겠습니까? 정상적인 사람으로서 생각이 있다면야 어떻게 의심이 없겠습니까? 그러나 그 의심을 극복할 수 있는 것은 그 보다 더 크고 더 중요한 것이 있기 때문입니다. 우리가 사회에 대해서도 이런 저런 의심이 많고 비판도 많이 하지만 그러나 이렇게 조용한 것은 더 큰 것을 생각하기 때문입니다.

　　오늘 본문의 나다나엘이 자기가 생각한 그것만을 고집한다면 예수님 앞에 나올 수가 없습니다. 그러나 나다나엘은 자기가 생각한 것보다 더 큰 세계, 더 위대한 세계가 있다는 것을 믿기에 의심을 하면서도 예수님께로 나옵니다. 이러한 나다나엘을 예수님께서는 극구 칭찬을 하십니다.

아마도 이것은 최고의 칭찬이 아닌가 싶습니다. 참 이스라엘 사람이다! 그 속에 간사한 것이 없도다! 누구에게라도 이만하면 최고의 칭찬이 아니 겠습니까? 저는 예수 믿는 사람을 보고 칭찬할 수 있는 좋은 말이 무엇이 냐고 한다면 "그 사람 참 진실해"라고 하는 말이 최고의 칭찬이라고 생각합니다. 그 외에 "그 사람 기도 많이 해" 혹은 "헌금 많이 해", 아니면 "전도, 봉사 많이 해" 하는 것들은 그렇게 큰 칭찬이 못되는 것입니다. 그리고 "그 사람 재주가 많아" 하게 되면 그것은 좀 곤란한 것이며 게다가 예수 믿는 사람보고 "그 사람 똑똑해" 하고 나오면 그것은 인색하다는 말과 같습니다. 그런가 하면 "빤질빤질"하다는 것도 곤란하고 더욱이 "바늘로 찔러도 피 한 방울도 안 나오겠다"고 하면 그것은 그야말로 끝난 것입니다. 기독교인이라면 그보다는 차라리 멍청하다는 것이 더 좋을 것입니다. 그리하여 "약간 바보스러울 정도로 사람이 진실하다" 하는 말을 들을 수 있다면 그것이 최고의 칭찬이요 정말 듣고싶은 말입니다.

    예수님께서 말씀하시기를 나다나엘에게는 간사한 것이 없다고 하였습니다. 이 간사한 것이 없다고 하는 말의 헬라 원문의 뜻은 섞이지 않았다고 하는 말입니다. 이물질이 섞이지 아니하였으니 깨끗한 그대로 순수하게 보존되어 있다는 말입니다. 그러고 보면 예수님의 칭찬이 얼마나 아름답고 귀한 칭찬인지 모릅니다. 하지만 지금까지 예수님을 의심했던 나다나엘로서는 예수님의 이러한 칭찬에 마음이 좀 민망해졌습니다. 그래서 부득이 하는 말이 "어떻게 나를 아시나이까?"라며 묻고 있는 것입니다. 그때에 예수님께서는 "네가 무화과나무 아래 있을 때에 보았노라"고 말씀하십니다. 여기에서 한 가지 궁금한 것은 나다나엘이 무화과나무 아래에 있을 때에 무엇을 했을까 하는 것입니다. 이에 대한 많은 해석가들의 공통적인 견해는 무화과나무 아래에서 명상기도를 했을 것이라는 이야기입니다. 이스라엘 사람들은 하루에 세번씩, 그것도 밤이나 새벽에 기도하기를 좋아하는, 우리와는 달리 낮에 기도하는 것을 관습으로 하고 있는데 아마도 그 기도 시간에 나다나엘이 기도하는 모습을 예수님께서 멀리서 보신 것 같습니다.

아무튼 나다나엘은 예수님께로부터 네가 무화과나무 아래 있을 때에 보았다고 하는 말씀을 듣자 크게 감동이 되어 지금까지 닫혔던 마음의 문을 활짝 열고는 무릎을 꿇어 예수님 앞에 엎드리게 됩니다. 본문에 의하면 그는 말하기를 "당신은 하나님의 아들이시요. 당신은 이스라엘의 임금이로소이다"라는 고백을 하고 있습니다. 이러한 고백은 조금 전 "나사렛에서 무슨 선한 것이 날 수 있겠느냐?"고 했던 말과는 엄청난 차이가 있는 말입니다. 이것이야말로 완전히 예수님 앞에 굴복을 당한 채 마음문이 활짝 열린 것입니다. 그럴 때에 예수님께서는 네가 더 큰 일을 보리라고 말씀하십니다. 바꾸어 말하면 네가 지금 그렇게 기쁘고 좋으냐? 하지만 이 정도가 아니라 더 큰 것을 보게 될 것이란 말입니다. 그리고는 이어서 하시는 말씀이 "하늘이 열리고 하나님의 사자들이 인자 위에 오르락 내리락하는 것을 보리라"는 결론을 내려 주고 계십니다.

이 말씀은 허락인 동시에 약속의 말씀입니다. 내가 친히 그것을 보여 주마! 지금 내가 너를 꿰뚫어보는 희한한 생각의 그 정도가 아니라 더 큰 것, 곧 하늘이 열리고 하나님의 천사들이 인자 위에 오르락내리락하는 그런 엄청난 것을 네게 보여 줄 터이니 네가 그것을 보게 될 것이라는 말씀입니다. 나다나엘은 자그마치 이러한 약속을 받고 예수님의 제자가 됩니다. 저는 이 말씀을 생각할 때마다 그런 생각을 해봅니다. 나다나엘에게도 식사 시간이 있고 쉬는 시간이 있으며 잠을 잘 때도 있었을 터인데 만약 예수님께서 나다나엘에게 말씀하시기를 "네가 그 아무 곳에 있는 술집에 앉아 있을 때에 보았노라" 하신다거나 아니면 "그 아무개와 열심히 싸울 때에 보았노라"고 하셨다면 어떻게 되었을까 하는 것입니다. 사실이 그랬다면 도리없이 꼼짝 못하는 것이 아니겠습니까?

그런데 이 나다나엘은 가장 소중한 시간을 보내는 모습을 예수님께

보이게 됩니다. 다른 것은 비록 다 부족하다 하더라도 시간을 정하여 기도하면서 경건하게 살아보려는 모습! 요즈음 우리 교회의 상황으로 말하자면 "네가 새벽기도에 나오느라고 헐레벌떡 뛰어나오는 모습을 내가 보았노라"고 하신다면 그것이야말로 좋을 것입니다. 인천에서 목회를 하던 어느 날 새벽기도회에 나오던 여집사님 한 분이 교통사고를 당하게 되어 크게 상처를 입고는 깁스를 잔뜩한 채 누워 있게 되었습니다. 그래서 염려되는 마음으로 심방을 하게 되었는데 그 많은 상처를 입고 부자유하게 누워 있음에도 불구하고 그저 싱글벙글 웃으면서 얼마나 명랑한지 오히려 심방을 간 우리들을 위로하고 있는 것입니다. 그러기에 제가 있다가 "뭐가 그렇게 좋으십니까?" 하고 물어보았더니 그 집사님이 하시는 말씀이 "목사님, 차 사고라는 것은 언제나 날 수가 있습니다. 죄 지으러 가다가 날 수도 있고 장사하러 가다가 날 수도 있고 밤에 날 수도 있고 낮에 날 수도 있습니다. 그런데 새벽기도 하러 오다가 차사고가 났으니 얼마나 좋습니까? 만약 그 자리에서 죽었더라면 그저 천당으로 직행하는 건데!"라고 하는 것입니다.

여러분! 그렇지 않습니까? 사고란 언제나 날 수 있는 것이라면 기왕에 교회로 오다가 나야지 못된 곳으로 가다가 나게 되면 어떻게 하겠습니까? 우리의 가장 경건한 순간이 주님의 인정함을 받을 수 있다면 그보다 더 기쁜 일이 없을 것입니다. 이러한 고마움과 기쁨으로 나다나엘은 예수님 앞에 완전히 굴복을 당합니다. 그리하여 당신은 하나님의 아들이시라는 고백을 단숨에 하게 됩니다. 그리고 이 고백을 들으신 예수님께서는 더 큰 일을 보리라는 말씀에 이어 "진실로 진실로 너희에게 이르노니 하늘이 열리고 하나님의 사자들이 인자 위에 오르락내리락하는 것을 보리라"고 말씀하십니다.

여기에서 우리는 "하늘이 열린다"는 말씀을 생각하면서 또 하나의 본문을 대조하게 됩니다. 마태복음 27장 51절이나 마가복음 15장 38절, 그리고 누가복음 23장 45절에 보면 예수님께서 운명하시는 순간 성소의 휘장이 위로부터 아래까지 찢어졌다는 기록을 볼 수 있습니다. 이와 같이 성전 휘장이 찢어진 것에는 매우 중요한 상징적 의미가 있습니다. 우리가 아는 바와 같이 성전의 구조를 놓고 생각할 때 휘장을 사이로 하여 지성소는 하나님이 임재하시는 것의 상징이요 이쪽 성소는 사람들이 있는 곳입니다. 그러니까 사람과 하나님, 죄인과 하나님 사이에 무겁게 내려져 있는 그 휘장이 찌익하고 완전히 찢어졌다는 말입니다. 바로 그 순간과 오늘 본문에서 말씀하시는 하늘이 열린다는 말은 같은 뜻을 가지고 있습니다.

그러면 이제 하늘이 열렸다고 할 때의 이 하늘이란 하나님의 세계를 말하는 것입니다. 따라서 이제는 하나님과 우리 인간, 하나님의 세계와 우리 죄인의 세계가 열렸다는 것이며 이는 곧 우리가 직접 하나님 앞에 나갈 수 있게 되었다는 것입니다. 바꾸어 말하면 우리가 하나님 앞에 나아갈 수 있도록 그 자격을 허락받았다는 것입니다. 그런데 이 사건이 예수로 말미암아 이루어지게 됩니다.

여기에서 우리가 꼭 한 가지 알고 넘어가야 할 것은 오늘 본문 속에서 만나고 있는 나다나엘과 예수님과의 사이에 이 말씀이 매우 적중하는 것이라는 사실입니다. 그리하여 나다나엘의 진실이 하나님께 상달되고 또한 예수님께서는 나다나엘의 진실을 인정해 주심으로 마음과 마음이 확 통하는 순간입니다. 그렇게 되자 나다나엘은 어쩌면 그렇게 내 마음, 내 사정을 잘 알아주실까 하는 감격과 기쁨으로 그 동안에 가졌던 모든 문제와 의심이 깨끗이 풀리면서 마음 문이 활짝 열리게 됩니다. 이것은 다른 사람이나 어떤 객관적인 상황과는 관계가 없는 주관적인 체험입니다. 그런가 하면 "하늘이 열리고"하는 것은 객관적인 것입니다. 구원의 역사는 주관적인 신비 체험과 객관적인 구속의 역사가 함께 만나게 될 때 이루어지는 것입니다. 나 혼자서 꿈꾸고 환상을 보며 이런저런 체험을 다

했다 하더라도 그것 가지고 하나님 앞에 나가지는 것은 아닙니다. 하늘이 열려야 합니다. 내가 체험하고 내가 고백합니다. 그러나 이 고백이 하나님께 상달되면서 하늘이 열려야 합니다.

　이제 다시 한번 뒤로 돌아가 나다나엘의 마음속에 있던 문제가 해결되면서 나다나엘의 마음이 열리는 장면을 한번 생각해 보십시다. 예수님의 모습을 대하는 순간 지금까지의 편견이나 의심, 고정관념이 다 없어지고 맙니다. 그리고 예수님과 나 사이에 마음과 마음의 통함이 있고 보니 그것으로 마음 문이 활짝 열리고 말았습니다. 그렇게 열리고 보니 다시는 물어야 할 필요가 없습니다. 이제는 합리적인 이론이나, 다른 증거가 필요치 않습니다. 지적으로도 충분하고 감정적으로도 충분하며 의지적으로도 충분합니다. 이리하여 신비적인 경험을 하게 됩니다. 말하자면 이것이 종교적인 경험이요 영적인 경험입니다. 이런 경우를 두고 소위 절정의 경험이라고 말합니다. 이러한 경험의 순간이 성경에 여러 번 나타나고 있는데 특별히 변화산에서의 베드로의 감격은 우습기조차 합니다. 거기에서 보면 영광스럽게 변화되신 예수님의 모습과 모세나 엘리야의 모습을 보는 순간 베드로는 우리가 여기 있는 것이 좋사오니 주께서 만일 원하시면 초막 셋을 짓겠다며 흥분해합니다. 그러니까 여기에서 살겠다는 말입니다. 하지만 장가를 가서 처자식이 있는 베드로가 그 말을 한다는 자체가 얼마나 어처구니없는 이야기입니까? 그런가 하면 초막을 셋만 짓겠다고 하니 그렇게 되면 자기들은 어디에서 자겠다는 것입니까? 그러나 베드로에게는 그런 것 따위를 생각할 여지가 없었습니다. 다만 변화되신 예수님의 모습을 뵙는 것이 너무 좋아서 이대로 그냥 살고 말자는 것입니다. 그러고 보면 우스운 이야기이긴 하지만 그는 천당에 가서도 천당 못온 사람 때문에 걱정을 하거나 눈물을 흘리지 않을 것 같습니다. 그만큼 베드로는 그 상태를 만족해하고 감격해 한 것입니다.

　이와 같이 나다나엘 역시 그 마음속에 굉장한 절정적 경험을 하면서 만족해 하고 있는 장면을 볼 수 있습니다. 고린도전서 1장 22절에 보면 유대인은 표적을 구하고 헬라인은 지혜를 구한다고 하였습니다. 이렇게 각각 그 구하는 바가 있습니다마는 이제는 표적이고 지혜이고간에 상관이 없습니다. 이는 십자가 안에서 다 이루어지기 때문이며 만족하게 채워지기 때문입니다. 여러분께서는 이러한 경험을 해보셨습니까? 이를 위해서 무슨 굉장한 체험, 즉 병고침을 받은 체험이라든가 환상을 보는 등의 그런 체험을 원하는 것이 아닙니다. 아무튼 나에게 개인적인 경험이 주어질 때 하나님이 나를 사랑하시고, 나의 진실을 알아주시며, 나를 개별적으로 택하셨다는 것을 아는 순간 더 다른 어떤 이론이 필요치 않습니다. 이제는 다시 물을 것도 의심할 것도 없으며 과거도 미래도 상관 없이 그 속에서 다 해결되고 마는 것입니다. 그 증거로서 나다나엘은 당신은 하나님의 아들이요 이스라엘의 임금이라는 말을 하게 됩니다.

이 말을 들으신 예수님께서는 네가 마음문이 열린 것은 좋지만 그런 주관적인 경험에서 끝날 일이 아니라 정말로 하늘이 열리는 것을 보리라고 말씀하십니다. 사실 나다나엘은 예수님의 제자로 있으면서 하늘이 열리는 장면을 수없이 많이 보았으리라고 생각합니다. 그 많은 것들을 어떻게 다 말씀드릴 수가 있겠습니까? 그저 몇 가지만 말씀드린다면 예수님께서 떡 다섯 개와 물고기 두 마리로 5천명을 먹이실 때에 축사하시고 떼어 줄 때에 하늘이 열리는 것을 보았습니다. 4천명을 먹이실 때에도 마찬가지 입니다. 또한 나사로를 살리실 때에 보면 예수님께서 "아버지여 내 말을 들으신 것을 감사하나이다" 하는 기도를 드리신 후에 "나사로야 나오라"고 부르실 때에 하늘이 열리고 한마디 한마디의 사역이 그대로 하나님과 직통하는 것을 보았습니다. 그리하여 계속적으로 점점 강하게 하늘이 열리는 것을 체험하게 됩니다. 그리고 성전 휘장이 찢어질 때는 물론, 보다 명확하게는 부활하신 예수님을 만날 때에 하늘이 환히 열리는 것을 보았습니다. 그러나 예수님께서 지금 여기에서 이렇게 말씀하시는 것은 단지 그러한 사실을 미리 말씀하시는 것뿐입니다.

　너희가 하늘이 열리는 것을 보리라! 그리고 하나님의 사자들이 인자 위에 오르락내리락하는 것을 보리라! 여기에서 보면 앞서 나다나엘은 예수님을 향하여 하나님의 아들이시라고 말하고 있는데 비해 예수님께서는 자신을 가리켜 인자라고 말씀하십니다. 이 인자라는 지칭은 예수님께서 가장 즐겨 쓰시는 자기 표현으로 이 말을 처음 사용한 것이 바로 여기입니다. 그러니까 인자가 말씀하시기를 "하늘이 열리고 하나님의 사자들이 인자 위에 오르락내리락하는 것을 보리라"는 약속을 하시는 것입니다. 이제 나다나엘은 이 말씀을 믿고 이 장면을 보기 위하여 예수님의 제자가 됩니다.

　여기에서 천사가 오르락내리락한다는 말씀은 여러분이 잘 아시는 창세기 28장에 있는 야곱의 이야기를 배경으로 하는 말씀입니다. 거기에 보면 아버지를 속이고 형 에서의 축복을 가로챈 동생 야곱이 그 사실이 드러나자 형의 분노를 피하여 멀리 화란으로 가게 됩니다. 야곱은 별 수 없이 혼자서 어려운 광야의 길을 가는 중에 해가 지자 한 곳에서 밤을 지내게 됩니다. 이때에 야곱은 어두운 광야의 한 지점에 홀로 서 있는 자신의 모습을 보면서, 게다가 어디에선가 들려오는 맹수의 울음소리와 차갑기만 한 밤 기운이 안겨주는 공포와 쓸쓸함으로 인해 참으로 착잡한 심정이었을 것입니다. 그보다는 어쩌면 오늘밤 이대로 죽는 것이나 아닌가 하는 공포가 더 컸을 지도 모릅니다. 아무튼 그런 상황 속에서 그는 돌베개를 하고 누워 잠을 자게 됩니다. 여기에서 우리가 한 가지 생각할 것은 이 시간에 야곱이 밤새워 기도했으면 좋았을 것이라는 생각입니다. 물론 성경에 기록되지 않았다고 하여 하고 안하고를 함부로 말할 수는 없습니다마는 일단 성경에는 야곱이 기도했다는 이야기가 나오지 않습니다.

　다시 말하지만 아마도 이대로 죽는가 보다 하고서는 돌베개하고 잠을 자는 야곱에게 하나님께서는 놀라운 꿈을 보여 주십니다. 그 꿈은 사닥다리가 땅에서부터 세워져 하늘에 닿아 있는 것이었습니다. 기억할 것은 사닥다리가 하늘로부터 땅으로 내려온 것이 아니라고 하는 점입니다. 여기에서 우리가 야곱의 일생을 놓고 생각해 본다면 이 야곱은 그의 평생이 사다리를 놓고 올라가는 사람입니다. 그는 분명 동생임에도 형의 위치에까지 올라간 그야말로 무섭도록 계속 올라가는 사람입니다. 그런데 이 사다리라는 것은 위에서 걸쳐지는 힘 닿는 곳이 없고서는 서 있을 수가 없는 것입니다. 그런데 야곱의 꿈에 보인 사닥다리는 땅으로부터 세워져 하늘에 닿아 있는 것으로 그 위를 하나님의 사자가 오르락내리락하고 있습니다. 이것은 곧 야곱의 수호천사가 오르락내리락하고 있는 것입니다. 따라서 이것은 야곱 자신을 말해 주고 있는 장면입니다. 바꾸어 말하면 네가 하늘로 올라오느라고 사다리를 놓고 무던히도 애를 쓰는구나 하는 의미인 것입니다.

그리고 또한 하나님께서 말씀하시기를 너 누운 땅은 내가 너와 네 자손에게 주시겠다고 말씀하십니다. 이 모두가 다 하늘이 열린 것이며 그리고 아무 걱정하지 말고 하늘로 올라오라는 말씀인 것입니다. 이러한 환상과 음성을 들은 야곱은 너무나 좋아서 여기에 나와 함께 계신 하나님을 몰랐었다는 두려움과 감격 속에 베개했던 돌을 기둥으로 세우고 그 위에 기름을 부어 벧엘, 곧 하나님의 집이라는 이름으로 부르게 됩니다. 바로 거기에서 하나님의 약속과 허락이 이루어진 것입니다.

이제 이 장면을 놓고 한번 생각해 보십시오. 우리 인간들이 언제나 사다리를 하늘을 향해 세워 놓고 올라가겠다며 애를 씁니다마는 하늘이 열려지지를 않고 붙들어 주지를 않아서 사다리가 그냥 쓰러지고 맙니다. 한두 계단 올라갔다가는 쓰러지고, 제법 몇 계단 올랐는가 했다가도 그냥 쓰러지고 마니 아무런 효력이 없습니다. 이와 같이 사다리는 어느 순간에라도 위에서 붙들어 주지 않으면 제 기능을 다할 수가 없습니다. 위에서 열어 주고 붙들어 주어야만 그 모든 수고와 기도가 하나님께 상달되는 것입니다.

　그러므로 땅에서부터 사닥다리를 놓아 하늘에 닿았다는 것은 신앙적인 생활을 말하는 것이라 생각합니다. 그리고 여기에서 천사가 오르락하는 것은 기도를 말하는 것이며 내리락하는 것은 하나님의 말씀을 의미하는 것입니다. 천사는 우리의 기도를 받들어 하나님께 올리는가 하면 하나님의 말씀을 우리에게 전해 줍니다. 이는 천사장 가브리엘을 비롯하여 모든 천사들이 그랬습니다. 그러므로 오르락내리락, 즉 기도와 말씀, 말씀과 기도는 항상 같이 할 수 있어야 합니다. 내가 아무리 열심히 기도를 한다 하더라도 하나님께 상달되지 않으면 소용없는 것이며 또한 하나님께서 나에게 말씀해 주시지 않으면 나는 갈 바를 모르게 되는 것입니다. 이에 하나님께서는 천사가 오르락내리락하는 것을 보리라고 말씀하십니다. 다시 말하자면 이것은 나다나엘에게 허락하신 소중한 하나님의 약속입니다.

　여기에서 우리가 한 가지 생각할 것은 그냥 다리라고 하는 것은 평지에서 이쪽과 저쪽의 두 사이를 연결하는 수단으로 쓰여진 것입니다. 거기에 비해 사닥다리는 아래 위를 연결하는 수직적인 기구입니다. 마찬가지로 예수 그리스도는 하나님과 우리 사이에 화해자로 역사하십니다. 에베소 2장 13절 이하에 보면 예수님께서 하나님과 우리 사이에 막힌 담을 허신 화해자가 되심을 이야기 하고 있습니다. 주님은 우리의 사닥다리가 되십니다. 나다나엘은 예수님 위에 하늘이 열리고 하나님의 사자가 오르락내리락하는 엄청난 사건을 체험하게 됩니다. 지금 우리 앞에 사닥다리가 놓여 있습니다. 그리고 이 사닥다리가 하늘에 닿게 되어 우리의 기도가 천사의 손에 들리어 하나님께 상달되고 하나님의 말씀 또한 이 길을 통해 우리에게 전해집니다. 이렇게 하여 하나님과 우리 사이에 소통이 가능하게 되는 것입니다.

　이 일이 있기 위해서는 먼저 예수 그리스도에게서 이러한 역사가 이루어지고, 그를 중보로 하여 그를 믿는 모든 사람에게서 이 일이 이루어지게 되는 것입니다. 그래서 우리가 예수의 이름으로 기도하는 것이며, 그렇게 함으로써 하나님께 상달되는 것입니다. 그리고 하나님께서는 예수의 사건과 사도들을 통하여 우리에게 말씀을 주시며, 우리는 그 말씀을 받아들이게 됩니다. 이와 같이 예수님께서 놓으신 사닥다리를 오르락내리락하는 역사가 오늘도 이루어지고 있는 것입니다. 그러므로 예수를 빛, 생명, 길, 말씀 혹은 그리스도, 주, 인자, 하나님의 어린 양 등으로 표현한 이 모두가 다 예수님이 사다리 되심을 우리에게 증거하는 것들입니다. 다시 말하면 그러한 일들을 통하여 우리가 하나님께로 나갈 수 있도록 인도해 주는 것입니다.

그러면 이제 오늘 본문에서 말하는 가장 중요한 결론이 무엇인가 할 때 그것은 네가 더 큰 일을 보리라! 그리하여 하늘이 열리고 하나님의 사자들이 인자 위에 오르락내리락하는 것을 보리라는 말씀입니다. 이는 비단 나다나엘에게만 주신 말씀이 아니라 오늘 우리 또한 경건한 자세로 살면서 주님 앞에서 "당신은 하나님의 아들이시요 당신은 이스라엘의 임금이로소이다" 하는 고백을 하게 될 때에 하늘이 열리는 것입니다. 예수님께서는 분명히 말씀하십니다. 하늘이 열리고 하나님의 사자들이 인자 위에 오르락내리락하는 것을 보리라고. 이로 인해 하나님과 소통하는 신앙의 높은 체험을 쌓아가게 될 것입니다.

성전 비유

유대인의 유월절이 가까운지라 예수께서 예루살렘으로 올라가셨더니 성전 안에서 소와 양과 비둘기 파는 사람들과 돈 바꾸는 사람들의 앉은 것을 보시고 노끈으로 채찍을 만드사 양이나 소를 다 성전에서 내어쫓으시고 돈 바꾸는 사람들의 돈을 쏟으시며 상을 엎으시고 비둘기 파는 사람들에게 이르시되 이것을 여기서 가져가라 내 아버지의 집으로 장사하는 집을 만들지 말라 하시니 제자들이 성경 말씀에 주의 전을 사모하는 열심이 나를 삼키리라 한 것을 기억하더라 이에 유대인들이 대답하여 예수께 말하기를 네가 이런 일을 행하니 무슨 표적을 우리에게 보이겠느뇨 예수께서 대답하여 가라사대 너희가 이 성전을 헐라 내가 사흘 동안에 일으키리라 유대인들이 가로되 이 성전은 사십륙년 동안에 지었거늘 네가 삼 일 동안에 일으키겠느뇨 하더라 그러나 예수는 성전된 자기 육체를 가리켜 말씀하신 것이라 죽은 자 가운데서 살아나신 후에야 제자들이 이 말씀하신 것을 기억하고 성경과 및 예수의 하신 말씀을 믿었더라.
(요한복음 2 : 13~22)

성전 비유

　　예수님께서 말씀하시는 비유의 주제가 다양함은 우리가 이미 잘 아는 바입니다. 그 중에서도 특별히 높은 가치의 비유를 찾는다면 그것은 아마도 예수님 자신을 주제로 한 비유일 것이라는 생각입니다. 예를 들어 "나는 선한 목자다" "나는 포도나무다" 하고 나는, 나는 식으로 말씀하시는 것들입니다. 그런데 오늘 본문 말씀에 나타난 비유는 나는 하고 직접적인 표현을 쓰지 않으신 짧은 말씀이지만 모든 비유 중에 가장 주요한 높은 가치의 의미를 가진 비유입니다. 이는 예수님 자신을 가리킨 것일 뿐만 아니라 예수님을 일컬어 표현하는 의사다, 선생이다, 혹은 능력을 행하시는 분이다 하는 정도의 의미를 넘어 기독교 교리의 초점이 되는 십자가와 부활을 주제로 한 비유이기 때문입니다. 그렇기 때문에 본문에서 문자로 기록하지는 않았지만 의미상으로는 '나는 성전이다' 라는 말씀을 하고 있는 것입니다. 그러므로 여기에서 성전을 "헐라"고 하신 것은 십자가를 말씀하심이며 "일으키리라"고 하신것은 부활을 말씀하시는 것입니다. 그러고 보면 이 비유가 얼마나 소중한 것인지 모릅니다. 오늘 본문의 내용은 예수님께서 성전을 깨끗하게 하신 이야기입니다. 예수님과 성전에 관계된 이야기는 이외에도 여러 곳에 있으며 예수님께서는 성전에 대한 많은 이야기를 하시기도 하셨습니다.

　　그러나 여기에서 우리는 예수님께서 생각하시는 성전에 대한 개념이 어떤 것인가를 한번 생각해 볼 필요가 있습니다. 왜냐하면 그렇게 함으로써 오늘 본문을 통하여 예수님께서 말씀하시는 성전의 의미를 바르게 알 수 있기 때문입니다. 이를 위해 먼저 생각할 것은 예수님께서 12살 때 예루살렘 성전에 올라가셨던 일입니다. 유월절을 맞아 예루살렘 성전으로 올라갔던 요셉과 마리아가 아들 예수를 잃은 줄도 모르고 집으로 내려가다가 뒤늦게 알고는 사흘 후에 예루살렘 성전에서 찾게 된 이야기입니다. 아무튼 아들 예수를 찾던 마리아와 요셉이 성전에서 선생들과 이야기하는 예수님을 보고는 어머니 마리아가 나와 네 아버지가 얼마나 근심하며 찾았는지 아느냐며 조금은 꾸중하는 듯한 말투의 이야기를 하게 됩니다. 이때 예수님께서는 불과 12살의 나이임에도 불구하고 매우 담담한 표정으로 대답하시기를 "내가 내 아버지 집에 있어야 될 줄을 알지 못하셨나이까?"(눅 2 : 49)라고 말씀하십니다. 이는 참으로 엄청난 진리를 말씀하는 것으로 자녀를 키우는 우리들로서는 반드시 기억해야 될 말씀입니다. 자녀들을 교육하는 입장에서 할아버지집도 중요하고 삼촌, 이모집도 중요하지만 무엇보다도 성전을 내 아버지의 집으로 가르친다는 것이 얼마나 중요한 것이겠습니까? 이 성전이 내 아버지의 집이요 이 성전을 중심으로 내 인생을 가꾸어 간다는 인식으로 자란다는 것은 참으로 귀한 것이라고 생각합니다. 그런데 예수님께서는 이제 겨우 12살된 나이에 나는 지금 내 아버지 집에 있으며 그것은 당연한 것이 아니냐는 대답을 하고 있는 것입니다. 여기에서 우리는 예수님의 성전관을 읽을 수 있습니다. 내 아버지 집! 그러므로 이것은 아버지의 집이지 내 집은 아닙니다. 성전의 주인은 아버지, 곧 하나님 아버지입니다. 그 외에 누구의 집 누구의 소유도 아닙니다. 어쩔 수 없이 세상 법으로 보자면 교인들의 소유라고 할 수 있을지 몰라도 의미상으로는 어디까지나 하나님의 집입니다.

 그리고 중요한 것은 그 아버지의 집에 아들인 내가 있어야 한다는 것이며 그것이 바로 성전된 의미인 것입니다. 아버지의 집에서, 아버지를 모시고 자녀들이 둘러앉아 있는 이것이 곧 하나님의 가정이요. 하나님의 교회입니다. 거기에서 축제를 벌이며 아버지를 찬양하고 아버지께 영광을 돌립니다. 이와 같이 하나님의 가정식구들이 함께 모여 있는 건물, 그 집을 가리켜 우리가 성전이라고 부릅니다. 이것은 하나님과 우리와의 신령한 관계, 즉 하나님이 아버지가 되시고 우리가 자녀가 되어 모두 형제가되고 자매가 되는 그러한 관계를 잘 설명해 주는 상징이 됩니다. 그 때문에 저는 지금에 와서는 우리가 잘 쓰지 않고 있는 천당이라는 말이 하나님의 나라라는 천국이라는 말보다 더 좋게 마음에 와닿는 것을 느끼고는 합니다. 왜냐하면 하나님의 나라라는 개념보다는 하나님의 집이라는 개념이 더 가깝게 느껴지기 때문입니다. 그래서 옛날 어른들은 천국이라 하지 않고 천당이라고 한 것입니다.

그러면 예수를 믿는다는 것이 무엇인가라고 할 때 이에 대한 하르낙의 표현은 "하나님을 아버지로, 자신을 하나님의 자녀로 이웃을 한 형제로 생각하는 것이다"라고 간단하게 요약하고 있습니다. 따라서 성전이란 그런 사람들이 모이는 곳입니다. 우리는 그것을 알아야 됩니다.

다음 또 하나 예수님께서 생각하시는 성전의 개념은 "기도하는 집"(마 21 : 13)이라고 하는 것입니다. 다시 말해 하나님과 만남의 관계를 가지는 집이라는 말입니다. 그러므로 이 성전은 사람을 만나거나 사업적 인맥을 찾아 교제를 하기 위해 나오는 곳이 아닙니다. 물론 교회에서도 사업을 하고 친교를 합니다마는 가장 중요한 목적은 하나님을 뵙고, 하나님과 사귀며, 하나님께 기도하고 하나님께 예배하는 데 있는 것입니다. 우리의 궁극적 관심과 목적은 오직 하나님께 있습니다. 그리하여 누구 하나 예외가 없이 한 사람, 한 사람이 직접 하나님을 만나게 됩니다. 그 만남을 위한 방법으로 내용을 담아 이루어진 형식과 예식이 우리의 예배 순서가 되는 것입니다. 그러므로 성전은 하나님을 만나는 집이요 하나님께 예배하는 집이며 하나님의 자녀됨을 확증하는 집입니다. 하나님의 자녀가 아니고서는 하나님 앞에 구할 자격이 없는 것입니다. 이런 연유에서 어떤 분이 말하기를 기도의 응답은 언제나 하나로 통하는데 그것은 복잡하게 자초지종을 들어 조목조목에 대한 답을 하시는 것이 아니라 "내가 너를 사랑한다"는 이 한 마디로 족하다는 것입니다. 그러니까 기도의 응답이란 "내가 너를 사랑한다"고 하시는 그것을 확인하는 것이라는 이야기입니다. 내가 지금 어떤 역경에 있든지간에 주님께서 말씀하시기를 "걱정하지 말라. 내가 너를 사랑한다"라는 그 한 마디만 들려주신다면 아무런 문제가 없는 것입니다. 더욱이 이대로가 하나님께서 나를 사랑하시기 때문이라는데야 무슨 할 말이 있겠습니까? 그것이 바로 기도의 응답일 것입니다.

그런데 이렇게 귀한 곳이 아버지의 집인 하나님의 성전인데 오늘 본문에 의하면 이 성전이 더러워진 것입니다. 같은 내용을 기록한 마태복음 21장에 보면 "너희는 강도의 굴혈을 만드는도다"라고 말씀하십니다. 다시 말해서 아버지 하나님의 집이, 기도하는 집이 강도의 굴이 되었다는 것입니다. 여러분 강도가 찾는 곳이 어떤 곳입니까? 강도는 돈이 많은 곳, 또는 그만한 것이 있다고 생각되는 곳을 찾아 들어갑니다. 그렇기 때문에 진작 아무것도 없다고 생각되는 집은 문을 잠그지 않아도 도둑이 들어갈 염려가 없는 것입니다. 좀 우스운 이야기입니다마는 지난날 신학교를 다닐 때에 보면 6·25전쟁 직후라서인지 책가방을 들고 버스를 타게 되면 당시에는 소위 쓰리꾼으로 통하던 소매치기들이 칼로 가방을 찢는 일이 자주 일어나고는 하였습니다. 그런데 항상 가방을 찢기는 사람만 찢긴다는 사실입니다. 그러니까 이 사람은 척 보아서 사장 같고 돈이 있을 것 같으니 찢고 그런가 하면 이 사람을 찢어 보았자 헛수고일 것 같으니 안찢는 것입니다. 그래서 한번은 계속 가방을 찢기는 친구를 향해 농담삼아 이런 이야기를 해 보았습니다. "당신 가방만 자꾸 찢는 것을 보니 그 가방이 돈가방으로만 보이는 모양인데 그것은 당신 관상이 잘못되었기 때문이 아니겠나? 그러니 아무래도 당신은 목사를 그만두어야 되겠어" 하면서 같이 웃었습니다.

다시 말하지만 강도가 어디로 가겠습니까? 그리고 강도의 굴이 되었다는 말은 무엇을 의미하는 것입니까? 그것은 아주 본질에서 떠난 것을 말하는 것입니다. 거기 있어야 할 것은 없고 없어야 할 것만 가득 있는 상태란 말입니다. 그러기에 강도가 드나드는 것입니다. 예수님께서 "강도의 굴혈을 만드는도다"라고 하신 이 말씀 역시 하나의 비유입니다. 강도의 굴혈이란 한마디로 강도들이 득실거리는 소굴이요 본거지며 강도질을 해서 얻은 것들을 감추어 두는 곳을 말합니다. 그런데 바로 이 성전이 그렇게 된 것이 아니냐며 책망을 하고 계시는 것입니다.

그리고 오늘 본문에서는 "장사하는 집을 만들지 말라"고 말씀하십니다. "장사하는 집을 만들지 말라"는 것과 "장사하는 집"이라는 말은 내용상으로 같은 이야기입니다. 그러면 어떻게 해서 이와 같이 강도의 소굴이 되고 장사하는 집이 되기에 이르렀는가 하는 것입니다.

그것은 첫째 성전 안에서 되어지는 모든 행사가 어느 사이에 문화화 되어서 습관화되고 무의식적인 행위가 되어 버렸기 때문입니다. 그러니까 그저 그날이 되고 시간이 되면 나갔다가 아무런 감격도 없이 돌아오는 것입니다. 마음먹고 나가자니 별것도 아니고 그렇다고 안 나가자니 꺼림직하여 그저 들락날락하는 것으로 되어 버린 것입니다. 이와 같이 문화화 된 교회가 구라파에 가보면 많이 있는 것을 볼 수 있습니다. 그리고 그 결과로는 본래적인 목적을 상실했다는 사실입니다. 본래의 목적은 하나님께 예배하는 것이었는데 그 목적과는 다른 의미의 성전이 되어 버렸으니 목적을 상실한 것이란 말입니다. 그러다 보니 이제는 강도의 굴혈이 되는 것입니다.

그리고 두번째는 의식주의 때문입니다. 이런 저런 형식과 의식에 치중한 결과 마지막에 남은 것은 내용이 없는 복잡한 의식뿐입니다. 많은 제사가 그러했습니다. 그래서 많은 신학자들이 말하기를 죄가 많고 도덕적 내용이 결여되었기 때문에 오히려 의식을 더 요란하게 했다는 말까지도 하고 있습니다. 그렇다면 그것은 하나의 보상심리인 것입니다. 회개해야할 죄가 많고 감추어진 불의가 많다 보니 오히려 더 경건한 것처럼 보다많은 제사를 드리면서 야단스럽게 제물을 바침으로 죄사함을 받는 형식을 취한 것이란 말입니다. 이사야서 1장에 보면 가증한 제사로 인해 하나님께서 크게 책망하시면서 "헛된 제물을 다시 가져오지 말라"(13)고 하시는 것을 볼 수 있습니다. 하나님께서 원하시는 것은 공의와 진리와 사랑인데 그것들은 간데없이 의식만 번거롭게 계속하고 있으니 이제 다시는 내 앞에 제물은 가져오지 말라는 말씀까지 하고 계시는 것입니다. 너희들의 그 형식적인 제물에 아주 지쳤다는 말씀입니다. 마찬가지로 예수님 당시의 예루살렘 성전이 바로 이런 상황에 빠져 있었던 것입니다. 다시 말하면 본래적인 목적을 상실한 내용 없는 성전이 되어 있었습니다.

다음 세번째는 수단화입니다. 어디까지나 하나님께 예배드리는 것이 목적이어야 함에도 예배 자체가 수단이 되어 버린 것입니다. 요즈음도 보면 교회에 나오는 것이 수단이 되고 있는 사람들을 더러 볼 수가 있습니다. 교회에 나와야 아무개와 사귈 수가 있고, 그렇게 함으로 내가 하고자 하는 일에 도움이 된다는 생각들이 모두 그런 경우입니다. 어떤 이들은 교회에 나온 지 며칠도 되지 않아서 추천서를 써달라고도 하고 심지어는 등록할 터이니 추천서부터 먼저 해달래는 사람도 있습니다. 그런가 하면 세례를 요구하는 직장에 들어가기 위해 오늘 당장에 세례 좀 주십시오 하는 경우가 다 수단에 지나지 않는 것입니다. 어떤 이유에서든지 세례가 그렇게 행해져서는 안되는 것이란 말입니다.

우리가 하나님 앞에 예배하는 것은 그것 자체가 목적입니다. 이것은 어떠한 경우에도 수단이 될 수가 없습니다. 좀더 깊이 말씀드린다면 예배를 통해서 복을 받는다고 생각하는 기복사상에 빠지는 것도 같은 맥락으로 볼 수가 있습니다.

그런데 당시의 사람들이 하나님 앞에 제사를 드리기 위해 성전으로 나오기는 했는데 어떻게 해서든지 싼 제물을 드리려고 하는 것입니다. 다시 말하면 제사는 드려야 하겠고 돈을 아껴야 하겠으니 정성 같은 것은 생각할 것도 없이 어떻게 해서든 제물로 합격만 하면 된다는 생각으로 제물을 고르는 것입니다. 그러자니 제사를 드린 사람은 어떻게든 싸게 살려는 것이고 장사꾼들은 될 수 있는대로 비싸게 팔아서 돈을 벌려는 것입니다. 이러한 상거래가 처음에는 성전 밖 멀리에서 행해지다가 점점 성전 가까이로 오더니 마침내는 성전 안으로 들어와 이제 성전 뜰에서 장사를 하게 된 것입니다. 그 본래의 목적은 제물을 준비한다는 입장에서 나쁜 것이 아닙니다. 그러나 어느 사이에 장사하려는 수단만 남았으니 그야말로 배로 하나님을 삼은 것입니다. 이와 같이 목적이 장사에만 있고 하나님께 예배하는 일에는 전혀 생각이 없으니 성전이 더러워질 수밖에 없는 것입니다. 그렇게 되면 경건해야 할 경건이 없게 되고, 믿음이 있어야 하는데 믿음이 없으며, 하나님을 만나야 되는데 하나님을 만난 일이 없습니다. 그리하여 우상화가 되고 미신화가 되며, 구조만 남고 의식만 남게 됩니다. 그리고 논리와 변증만 남아서 이래야 되고 저래야 된다는 끝없는 이야기로 말만 많은 것입니다.

아무튼 지은 바 그 목적대로 하나님 앞에 예배함이 없는 성전이란 성전으로서의 존재 가치가 없는 것입니다. 그리고 한 사람 한 사람 각자에게 예배하는 마음이 없다면 성전을 출입할 이유가 조금도 없는 것입니다. 우리의 목적은 하나님을 만나는 확실한 예배를 드림에 있어야 합니다. 그런데 이 예루살렘 성전은 그것이 없이 사람들만 와글거리면서 장사만 하고 있더라는 것입니다. 이에 노하신 예수님께서 채찍을 만들어 휘두르시며 소와 양을 성전 밖으로 내어쫓으시고 상과 돈을 엎으시면서 장사꾼들을 몰아내시게 됩니다. 이것을 본 유대인들이 예수님을 향하여 "네가 이런 일을 행하니 무슨 표적을 우리에게 보이겠느뇨?" 하고 묻습니다. 이 말을 들은 예수님께서는 긴 설명을 하시지 않고 간단히 잘라서 말씀하시기를 "너희가 이 성전을 헐라. 내가 사흘 동안에 일으키리라"고 대답하십니다.

예수님께서는 변론을 싫어하셨습니다. 그리고 가만히 보면 사람들과 긴 이야기를 하신 적이 없으십니다. 오늘도 그와 같이 간단하게 말씀을 하시게 되는데 그 의미가 너무 깊은 것이어서 유대인들은 물론 제자들도 그 뜻을 알지 못했던 것입니다. 진실로 그 뜻을 알게 된 것은 많은 시간이 흐른 뒤인 오순절에 성령을 받음으로써 알게 됩니다. 이와 같이 예수님께서는 그 자리에서 저들이 알 수 있도록 그에 대한 설명을 하지 않았습니다. 아마 예수님께서 설명을 하셨더라도 별소용이 없었을 것이라 생각됩니다. 설명을 듣고 깨닫기 보다는 오히려 책잡기만 하면서 말만 많아졌을 것입니다. 이에 예수님께서는 언젠가는 알게 되리라는 생각으로 긴 설명을 하시는 대신 매우 간단한 말씀으로 "너희가 이 성전을 헐라. 내가 사흘 동안에 일으키리라" 하시고는 그 이상의 아무 말씀도 하시지 않습니다. 그러자 저들 유대인들이 이 성전은 46년 동안이나 걸려 지은 것인데 네가 어찌 3일 동안에 일으킬 수가 있겠느냐고 말하는 것을 볼 수 있습니다.

그러나 이렇게 말씀하신 성전은 성전된 예수님 자신의 육체를 가리킨 말씀입니다. 따라서 성전을 헐라는 것은 십자가에 못 박히심을 뜻하는 것이며, 성전을 일으키리라는 것은 부활을 의미하는 것입니다. 그리고 예수님께서 부활하신다는 것은 다시 신령한 성전을 깨끗하게 세운다는 것을 의미합니다. 유대인들은 우리가 일반적으로 사용하는 성전(temple)에 해당되는 용어로 '이에론'이라는 말을 씁니다. 이것은 성전 건물, 곧 성소와 지성소 그리고 뜰을 다 포함해서 하는 말입니다. 그런데 오늘 본문의 예수님께서는 그와는 달리 이에론이라는 말 대신 '나오스'라는 말을 사용하십니다. 이 말은 성전 전체를 뜻하는 말이 아니라 지성소, 하늘의 성소를 가리키는 말입니다. 다시 말하면 하나님께서 임재하시는 상징인 장소, 하나님의 법궤가 놓여 있는 바로 그곳을 말하는 것입니다.

그런 의미에서 당시 예루살렘 성전은 건물이 서 있는 것 같았으나 사실에 있어서는 허물어지는 순간이 있었습니다. 그것이 바로 예수님께서 십자가에 돌아가실 때에 성전 휘장이 찢어지는 시간입니다. 이것이 곧 낡은 성전을 헐어 버리는 사건입니다. 그러고도 성전 건물 자체를 놓고는 실질적으로 헐지를 못하고 지내는가 하였는데 하나님의 영광이 떠난 성전이 그대로 남아 있을 수는 없는 것이어서 주후 70년 로마 사람들의 재침공에 의해 이 예루살렘 성전은 송두리째 허물어지고 말았습니다. 그날 이후 2천년이 다된 지금까지 예루살렘 성전은 다시 세워지지 않고 있습니다. 이 성전의 재건을 위해 이스라엘 사람들이 지금 계속 많은 노력을 하고 있습니다마는 그 일이 언제 이루어질 것인지는 알 수가 없습니다.

　여기에서 예수님께서 성전이라고 말씀하실 때의 그 의미는 근본적으로 그 본래적인 목적에서 떠난 성전은 존재의 가치가 없다는 말씀입니다. 하나님이 계시지 않고 경건이 없고 예배가 없으며, 하나님과의 만남과 믿음이 없는 성전! 그런가 하면 장사치들의 생각으로 모든 것이 수단화되어 버렸으며 더러워질대로 더러워져 강도의 굴혈이 된 이 성전은 한마디로 수리가 불가능하다는 것입니다. 어느 한 부분 수리함으로 목적대로 쓰여질 수가 있었으면 좋겠는데 그럴 수 있는 정도가 아닙니다. 어느 한 부분의 개혁이나 혁명으로 될 수 있는 상태가 아니란 말입니다. 상황이 상황이니만큼 부분적인 수리로는 안되겠다는 말입니다. 그러므로 깨끗이 허물어 버리라는 말씀입니다. 우리는 이 말씀의 의미를 깊이 생각해야 합니다. 우리는 때때로 자신의 인격을 좋게 생각하면서 나는 이 점만 고치면 되겠다는 생각들을 하고는 합니다. 그리하여 나는 이 사치하는 버릇만 고쳐지면 되겠는데 하거나 혹은 나는 게을러서 조금만 부지런해지면 좋겠다는 등의 생각들을 합니다마는 문제는 정말 그럴까 하는 것입니다. 왜냐하면 자기가 아는 그 문제를 오늘 이 시간까지도 해결하지 못하고 수십년 동안 악순환을 계속하고 있기 때문입니다.

　그러므로 이제는 헐어 버리라는 주님의 음성을 들으십시오. 그리고 부분적으로 세울려는 생각은 하지 말며, 부분적으로 수리하려고도 말 것입니다. 어느 하나 이것만 고치면 되겠지 하는 기대는 하지 마십시다. 모든 인간적인 생각이나 노력 자체를 깨끗이 헐어 버려야 합니다. 그리고 그리스도와 함께 완전히 죽었다가 또한 함께 다시 태어나야 합니다. 이는 주님께서 사흘 만에 세우시는 영적인 부활이 있고서야 성전이 바로 설 수 있다는 말씀입니다.

그러면 이제 예수님께서 성전된 의미란 무엇을 뜻함인가 할 때 그것은 예수님을 통하여 하나님을 만나고, 예수님 안에서 내가 하나님의 자녀가 되며 그로 인해 하나님이 내 아버지가 되기 때문입니다. 뿐만 아니라 우리는 예수를 통해서 말씀을 듣고 만나게 됩니다. 그러므로 예수님은 참된 성전입니다. 아시다시피 성전에서 이루어지는 가장 중요한 일은 속죄를 위한 제사입니다. 그 일을 두고 논하자면 예수님 외에 달리 누구를 이야기할 수 있겠습니까? 성전에서 이루어지던 그림자적인 그 모든 상징과 예표가 본체이신 예수님에게서 완성이 됩니다. 그러므로 다시 말하지만 예수는 성전이다라는 말이 참으로 옳은 말씀인 것입니다.

그리고 예수님께서는 친히 제사장이 되시고 동시에 십자가의 보혈을 흘리시는 제물이 되심으로 우리로 하여금 하나님의 가정의 자녀가 되어 하나님의 집에 함께 살게 하십니다. 따라서 여기에서 우리가 알아야 할 것은 지금까지 더러워진 인간적이고 수리 불가능한 성전은 이제 깨끗이 헐어 버리고 깨끗하고 영원한 새로운 성전을 부활의 능력으로 세워야 한다는 것입니다.

이에 사도 바울은 고린도전서 3장 16절에서 너희가 하나님의 성전임을 알지 못하느냐고 말합니다. 우리 한 사람, 한 사람이 각각 하나님의 성전이요 성령의 전입니다. 그러므로 사도 바울이 "하나님의 성전은 거룩하니 너희도 그러하니라"(고전 3 : 17)고 말한 바와 같이 성전인 우리 모두는 거룩해야 하는 것입니다. 우리의 주인이 하나님이요 성령인 만큼 우리의 몸이나 우리의 생각과 생활도 거룩해야 되지 않겠습니까? 주인이 거룩한 분일진대 어떻게 그 집을 더럽게 할 수가 있겠습니까? 마땅히 주인에게 합당한 거룩한 집이 될 수 있도록 구별되이 가꾸어 나가야 할 것입니다.그리하여 하나님께서 항상 함께 계시고, 하나님께서 말씀하시며 하나님의 뜻을 이루어 나가시는 성전으로 지켜져야 할 것입니다.

이제 더러워진 옛 성전, 내 마음의 옛 성전을 헐어 버려야 하겠습니다. 그리고 주님께서 친히 일으키신 영원한 새로운 성전을 항상 깨끗하게 지키면서 주님과 교제하고, 주님께 영광 돌리는 아름다운 성전의 사람이 되어져야 할 것입니다.

물과 바람 비유

　바리새인 중에 니고데모라 하는 사람이 있으니 유대인의 관원이라 그가 밤에 예수께 와서 가로되 랍비여 우리가 당신은 하나님께로서 오신 선생인 줄 아나이다 하나님이 함께 하시지 아니하시면 당신의 행하시는 이 표적을 아무라도 할 수 없음이니이다 예수께서 대답하여 가라사대 진실로 진실로 네게 이르노니 사람이 거듭나지 아니하면 하나님 나라를 볼 수 없느니라 니고데모가 가로되 사람이 늙으면 어떻게 날 수 있삽나이까 두번째 모태에 들어갔다가 날 수 있삽나이까 예수께서 대답하시되 진실로 진실로 네게 이르노니 사람이 물과 성령으로 나지 아니하면 하나님 나라에 들어갈 수 없느니라 육으로 난 것은 육이요 성령으로 난 것은 영이니 내가 네게 거듭나야 하겠다 하는 말을 기이히 여기지 말라 바람이 임의로 불매 네가 그 소리를 들어도 어디서 오며 어디로 가는지 알지 못하나니 성령으로 난 사람은 다 이러하니라 니고데모가 대답하여 가로되 어찌 이러한 일이 있을 수 있나이까 예수께서 가라사대 너는 이스라엘의 선생으로서 이러한 일을 알지 못하느냐 진실로 진실로 네게 이르노니 우리 아는 것을 말하고 본 것을 증거하노라 그러나 너희가 우리 증거를 받지 아니하는도다 내가 땅의 일을 말하여도 너희가 믿지 아니하거든 하물며 하늘 일을 말하면 어떻게 믿겠느냐 하늘에서 내려온 자 곧 인자 외에는 하늘에 올라간 자가 없느니라.

(요한복음 3 : 1~13)

물과 바람 비유

오늘 본문 말씀은 예수님께서 중생에 대한 교리를 말씀해 주시는 장면입니다. 특별히 유대인의 관원이요 지성인이며 종교인의 대표자인 니고데모와 일대일로 대화하시는 가운데 주신 매우 소중한 진리의 말씀입니다. 그리고 오늘 본문 역시 지극히 상징적이고 비유적인 간결한 말씀으로 하나님의 귀한 진리를 설명하고 있다는 점에서 히브리적인 방법의 말씀이라 하겠습니다. 이를 위해 우선 생각할 것은 지금 예수님과 대화를 나누고 있는 이 니고데모는 히브리적인 종교 배경을 가진 바리새인이기 때문에 예수님께서는 그가 알고 있는 지식이나 경험들을 비유로 하나님의 진리를 설명하고 있다는 점입니다.

이제 오늘 본문을 자세히 보면 세 가지의 비유를 발견할 수 있습니다. 그 첫째가 출생한다는 비유이고, 둘째는 물로부터 난다는 것이며, 셋째가 성령으로부터 난다는 것입니다.

그러면 먼저 출생한다는 문제를 두고 생각할 때 왜 본문에 제시된 중생이라는 말 대신에 특별히 출생이라는 말을 사용했는가 하는 것입니다. 본래 중생이라는 말은 헬라 원어로 '겐네세 아노센'이라는 두 낱말로 이루어져 있습니다. 그런데 여기에서 '겐네세'라고 하는 말은 출생이라는 말입니다. 영어로 말하자면 비긴(begin)이 아니고 본(born)에 해당하는 말입니다. 그러므로 이것은 마치 어린 아이가 어머니의 뱃속으로부터 으앙 하고 울면서 태어나는 것과 같은 장면을 말하는 것입니다. 그리고 아노센이라는 말은 태어난다는 말에 대한 장소를 가리키는 부사로서 무엇 무엇으로부터, 특별히 여기에서는 위로부터라는 뜻을 가지고 있습니다.

그러고 보면 땅에서 나는 것은 육체요 위에서 나는 것은 영입니다.

이제 여기에서 우리가 깊이 생각해야 할 것은 그렇다면 히브리 사람들의 생명관이란 어떤 것인가 하는 점입니다. 이는 곧 히브리 사람들이 출생이라는 말을 어떻게 이해하고 있는가 하는 문제가 됩니다. 오늘 본문에 의하면 니고데모가 예수님께서 말씀하신 이 비유를 비유로 이해하지 못하고 나타난 사건으로 받아들였다가 망신을 당하는 장면이 나오는 것을 볼 수 있습니다. 그리하여 예수님께서는 사람이 다시 나지 아니하면 하나님의 나라를 볼 수 없다라는 말씀을 하고 계시는데 이에 대한 니고데모의 반응은 사람이 늙으면 어떻게 다시 날 수가 있습니까 하고 반문을 하는 것입니다. 그렇다면 젊으면 날 수가 있는 것이겠습니까? 그리고 또한 하는 말이 어머니의 뱃속에 다시 들어갔다가 날 수 있습니까라는 참으로 어처구니없는 말을 하고 있는 것입니다. 이와 같은 반응은 비유는 비유로 이해되어져야 함에도 그 비유의 의미를 깨닫지 못하고 비유의 내용을 사건 자체로 받아들임으로 가지게 되는 실수인 것입니다.

그러면 이제 이 '태어난다'는 문제를 두고 히브리 사람들은 어떻게 생각하는가를 보면 저들은 우선 육체는 어머니와 아버지로부터 태어난다는 생각을 합니다. 그리고 태아가 어머니 뱃속으로부터 밖으로 나와 으앙 하고 울면서 스스로 호흡을 하게 되는 그 시간을 하나님께서 영을 불어넣는 것으로 생각합니다. 그러므로 공기를 호흡한다는 것은 우리가 생각하는 생리학적인 문제인 것이고 저들은 공기보다는 그 시간에 하나님의 영, 하나님의 생명이 그에게 불어들어가 사람이 된다는 것입니다. 따라서 뱃속에 있을 때의 생명은 완전한 사람이 아닌 것입니다. 이렇게 볼 때 인간은 복합적인 존재인 것이며 이러한 사상은 창세기에 기록된 인간 창조로부터 이해하고 있는 바인 것입니다.

아시다시피 하나님께서 사람을 만드실 때를 보면 먼저 흙으로 빚어 형태를 만드신 것을 알 수 있습니다. 그러나 이 흙으로 빚는 형태 그것만 가지고는 사람이 아닙니다. 그야말로 흙 자체요 단순한 육체이며 고깃덩어리에 불과한 것입니다. 사도 바울이 말했듯이 어디까지나 질그릇과 같은 것이란 말입니다. 이것은 매우 약하고 잘 부서지며 흙에서 나서 흙에서 난 것을 먹고 살다가 흙으로 돌아가는 존재인 것입니다. 육은 아무리 좋아도 역시 질그릇일 뿐 그 이상의 것은 아닙니다. 그런데 하나님께서 그 코에 생기를 불어넣어 호흡하게 하시므로 생령이 되었다는 것입니다.

그러므로 인간은 영과 육이 합쳐진 복합적인 존재입니다. 창세기에 의하면 육체는 만들어진 바요 영은 창조된 것입니다. 이는 육은 이미 있는 흙으로부터 만들어진 것이고 영은 하나님께서 넣어 주신 창조적인 것이라는 말입니다. 이러한 입장은 창세기 2장에 분명하게 나타나고 있습니다. 여기에서 분명히 알 수 있는 것은 육은 땅으로부터 온 것이고 영은 하나님께로부터 창조된 것으로 이 둘이 합쳐서 사람이 된다는 것입니다.

그렇다면 여기에서 문제가 되는 것은 생일이 언제냐 하는 것입니다. 다시 말하면 생의 기원을 육이 생겨난 것에서부터 계산할 것이냐, 아니면 영과 육이 만나진 때를 말할 것이냐 하는 문제입니다. 여기에 대해서 서양사람들은 세상에 태어난 날에서부터 계산하여 만 몇 세 몇 개월 하고 말합니다. 그러나 우리는 거기에 1년, 곧 뱃속에 있던 열달을 더하여 계산합니다. 이것은 생각해 보면 지극히 육적인 데가 있는 것으로 보아지는 문제이기도 합니다. 아무튼 분명히 알아야 되는 것은 사람은 역시 영이 있어서 사람이라는 사실입니다. 영이 없는 몸은 죽은 몸인 것입니다. 그러기에 사람이 살다가 영혼이 떠나게 되면 그때부터는 육체만 남는 것입니다. 간혹 며칠 동안 죽었다가 살아난 사람들의 간증을 들어보면 자기가 중량을 느끼지 않고 떠나가는 동안 저 멀리 누워서 버둥거리고 있는 자기의 몸뚱이를 보았다는 것입니다. 이와 같이 우리 사람이란 육체와 영이 살아 있음으로 사람인 것이며 어느 순간에라도 영이 훌쩍 떠나고 몸만 남게 되면 그 다음에는 썩게 됨으로 공동묘지로 옮겨 묻어 버리는 것입니다. 우리에게 있어서는 몸도 중요하고 영도 중요하지만 분명한 것은 둘이 합쳐졌을 때에만 인간인 것입니다. 그러나 생명의 참된 기원은 육이 아니라 영이라는 사실을 우리는 알아야 합니다. 영혼이 없다면 그것은 인간이 아닙니다. 생명이 없다면 그것은 고깃덩어리요 하나의 흙덩어리에 지나지 않습니다. 지금 예수님께서는 이와 같은 철저히 히브리적인 생명관을 놓고 귀중한 말씀을 하고 계시는 것입니다.

그런데 이 영이 타락하고 병들었으며 잠들어 버린 것입니다. 도대체 있는지 없는지 조차도 알 수가 없게 되어 버렸단 말입니다. 그러므로 다시 여기에 플러스 알파인 성령의 역사가 나타나야 될 것이란 말입니다. 바꾸어 말하면 인간과 하나님의 영이 함께 함으로 비로소 그리스도인이 되고 하나님의 자녀가 된다는 것입니다. 이를 위해 고린도전서 12장 3절 말씀을 보면 "성령으로 아니하고는 누구든지 예수를 주시라 할 수 없느니라"고 하였습니다. 또한 로마서 8장 9절 말씀에는 "누구든지 그리스의 영이 없으면 그리스도의 사람이 아니라"고 하였습니다. 이와 같이 우리는 그리스도의 영이 있음으로 비로소 우리의 영이 재생을 하며 하나님의 자녀로 나타나게 되는 재창조의 역사가 이루어지게 되는 것입니다. 이런 의미에서 예수님께서는 니고데모를 향해 다시 나아 하리라는 말씀을 하고 계시는 것입니다. 다시 말하면 네가 고깃덩어리가 되었고 영은 잠들어 있는지 없는지도 모르는 상태에서 육체만 남았다는 말씀입니다. 그러므로 이제 다시 성령이 임하게 함으로 창조시에 하나님께서 흙덩어리에 생명을 불어넣어 사람이 되게 하셨던 것처럼 네 코에 생명을 불어넣어야겠다는 말씀입니다. 그러니까 예수님께서는 출생이라는 생명의 신기원을 비유로 하여 우리의 영적 생명의 신기원을 설명하고 계시는 것입니다.

따라서 여기에서 말하는 출생의 신기원이란 지난날의 모든 생명을 부정하는 의미가 있습니다. 그리고 한 가지 분명한 것은 성령의 역사가 있음으로부터 비로소 하나님의 자녀로서의 생이 시작된다는 사실입니다.

그러므로 그날이 생일이요 그날부터가 사실상 나로서의 진정한 생이 시작되는 것입니다. 따라서 그전까지의 생은 생이 아니라 죽어 꿈틀거리며 발악하는 것에 지나지 않았음을 의미하는 것이 됩니다. 이에 창세기 6장 3절 말씀에 보면 "여호와께서 가라사대 나의 신이 영원히 사람과 함께 하지 아니하리니 이는 그들이 육체가 됨이라"고 하였습니다. 이는 사람들이 몸도 있고 영도 있어서 다니는 것 같지만 사실상 그 영은 떠나 버리고 고깃덩어리만 남아 육체가 되었다는 말씀입니다. 그 결과 하나님께서는 홍수로 그들을 쓸어 버리셨습니다. 언뜻 생각하면 산 사람들을 죽이신 것 같지만 하나님의 눈으로 보실 때는 이미 죽은 사람들을 쓸어다 장례식만 치르신 것입니다. 우리는 이런 점을 바로 이해해야 합니다. 그것은 사람이 아니라 하나님의 눈으로 보실 때에는 모두가 육체가 되어 버린 것이요 고깃덩어리만 남아 있는 것이란 말입니다. 그러므로 다시 말하지만 신령한 안목으로 보는 '출생' 혹은 '생명'이라는 것은 그리스도의 영이 있음으로 생명이요 사람이며 하나님의 자녀가 되는 것입니다.

이는 오늘도 마찬가지입니다. 하나님의 영이 함께 하지 않을 때 그것은 사람이 아닌 한갓 육체로서 참으로 무서운 인간이 되는 것을 볼 수 있습니다. 어쩌면 저에게도 그런 연유들이 쌓여서 목사가 되었는지도 모르겠습니다. 아무튼 공산 치하에 있을 때에 공산 당원들이 하는 짓을 보면 저들은 완전히 사람이 아닙니다. 아마 어느 잔인한 동물도 그렇게 악할 수는 없을 것이라 생각 됩니다. 그리고 악마가 있다면 바로 그게 악마일 것입니다. 북한에 있는 동안 매일처럼 그런 일들을 겪으면서 사람이 악해지기로 들면 이렇게 되는구나 하는 생각에 괴로워하면서 여기로부터 자신을 구해야겠다는 생각을 가지게 된 것입니다.

그러기에 예수님께서는 "사람이 거듭나지 아니하면 하나님 나라를 볼 수 없느니라"고 말씀하시는 것입니다. 우리는 이 말씀이 무엇을 의미하는 것인가를 깊이 생각해야 하겠습니다.

다음 두번째로 생각할 것은 물로 난다는 말씀입니다. 이 말에 대해서는 세가지의 전통적인 해석이 전해지고 있습니다. 그 하나는 인간이 어머니의 자궁 속에 있는 동안 물 속에 떠 있었다는 것에 비롯되는 해석으로 인간의 생명은 처음부터 물 속에 있었다는 것입니다. 어떤 책에서 읽은 바에 의하면 건강을 위해서 이런 저런 운동들을 하지만 가장 좋은 운동은 수영이며 그 이유는 나기 전부터 물 속에 떠 있었기 때문이라는 것입니다. 그것도 일리가 있는 이야기가 되겠습니다만, 아무튼 생명이 물로부터 말미암은 것이 아니냐는 해석은 사실 그 출발에 있어서는 헬라 철학의 영향을 받은 것입니다. 만물의 근원이 물이라고 하는 것은 고대 그리스의 유명한 철학자 탈레스(Thales)가 주장한 유명한 학설인 것입니다. 바로 이러한 배경과 의미에서 물을 생명의 근원으로 해석하고 있는 것입니다.

그리고 또 하나의 해석은 예수님의 말씀을 물로 생각하는 그런대로 권위있는 해석입니다. 예를 들어 요한복음 4장 14절에서 "내가 주는 물을 먹는자는 영원히 목마르지 아니하리니 나의 주는 물은 그 속에서 영생하도록 솟아나는 샘물이 되리라"며 예수님의 말씀 자체를 생수에 비교하신 일입니다. 그렇다면 여기에서 '물로 난다'는 말은 말씀을 듣고 말씀으로 말미암아 태어난다는 것을 의미하는 것이 아니겠느냐는 해석입니다.

그러나 보다 신빙성이 있는 해석은 요한의 세례를 뜻하는 것으로 보는 해석입니다. 본래 이방 사람들이 개종을 하여 이스라엘 사람이 될 때에는 두 가지의 예식이 행해졌다고 합니다. 그 하나는 할례로서 이것은 어떤 의미에서는 성전 안에서 되어지는 것이기 때문에 비밀한 일이요 공개할 수 없는 일입니다. 그저 말로서 할례받았음을 이야기할 뿐입니다. 거기에 비해 공개적인 또 하나의 예식이 있으니 그것이 세례였다고 합니다. 아무튼 이 세례가 본래는 이방 사람이 이스라엘 사람들이 되는 과정에서 베풀어졌던 예식으로 전해지고 있는 것입니다.

그런데 이제 세례 요한은 유대 사람에게 또 세례를 주고 있습니다.

그것은 거짓 이스라엘 사람을 참 이스라엘 사람으로 만드는 것이며, 자연인인 보통 이스라엘 사람을 그리스도의 백성으로 하나님의 백성으로 만드는 예식이 되는 것입니다.

그러므로 그 의미는 어디까지나 하나님의 참백성이 되는 표식이 되는 것이며 보다 세밀한 의미로는 죄를 씻는 표지가 됩니다. 그러면 왜 하필 물이냐고 할때 그 이유는 물은 더러운 것을 깨끗이 씻어 주는 것이기 때문입니다. 따라서 죄를 씻는다는 의미에서 세례를 말하고 물을 말하는 것입니다. 그래서 에베소 5장 26절에도 보면 "이는 곧 물로 씻어 말씀으로 깨끗하게 하사 거룩하게 하시고"라는 말씀이 있습니다. 본래 세례를 준다는 말의 헬라 원어인 '뱁티조'라는 말은 잠근다는 의미가 보다 강한 말입니다. 그러니까 옛사람은 완전히 죽어 물 속에서 장례를 치른다는 것이 됩니다.

우리는 회개와 함께 우리의 옛사람인 교만한 마음과 그 인격이 완전히 수장되어 버려야 합니다. 따라서 물로 난다는 것은 옛사람과는 관계가 없는 새로운 사람으로 태어나는 것을 의미 합니다.

그리고 특별히 이 물로난다는 말을 할 때에 강조해야 하는 것은 공중 앞에서 행해야 한다는 것입니다. 세례란 본래 둘이 앉아서 하는 것이 아닙니다. 가끔 어떤 이들이 기회를 놓치고서는 따로 세례를 받았으면 하고 찾아오는 이들이 있습니다마는 세례는 이렇게 행할 수 있는 성질의 것이 아닙니다. 이는 마치 결혼식을 몰래 해서는 안되는 것과도 같습니다. 결혼식이란 손님을 많이 청하거나 적게 청하거나의 차이는 있을 수 있겠습니다마는 어쨌든 공개적으로 여러 사람 앞에서 두 사람이 결혼함을 선포하면서 사랑을 고백하는 데 그 의미가 있는 것입니다.

마찬가지로 세례라고 하는 것이 그런 의미에서 중요한 것입니다. 세례란 나는 예수 믿는 사람입니다! 예수를 구주로 영접합니다! 내 일생은 이제 그리스도에게 바칩니다 하는 예식입니다. 예수님께서 친히 말씀 하시기를 "누구든지 사람 앞에서 나를 부인하면 나도 하늘에 계신 내 아버지 앞에서 저를 부인하리라"(마 10 : 33)고 하셨습니다. 이 얼마나 중요한 말씀입니까. 그러므로 세례 교인이라면 십자가 목걸이나 배지는 달지 않았어도 어디에서나 나는 예수 믿는 사람이며 교인이요 하고 살아야 되는 것입니다. 그것이 바로 그리스도인입니다. 어디를 가나 그리스도인은 그리스도인으로 나타나야 하는 것입니다. 가만히 몰래 믿게 되어있는 것이 아닙니다. 어디까지나 공개적인 신앙 생활을 함으로 성령의 충만함을 받는다는 사실을 잊지 말아야 합니다. 이와 같이 '물로 난다'라고 하는 말은 회개와 신앙고백, 그리고 그에 따른 확실한 고백적 생활을 의미하고 있는 것입니다.

그리고 세번째로 생각할 것은 성령으로 난다는 말씀입니다. 이 성령이라는 말은 바람이라는 뜻을 가지고 있는 말입니다. 그렇기 때문에 8절에 기록된 "바람이 임의로 불매"할 때의 그 바람이라는 말인 '프뉴마'와 같은 단어로 쓰여지고 있습니다. 여기에서 한 가지 기억할 것은 우리는 쉽게 신이라는 말을 쓰기를 좋아하는 경향이 있는데 사실은 신이라고 하는 말과 성령, 혹은 영이라는 말과는 다른 것입니다. 성령이란 본래 어원적으로 바람이라는 뜻의 말입니다. 물론 이것은 어디까지나 상징적인 것일 뿐 하나님의 영 자체가 바람이라는 뜻은 아닙니다. 그저 우리가 가장 가깝게 쓸 수 있는 용어가 그것 밖에 없기에 쓰는것 뿐입니다.

그러면 왜 굳이 바람이라는 말을 사용했는가 할 때 그것은 첫째 바람의 생명적 신비성 때문입니다. 여기에서 말하는 바람이란 동풍, 서풍 혹은 태풍하는 식의 바람 자체를 두고 하는 이야기가 아닙니다. 본래 바람의 신비적인 의미는 호흡, 곧 숨을 쉬는 것에 있습니다. 우리의 육체는 숨을 쉬어야 살 수가 있습니다. 요즈음은 의학이 발달한 탓으로 숨이 끊어지고 맥박이 멎은 다음에도 산소 호흡이다 약물 투여다 하여 다시 심장이 뛰고 호흡을 하게 하여 며칠씩 생명을 연장해 나감으로 죽는 시간이 모호해지는 것을 볼 수 있습니다. 하지만 일반적인 견해는 물론, 이천년 전인 당시로 돌아가 보면 숨이 끊어지면 죽는 것입니다. 그래서 우리 말에 "목숨 갔다" 혹은 "숨을 거두었다"는 말이 있습니다. 이 목숨이란 임종 직전의 사람이 숨을 몰아쉬는 것을 보면 가슴에서 배에까지 내려가지를 못하고 목에서만 조금씩 공기가 들락날락하다가 종내는 그것마저 하지를 못하고 멈추게 되는 것을 보고 하는 말입니다. 그러니까 목에 숨이 있으니 목숨이라고 한 것입니다. 이와 같이 호흡 되어지고 숨 쉬어짐으로 생명체로 존재케 하는 그 바람을 의미하는 것입니다.

이제 우리는 우리의 육체가 숨을 쉬어야 사는 것처럼 하나님의 형상으로 지음받은 생명인 우리의 영혼은 그리스도의 영에 접하여 그로부터 계속 호흡을 하는 인격적 관계를 맺고 있음으로 살 수가 있는 것입니다. 그리스도의 영과 맺어진 이 줄이 끊어지면 어느 사이에 악령에 사로잡혀 영적인 죽음을 가져오게 되는 것입니다. 그렇기 때문에 지금 예수님께서는 성령, 곧 바람으로 나야한다는 것을 말씀하고 계시는 것입니다. 다시 말하면 호흡함으로 나야 할 것이란 말입니다. 그러기 위해서는 기도를 많이 해야 합니다. 기도는 하나님 앞에 드리는 영적 호흡활동입니다. 우리는 이러한 영적 활동을 통해 하나님과의 관계를 유지해 나갈 수 있는 것입니다, 바로 이런 점에서 바람의 신비로움을 말하고 있는 것입니다. 또한 이 바람은 의식 이전의 이루어짐을 가지고 있다는 데 그 사용 의미가 있습니다. 오늘 본문에서도 보면 "바람이 임의로 불매 네가 그 소리를 들어도 어디서 오며 어디로 가는지 알지 못하나니"라고 하였습니다. 다시 말해 "바람이 임의로 불매", 즉 헬라 원문대로 말하자면 바람이 자기 마음대로 부는데 그것이 어디에서 오고 어디로 가는지를 모른다는 것입니다. 그것은 내가 바람을 일으키는 것이 아니라 바람의 마음대로 동풍이 불고 싶으면 동풍으로, 서풍이 불고 싶으면 서풍이 부는 것이기 때문입니다. 그런데 한 가지 알아야 되는 것은 이러한 현상이 의식 이전에 이루어진다는 사실입니다. 이것은 참으로 신비로운 것입니다. 그러기에 예수님께서는 "성령으로 난 사람은 다 이러하니라"고 말씀하십니다. 간혹 어떤 민감한 이들은 나는 몇년 몇월 몇일 몇시에 중생했다는 이야기들을 합니다마는 사실은 그보다 먼저 이루어지는 역사가 더 많은 것입니다. 어떤 분이 세상을 떠나기 전 병상에서 예수를 믿겠다기에 세례를 베푼 적이 있습니다. 그분의 말에 의하면 초등학교 3학년 때에 연필을 준다기에 두번 교회에 나갔던것 외에 오십 평생 달리 한번도 교회를 나가 본 일이 없다고 합니다. 그런데 이상한 것은 그 이후로 누구든 교회를 나쁘다고 하면 그렇게 싫더라는 것입니다. 그리고 다른 사람들이 교회가 너무 많다며 무슨 말을 하면 교회가 많으면 좋은 것이지하는 마음이 들면서 언젠가는 내가 저 교회를 나가야지 하는 생각을 하곤 했었는데 그것을 못하고 이렇게 죽게 되었다는 것입니다.

여러분! 이 사람을 보십시오. 성령이 언제부터 역사하신 것입니까? 철부지로 아무 것도 모르는 채 장난만 치다가 연필만 받아온 것 같지만 바로 그 시간에 이미 겨자씨와도 같이 생명의 역사는 이루어졌던 것입니다. 바람이 임의로 불매! 그야말로 어느 사이에 이루어지는지 우리는 그 역사를 알 수가 없는 것이란 말입니다. 저는 "교회에 오늘 처음 나왔다"는 분들과 인사를 나눌 때마다 "오늘 교회에 나오신 것 축하합니다" 하고서는 몇마디 더하는 말이 있습니다. 그것은 그저 처음에 나오시면 "무슨 소리인지 잘 모르고 어리벙벙하시더라도 꾹 참고 6개월만 나오십시오. 그러시면 무엇인가 이루어질 것입니다" 하는 이야기입니다. 바로 그것을 의미하는 말입니다. 무엇을 많이 기억하고 많이 깨닫고 알라는 것이 아니라 부지런히 나가 보면 바람이 임의로 불듯이 성령의 역사가 있을 것이란 말입니다. 그리고 생명의 역사가 이루어지는 것입니다. 그것은 내 의식이나 지식의 문제가 아니며 내 비판이나 결단의 문제도 아닙니다. 신비로운 역사가 이루어진다는 말입니다.

이제 바람이라는 말을 쓰게된 마지막 이유를 생각해 봅니다. 바람은 보이지 않기 때문입니다. 보이지 않으면서도 역사가 있고 그 증거가 나타납니다. 나뭇가지가 흔들리고 낙엽이 굴러간다는 것이 바로 그것입니다. 우리가 성령 자체를 우리의 육체적인 감각으로 감지할 수는 없습니다. 성령은 눈으로 보는 것도 아니요 귀로 듣는 것도 아니며 손으로 만지는 것도 아닙니다. 그러나 그 역사는 참으로 강하게 역사되어 각 사람의 마음을 움직이고 인격을 움직이며, 뜻을 움직여 하나님의 놀라운 역사를 이루어 나갑니다. 우리 육체의 오관으로 감지할 수 있는 성격의 것이 아니면서 이루어나가는 역사! 이것은 생명의 능력입니다. 그리고 거룩하게 하는 역사요 영화롭게 하는 역사며 믿음과 소망, 사랑을 주는, 말로 다 할 수 없는 신비한 역사입니다.

그 때문에 저는 그런 생각을 해보고는 합니다. 이따금 이유없이 슬플 때가 있는가 하면 성령이 내 안에서 역사할 때는 이유없이 기쁠 때가 있습니다. 그리하여 누군가가 무슨 좋은 일이 있느냐고 물으면 특별히 대답할말도 없으면서 무작정 기쁘고 좋은 것입니다. 바로 이러한 것을 비유하여 예수님께서는 성령을 바람으로 말씀하고 계시는 것입니다. 이 성령은 보이지 않으나 있으며 그리고 항상 생명의 역사로 존재합니다.

그러기에 예수님께서는 중생하는 생명의 신비로운 역사를 '출생이다' '물로 난다' '바람으로 난다' 는 비유들을 통해 말씀하신 것입니다. 우리는 이제 이 셋을 종합해 봄으로 예수님께서 말씀하고자 하시는 재창조의 신비로운 역사가 무엇을 의미하는 것인가를 깊이 생각하게 될 것입니다.

구리뱀 비유

모세가 광야에서 뱀을 든 것같이 인자도 들려야 하리니 이는 저를 믿는 자마다 영생을 얻게 하려 하심이니라 하나님이 세상을 이처럼 사랑하사 독생자를 주셨으니 이는 저를 믿는 자마다 멸망치 않고 영생을 얻게 하려 하심이니라 하나님이 그 아들을 세상에 보내신 것은 세상을 심판하려 하심이 아니요 저로 말미암아 세상이 구원을 받게 하려 하심이라.
(요한복음 3 : 14~17)

구리뱀 비유

　　예수님과 니고데모와의 만남은 앞장에서 이미 이야기한 바가 있습니다. 니고데모가 예수님을 처음 뵙는 상황을 보면 그의 신분이 신분이니만큼 밤에 조용히 찾아와서 장황한 인사를 늘어놓으면서 예의를 갖추고 체면을 차리는 것을 볼 수 있습니다. 그러던 니고데모가 어느 사이에 예수님의 말씀과 그 인격, 그 매력에 흡수되어 완전히 빠져들어 가는 것을 보게 됩니다. 그리하여 유대 나라의 종교적 정치적 고관이었던 그가 이제는 마치 어린아이가 호기심으로 인해 어른들에게 "이것은 무엇이죠? 왜 그렇지요?" 하며 줄곧 질문을 하는 것과 같은 모습을 느끼게 하고 있는 것입니다. 그러다가 마침내는 예수님으로부터 "너는 이스라엘의 선생으로서 이러한 일을 모르느냐?" 는 말씀까지 듣는 것을 볼 수 있습니다.

　　그는 예수님께서 거듭남의 교리를 말씀하시자 사람이 늙으면 어떻게 날 수 있습니까 하는 것과 어떻게 이런 일이 있을 수 있습니까? 하는 두 가지의 질문을 하게 됩니다. 생각하면 이러한 질문은 사실은 어린아이와 같은 마음에서 나온 질문인 것입니다. 만약 이 질문을 지식적으로 평가한다면 그렇게 유치한 질문이 있을 수가 없겠습니다마는 신령한 눈으로 볼 때에는 참으로 순진하고 깨끗한 마음에서 하는 질문인 것입니다. 그의 질문에는 일반적인 지식이나 합리적인 이론, 그리고 교리적인 변론 같은 것이 전혀 없습니다.

　　여기에서 우리가 "사람이 늙으면 어떻게 날 수 있습니까?" 하는 질문을 두고 재해석을 해본다면 "사람이 워낙 고질적인 인간이 되어 버리면 어떻게 변하겠습니까?" 하는 질문이 되기도 합니다. 가끔 우리 주위에서도 보면 공부도 많이 하고 지위도 있으며 교양도 있는 듯한데 그 사람됨이 크게 잘못되어 있는 것을 볼 때가 있습니다. 그 성격이나 생각하는 바가 잘못 고질화되어 자신을 괴롭히고 다른 사람을 괴롭힘에도 영 바꾸어지지를 못하고 있는 것입니다. 그것이야말로 무덤에 갈때까지 못 고칠 것이라는 생각입니다. 그것에 관한한 예수를 아무리 오래 믿었어도 바꾸어지기가 힘든 일입니다. 흔히들 어렸을때부터 가지고 있는 고질적인 관념이나 성격, 체질 등을 벗어나지 못해 힘들어 하는 이들이 있습니다. 이것으로부터 깨끗이 벗어나지 못하는 한 제대로 사람노릇을 할 수가 없습니다. 그렇게되면 자신에 대해서나 남에게 대해서나 마찬가지로 "구제불능인가 보다"라는 낙심을 하게 되는 것입니다.

이와 같이 아주 고질화된 문제를 생각하며 예수님께 인간의 수양이나 교양으로는 고칠 수 없는 그런 고질적인 사람도 구원을 받을 수 있을까요 하는 질문을 하고 있는 것입니다. 정말 이것은 인간으로서는 불가능한 문제더란 말입니다. 저가 아는 어떤 여집사님 한 분은 남편이 은행 지점장인데 도박하는 습관이 있어서 계속 불행하게 사는 것을 볼 수 있습니다. 집사님인 부인도 의사인지라 많은 돈을 벌어들이는 편인데도 남편이 도박 몇 번만 하고 나면 집도 날리고 빚까지 지는가 하면 심지어는 공금까지 횡령을 하면서도 도박을 해온 지가 20년이 되고 보니 이 부인이 지칠대로 지쳐서 이제는 아예 그만둘까요 하고 말하는 것을 보았습니다. 이것이 구제불능이 아니고 무엇이겠습니까? 이런 경우에 정말 이런 사람도 예수 믿으면 고쳐질 수 있을까요 하는 질문을 하고 싶은 것입니다. 생각하면 이런 고질적인 병패가 어디 그것뿐이겠습니까? 참으로 많은 것들이 잘못 고질화되어 문화화되고 습관화되어 있음에도 그 변화는 전혀 기대할 수가 없는 상태인 것입니다.

그러기에 니고데모는 "사람이 늙으면 어떻게 날 수 있습니까?" "그래도 예수를 믿으면 달라질까요?" 하는 질문을 하고 있는 것입니다. 다시 말하면 50년 60년이 된 이 고질도 달라질 수가 있겠느냐는 말입니다. 그리고 이에 대한 예수님의 말씀은 성령으로 난 사람은 다 이러하니라! 사람으로서는 하지 못해도 하나님께서는 하신단 말입니다. 육으로 난 것은 육이기에 육으로서는 아무리 결심을 하고 교양을 쌓아 보아도 육일뿐이지만 성령으로 나는 것은 영이기에 오직 위로부터 나는 성령의 역사를 통해 중생하는 역사가 있게 된다는 것입니다.

그리고 어떻게 이런 일이 있을 수 있겠습니까 하는 두번째 질문에 대한 예수님의 대답은 "모세가 광야에서 뱀을 든 것같이 인자도 들려야 하리라"는 말씀입니다. 이 말의 뜻을 집약하면 내가 십자가에서 죽어야 하리라는 말씀이 아니겠습니까? 이를 앞에서 주신 말씀과 종합해 보면 성령의 역사와 예수 그리스도의 십자가 사건만이 사람을 중생케 할 수 있다는 것입니다. 그것 외의 어떠한 수단과 방법으로도 고질화된 인간을 변화시킬 수는 없습니다.

모세가 광야에서 뱀을 든 것같이 인자도 들려야 하리라! 민수기 21장을 보면 이 말씀의 배경이 나오고 있습니다. 21장 4절 말씀에 보면 "백성이 호르산에서 진행하여 홍해 길로 쫓아 에돔땅을 둘러 행하려 하였다가 길로 인하여 백성의 마음이 상하니라"고 하였습니다. 이를 보다 구체적으로 말씀드린다면 이스라엘 백성들이 애굽으로부터 나와 홍해를 건너고 광야길을 거쳐 요단강 가까이에까지 이르러 가나안을 정탐까지 하였으나 저들의 불신앙을 보신 하나님께서는 다시 홍해의 광야길로 돌아서 가게 하십니다. 저들이 그 날짜를 모르고 있었습니다마는 하나님께서는 40년에 걸쳐 광야를 헤매게 하십니다. 아무튼 이렇게 됨으로 더욱 지치게 된 이스라엘 백성들은 그 길이 못마땅하여 어찌하여 우리를 애굽에서 나오게 하여 먹을 것도 없는 이 광야에서 죽게 하느냐며 모세와 하나님을 원망합니다. 여호와께서 인도하시는 길이요 하나님께 필요해서 주시는 과정인데 이 백성들은 그것이 못마땅하여 원망을 하는 것입니다. 한마디로 말하면 하나님의 능력과 지혜를 불신한 것입니다. 이를 두고 사도 바울은 고린도전서 10장 9절에서 "저희 중에 어떤이들이 주를 시험하다가 뱀에게 멸망하였나니 우리는 저희와 같이 시험하지 말자"라고 하였습니다. 감히 주를 시험하며 하나님을 원망하고 불평하는 죄를 범하고 있는 것입니다.

여러분 죄를 범함에도 믿는 사람이 범하는 죄가 있고 믿지 않는 사람이 범하는 죄가 있습니다. 일반적으로 말하는 죄, 즉 절도나 강도, 사기, 살인 등의 이러한 범죄는 믿지 않는 사람들뿐만 아니라 우리 믿는 자들에게도 있을 수 있는 요소들입니다. 그런데 그것과는 달리 믿는 사람들이 범하는 죄 두 가지가 있습니다. 그 하나가 하나님을 시험하는 것이며 또 다른 하나가 하나님을 원망하는 것입니다. 하나님을 아예 믿지 않는 사람은 원망도 없습니다. 하나님이 계신다는 생각도 없는데 누구를 원망하겠습니까? 하나님을 믿기에 또한 하나님을 원망하는 것입니다. 우리는 신앙인에게 이 두 가지의 결정적인 죄가 있음을 기억하고 거기에 빠지지 않도록 조심할 것입니다. 출애굽 사건은 바로 그러한 사실을 우리에게 분명하게 보여 주고 있습니다.

그러므로 우리 믿는 사람들은 어떠한 지경에서도 하나님을 시험하지 말아야 합니다. 그리고 하나님의 사랑에 대해서 의심하거나 하나님의 훈련 코스에 대해서 불평하지 마십시다. 길로 인하여 마음 상해하지 말것이란 말입니다. 하나님께서 동으로 인도하시든 서로 인도하시든, 가난으로 인도하시든 부로 인도하시든, 어느 길로 인도하시든 원망하지 마십시다. 저는 오래 전에 본 영화이긴 하지만 '지붕 위의 바이올린'이라는 영화의 한 장면이 매우 인상 깊게 남아 있습니다. 거기에 보면 이스라엘 사람들이 소련에서 고생을 하는 이야기가 나오는데 한 이스라엘인 아버지가 러시아인들과 어울려 다니면서 나쁘게 놀아나는 자기 딸로 인해 무척 마음 상해합니다. 아무리 가르치고 바로 잡으려해도 들어주지를 않습니다. 그 때문에 이 아버지는 자기의 생각과는 정반대로 전개되는 딸의 사건이 일어날 때마다 당장에 그 딸을 내리쳐서라도 어떻게 처리해 버리고 싶은 충격을 받게 되지만 바로 그런 순간에 그는 행동을 멈추고 하늘을 쳐다봅니다. 그리고 하나님께 기도 하기를 "하나님? 저 꼴을 좀 보십시오!" "하나님! 그래도 저는 하나님을 원망하지 않으렵니다!" 하고서는 서서 우는 장면이 나옵니다.

여러분! 답답하고 괴로운 일이 있습니까? 그렇다고 하나님을 원망하지는 마십시다. 우리의 기도는 어떠한 어려움 속에서도 "그래도 저는 하나님을 원망하지 않으렵니다"가 되어야 할 것입니다. 광야의 이스라엘 백성들은 자기들 뜻대로 되지 않는다고 하여 하나님을 원망하는 큰 죄를 범했습니다. 그 결과 하나님께서는 저들에게 불뱀을 보내시어 물려 죽게 하십니다. 우리 성경에는 이렇게 불뱀으로 되어 있지만 어떤 성경에는 날아다니는 뱀으로 기록된 것도 있습니다. 그러고 보면 이 뱀은 땅으로 기어다니는 것이 아니라 이곳에서 저곳으로, 나뭇가지에서 나뭇가지로 날아다니면서 마구 무는 것입니다. 그러자니 피할 길도 없는 것입니다. 그리고 한번 물리면 그 독이 얼마나 지독한지 불을 먹은 것처럼 목이 타면서 온몸이 불덩어리처럼 달아오르고 부어서 죽게 됩니다. 그래서 불뱀이라고 한 것인데 아무튼 이렇게 무서운 뱀들이 떼를 지어 몰려들어서는 사람들을 마구 물어 죽게 하고 있는 것입니다. 이렇게 되자 백성들은 하나님을 원망하는 죄를 깨닫고 모세로 하여금 하나님께 기도하여 이 뱀들이 물러가게 해줄 것을 부탁합니다. 이에 모세는 백성을 위한 기도를 드리게 됩니다. 그런데 이 기도를 들으신 하나님께서는 "그래 너희들이 이렇게 회개하니 내가 용서하겠다. 이제 다 나아라"는 식으로 일괄적으로 구원하신 것이 아니라 구리뱀을 만들어 장대 위에 달아놓고 그것을 쳐다보면 살 것이라는 것입니다. 이 얼마나 간단한 지시입니까? 그러나 그것을 쳐다보지 않고 죽은 사람들이 있으니 참으로 기막힌 사람들인 것입니다. 그저 간단히 쳐다보면 될 것을 그것을 안 쳐다보고 죽을 이유가 뭐란 말입니까?

이와 같은 경우는 구약성경 열왕기하 5장에 기록된 나아만 장군의 이야기에서도 볼 수가 있습니다. 문둥병이 든 아람의 군대 장관 나아만이 사마리아에 있는 선지자 엘리사를 찾아가 문둥병을 고쳐 줄 것을 부탁하자 엘리사선지는 요단강에 가서 몸을 일곱 번 씻으면 몸이 깨끗하여질 것이라고 말합니다. 이 말을 들은 나아만 장군은 대노하여 우리 나라에는 더 좋은 강들이 얼마든지 있는데 여기까지 와서 저 보잘것없는 요단강에서 목욕을 할 것이 무엇이냐며 돌아갈 것을 재촉합니다. 이때에 그의 지혜로운 종이 나아만 장군께 간청하기를 이보다 더 큰일을 명하여도 해야 할 것인데 하물며 몸을 씻으라는 이 간단한 일을 하지 않고 그냥 갈 것이 무엇이겠느냐고 말합니다. 종의 말을 들은 나아만 장군이 그 말이 옳다는 생각으로 요단강에 들어가 일곱 번 몸을 잠그고는 어린아이의 살결같이 깨끗하여졌다는 것이 아니겠습니까?

여러분, 한번 생각을 해 보십시오. 그저 시선만 높여 간단히 쳐다보면 될것을 안쳐다보고 죽은 사람들을 말입니다. 불뱀의 독으로 일각을 다투는 지경에서 아무리 어려운 일을 명하여도 해야 할 것인데 '쳐다보라'는 이 간단한 것을 쳐다보지 않고 죽는다면 그것은 죽어도 싼 것이 아니겠습니까? 한마디로 살 가치가 없는 사람들이란 말입니다.

이 이야기는 결코 다른 사람들의 이야기가 아닙니다. 바로 우리 신앙인들이 꼭 그와같습니다. 믿음으로 주만 바라보면 되는 것을 안 쳐다보고 죽는 것입니다. 위를 보는 것이 아니라 땅만 보고 기어들어가면서 원망을 하니 여기에 문제가 있는 것입니다. 분명히 하나님께서 허락하시는 사죄와 용서가 있고 약속이 있습니다마는 이 허락이 적용되기 위해서는 반드시 쳐다보는 조건이 수행되어져야 합니다.

여러분, 구리뱀이라는 것이 무엇입니까? 이것은 뱀은 뱀이되 진짜 뱀이 아닙니다. 이것은 어디까지나 가짜 뱀입니다. 이스라엘 사람들이 생각하는 뱀은 악의 상징이요 사탄과 마귀의 상징입니다. 이는 에덴 동산의 사건에서부터 이어져 온 생각이기 때문입니다.

다시 말하지만 장대에 달려 있는 뱀은 뱀의 모양은 있으나 뱀은 아닙니다. 마찬가지로 예수님은 죄인의 모습으로 죽으셨으나 죄인은 아니며 저주 받은 자의 모습으로 죽었으나 저주받은 자가 아닙니다. 이것이 바로 구리뱀의 모습인 것입니다. 사실 신앙의 눈으로 깊이 쳐다보면 예수가 십자가에 매달리시는 시간이 아니라 사탄이 십자가에 속박되는 시간인 것입니다.

이런 의미에서 구리뱀을 장대 위에 매달고 그리고 쳐다보라는 것입니다. 여기에서 쳐다보라는 말씀이 참으로 중요한 말씀입니다. 쳐다보는 것! 그것이 믿음입니다. "된다. 안된다" "구원받을 것이다. 못 받을 것이다" "가능하다 불가능하다"라고 하는 것을 말하거나 물어서는 안됩니다. 하나님께서 쳐다보라면 쳐다보는 것입니다. 분명 거기에 확실한 구원의 약속이 있습니다. 그러나 이 약속이 내게 효력을 발하는 데 있어서는 내가 쳐다보아야 합니다. 우리가 하나님 앞에 나올 때에 내놓을 수 있는 믿음이 바로 이것입니다. 자기의 의가 아닌 쳐다보는 믿음, 순종하는 믿음입니다. 그리하여 오직 하나님의 긍휼만을 원하는 것입니다.

쳐다본다는 것은 앙망하는 것을 뜻합니다. 주를 앙망하면서 나를 불쌍히 여겨 주세요 하는 마음으로 쳐다보는 것입니다. 이것은 하나님과의 수직적 관계를 말합니다. "오직 믿음으로서"를 강조한 마틴 루터는 오직 믿음이란 오직 긍휼, 오직 은혜, 오직 영광을 말하는 것으로 설명하고 있습니다. 우리의 기도를 보면 내용도 많고 소원도 많습니다. 그러나 단적으로 말하면 "하나님! 나를 불쌍히 여겨 주시옵소서! 나는 죄인이로소이다!"하는 이 말 외에 다른 말이 무엇이 있겠습니까? 그리고 주님을 쳐다보는 이것이 믿음입니다. 그리고 나의 공로가 아니라 오직 하나님 은혜로, 주님의 은혜로만 구원을 얻는다는 사실을 믿으며, 뿐만 아니라 이제는 나의 영광을 위함이 아닌 오직 하나님의 영광만을 위하고 드러내기 위해서는 그것이 믿음이라고 하는 것입니다.

그러므로 칼 발트는 십자가를 바라볼 때 적어도 두 가지의 의미를 생각하라고 합니다. 그 하나는 십자가를 볼 때 내가 저만큼 큰 죄인이라는 것을 잊지 말라는 것입니다. 다시 말하면 십자가에서 죽지 않고는 구원받을 수 없는 죄인이라는 사실을 알고 쳐다보라는 것입니다. 이를 위해 칼 발트는 알키메데스의 원리를 비유로 마치 물이 가득 채워진 목욕탕에 누군가가 들어가게 되면 내가 구원받기 위해서는 내 죄의 무게만큼 빠져나가야 되는데 그것이 바로 십자가라는 것입니다. 십자가를 볼 때에 거기에 내 죄의 무게가 있는 것이란 말입니다.

그런가 하면 거기로부터 내 가치를 보는 것입니다. 나는 주님께서 십자가를 지시고 구원할 만한 귀중한 가치의 인간이라는 것입니다. 참으로 엄청난 값을 치르셨습니다마는 그만한 가치가 우리에게 있는 것이기에 그 값을 치르시고 구속하신 것입니다. 그러므로 우리는 십자가를 볼 때마다 내가 저만큼 무서운 죄인이라는 것과 또한 그만큼 소중한 존재임을 생각해야 하는 것입니다.

따라서 구리뱀을 쳐다보면서 생각할 것은 옛사람인 나는 저 죽은 구리뱀과 함께 죽었음을 깨닫고 그 구리뱀과 나를 완전히 동일시하는 것입니다. 저는 그래서 십자가를 바라보며 십자가와 하나가 된 사람은 말이 없는 것이라고 생각합니다. 왜냐하면 죽은 사람이 어떻게 무슨 말을 하고 불평을 할 수가 있겠습니까? 죽은 사람은 말이 없습니다. 우리는 예수와 함께 완전히 죽었고 그런 후에 비로소 그리스도와 함께 사는 것입니다. 이사야 45장 22절 말씀에 보면 "땅 끝의 모든 백성아 나를 앙망하라, 그리하면 구원을 얻으리라" 하는 말씀이 있습니다. 나를 쳐다보라! 그리하면 구원을 얻으리란 말입니다. 또한 로마서 10장 13절 말씀에는 "누구든지 주의 이름을 부르는 자는 구원을 얻으리라"고 하였습니다. 우리는 "쳐다본다"는 것과 "주의 이름을 부른다"는 말이 뜻하는 바를 깊이 생각해야 할 것입니다. 거기에 바로 믿음의 유무가 있습니다. 이것을 신학적으로 정리해 본다면 여기에 구원의 약속이 있습니다. 지금 이내 다 죽은 사람들이 여기 있습니다. 그들은 뱀에 물렸기 때문에 그대로 두면 다 죽을 것이므로 이미 죽은 것이나 마찬가지인 사람들입니다. 그런데 그들에게 "살 것이다"라고 하는 생명의 복음이 전해집니다. 그러나 거기에는 쳐다보라는 단 하나의 조건이 있습니다. 그리고 그렇게 쳐다보는 자에게만 살게 되는 능력이 나타날 것이라는 말씀입니다.

오직 하나의 조건! 쳐다보라! 이것은 종말적인 메시지요 마지막 통첩입니다. 쳐다보면 살고 쳐다보지 않으면 죽는 것입니다. 이제 와서 쳐다보지 않기 때문에 새삼스레 죽는 것이 아니라 뱀에게 물리는 순간 이미 죽은 것입니다. 본문 18절 말씀에 보면 "저를 믿는 자는 심판을 받지 아니하는 것이요, 믿지 아니하는 자는 하나님의 독생자의 이름을 믿지 아니하므로 벌써 심판을 받은 것이니라"고 하였습니다. 또한 5장 24절 말씀을 보면 "내가 진실로 진실로 너희에게 이르노니 내 말을 듣고 또 나 보내신 이를 믿는 자는 영생을 얻었고 심판에 이르지 아니하나니 사망에서 생명으로 옮겼느니라"고 하십니다. 이 귀중한 모든 말씀을 비유로 상징으로 나타낸 것이 구리뱀 이야기입니다. 구리뱀을 매달아 놓고 쳐다보라! 그러면 살 것이다라고 하는 것이 복음입니다.

그러기에 십자가는 구원의 능력입니다. 이치를 따지지도 말고 변명을 하지도 마십시다. 순종하는 마음으로 쳐다보면 그렇게 쳐다보는 중에 십자가 안에 있는 생명의 능력이 내게로 전달되어 상상 밖의 새로운 사람이 되는 것입니다. "저런 사람도 될까요?" 했던 그 못된 사람도 변화가 됩니다. 제가 아는 어떤 분은 너무도 난폭하여 부부싸움을 하면 아예 문을 잠그고 칼부림을 하기가 일쑤여서 부인의 고통이 말이 아니었습니다. 하루는 그 부인이 저를 찾아와 이제는 겁에 질려서 도저히 살 수가 없다는 것입니다. 그러길래 그 부인에게 "그러지 마시고 예수를 믿으시지요" 하고 권유를 했습니다. 그랬더니 그 부인이 하는 말이 "예수가 누군지 모르지만 그 사람 사람 안됩니다"라고 하는 것입니다. 그런데 결국은 그 사람이 사람이 되어서 집사가 되었습니다. 여러분 걱정하지 마십시오. 그렇게 포악하고 잔인했던 사람이 정말 다른 사람이 되어 있습니다. 우리는 이점을 잊지 말아야 합니다. 사람이 앉아서 되느니 안되느니 할 것이 아니란 말입니다. 쳐다보라고 하셨으니 쳐다보면 거기에서 신비로운 능력이 나타납니다. 그것은 내가 가진 능력이나 계산으로 되는 문제가 아닙니다. 오늘도 누구이든 나는 구제불능인 것 같다라는 생각을 하는 이가 있다면 그는 쳐다보지 않아서 그런 것입니다. 아무리 고질적인 구제불능의 것도 성령과 십자가의 능력 앞에서만은 가능해지는 것입니다.

이에 사도 바울은 고린도전서 1장에서 십자가는 하나님의 능력이요 하나님의 지혜라고 힘주어 말하는 것을 볼 수 있습니다. 하나님의 능력과 생명의 능력 앞에서 녹아지지 않는 사람은 없습니다. 아무리 독사의 독에 의해서 온 몸의 열기가 불덩이 같고 몸이 부어 당장에 터져 죽을 지경이라 하더라도 쳐다만 보면 신비롭게 구원을 받게 된다는 말입니다. 십자가는 능력입니다. 그것은 지식이 아닙니다. 오늘 본문에서 니고데모가 예수님께 묻는 말이 바로 그것입니다. 어떻게 그런 일이 있겠습니까? 하지만 오직 십자가의 능력으로 그것이 가능한 것이란 말입니다. 우리는 가능성을 물을 것이 아니라 주님의 능력에 우리의 전부를 맡겨야 할 것입니다.

그런데 문제는 이스라엘 사람들이 구리뱀을 쳐다봄으로 살게 되자 마치 구리뱀에게 무슨 마력이 있는 것처럼 생각되어 그 뒤에는 구리뱀을 성전에 갖다 놓고 구리뱀에게 제사를 지냈다는 사실입니다. 이는 구리뱀 자체가 중요한 것이 아니라 쳐다본다는 것이 중요하다는 것을 잊고 이것을 우상화한 것입니다. 그래서 열왕기하 18장 4절에 보면 모세가 만들었던 구리뱀을 부수어 버렸다는 이야기가 나오고 있습니다. 결코 구리뱀 자체에 어떤 마력이 있는 것이 아닙니다. 중요한 것은 구리뱀을 매달라는 것이요, 그리고 그것을 쳐다보면 살리라고 하신 하나님의 말씀과 약속이 중요한 것입니다. 그럼에도 불구하고 오늘도 이와 같은 어리석은 방법으로 하나님을 우상화하는 경우가 많습니다. 이를 두고 다시 한번 깊이 생각해야될 문제라 여겨집니다.

오늘 예수님께서는 니고데모에게 소중한 진리를 가르쳐 주고 계십니다. 네가 진정 중생하고 싶으냐? 중생의 이치를 알고 싶으냐? 그렇다면 모세가 광야에서 뱀을 든 것같이 인자도 십자가에 들릴 것이니 그때에 너는 십자가를 쳐다보라! 그리하면 그 능력을 체험하게 될 것이다. 그리고 중생케 될 것이다라고 말입니다.

생명수 비유

예수의 제자를 삼고 세례를 주는 것이 요한보다 많다 하는 말을 바리새인들이 들은 줄을 주께서 아신지라(예수께서 친히 세례를 주신 것이 아니요 제자들이 준 것이라) 유대를 떠나사 다시 갈릴리로 가실새 사마리아로 통행하여야 하겠는지라 사마리아에 있는 수가라 하는 동네에 이르시니 야곱이 그 아들 요셉에게 준 땅이 가깝고 거기 또 야곱의 우물이 있더라 예수께서 행로에 곤하여 우물 곁에 그대로 앉으시니 때가 제 육시쯤 되었더라 사마리아 여자 하나가 물을 길으러 왔으매 예수께서 물을 좀 달라 하시니 이는 제자들이 먹을것을 사러 동네에 들어갔음이러라 사마리아 여자가 가로되 당신은 유대인으로서 어찌하여 사마리아 여자 나에게 물을 달라 하나이까 하니 이는 유대인이 사마리아인과 상종치 아니함이러라 예수께서 대답하여 가라사대 네가 만일 하나님의 선물과 또 네게 물 좀 달라 하는 이가 누구인 줄 알았더면 네가 그에게 구하였을 것이요 그가 생수를 네게 주었으리라 여자가 가로되 주여 물 길을 그릇도 없고 이 우물은 깊은데 어디서 이 생수를 얻겠삽나이까 우리 조상 야곱이 이 우물을 우리에게 주었고 또 여기서 자기와 자기 아들들과 짐승이 다 먹었으니 당신이 야곱보다 더 크니이까 예수께서 대답하여 가라사대 이 물을 먹는 자마다 다시 목마르려니와 내가 주는 물을 먹는 자는 영원히 목마르지 아니하리니 나의 주는 물은 그 속에서 영생하도록 솟아나는 샘물이 되리라.

(요한복음 4 : 1~14)

생명수 비유

　성경을 상고해 보면 예수님께서는 약 9개월 동안 예루살렘 근방에 머무시면서, 하나님의 말씀을 전파하신 것으로 보아집니다. 그러신 후에는 핍박이 있는 것을 아시고 전도 노정을 바꾸어 갈릴리 지방으로 가시게 됩니다. 그런데 갈릴리로 가는 길은 두 가지 길이 있습니다. 그 하나는 예루살렘에서 그대로 북쪽으로 올라가면서 사마리아를 통과하는 길이며 다른 하나는 사마리아를 통과하지 않기 위해 일단 동쪽으로 나가서 올라가 다시 서쪽으로 건너가게 되는 길입니다. 따라서 이 길은 먼 길이 되고 돌아가는 길이 됩니다. 그러나 대부분의 이스라엘 사람들은 사마리아를 통과하면 직행길이 됨에도 불구하고 사마리아 땅을 밟지 않기 위해 굳이 먼 길을 둘러서 오고 가는 터입니다. 그것은 사마리아 땅을 더럽게 여기기 때문인데 이는 앗수르나 바벨론 등의 강대국들이 북쪽 이스라엘을 점령해 있는 동안 잡혼을 하므로 혼혈이 되어 버렸다는 것이며 그런 연유로 사마리아라고 하면 아예 간음한 여자와 같은 것으로 취급을 해버리는 것입니다. 그 때문에 포로생활에서 돌아온 유대 사람들이 예루살렘성을 복구하고 성전을 재건하려 할때 사마리아에 있던 사람들이 함께 협력하고자 하지만 더러운 손이라며 거절을 한 것입니다. 이 정도로 저들은 사마리아 땅에 살고 있는 사람들을 멸시하고 천대했습니다.
　그러나 예수님만은 그토록 더럽게 생각하는 사마리아 땅을 거쳐서 갈릴리로 올라가시게 됩니다. 당시의 상황을 그렇게 보면 이것 자체만도 크신 사랑이오 크신 긍휼이라 생각합니다. 그런데 이렇게 올라가는 길에는 수가라는 동네가 있으며 거기에는 지금도 볼 수 있는 야곱의 우물이 있습니다. 지금 예수님께서는 이 우물가에 앉아서 여행길에 지친 몸을 쉬시면서 먹을 것을 사러 간 제자들을 기다리고 계시는 것입니다. 이때에 사마리아 여자 한 사람이 물을 길으러 오게 되는데 이렇게 햇살이 뜨거운 낮시간에 여인이 물을 길으러 나왔다는 것은 저들의 문화로 보아 이것은 필유 곡절이 있음을 뜻하는 것입니다. 언덕이나 산기슭에 거주하는 마을 사람들이 저만큼 사막과도 같은 곳에 있는 물을 길어다 먹는 시간은 뜨거운 햇살이 내리쬐지 않는 아침과 저녁시간입니다. 그러니까 하루 중 가장 시원한 시간에 온 동네 여인들이 와아 하고 떼를 지어 물을 길으러 다니는 것이며 이때에 누구 집에 무슨 일이 일어났다는 등의 뉴스가 교환됩니다.

그런데 이 이름 없는 여자 하나는 그 대열에 섞일 수가 없었습니다. 왜냐하면 그는 천한 여자였기 때문입니다. 그래서 이 여인은 뜨겁기는 하여도 아무도 다니지 않는 낮시간에 이렇게 혼자 물을 길으러 다니는 것입니다. 그러는 중에 오늘 이와 같이 예수님을 만나게 된 것인데 예수님께서는 이 여인을 보시자마자 다른 사람들과 함께 다닐 수 없는 필유곡절의 여인임을 단번에 아셨으리라고 생각됩니다. 아무튼 이 여인 내면의 모습까지를 읽으신 예수님께서 그 여인과 대화를 나누고 계시는 것입니다. 그러고 보면 예수님께서 그 여인에게 말씀을 하셨다는 자체가 예수님께는 굉장한 희생인 것이며 나아가서는 긍휼과 자비인 것입니다.

여기에서 그러면 이 사마리아 여인과 앞장에서 이야기한 니고데모와를 비교해 보면 이 두 사람 사이에는 매우 큰, 어쩌면 극과 극의 차이가 있습니다. 니고데모라 하면 유대인의 고관이면서도 바리새인과 그야말로 상류층에 속한 귀족입니다. 따라서 율례와 규례를 알고 지키는 일에 있어서는 최고봉에 이르는 종교적인 생활을 하는 정결한 귀족입니다. 여기에 비해 이 사마리아 여인은 정욕적이요 무식한 사람이며 하류층에 속한 사람입니다. 뿐만 아니라 그는 남편이 다섯이나 있었던 팔자가 기구한 사람입니다. 물론 남편이 다섯이었다는 말은 다섯을 동시에 함께 데리고 살았다는 말은 아닙니다. 어쩌다 불행하게도 다섯 번 옮겨 다닌 것인데 지금은 그나마 남의 소실로 있는 처지입니다. 이 여인이 어떤 이유로 이렇게 쫓겨 다녀야 했는지는 알 수가 없으나 어쨌든 이렇게 비참하게 인생을 살아온 것입니다. 디모데전서 5장 9절 말씀에 의하면 참과부는 한 남편의 아내였던 과부가 참과부라고 하는 것입니다. 따라서 결혼을 두 번 했으면 이미 참과부가 아니라고 하는 것입니다. 그러니까 한번 결혼을 했다가 남편이 죽었으면 그것으로 끝내고 말아야 과부의 자격이 있는 것이지 재혼을 했다가 두번째 과부가 되면 그것은 성격상 다르게 생각하는 것이 유대 사람들의 관습입니다. 그러므로 이혼을 당했든 과부가 되었건 간에 한 남자와 관계를 맺는 것으로 끝내야만 존경을 받을 수 있습니다.

그런데 이 여인은 무려 다섯 번이나 옮겨 다닌데다가 지금에는 남의 소실로 살아가고 있으니 참으로 비참한 여인이 아닐 수 없습니다. 그 때문에 예수님께서 "네 남편을 불러오라"고 하실 때에 "나는 남편이 없나이다" 하는 대답을 하고 있는 것입니다. 이 대답은 사실이 그렇기도 하지만 지금 남편과의 관계가 부끄럽고 또한 드러내고 싶지 않았기 때문에 하는 말이라고 생각됩니다. 아무튼 이런 부끄러운 일들로 인해 다른 사람들과는 함께 물을 길으러 다닐 수 없는 불쌍한 여인이었습니다. 이렇게 볼 때 니고데모와 이 사마리아 여인 사이에는 굉장한 차이가 있습니다.

그럼에도 불구하고 요한복음을 편집한 사도 요한은 니고데모의 이야기를 한 다음 이어 다음 장에서 사마리아 여인의 이야기를 하고 있습니다. 이는 예수님께서 이와 같이 높은 사람이나 낮은 사람을 다 만나 주시고 구원해 주셨음을 설명하고자 하는 의도적인 편집이라 생각합니다.

그런데 이들 두 사람에게는 그와 같은 차이가 있는 반면 또한 공통점을 가지고 있습니다. 그리하여 니고데모는 영생의 문제로 고민하고 있는가 하면 사마리아 여인은 예배문제로 고민을 합니다. 이 여인은 지금 내

처신은 그래서 이렇게 천대받고 살고 있지만 내 영혼만은 똑바르게 하나님을 예배하며 살아서 하나님의 참된 딸이 되어야겠는데 어디에서 예배를 드려야 하겠습니까라는 것입니다. 이 여인은 예수님이 그리스도이신 것을 알자 맨 먼저 예배할 곳을 묻고 있습니다. 우리 조상 사마리아 사람들은 이곳 그리심산에서 예배를 드렸는데 유대인들은 예루살렘에서 예배를 드려야 한다고 주장을 합니다. 그렇다면 이제 어디에서 예배를 드려야 합니까? 그러고 보면 이 여인은 하나님을 찾아 바른 예배를 하기 위해서 마음의 고민을 가지고 있는 사람입니다. 이런 의미, 즉 영생의 길에 대한 고민과 하나님께로 향하는 마음을 가진 고민을 가지고 있다는 점에서 이 두 사람에게는 공통점이 있습니다.

그런가 하면 또 다른 하나의 공통점이 있으니 그것은 예수님의 말귀를 못 알아듣는 사람이었다고 하는 점입니다. 이에 니고데모는 거듭나야 되겠다는 예수님의 말씀을 듣고는 사람이 늙으면 어떻게 다시 날 수 있습니까라는 엉뚱한 질문을 한 것이며 이 사마리아 여인 역시 내가 주는 물은 영원히 목마르지 아니하리라는 예수님의 말씀을 듣자 그런 물을 내게 주사 목마르지도 않고 여기에 물을 길으러 오지 않아도 되게 해달라는 부탁을 하고 있는 것입니다. 이러한 이야기는 모두가 다 영적인 진리를 육적인 것으로 이해하는 데서 나온 질문이 아니겠습니까? 아무튼 이와 같이 이 두 사람은 예수님의 말씀을 알아듣지 못했다는 점에서 공통점을 가지고 있습니다. 그런데 이러한 판단이 니고데모에게 적용된다는 것은 굉장한 모독이 아닐 수 없습니다. 그것은 자그마치 바리새인이요 고관인 유대의 귀족과 천대받는 사마리아의 한 여인이 똑같은 수준으로 취급되었다는 점에서입니다. 어쨌든 성경은 이 두사람이 신령한 진리를 이해하지 못하는데 있어서는 무식하기가 매일반이라는 것으로 평가하고 있습니다.

이제 예수님께서는 우물가에 앉아 잠깐 쉬시는 동안에 한 여인을 만나 이 여인을 구원 하십니다. 언제나 그러셨듯이 물을 길으러 온 이 여인에게는 물을 비유로 하나님의 진리를 말씀해 주십니다. 물과 하나님 나라의 진리와는 유사점이 있습니다. 그것은 먼저 이것을 먹고 마시지 않으면 목이 마른다는 사실입니다. 우리가 아무리 좋은 음식을 배불리 먹을 수 있다 하더라도 물을 마시지 못하면 살 수가 없습니다. 그 때문에 인간뿐만 아니라 동물들은 물을 찾아 헤매며 다른 어떤 먹이보다도 반드시 물을 마셔야 하는 것입니다. 그러므로 이 물은 생명과도 같은 것입니다.

그리고 두 번째는 물이 있는 곳으로 나와야 된다는 것입니다. 이 물은 앉아서 손짓한다고 해서 내 곁으로 와지는 것이 아닙니다. 물이 있는 곳으로, 사막이라면 오아시스가 있는 곳으로 내가 찾아가야 하고 따라가야 합니다. 그것이 물을 찾는 길이요 목마름을 해결하는 길입니다.

심지어 동물의 세계에서는 목이 마르면 물의 냄새를 맡고 물을 찾는다고 합니다. 그 어떤 생명체도 물이 없이는 살아남을 수가 없습니다. 언젠가 한번 미국에 있는 어느 한 개인 박물관에서 수천년 전 한 곳에 묻혔던 사람들의 뼈와 동물들의 뼈를 진열해 놓은 것을 본적이 있습니다. 그런데 왜 그렇게 한 곳에 모여 있었는가를 설명해 놓은 내용이 바로 이 물을 찾아서였다는 것입니다. 설명에 의하면 다른 곳은 오랫동안 비가 오지 않아 물이 다 없어지고 거기만 물이 있는 웅덩이가 남아 있게 되어 사람이나 동물들이 이리로 모여들게 되었다는 것입니다. 그리고 그 물이 조금 남게 되면 다시 파고 들어가고는 하다가 종내는 그 물마저 없어지게 되자 사람과 동물들이 다 죽게 되어 그대로 거기에 묻히고 말았다는 것입니다. 이와 같이 물이 있는 곳으로 가야만 물을 마실 수 있습니다.

다음 세번째는 물을 길을 수 있는 그릇이 있어야 합니다. 아무리 깊은 샘이 있다 하더라도 두레박으로 그 물을 길어 올리지 않으면 마실 수가 없습니다. 그 때문에 지금 예수님께서는 우물가에 앉아 계시면서도 목마름을 축일 수가 없으신 채 우물만 바라보고 계시는 것입니다. 우물가에 살고 물냄새를 맡는다고 물을 마신 것이 되는 것은 아닙니다. 우리는 예수님께서 천국문이 닫힌 다음에 많은 사람들이 예수님을 향하여 우리가 주의 이름으로 선지자 노릇하며 주의 이름으로 귀신을 쫓아내며 주의 이름으로 많은 권능을 행치 아니하였나이까 하고 말하겠지만 내가 밝히 말하는 것은 "내가 너희를 도무지 알지 못한다"고 하시겠다는 말씀을 기억합니다(마 7 : 22~23) 이는 예수님께서 가르치시는 것을 보았다고 되는 것도 아니요 내가 직접 주의 이름으로 선지자 노릇을 했다 하여 그것 가지고 되는 것이 아니라는 말입니다. 이것은 교회 옆에 살았다고 될 것도 아니요 교회에 좀 다녔다는 것으로 될 일이 아닙니다. 문제는 물을 직접 마셔야 합니다. 우물가에 왔다는 것으로 해결이 되는 것은 아니지 않습니까? 물을 마셔서 내것으로 삼지 않는한 물에 대한 그 많은 이야기와 연구는 물론 우물가에 온 것까지도 소용이 없는 것입니다. 어디까지나 물을 마셔야 합니다.

생명의 물! 이 진리의 말씀을 마심으로 시원함을 얻고 생명의 활기를 찾을 수가 있는 것입니다. 우리 말에 그림에 떡이라는 말이 있듯이 물을 보기만 해서야 무슨 소용이 있겠습니까? 물을 마셔야만 육체의 생명이 살아갈 수 있는 것처럼 믿음으로 말씀의 생수를 받아 마심으로 비로소 영생하는 능력을 힘입을 수 있게 되는 것입니다.

이제 예수님께서 이 사마리아 여인에게 물을 좀 달라고 하십니다. 이것은 사실 이 여인을 통해 마실 물을 얻으시는 것을 계기로 영원한 생명의 물을 주시고자 하심인 것입니다. 이 "달라"고 하는 말은 사람의 마음을 열게 하는 가장 좋은 부름이 되는 말입니다. 사람이란 이상하게도 내가 주는 것보다는 오히려 달라며 도움을 청하므로 저쪽 마음이 열리게 되는 것을 볼 수 있습니다. 이에 예수님께서는 그러한 전도방법을 사용하시면서 이 여인에게 물을 달라고 하시는 것입니다. 그런데 이 여인에게는 아마도 대단히 심한 콤플렉스가 있었던 것 같습니다. 그리하여 당신은 유대인 남자로서 왜 사마리아 여자인 나에게 물을 달라느냐며 의아해하는 질문을 해 옵니다. 이제 목마른 사람이 물을 달라고 했으면 물부터 주고 봐야 될 일인데 여기에 무슨 이론을 붙이고 주석을 달아야 하는지 생각해 보면 참으로 괴로운 일입니다. 예수님께서는 지금 영원한 생수를 주시기 위해서 이 물을 구하신 것인데 이 여인은 그 말씀의 의도를 알 수가 없었던 것입니다.

다시 말하지만 물은 생명입니다. 그런데 예수님께서는 친히 자신을 가리켜 생명의 물이라고 말씀하십니다. 요한복음 7장 37절 말씀에 보면 "누구든지 목마르거든 내게로 와서 마시라. 나를 믿는 자는 성경에 이름과 같이 그 배에서 생수의 강이 흘러나리라"고 하십니다. 누구든지 목마르거든 내게로 와서 마시라! 이 귀중한 말씀은 예수님 자신이 생명이 되시고 생수가 되심을 비유해서 하신 말씀입니다. 과학적인 분석에 의하면 인간이 가지고 있는 피의 90%가 물이며 뇌의 80%가 물이고 살의 75%가 물이며 뼈에 있어서도 25%가 물이라고 합니다. 이 물로 체온조절을 합니다. 그 때문에 더우면 물인 땀이 밖으로 나옴으로 체온이 조절되고 추우면 물을 보호하도록 닫아 버려서 땀이 나지 않도록 하여 체온을 조절합니다. 물론기관의 활동을 부드럽게 하고 영양을 공급하고 운반하는 것도 물의 역할인 것이며 그것에 의해 생명이 보존되도록 되어 있습니다. 그리고 지구 표면의 4분의 3이 물이라는 사실이고 보면 정말 생명의 기원이 물이라고 할 수 있겠습니다.

주후 200년대에 있었던 유명한 신학자인 교부 터툴리안은 우리의 신앙생활을 물고기에 비유한 바가 있습니다. 그는 말하기를 물고기는 물에 있어야만 살 수가 있고 모든 행동도 물에서만 가능한 것인데 예수 그리스도는 물이요, 그 안에 생명이 있으므로 모든 그리스도인은 예수 그리스도 안에 있어야 함을 말하고 있습니다. 물고기는 물에 있어야 하고 물을 마셔야 합니다. 물고기가 물을 떠나면 죽습니다. 그래서 아무리 큰 고래라도 물을 떠나면 개미도 괴롭힌다는 말이 있습니다. 가끔 병원에서 링거 주사 같은 것을 맞고 있는 것을 볼 수가 있는데 한번은 거기에 쓰여 있는 것을 보았더니 5%의 포도당이라고 쓰여 있는 것입니다. 따라서 그것은 95%의 맹물에 포도당을 약간 섞었다는 이야기가 됩니다. 그러니까 핏속에 물만 집어 넣으면 산다는 것인데 아무튼 다른 것은 다 먹지 않아도 되지만 물은 마시지 않으면 안되기 때문에 링거 주사법을 통해서라도 물을 섭취케 하는 것입니다. 이와 같이 물이란 참으로 귀한 것입니다.

그러기에 예수님께서는 "나는 물이다"라고 말씀하십니다. 우리가 이것저것 다른 여러 가지를 먹는다 하더라도 물을 먹지 않으면 그 먹은 음식마저도 무효가 되는 것입니다. 인간에게 있어서 배고픈 것도 두렵고 갈한것도 두려운 일이지만 무엇보다도 무서운 것은 갈한 것이라고 합니다. 그때문에 사막을 여행하는 사람들이 오아시스를 만나지 못한 채 준비했던 물이 다 떨어져 목이 갈하게 되면 타고 가던 낙타를 죽여서 그 뱃속에 들어있는 물을 마신다고 합니다. 낙타로 말하자면 바다의 배와 같아서 낙타가 없으면 아무데도 갈 수가 없는 것이며 사막 한가운데서 낙타를 잃는다는 것은 죽음을 예고하는 것과도 같은 것입니다. 그런데도 불구하고 갈한목을 축이기 위해 낙타를 죽이고 그 뱃속의 찝찔한 물을 마시고는 얼마간을 더 걷다가는 다시 목이 타서 쓰러져 죽는다고 합니다. 이 얼마나 비참한 모습입니까?

예수는 물입니다. 생명의 물입니다. 우리는 이 물에서 태어나고 이 물에서 소생함을 얻으며 이 물에서 씻김을 받아 생명의 힘을 얻습니다. 그런데 오늘 본문을 자세히 연구해 보면 재미있는 사실이 하나 있습니다. 그것은 사마리아 여인이 말한 우물(4:11,12)은 헬라 원어로 '후레알' 이라는 말로서 이것은 구멍이라는 뜻이기도 하고 웅덩이라는 뜻이기도 합니다. 그러니까 이것은 동그랗게 구멍으로 깊이 뚫려 있는 웅덩이와 같은 물이기 때문에 두레박으로 길어 올려야 되는 물입니다. 그런데 요한이 말하는 야곱의 우물과 14절에서 예수님께서 영생하도록 솟아나는 샘물이라고 하실 때에는 '페게'라는 다른 말을 사용하고 있습니다. 따라서 이 두 말을 비교하면 후레알이라는 말은 물이 고여있는 우물을 말하는 것이며 페게라는 말은 솟아나는 샘물을 말하는 것입니다. 그러니까 똑같은 물을 보고도 이 여자는 고인 물이라고 하는 반면 예수님께서는 솟아나는 물이라고 말씀하십니다. 밝은 눈으로 볼 때에는 샘물이지만 어두운 눈, 물 길으러 오기 싫은 사람의 눈으로 볼 때에는 이것은 고여 있는 웅덩이 물이란 말입니다. 또한 억지로 먹고 살기 위해서 마지 못해서 여기까지 오는 사람의 눈으로 볼 때에는 샘물이 아니라 고여 있는 물입니다. 그러나 하나님께서 이 물을 우리에게 주셔서 매일매일 먹게 하시니 감사합니다 하는 마음으로 물을 길으러 온 사람에게는 솟아나는 샘물이 되는것입니다.

이와 같이 같은 물을 두고도 어떻게 보느냐에 따라 고여 있는 웅덩이의 물이 되기도 하고 솟아나는 샘물이 된다는 것을 우리는 알아야 합니다. 샘물이라고 하면 이것은 신선한 물이요 깨끗한 물이며 활동성이 있는 양질의 물입니다. 잘 아시는 바와 같이 바닷물은 마시면 마실수록 더 목이갈해 집니다. 그러므로 목이 갈하다고 바닷물을 마실 수는 없는 것입니다. 우리 영혼의 생명은 말씀의 생수를 마시므로 삽니다. 오늘도 우리가 이렇게 교회를 찾아 말씀을 듣고 있는 것은 바로 우물가를 찾아나온 것입니다. 제가 가지고 있는 한 사진을 보면 교회의 강단을 꾸미면서 한 가운데 동그랗게 우물을 만들어 예배당이 생명의 샘임을 상징하고 있는 것이 있습니다.

그런데 중요한 것은 생수를 찾아나왔다 구경만 할 것이 아니라 그 물을 마셔서 시원함을 얻고 소생함을 얻어야 하는 것입니다. 우물물은 그릇이 있어야만 마실 수가 있습니다. 그러나 솟아나는 샘물은 그릇이 없이도 마실 수가 있습니다. 그리고 계속 솟아나기 때문에 더러운 것이 머물 수가 없으므로 언제나 새롭고 깨끗합니다. 이와 같이 언제나 깨끗하고 누구나 아무 준비 없이도 가서 마실 수 있는 것이 이 샘물입니다.

샘물이라고 할때 특별히 생각나는 이야기가 하나 있습니다. 그것은 독일의 담슈타트에 있는 기독교 마리아 자매회라는 유명한 개신교 여자 수도원에서 일어난 이야기입니다. 수도원인지라 출판업을 비롯한 여러 가지 일을 하는 중에 특별히 박토와 싸우면서 농사를 짓느라 살충제를 쓰고는 하였습니다. 그랬더니 어느 날 꿈에 하나님께서 슈링크 원장에게 나타나시어 "슈링크야 왜 너는 너만 먹을려고 하느냐? 버러지들도 먹어야 되지 않겠니?" 하고 말씀하시는 것입니다. 그래서 이 슈링크 원장은 "잘못하였습니다" 하고는 그 뒤부터는 살충제를 전혀 쓰지 않고 버러지가 끼는대로 내버려 두면서 농사를 지었습니다. 그랬더니 버러지가 많아지고, 버러지가 많아지자 새들이 모여 들었습니다. 그러니까 이제는 사람, 버러지, 새가 함께 먹으며 지내게 된 것입니다. 그러기를 얼마 동안 계속 하고 있는데 사막처럼 박토인 그 땅 한가운데서 기적의 샘물이 솟아난 것입니다. 그래서 그 샘을 생명의 샘이라고 했다는 것이며 이것은 하나님께서 순종을 잘하는 그 수도원을 위해 보너스로 주신 것이라고 합니다. 이 이야기는 아주 역사적인 것으로 많은 사람들이 이 수도원을 찾는 목적 중의 하나가 된다고도 합니다.

그러면 이제 영적인 샘물을 마신 자는 어떤 것인가를 성경을 통해서 한번 살펴 보십시다. 앞에서도 거듭 말했듯이 예수님께서는 내게로 와서 마시는자는 그 배에서 생수의 강이 흘러나리라고 말씀하셨는데 이 사마리아 여인이 지금 그러합니다. 여인이 예수님을 만나는 동안 그 마음에 샘물이 터져 이제는 물 길으러 온 물동이를 버려둔 채 동네로 들어가 그리스도를 만났다며 전도하는 것을 볼 수 있습니다. 영생의 물을 마신 사람은 자기가 시원함을 얻을 뿐만 아니라 샘이 터져 넘쳐남으로 가만히 있을 수가 없습니다. 그래서 이 여인은 동네로 들어가 많은 사람을 데리고 예수님께로 나옵니다. 마음에 진정 영생의 샘이 터진 사람은 벙어리처럼 그저 가만히 앉아 있을 수가 없는 것이란 말입니다. 이제는 전도하지 않을 수가 없고 봉사하지 않을 수가 없습니다. 예수님께서는 분명 내가 주는 물은 목마르지 않을 뿐만 아니라 영생하도록 솟아나서 자기가 시원함을 얻음은 물론 많은 다른 사람들에게도 시원함을 줄 것이라고 말씀하십니다.

그런데 우리의 형편이 어떠합니까? 우선 내 목에 갈함은 없는 것이며 나를 만나는 사람들이 나로 인해 시원함을 얻고 있는 것인지 아니면 답답해하는 것입니까? 이것이야말로 다시 한번 깊이 생각할 문제라고 여겨집니다. 예수님께서는 이시간도 우리에게 예수님께서 주시는 샘물이 나를 소생케 할 뿐만 아니라 내 속에서 솟아나는 물이 많은 다른 사람을 소생케 한다는 진리를 말씀해 주고 계십니다. 예수님은 샘물이요 생명의 물입니다. 우리는 이 물로 인해 목마름이 없는 영원한 생명의 소유자가 되는 것입니다.

생명의 떡

　예수께서 가라사대 내가 곧 생명의 떡이니 내게 오는 자는 결코 주리지 아니할 터이요 나를 믿는 자는 영원히 목마르지 아니하리라…… 진실로 진실로 너희에게 이르노니 믿는 자는 영생을 가졌나니 내가 곧 생명의 떡이로라 너희 조상들은 광야에서 만나를 먹었어도 죽었거니와 이는 하늘로서 내려오는 떡이니 사람으로 하여금 먹고 죽지 아니하게 하는 것이니라 나는 하늘에서 내려온 산 떡이니 사람이 이 떡을 먹으면 영생하리라 나의 줄 떡은 곧 세상의 생명을 위한 내 살이로라 하시니라.
　　　　　(요한복음 6 : 35, 47~51)

생명의 떡

요한복음 6장은 예수님께서 배고픈 청중 5천여명을 보리떡 다섯 개와 물고기 두 마리로 배불리 먹이고도 남은 것이 열두 바구니나 되었다는 기사가 있는 장입니다. 이 5천여 무리들은 예수님의 말씀을 듣기 위해 일찍부터 광야로 나와 예수님의 말씀에 심취되다보니 시간이 흐르는 줄도 모르고 배가 고픈 것도 잊고 있었습니다. 그러나 저들의 시장기를 아시고 돌아가는 길에 허기질 것을 염려하신 예수님께서는 저들 모두를 배불리시는 놀라운 기적을 보여 주십니다.

이 사건을 통해 그 자리에 있던 모든 사람들은 배고픈 경험과 배부른 경험, 그리고 거기에 예수님의 손에서 축사된 떡 다섯 개와 물고기 두 마리가 5천명을 먹이고도 남는 플러스 알파인 희한한 능력을 경험하게 되었습니다. 그리하여 저들은 육신적으로도 배가 부르고 영적으로도 배가 부른 충만함 속에 다른 것은 생각할 것도 없는 기분 좋은 시간을 가질 수가 있었습니다. 바로 이런 시간에 예수님께서는 "내가 곧 생명의 떡"이라고 말씀하십니다. 물을 보시고는 내가 곧 생명의 물이라고 말씀하신 예수님께서 떡을 먹이시는 기적을 보이신 다음에는 내가 곧 생명의 떡이라고 말씀하신 것입니다.

그런데 오늘 본문이 들어있는 요한복음 6장은 떡의 장이라고 이름해도 좋을 만큼 무려 21회에 걸쳐 떡이라는 말이 쓰여지고 있는 것을 볼 수 있습니다. 그리고 예수님께서는 이 5천명을 먹이신 사건을 하나의 성만찬 예식처럼 보고 계시는 것입니다. 다시 말하면 이 사건을 상징으로 하여 그리스도와 우리의 하나됨의 역사, 연합하는 생명의 역사를 설명하고 계시는 것입니다. 그러므로 이것은 5천명을 앞에 놓고 베푸시는 신령한 성만찬 예식이며 생명의 떡에 대한 구체적인 설교라 말할 수 있겠습니다.

그러면 이제 모든 동물이 그렇습니다마는 특별히 우리 인간이 생명을 유지하기 위해 절대 필요한 근본적 요소를 생각해 보면 그것은 공기를 호흡하는 것과 물을 마시는 것, 그리고 음식 곧 떡을 먹는 세 가지가 됩니다. 떡이란 먹는 음식을 통틀어서 대표적으로 표현할 때 쓰여지는 말이라고 볼 수 있습니다. 그런 입장에서 말한다면 아마도 우리는 밥이라고 해야 될 것입니다. 그 때문에 우리 나라 선교 초기에 한국말을 잘 못하는 어느 선교사가 시골 할머니들 앞에서 설교를 하면서 "사람이 떡으로만 사는 것이 아니랍니다"하고 설교를 하였더니 앞에 앉았던 할머니 한 분이 "그러믄요 떡으로 사나요. 밥으로 살지"라고 했다는 우스운 일화가 있습니다. 아무튼 우리는 음식을 먹음으로 사는 것이며 그 음식을 대표하여 떡이라고 말한 것입니다.

이상 세 가지는 하나 같이 중요한 요소들입니다. 아무리 건강한 사람이라도 숨을 쉬지 못하면 몇 분 후에는 죽게 됩니다. 우리는 언제나 산소를 호흡할 수 있으므로 살아갈 수 있는 것입니다. 이러한 이치는 바닷속의 생물들에게도 마찬가지라고 합니다. 우리가 바닷가를 가보면 조용한 때가 없이 언제나 출렁거리고 있는 물결들을 볼 수 있는가 하면 때로는 무섭게 치솟는 파도와 사나운 해일을 보게 되는데 그렇게 함으로 바다 속에 공기가 들어가게 되어 고기들이 살 수가 있다는 것입니다. 만약 그렇게 풍랑이 일지 않고 바다가 가만히만 있다면 며칠 사이에 고기들은 다 죽게 된다고 합니다. 그리고 보면 태풍이 일어남으로 저 바다 밑 가장 깊은 곳에 있는 고기들도 산소를 호흡하며 살게 되는 것입니다. 생각해 보면 참으로 놀랍고 신비로운 일이 아닐 수 없습니다. 이와 같이 모든 동물은 공기를 마셔야 살 수가 있습니다. 그렇다면 사람은 더욱 그러한 것입니다. 그것도 신선하고 깨끗한 산소를 마셔야 됩니다.

그리고 또한 물이 없이는 살 수가 없습니다. 의학적으로 사람이 물을 먹지 못하고 수분 공급을 중단하게 되면 1주일 안에 죽게 된다고 합니다. 그러니까 아무리 건강한 사람이라도 물을 끊으면 살 수가 없는 것입니다.

다음 또 하나 필수적인 것은 음식물의 섭취입니다. 공기가 있고 물이 있다 하더라도 음식물을 취하질 않으면 살 수가 없습니다. 물만 마실 수 있다면 40일까지는 살 수가 있다지만 다른 음식물을 취하지 않는 한 그 후에는 누구나 죽게 되는 것입니다. 이렇게 볼 때 우리의 생명을 유지시키는 데에는 공기, 물, 양식 이 세 가지는 절대 필수조건이 됩니다. 어쩌다집이 없어서 길에서 잠자리를 하고 누더기를 걸치며 살 수는 있지만 먹고마시는 것을 못하고는 살 수가 없는 것입니다.

이는 영적인 면에서도 마찬가지입니다. 묘하게도 요한복음 3장에서는 자신을 바람 곧, 성령으로 말씀하시던 예수님께서 4장에서는 샘물로, 그리고 이제 6장에서는 생명의 떡으로 비유해서 말씀하고 계십니다. 이것은 모두가 다 육체적으로도 필요했던 세 가지 요소임을 알 수 있습니다. 그런데 예수님께서는 공교롭게도 떡집이라는 뜻을 가진 베들레헴에서 태어나셨습니다. 그리고 보면 떡집에서 생명의 떡이신 예수님께서 태어나신 것으로 이것은 매우 재미있고 의미있는 연결로 보아집니다. 그러기에 요한복음 6장 33절에 보면 "하나님의 떡"이라 하셨으며 또한 35절과 48절에서는 "생명의 떡"이라고 말씀 하십니다. 그리고 여기에 나타난 또 하나의 특징은 모두가 다 하늘로부터 내려온 떡임을 강조하고 있다는 점입니다(6:33, 50, 51, 58) 그러니까 이 떡은 땅에서 나는 떡이 아니라 하늘로부터 오는 떡이다라는 말씀이며 따라서 단순하게 생각해서는 아니되는 떡입니다. 떡, 곧 음식이라고 하는 것은 동양적인 사상, 특별히 히브리적인 사상으로 볼 때는 단순히 먹이가 된다는 수준의 음식만이 아니라 여기에는 마음이 표현되고 사랑이 표현됩니다. 물론 서양 사람들에게도 없는 바도 아니지만 특별히 동양 사람들에게 이 관념이 더 크게 나타나고 있습니다. 그때문에 우리가 손님을 대접한다고 했을 때 소위 말하는 동양적인 호스피텔러티(hospitality)는 음식을 말하고 있는 것입니다. 그래서는 다 먹지도 못하는 음식을 이것저것 가득 차려서 내어놓는 것입니다. 며칠 전 제가 목포에 집회를 인도하러 갔었다가 경험한 일이 있습니다. 손님이라고는 저 하나 밖에 없고 주인들이라고는 장로님 내외분 밖에 없는 집에서 식사를 하게 되었는데 좌우간 우리가 보통 쓰는 큰 상의 배가 되는 정방형의 커다란 상 위에다가 꼴뚜기에서 부터 시작하여 아무튼 정신이 없을 정도로 별별것을 다 차려 놓았습니다. 그래서 제가 "이것을 다 먹으라는 거요? 어떻게 하라는 거요?" 하고 한 마디 하였더니 그 사모님께서 하는 말씀이 "한 젓가락씩만 구경하십시오. 이것은 제 마음입니다"라고 하는 것입니다. 제가 그 말을 듣고는 "왜 이렇게 필요 이상의 것들을 차렸어요" 하는 식의 다른 말을 할 수가 없었습니다. 이것이 제 마음입니다 하는 그것이 바로 동양적인 것입니다. 그 모두를 먹으라는 것이 아닙니다. 그것을 보고 느끼며 마음으로 받으라는 것입니다. 제가 자라던 고향에서 보면 떡이 별나게 크고 두꺼워서 두 개만 먹으면 배가 차고 맙니다. 그런데 이렇게 크게 하는 이유가 뭐냐고 하면 조그마하게 하면 마음과 정성이 없기 때문이라는 것입니다. 그 때문에 만두도 세 개만 담으면 한 그릇이 될 정도로 크게 만드는데 주어서 먹고 안 먹는 것은 그 사람의 마음이고 내 마음은 이렇게 크게, 그리고 듬뿍 주어야 한다는 것입니다.

그리고 음식에는 친교의 의미가 있습니다. 서로가 같이 한 상에 둘러앉아 함께 음식을 나눔으로 마음을 나누고 사랑을 나누게 되는 통함이 있게 되는 것입니다. 이는 참으로 아름다운 일이 아닐 수 없습니다. 오래 전 일본 서적을 읽으면서 매우 깊은 인상을 받아 늘 기억에 남아 있는 "천국은 함께 먹는 곳이다"라는 말이 있습니다. 생각해 보면 일리가 있는 말입니다. 모두가 함께 먹는 곳! 함께 둘러앉아 먹고 즐기면서 몸과 마음, 그리고 뜻과 사랑을 하나로 모으는 것입니다. 그러므로 예수님의 모든 사역에 있어서의 절정이 성만찬인 것입니다. 굳이 내가 너를 사랑한다는 말을 하거나 또한 얼마나 사랑하느냐를 확인하지 않아도 같이 먹는 그것이 바로 사랑인 것입니다. 그러기에 동양적인 관념으로 볼 때 이 떡이라는 말은 매우 깊은 의미를 포함하고 있는 말이라고 하는 것입니다. 이제 예수님께서 "내가 생명의 떡이다"라고 말씀하신 데에는 그 역사적인 배경이 있습니다. 이는 예수님께서 친히 말씀 하신 바와 같이 너희 조상들이 광야에서 하늘로 부터 주어진 만나를 먹고 산 것같이 내가 곧 생명의 떡이라는 말씀을 하고 계시는 것입니다. 그런데 그 떡은 매일매일 하늘로부터 내려오는 신비한 떡이어서 날마다 새롭게 거두어 먹음으로 생명을 소생케 했던 것입니다.

그리고 또 한 가지는 하나님과의 절대적인 관계를 상징하는 실증으로 하나님의 임재를 상징하는 법궤 속에 아론의 싹난 지팡이와 함께 만나의 항아리가 있음은 저들이 만나와 함께 살았음인데 이제 예수님께서는 나는 너희 조상들이 먹지 않고는 죽을 수밖에 없었던 만나와 같은 존재라고 하는 뜻에서 "내가 곧 생명의 떡"이라고 말씀하시는 것입니다. 이는 참으로 분명하고도 구체적인 표현이 아닐 수 없습니다.

생명이란 그 어떤 것도 스스로 존재할 수가 없습니다. 생명의 신비인 출생의 신비가 그렇고 성장의 신비가 또한 그렇습니다. 한 생명이 존재되기 위해서는 다른 피조물로부터 자기 생명에 필요한 요소들을 얻을 수 있어야 합니다. 따라서 모든 생명체는 서로 서로가 오묘하게 의존되어 있습니다. 언뜻 보기에는 그저 잡아 먹고 잡히며 싸우는 것 같지만 거기에는 이 생명이 저 생명에게로 연결되고 저 생명이 이 생명에게로 연결되는 신비로운 질서와 세계가 있는 것입니다. 저 아프리카 밀림에 가 보면 커다란 연못과 같은 늪들이 있어서 거기에 악어들이 서식을 하고 있는데 여자들이 좋아하는 악어빽을 만들기 위해 마구 총을 쏘아 악어들을 잡아 없애 버렸더니 거기에 있던 그 많은 고기들이 다 죽더라고 하는 것입니다. 그래서 왜 그렇게 죽는 것인가 하고 연구를 한 결과 악어란 동물은 턱뼈가 강하고 이빨이 튼튼해서 무엇이든지 그냥 뚝뚝 잘라서 통으로 삼키는데 소화기가 나빠서 다 흡수하지 못하여 그 많이 먹은 것들을 대충 흡수하고는 모두 배설해 버리므로 거기서 나온 단백질 등의 먹이를 물고기들이 먹고 사는 것입니다. 그런데 악어들이 없어지고 보니 물고기들이 먹을 것이 없어서 다 죽게 되었던 것입니다. 이것은 하나의 예입니다마는 모든 생물은 이와 같이 전부가 연결이 되어 있습니다. 요즈음 우리 나라에 새롭게 들쥐들이 들끓는 것도 그러한 이유에서입니다. 소위 말하는 땅꾼들이 쥐를 잡아먹는 뱀을 잡아 없애다 보니 대신 들쥐들이 들끓게 된 것입니다. 뱀도 필요한 것입니다. 이러한 생태계를 인간들이 무엇을 안다고 자꾸만 그 질서를 파괴해 들어가는 것을 볼 수 있는데 분명한 것은 이러한 인간의 행위는 새로운 위기를 초래할 것이라는 사실입니다.

아무튼 생명은 신비로운 것으로 또다른 생명으로부터 도움을 받아야 합니다. 그러기에 우리는 오늘도 여러 가지 음식, 그것이 채소이거나 고기류이거나 간에 다른 생명체들의 도움으로 섭취된 영양에 의해 이 생명이 지속되고 있는 것이며 이것이 생명의 원리입니다.

그런데 우리 인간에게는 다른 동물들과는 달리 자연적인 육체적 배고픔에 대한 욕망이 있는가 하면 비자연적인 정신적 욕망이 있어서 안락과 쾌락을 원하고 행복을 추구하며 지식과 명예욕, 그리고 정치적 지배욕까지도 소유하고 있습니다. 그러나 보다 더 큰 욕망은 초자연적인 영적 욕망입니다. 그러기에 말씀의 역사를 필요로 하고 성령의 역사를 필요로 하며 사랑을 필요로 합니다. 인간은 사랑을 먹고 사는 존재입니다. 따라서 사랑이 없이는 살 수가 없는 것이 인간인 것입니다.

그러면 이제 여기에서 말하는 떡이란 무엇을 뜻하는 말이겠습니까? 떡은 사치품이나 장식품이 아닌 필수품입니다. 생명의 유지를 위해서는 반드시 있어야 하는 것입니다. 그런데 한 가지 생각할 것은 떡은 배가 고

픔으로 필요로 하는 것이며 배가 고프다는 것은 그만큼 신진대사가 이루어지고 있음을 뜻하는 것입니다. 그러므로 배가 고픈 것은 부끄러움이나 죄가 아닙니다. 사실은 배고픔이 있어야 하는 것입니다.

그런데 오늘 본문에서 생각해야 하는 가장 중요한 문제는 이 떡이라는 비유가 예수님과 우리 사이에 있어서 어떤 관계를 말씀해 주는 것인가 하는 문제입니다.

그 첫째는 이 떡은 필수적인 것이라고 하는 점입니다. 다시 말하면 남녀노소 빈부귀천을 막론하고 누구든지 반드시 먹어야 산다는 것입니다. 언뜻 보기에는 신분이나 가진 바에 따라 음식의 내용이 크게 다른 것처럼 보이기도 하지만 사실상 먹는 문제에 대해서는 보편적인 것입니다. 그래서 얼마 전 휴즈라고 하는 유명한 미국인 부자가 죽은 다음에 밝힌 기록을 보면 그는 토마토 주스만 마시다가 갔다는 것이었습니다. 제가 그 기사를 읽으면서 그 많은 재산을 벌어놓고도 별 재간이 없구나 하는 생각을 해 보았습니다. 한번은 어떤 돈 많은 분의 집에 가서 식사를 하면서보니 그 분은 된장국에다 마지막에는 누룽지를 먹는 것이었습니다. 그러길래 제가 있다가 "돈 많은 사람도 이런 것을 잡수십니까?" 하고 한마디 하였더니 그 분의 대답이 "아니 뭐 돈을 먹나요?" 하고 말하는 것입니다. 다른 것이 있다면 그것은 그릇이 다른 것 밖에는 없습니다. 재료상으로 볼 때에는 쌀, 배추, 무우등 그게 그것으로 누구나 같은 것을 먹는다고 말할 수가 있습니다. 심지어는 개하고 사람하고도 같은 것을 먹는 처지가 아니겠습니까?

마찬가지로 우리가 영적으로 보아 하나님의 말씀으로 산다는 문제에 있어서도 이것은 보편적인 것으로 모두가 똑같은 입장인 것입니다.

따라서 예외 없이 모두가 다 하나님의 말씀을 먹고살고 그래야만 살 수가 있습니다. 그러기에 이 말씀은 절대 필요조건입니다. 우리는 이와 같이 하나님의 말씀 앞에 모두가 평등하며 또한 모두가 다 하나님의 말씀을 반드시 필요로 한다는 것을 알아야 합니다.

다음 두번째는 이 떡은 계속적으로 필요하다는 것입니다. 다시 말하면 한 끼를 잘 먹었다고 해서 열 끼를 굶을 수 있는 것이 아니라는 말입니다. 흔히들 우스운 이야기로 잔칫날 먹겠다고 1주일을 굶었더니 죽어 버리더라는 말을 합니다마는 그거야말로 미련한 짓인 것입니다. 건강을 유지하려면 무엇 보다도 그때 그때의 일용할 양식에 충실해야 하는 것으로 생각합니다. 건강을 위한 비결에는 여러가지가 있겠지만 저의 경험에 의하면 건강은 생활의 리듬을 맞추는 데 있다고 생각합니다. 저는 남달리 건강한 사람도 아니지만 그렇다고 약한 사람도 아닙니다. 어쨌든 지금 이 나이가 될 때까지 아파서 설교를 못하거나 새벽기도에 빠져 본 일은 한번도 없으니 그만하면 건강한 것이 아니겠습니까? 그런데 그 비결을 묻는다면 먹는 것과 자는 것의 두 가지 리듬만 맞추면 된다고 말할 수 있겠습니다. 그러니까 잠을 자는 시간에는 반드시 자고 깨어야 하는 시간에 반드시 깨며 적게도 자지 말고 많이도 잘 것이 아닙니다. 또한 먹는 것도 많이 먹어서도 아니되고 굶어서도 아니되는 것입니다. 입맛이 있다고 해서 한 자리에서 몇 그릇을 먹거나 또한 입맛이 없다며 굶는 것은 다 같이 좋은 것이 아닙니다. 입맛이 있건 없건 제때제때에 정량의 음식을 먹는 것이 중요합니다. 바로 이러한 것들이 자고먹는 것의 리듬을 지키는 것이 됩니다.

이는 영적인 생활에 있어서도 마찬가지입니다. 가만히 보면 어떤 이들은 평소엔 빈둥거리며 있다가 어디 부흥회라도 있다고 하면 거기에 가서 철야를 하고 야단스럽게 지내고 와서는 다시 빈둥거리며 자기 교회에는 잘 나가지도 않는 것을 볼 수 있는데 이것은 자기집 음식은 먹지 않고 남의집 잔치음식만을 먹고다니는 좋지 않은 버릇입니다. 중요한 것은 잔칫집 음식은 먹지 않더라도 매일매일 정량의 음식을 먹는 일입니다. 그러므로 매일 성경 읽고, 기도 하며 주일 낮, 저녁, 그리고 삼일예배를 정량으로 빠짐없이 계속 먹어야 하는 것입니다. 성경을 읽는 것도 한꺼번에 몰아쳐서 며칠 사이에 다 읽으려 할 것도 아니며 오늘은 하루 쉬겠다며 그냥 지나칠 것도 아닙니다. 그저 계속 성경 보고, 계속 기도하며, 계속 하나님의 말씀을 찾아야 하는 것입니다. 이스라엘 백성에게 내려진 만나도 그래서 매일매일 그날에 족할 일용할 양식으로 주어졌던 것입니다. 우리는 바로 여기에 건강의 비결이 있음을 알아야 합니다.

그리고 세번째는 이것이 없으면 아무일도 할 수가 없다는 것입니다. 우리에게 힘이 있고 지혜가 있어서 무슨 일이나 할 수 있을 것 같지만 일단 배가 고프고 보면 아무 일도 할 생각이 없어지고 마는 것입니다. 배가 고프면 사람의 마음이 변해집니다. 이제는 배만 고픈 것이 아니라 마음도 슬퍼져서 마침내는 신세타령까지 나오게 됩니다. 그러므로 이것이 없으면 존재까지도 무너지게 됩니다. 53절 말씀에 보면 "예수께서 이르시되 내가 진실로 진실로 너희에게 이르노니 인자의 살을 먹지 아니하고 인자의 피를 마시지 아니하면 너희 속에 생명이 없느니라"고 하셨습니다. 이는 인자의 살과 피를 먹고 마시지 않는 한 생명이 없는 죽은 것이라고 하는 말입니다. 그러므로 영적인 건강을 위해서는 계속 말씀을 받아먹어야 하는 것입니다.

여기에서 한 가지 기억할 것은 하나님의 말씀에 대하여 주리고 목마른 것같이 사모하는 사람은 건강한 사람이라는 사실입니다. 음식 맛을 모르는 사람은 병든 사람이며 배고픈 것을 모르는 사람은 죽은 사람입니다. 건강하다는 것이 따로 있는 것이 아닙니다. 그저 음식을 보자마자 입맛이 통하고 한입 한입 먹을 때마다 단맛이 나는 그런 사람이 건강한 사람이 아니겠습니까? 그런데 음식 냄새가 싫고 앞에 놓인 음식이 귀찮아지기 시작하면 그 사람은 병원에 가보지 않아도 벌써 병든 사람인 것입니다.

이것은 영적인 생활에 있어서도 마찬가지입니다. 그리하여 하나님의 말씀에 대한 입맛이 좋은 사람은 교회에 나오는 것도 일찍 나오며 되도록 앞자리에 앉기 위해 걸음을 재촉합니다. 그리고 항상 듣는 말씀이지만 들어도 들어도 좋기만한 것입니다. 지난날 부흥사로 유명했던 이성봉 목사님이 재미있는 말을 하시기를, 그 다음에 무슨 말이 나올 것을 알고 들으면 더 은혜가 된다고 하셨습니다. 이 말은 부흥사들이 대개 똑같은 내용으로 말하는 것을 두고 한 이야기입니다. 사실 새로운 말이 중요한 것이 아닙니다. 사랑하는 사람의 말이라면 새로운 말이 아니라도 언제나 계속 들어도 즐겁기만한 것입니다. 건강한 사람은 음식을 탓하거나 입맛을 가리지 않습니다. 그런가 하면 영적으로 건강치 못한 사람, 하나님의 말씀에 대한 입맛이 없는 사람은 교회에 나오는 시간도 늦거니와 앉는 자리도 되도록 멀리 앉아서는 말씀과는 상관없이 으레 드리는 예배 정도로 생각하고앉았다가 가는 것입니다. 그러자니 새롭게 흡수된 것도 없고 소화될 것도없으며, 따라서 영적으로도 건강 할 수가 없는 것입니다.

그러나 영적으로 건강한 사람은 주리고 목마른 것처럼 주님의 말씀을 사모합니다. 그리고 그 말씀의 능력에 의해서 영원한 생명을 소유한 자로 살게 됩니다. 이와 같이 말씀의 떡을 먹음으로 영적으로 건강하게 될 때 이제는 나의 속 사람이 강건해져서 마음에 여유가 생기고 윤택함이 있게 됩니다. 그리하여 웬만한 일로는 마음을 상하거나 화낼 것도 없으며 원수까지도 사랑할 믿음과 사랑이 생겨나게 됩니다. 그것은 영적인 건강에서 주어지는 넉넉함이 있기 때문입니다. 하지만 허약하고 보면 누가 뭐라고 하지 않아도 이래 넘어지고 저래 부딪히며 결국은 상처투성이가 되고 마는 것입니다. 모든 불평과 시험은 영적인 허약에서 비롯됩니다. 따라서 시험을 이기는 힘은 생명의 말씀을 충분히 받아서 영적으로 건강해짐으로 생겨나는 것입니다. 그러므로 우리 모두는 영적인 건강과 윤택함을 소유할 수 있어서 사도 바울이 말한 것처럼 넉넉히 이기는 승리의 사람들이 되어야 할 것입니다.

양의 문 비유

내가 진실로 진실로 너희에게 이르노니 양의 우리에 문으로 들어가지 아니하고 다른 데로 넘어가는 자는 절도며 강도요 문으로 들어가는 이가 양의 목자라 문지기는 그를 위하여 문을 열고 양은 그의 음성을 듣나니 그가 자기 양의 이름을 각각 불러 인도하여 내느니라 자기 양을 다 내어 놓은 후에 앞서 가면 양들이 그의 음성을 아는고로 따라 오되 타인의 음성은 알지 못하는고로 타인을 따르지 아니하고 도리어 도망하느니라 예수께서 이 비유로 저희에게 말씀하셨으나 저희는 그 하신 말씀이 무엇인지 알지 못하니라 그러므로 예수께서 다시 이르시되 내가 진실로 진실로 너희에게 말하노니 나는 양의 문이라 나보다 먼저 온 자는 다 절도요 강도니 양들이 듣지 아니하였느니라 내가 문이니 누구든지 나로 말미암아 들어가면 구원을 얻고 또는 들어가며 나오며 꼴을 얻으리라.

(요한복음 10 : 1~9)

양의 문 비유

예수님께서는 오늘 본문을 통하여 "나는 양의 문"이라고 말씀하십니다. 우리는 하루에도 수십 번씩 문으로 드나드는 생활을 하고 있습니다. 그러므로 이후로는 문으로 드나들 때마다 "나는 양의 문"이라고 하신 예수님의 말씀을 기억하면서 우리와 예수님과의 관계를 보다 새롭게 할 수 있어야할 것입니다.

예수님께서 "나는 양의 문"이라고 말씀 하시는 그 배경에는 아름다운 초원과 이스라엘 사람들의 목장이 전제되어 있습니다. 이스라엘 사람들은 본래가 유목민이어서 양과 목자의 생활에 대해서는 아이에서 노인에 이르기까지 너무나도 잘 아는 보편적이 생활 이야기입니다. 그렇기 때문에 지금 예수님께서 양의 문이라고 말씀하실 때에 이 문이 무엇을 의미하는 가를 잘 알고 있습니다. 이제 본문의 내용에 들어가기 전에 잠깐 생각할 것은 1절 말씀에 기록된 "진실로 진실로" 하는 말씀입니다. 이 말은 이미 말씀드린 바가 있습니다마는 헬라 원문대로는 "아멘 아멘" 하는 말로서 "참으로 너희에게 말한다"는 강한 의미 전달을 표하는 말입니다. 그런데 이런 의미의 "진실로 진실로"라는 표현이 요한복음에만 스물다섯 번이 기록되어 있습니다. 이 말은 주의를 집중시키는 말로서 이야기 중에서도 꼭알아 들어야 할 내용을 두고 쓰여진 말입니다. 성경을 보면 마음에 잘 새겨두라는 뜻으로 쓰여진 말들이 몇 가지 있는데 그 중에 하나가 "진실로진실로" 하는 말과 "종말로"라고 하는 말입니다.

그러면 이제 이스라엘 사람들의 목장으로 돌아가 생각을 해보면 저만큼 푸른 초원이 있고 그리고 양의 우리가 한곳에 있습니다. 이렇게 되면 초원과 양의 우리 사이에는 문이 있게 되는 것입니다. 이제 하루 종일 초원에 나가 풀을 뜯던 양들은 저녁이 되면 우리로 돌아갑니다. 그것은 저녁이 되어 어두워지면 어두움 자체가 무섭기도 하지만 사나운 짐승들이 나와서 양들을 해치기 때문에 양들도 그것을 알고는 해가 뉘엿뉘엿 해지면 우리가 있는 곳으로 다들 모여드는 것입니다. 저들이 밖에서 풀을 뜯을 때에는 마음대로 돌아다니지만 일단 해가 지기 시작하고 무서움이 느껴져오면 이제는 목자를 의지하게 됩니다. 그러면 목자는 양 한 마리만을 몰고 앞서 가면 나머지 양들은 그대로 따라오는 것입니다. 그러다가 우리 가까이에 이르면 저절로 한 마리씩 우리 안으로 들어 갑니다.

그렇게 하여 밤을 지낸 양들은 새벽이 되면 이제는 빨리 나가고 싶어서 우리 안을 맴돌다가 목자가 문을 열어 주면 좋아라고 뛰어나가는 것입니다. 그랬다가 저녁이 되면 다시 우리로 돌아오고, 그리고 아침이 되면 또 나가는 이런 생활이 양에게 있어서는 하나의 훈련이면서도 극히 자연스러운 일이며 여기에는 양과 목자와의 깊은 신뢰와 사랑의 관계가 있는 것입니다.

그러면 이제 "문"이란 것이 어떤 것인가를 생각해 보면 그것은 우리와 우리 밖, 다시 말하면 우리와 초원이나 들 사이에 있는 것입니다. 그러니까 이 문을 경계로 하여 문에서만 나오면 넓은 초원으로 향하게 되고 문 안으로 들어가면 갇히게 되는 것입니다. 우리는 문이라고 하는 것에서 두가지의 기능을 생각하게 됩니다. 그 하나는 밖에서 안으로 들어갔을 때를 생각하는 것으로 여기에서는 보호하는 기능을 생각할 수가 있습니다. 일단 안으로 들어가서 문을 잠그고 있으면 이제는 이리나 사자 같은 맹수가 와도 두려울 것이 없습니다. 요즈음 우리네 집들에도 보면 자물쇠를 둘 셋씩 잠그고는 하는데 잠근다는 것, 그리고 문 안에 있다는 것은 안전을 의미합니다. 따라서 거기에 보호와 쉼이 있는 것입니다.

그런가 하면 문을 열고 나감으로 꼴을 뜯는 배부름과 자유함이 있게 됩니다. 이에 9절 말씀을 보면 "나로 말미암아 들어가면 구원을 얻고"라고 하였는데 이 구원이란 본래 위험으로부터 보호함을 받는다는 뜻이 아니겠습니까? 이에 예수님께서는 죄와 사망, 그리고 사탄과 모든 유혹으로부터 보호함을 받는다는 뜻에서 "내가 문"이라고 말씀하신 것입니다. 또한 이어지는 말씀에 보면 "들어가며 나오며 꼴을 얻으리라"고 하였습니다. 이는 한번 문을 열어 주면 자유롭게 뛰어나가 넉넉한 꼴을 먹을 수가 있다는 말씀입니다.

이와 같이 문에는 두 가지의 기능 즉 보호하는 기능이 있음과 동시에 성장케 하는 양식을 공급받게 하는 기능이 있음을 알 수 있습니다. 여기에서 우리가 가정에 있어서의 문을 다시 한번 생각해 본다면 열었던 문을 다시 잠그고 집 안에 들어서면 안전함과 동시에 자유함이 있어서 옷을 입거나 벗어도 상관할 바가 없는 평안한 분위기 속에 지낼 수가 있습니다. 그러나 아무리 좋고 튼튼한 집이라 하더라도 문을 잠그지 않고 있다면 불안해서 견딜 수가 없게 되는 것입니다. 그리고 보면 문이 결정적인 보호 역할을 해주고 있는 것입니다.

하지만 똑같은 문임에도 보호함도 아니요 자유함도 아닌 오직 속박만을 느끼게 하는 감옥문이 있습니다. 그 집에 사는 것을 기뻐하는 자에게는 위로와 평안과 구원의 문이 되지만 그 집을 통해서 위로를 받지 못하는 자에게는 감옥이요 감옥문이 되는 것입니다. 이렇게 볼 때 이 문에는 구원함의 보호와 자유의 뜻이 있는 반면에 심판의 뜻도 가지고 있는 것입니다.

구약성경으로 돌아가 히브리 원문을 살펴보면 두 가지 종류의 문을 생각해 볼 수 있습니다. 그 하나는 열고 닫는 문짝이 달려 있는 문이 아니라 그저 하나의 통로로서 굴처럼 뚫려 있는 페타트라는 단어로 표현되는 문이 있습니다. 그리고 다른 하나는 델게트라고 표현되는 문으로 이것은 우리가 일반적으로 생각하는 개념의 열고 닫을 수 있는 문입니다. 간단하게 말하자면 통로의 의미에서 쓰여지는 문과 차단의 의미에서 쓰여지는 문이 각각 다른 두 단어로 표현되고 있는 것입니다. 그런데 오늘 본문에 쓰여진 "문"에는 이 두 가지 의미가 모두 포함되어 있음을 기억할 필요가 있습니다.

성경에는 "문"이라는 말이 많이 나오고 있습니다. 그 중에서 쉽게 우리의 기억에서 되살릴 수 있는 대표적인 문 몇 가지를 생각해봅니다. 그 하나가 야곱이 형의 손길을 피하여 하란으로 향하는 길에 고백하는 "하늘의 문"(창 28 : 7)입니다. 이것은 꿈에 하늘이 열리는 것을 본 야곱이 생각하는 "하늘로 통하는 문"을 말하고 있는 것입니다. 그리고 참으로 드라마틱한 장면의 문은 예수님께서 열 처녀 비유에서 말씀하신 것으로 미련한 처녀들이 기름을 사러 간 동안에 신랑이 옴으로 신랑과 기름을 준비한 다섯 처녀만 들어가고 문이 닫힘으로 뒤늦게 기름을 준비하고 돌아온 다섯 처녀들이 아무리 문을 두드리며 애원을 해도 문은 다시 열려지지 않았다는 그 문입니다. 그러니까 이 문은 지혜로운 다섯 처녀에게는 열려진 문이되 미련한 다섯 처녀에게는 닫혀진 문입니다. 똑같은 문인데 한 사람에게는 열렸고 한 사람에게는 닫혔으며 열린 자에게는 영광과 축복이 있었고 닫힌 자에게는 슬피 울며 애원을 해도 소용이 없는 종말이란 말입니다.

지금 우리 앞에 있는 문은 그대로 천국문을 말하고 있는 것입니다. 그러므로 이 문은 내가 열고 닫을 수 있는 문이 아닙니다. 이를 위해 보다 과거로 거슬러 올라가 보면 극적이면서도 참으로 심각한 문이 있습니다. 그것은 다름 아닌 노아 방주의 문입니다. 사람들의 행위가 악함을 보시고 홍수로 멸하실 것을 예고하신 하나님께서 마침내 홍수의 날을 이르게 하실 때 순종의 사람 노아의 가족과 명하신 대로의 동물들이 방주로 들어가자 하나님께서 친히 그 방주의 문을 닫으셨던 것입니다. 그때 그 방주의 문을 닫으신 하나님께서 하늘문도 열고 닫으시는 것입니다.

그런데 오늘 예수님께서는 내가 문이라시며 나를 아는 자에게는 내가 문을 열어 주겠노라고 말씀하십니다. 이 얼마나 기쁜 소식이요 고마운 말씀입니까? 내가 문이다! 나를 통해서 너희들이 하늘나라로 들어올 것이라는 말씀입니다. 이제 우리가 이 세상을 떠나서 하나님 앞에 가야 한다고 생각할 때 지혜로운 다섯 처녀에게 열렸던 것처럼 천국문이 열린다면 얼마나 고맙고 감사한 일이겠습니까마는 그러나 우리 앞에 놓인 문이 열리지 않는다면 그것처럼 괴롭고 비참한 일이 또 어디 있겠습니까?

이를 위해 예수님께서는 내가 문이라시며 염려하지 말라고 말씀하십니다. 나는 내 양이 천국에 들어갈 수 있도록 통로가 되는 문이라고 말씀하십니다. 사도 요한은 하늘문이 열린 것을 보았다고 말합니다(계 4 : 1). 특별한 계시는 물론 우리에게 주어지는 영적인 지혜도 하늘문이 열릴 때에만 가능한 것입니다.

그러면 이제 내가 양의 문이라는 이 말씀을 두고 보다 구체적인 의미를 생각해 보겠습니다.

그 첫째는 예수가 구원으로 통하는 문이 된다는 말씀입니다. 문이란 이런 문 저런 문 여기도 있고 저기에도 있을 수 있겠습니다마는 예수님께서 말씀하실 때의 "내가 문이다"라는 말은 구원으로 통하는 유일한 문, 하나 밖에 없는 문을 말씀하시는 것입니다. 양의 우리에는 대개 하나의 문이 있습니다. 그리고 이 문은 좁고 협착 합니다. 예수님께서는 생명으로 인도하는 문은 길이 좁고 협착하여 찾는 이가 적다고 말씀하셨습니다(마태 7 : 14). 한 마리씩 들어가고 한마리씩 나오는 불편함이 있습니다. 그러나 그 문이 생명으로 통하는 문입니다. 따라서 이 문은 하나의 가능성을 말합니다. 예수 그리스도는 우리에게 구원의 가능성을 보여 주십니다. 이는 예수님께서 친히 천국으로 통하는 길이 되시고 문이 되심으로 우리로 하여금 천국에 이르는 가능성을 보여 주신 것이라는 말입니다. 문이란 집 안으로 들어가는 가능성을 말하는 것입니다. 그 때문에 문이 달히고서는 안으로 들어갈 수가 없는 것입니다. 그런 의미에서 이 문에는 절대성이 있다는 것을 잊지 말아야 합니다. 다시 말하면 이 문을 통해서만 구원이 있고 생명이 있다는 말입니다.

다음 두번째로 생각하는 "내가 양의 문"이라는 말은 여기에 들어서면 이제 부터는 안전하다는 의미가 됩니다. 아무리 쫓기다가도 문안에 들어 서기만 하면 그때부터는 다른 세계가 전개되는 것입니다. 추운 겨울날 밖에서 떨다가도 문 하나 열고 집안에 들어서기만 하면 벌써 따뜻해지는 것이란 말입니다. 이와 같이 문 하나를 두고 안과 밖이 전혀 다른 세계를 이루게 되는 것입니다. 이는 신학적으로도 그렇고 철학적으로도 그런 것이어서 그리스도 안에 있으면 모든 것이 합리적이지만 그리스도 밖에 있으면 모두가 이해할 수 없는 사건들뿐입니다. 따라서 그리스도 안에 있는 자가 성경을 읽으면 모든 것이 은혜스럽고 쉽게 이해가 되지만 그리스도 밖에서 신앙 없이 성경을 보려고 하면 전혀 이해할 수 없는 책이 되어 문이 닫혀 버리는 것을 볼 수 있습니다. 그러므로 문 안에 들어선다는 것은 새로운 소망과 은혜의 새 세계가 전개되는 것을 말합니다. 그리고 거기에서 하나님의 자녀된 특권을 누리게 되는 것입니다. 그러나 한 가지 알아야 할 것은 때로는 이 문안이 조금 불편할 수가 있다는 것입니다. 그것은 문밖 세계에 비해서 협소하기 때문인데 그래도 참고 기다려야 함은 원수로 부터 우리를 보호해 주시는 시간이기 때문입니다.

이제 세번째로 생각하는 것은 이 문이 심판이라는 것입니다. 문이라고해서 아무에게나 열리는 것이 아니라 그 자격이 따로 있는 것이란 말입니다. 오늘 본문에서도 볼 수 있듯이 절도나 강도에게는 열어 주지를 않습니다. 또한 이리나 사자에게도 열어 주지 않습니다. 오직 사랑하는 양에게만 열어 주는 문! 이것이 바로 양의 문입니다. 양 외에 어느 누구도 이 문으로 통과하는 것을 허락하지 않습니다. 이 문은 도둑이나 맹수에게는 닫히는 문이었고 양들에게는 열리는 문이었습니다. 미국 텍사스의 돈 많은 한 부자가 세계 여행을 하는 중에 영국을 가게 되어 이런저런 구경을 하다가 여왕이 거처하는 버킹검 궁전을 구경하고 싶은 마음이 생겼습니다. 그래서 그는 천달러짜리 지폐를 한 장 꺼내어 문지기에게 주면서 나를 좀 들어가게 해달라는 부탁을 하였습니다. 그랬더니 그 문지기가 하는 말이 "천달러 아니라 만달러라도 안됩니다. 다만 여왕이 초청한 사람만이 들어갈 수 있습니다"라고 하더라는 것입니다. 참으로 일리가 있는 이야기가 아니겠습니까? 왕실은 왕이 초청한 사람만이 들어갈 수 있는 곳이지 돈이 많다고 돈으로 들어갈 수 있는 곳은 아니란 말입니다.

이와 같이 들어가는 자격은 따로 되어 있는 것입니다. 그러므로 우리는 이 문이 누구에게나 열리는 것이 아니라 그리스도에게 속한 자, 그리스도의 양에게만 열린다는 사실을 기억해야 합니다. 우리가 잘 아는대로 문이라는 것은 참으로 철저한 것입니다. 그렇기 때문에 요즈음에는 문에다 초인종에 자물쇠를 둘셋 만들어 달고 게다가 밖으로만 보이는 구멍을 만들어 땡동하고 소리가 나면 먼저 구멍으로 내다본 다음에 누구요 하고는 확인을 한 다음에 열어줍니다. 또한 아이들에게 집을 맡기고 나갈 때에는 아예 누구가 와도 열어 주지 말라는 다짐을 하고는 나가는 것입니다. 그리고 보면 이 문이라는 것이 얼마나 까다로운 것입니까? 마찬가지로 문이 되신 그리스도께서는 그가 사랑하시는 그리스도의 사람에게만 열어 주시는 철저함과 까다로움이 있다는 것을 우리는 잊지 말아야 합니다.

그리고 문에도 정당하게 들어가야 하는 코-스가 있습니다. 예수님께서 말씀하시기를 문이 아닌 다른 데로 넘어가는 자는 절도며 강도라고 하셨습니다. 당당한 신분이라면 열릴 때까지 기다렸다가 정당하게 들어가야 하는 것입니다. 다시 말하면 그 문에 맞는 열쇠로 열 수 있을 때까지 기다려야 하는 것이란 말입니다. 그 문은 그 문의 열쇠로 열 수 있는 것이지 열쇠가 많다고 열 수 있는 것은 아닙니다. 그리고 이 열쇠는 주인이 기뻐하는 자에게 주어지는 것입니다. 저는 미국의 어느 가정의 초대를 받아 하룻밤을 함께 지낸 후 열쇠를 써도 좋다는 대접을 받아본 적이 있습니다. 간혹 영화 같은 데서도 볼 수 있듯이 벽돌 하나를 빼내어 열쇠를 감추는 것을 보여 주면서 여기에 열쇠가 있으니 당신이 먼저 오거든 이 열쇠로 열고 들어가라는 것입니다. 게다가 냉장고와 부엌도 마음대로 쓰면서 당신 집같이 지내라고 하는 것이었는데 이는 집에 출입하는 자격을 완전히 허락하는 것입니다.

이제 주님께서는 우리에게 말씀하고 계십니다. 내가 양의 문이요 천국으로 통하는 문이다! 이 문으로만 하나님 앞에 갈 수가 있다고 말입니다. 우리는 예수님께서 이렇게 말씀하시는 그 의도가 어디에 있는가를 심각하게 생각할 수 있어야 합니다. 지금 예수님께서는 이스라엘 사람들의 유목생활을 자세히 보시면서 이 귀한 말씀을 하고 계십니다. 그렇다면 우리가 생각할 것은 먼저 내가 그리스도의 양이 되었는가? 그리고 내가 주님의 기뻐하시는 자가 되어 천국으로 통하는 열쇠를 내 손에 쥐고 있는가 하는 문제입니다. 우리가 기차를 탈 때에 보면 특별히 좋은 사람 나쁜 사람이 따로 있는 것이 아니라는 생각을 하게 됩니다. 그것은 1등 대합실이나 2등 대합실, 다시 말하면 좌석표가 있는 표를 가진 손님들이 드나드는 대합실이나 개찰구는 서두르지도 않고 조용하며 손님들도 점잖아 보입니다. 그러나 좌석표가 없는 완행열차 대합실은 개찰원이 나오기 전부터 밀치고 부딪히며 야단인 것을 볼 수 있습니다. 그 이유가 무엇이겠습니까? 그것은 가서 앉을 자리가 확실치 않기 때문입니다. 그러자니 불안하고, 불안하고 보니 어떻게 해서라도 서두르지 않고는 견딜 수가 없는 것이란 말입니다.

마찬가지로 천국으로 통하는 문에 대한 확실한 자격증, 그 열쇠를 꼭 쥐고 사는 사람은 아무 때에, 무슨 일을 만나도 염려할 것이 없습니다. 그런데 문제는 이 열쇠가 시원치 않다는 것입니다. 그래서는 내가 가진 열쇠가 천국문에 맞을 것 같지도 않고 열릴 것 같지도 않아 계속 자신이 없습니다. 흔히 많이 듣는 이야기이지만 지금 이대로 죽어서는 자신이 서지 않는단 말입니다. 그러자니 불안하고 마음에는 여유가 없습니다. 그도 그럴 것이 내 앞에 있는 열려야 할 문이 열려 있지 않은데 어떻게 내 현실이 평안할 수가 있겠습니까?

이제 마지막으로 생각해야 될 중요한 문제가 있습니다. 그것은 이 문이 항상 열려 있는 것이 아니라는 점입니다. 그러고 보면 이것은 참으로 심각한 문제가 아닐 수 없습니다. 기록된 바에 의하면 예수님께서는 여러 모양으로 내게로 오라시며 거듭거듭 초청을 하십니다. 그러나 한편으로는 문이 닫혔다는 비유의 말씀도 많은 것을 볼 수 있습니다. 분명 언젠가는 이 문이 닫혀집니다. 그런 이후에는 그 누구에게도 도리가 없는 것입니다.

그러기에 이 문을 좁은 문이라고 하는 것이며 여기에는 두 가지의 의미가 있습니다. 그 하나는 들어가기가 어렵다는 의미에서 좁다는 것이며 다른 하나는 이제 말했듯이 시간적으로 닫힐 때가 있어서 한번 닫히고 나면 다시 열 수가 없다는 뜻에서입니다.

문이 열렸을 때에 들어가야 합니다. 그런데 주님께서는 분명히 말씀하시기를 "내가 문 밖에 서서 두드리노니 누구든지 내 음성을 듣고 문을 열면 내가 그에게로 들어가 그로 더불어 먹고 그는 나로 더불어 먹으리라"(계 3 : 20)고 하십니다. 이는 내가 먼저 주님을 향하여 마음 문을 열 때에 주님께서 내게로 들어오시고 그런 후에 내가 다시 주님께로 갈 때에 주님께서 나를 위해 문을 열겠다고 하시는 말씀입니다. 다시 말하면 내가 문을 닫는다면 주님께서도 나를 위한 문을 열지 않으신다는 것입니다. 우리는 이 오묘한 뜻을 깊이 생각해야 할 것입니다.

오늘도 자기 양을 사랑하시는 주님께서는 "내가 문이니 누구든지 나로 말미암아 들어가면 구원을 얻고 또는 들어가며 나오며 꼴을 얻으리라"

고 말씀하십니다. 이제 우리는 이 문으로 드나들며 꼴을 먹다가 마침내 이 세상을 떠나는 날 주님 앞에 설 수 있도록 이 문이 환히 열리는 축복의 사람이 되어야 할 것입니다.

선한 목자 비유

내가 진실로 진실로 너희에게 이르노니 양의 우리에 문으로 들어가지 아니하고 다른 데로 넘어가는 자는 절도며 강도요 문으로 들어가는 이가 양의 목자라 문지기는 그를 위하여 문을 열고 양은 그의 음성을 듣나니 그가 자기 양의 이름을 각각 불러 인도하여 내느니라 자기 양을 다 내어 놓은 후에 앞서 가면 양들이 그의 음성을 아는고로 따라 오되 타인의 음성은 알지 못하는고로 타인을 따르지 아니하고 도리어 도망하느니라 예수께서 이 비유로 저희에게 말씀하셨으나 저희는 그 하신 말씀이 무엇인지 알지 못하니라 그러므로 예수께서 다시 이르시되 내가 진실로 진실로 너희에게 말하노니 나는 양의 문이라 나보다 먼저 온 자는 다 절도요 강도니 양들이 듣지 아니하였느니라 내가 문이니 누구든지 나로 말미암아 들어가면 구원을 얻고 또는 들어가며 나오며 꼴을 얻으리라 도적이 오는 것은 도적질하고 죽이고 멸망시키려는 것뿐이요 내가 온 것은 양으로 생명을 얻게 하고 더 풍성히 얻게 하려는 것이라 나는 선한 목자라 선한 목자는 양들을 위하여 목숨을 버리거니와 삯군은 목자도 아니요 양도 제 양이 아니라 이리가 오는 것을 보면 양을 버리고 달아나나니 이리가 양을 늑탈하고 또 헤치느니라 달아나는 것은 저가 삯군인 까닭에 양을 돌아보지 아니함이나 나는 선한 목자라 내가 내 양을 알고 양도 나를 아는 것이 아버지께서 나를 아시고 내가 아버지를 아는 것 같으니 나는 양을 위하여 목숨을 버리노라 또 이 우리에 들지 아니한 다른 양들이 내게 있어 내가 인도하여야 할 터이니 저희도 내 음성을 듣고 한 무리가 되어 한 목자에게 있으리라 아버지께서 나를 사랑하시는 것은 내가 다시 목숨을 얻기 위하여 목숨을 버림이라 이를 내게서 빼앗는 자가 있는 것이 아니라 내가 스스로 버리노라 나는 버릴 권세도 있고 다시 얻을 권세도 있으니 이 계명은 내 아버지에게서 받았노라 하시니라.

(요한복음 10 : 1~18)

선한 목자 비유

오늘 본문 가운데에는 "나는 선한 목자라"는 말이 두번이나 나오고 있습니다. 앞장에서도 말씀드렸듯이 양과 목자에 대한 이야기는 유목민 생활에 익숙한 저들 이스라엘 사람들에게 있어서는 특별히 긴 설명을 하지 않아도 쉽게 이해가 되는 영역이라고 생각합니다. 우리는 성서 속에서 예수님과 우리와의 관계를 수직적으로 표현하고 있는 세 가지 비유를 발견할 수 있습니다. 그 하나가 왕과 백성의 비유입니다. 이는 온 인류는 하나님의 백성이며 특별히 구원받은 자와의 절대적인 관계를 말하고 있는 것을 볼 수 있는데 그것은 어디까지나 비유일 뿐 이세상의 왕과 같다는 이야기는 아닙니다. 그리고 두번째 비유가 아버지와 자녀의 비유입니다. 이는 성서 속에 가장 많이 나타나는 비유로서 하나님과 우리와의 관계를 가장 절실하게 표현한 비유입니다. 세번째 비유는 목자와 양의 비유입니다. 이 세 비유는 각각 특성을 가지고 있으면서도 하나님과 우리와의 관계를 상징한다는 점과 그 내용에 있어서 서로 통하는 바를 가지고 있습니다.

그러면 이제 우리가 목자라고 할 때에는 먼저 세 가지 기본적인 것을 생각해야 합니다. 그 기본적인 것이란 첫째 양을 인도함입니다. 양은 순하고 착한 동물이지만 누구의 인도함이 없이는 제 길을 가지 못합니다. 이 양들은 조금만 멀리 나가도 자기 우리를 찾아오지 못합니다. 그러므로 이들에게는 반드시 목자가 있어야 하고 이 목자에 의해서 푸른 초장과 잔잔한 시냇물가로 인도함을 받으며 험한 골짜기를 지나 목적지에 이를 수 있도록 계속 인도함을 받는 것입니다. 이와 같이 양을 인도하는 자가 목자입니다. 다음 두번째는 목자는 양의 양식을 제공합니다. 목자는 양을 아무 곳으로나 인도하지 않습니다. 풀이 있는 곳으로 인도하여 풀을 뜯기고 물이 있는 곳으로 인도하여 물을 마시게 하여 충분한 영양을 섭취할 수 있게 해야 하는 것이 목자입니다. 그리고 세번째는 목자는 양을 보호하는 책임을 가지고 있다는 것입니다. 목자는 사나운 짐승들이 양을 상하게 하거나 물어가는 것에서와 도적들로부터 양을 보호해야 합니다. 우리가 흔히 집을 지키는 셰퍼드(shepherd)라는 종류의 개를 볼 수 있는데 이 것은 양을 지키는 개라는 데에서 비롯된 말이며 이 말은 곧 목자라는 말입니다.

그런데 오늘 예수님께서 말씀하시는 목자는 일반적인 목자가 아니라 선한 목자라는 데에 의미가 있습니다. 성경에 나타난 대로 보면 세 곳에서 이 목자에 대한 뜻을 강조하고 있는데 오늘 본문 11절과 14절에 보면 "나는 선한 목자라"는 말이 거듭해서 나오고 있습니다. 그리고 선한 목자를 정의하여 양을 위하여 목숨을 버린다고 하였습니다. 이것은 단순한 의무를 말하는 것이 아닙니다. 그저 양을 단순한 재산으로 생각하여 내 마음대로 사고 팔며 죽이고 싶으면 죽이고 살리고 싶으면 살리면 되는 것이지 하는 생각에서 하는 것이 아닙니다. 목자가 양을 사랑하는 것은 그 정도의 의무가 아닌 그 이상의 것으로서 마침내 양을 사랑한 나머지 때로는 목숨을 버리기까지도 하는 그런 목자를 두고 예수님께서는 자기 자신을 일컬어 "나는 선한 목자라"고 말씀하십니다. 또한 히브리서 13장 20절 말씀에 보면 부활하신 큰 목자장 예수를 말하고 있는 것을 볼 수 있습니다. 큰 목자장 예수는 우리를 위해서 죽으실 뿐만 아니라 부활하시어서 영원히 우리의 참된 목자가 되어 계신다는 말씀입니다. 베드로 전서 2장 25절에서는 목자를 직설적으로 표현하여 교회의 감독이라고 말하고 있습니다. 그 감독들이 곧 목자이며 그 목자라는 명칭이 바뀌어 오늘에 와서는 목사로 불리워지고 있는 것입니다. 이와 같이 목사의 원뜻은 목자에서 비롯된 것입니다. 그런데 목자장이란 이와 같은 목자들을 다스리는 우두머리되는 한 목자를 말하는 것입니다. 그래서 예수님을 가리켜 큰 목자장이 되신다고 말하는 것입니다. 이에 오늘 본문 말씀에도 보면 "한 목자에게 있으리라"는 말씀이 있습니다. 양이 여기에도 있고 저기에도 있으며 또한 감독하는 작은 목자들이 여기저기 있겠습니다마는 이 모든 양들은 한 목자의 보호와 그의 소유 아래 있는 것입니다. 바로 이러한 것을 빌어 큰 목자장 되시는 예수님을 설명해 주고 있는 것입니다.

그러면 나는 선한 목자라고 하실때의 이 "선하다"라는 말은 무엇을 뜻하는 것인가 할 때 이것은 단순한 물리적인 행동만을 말하는 것이 아니라 보다 깊은 의미의 선, 즉 도덕적인 선을 말하며 종교적인 선을 말하는 것입니다. 따라서 이것은 직업적으로 좋은 목자라든가 목자 중에 보다 성실히 양을 돌보는 정도의 목자를 말하고 있는 것이 아닙니다. 여기에서는 어디까지나 도덕적이고 종교적인 높은 수준에서의 참된 선한 목자를 말하고 있는 것입니다.

이제 오늘 주신 본문 말씀을 중심으로 선한 목자는 어떠한 자인가를 구체적으로 생각해 보겠습니다.

먼저는 양의 요구에 대한 완전한 지식을 가지고 있는 자이어야 합니다. 양이 무엇을 좋아하고 싫어하며, 언제 자고 언제 일어나며 어떤 풀을 먹어야 건강하고 어떤 풀을 먹으면 죽는가? 또한 추위와 더위에 대한 반응은 어떠하며 그 성격의 장단점은 무엇인가? 그리고 특별히 지금 양이 원하는 바가 무엇인가 등 그리고 양에 대한 모든 것을 알아야 합니다. 이것들을 모르고는 선한 목자가 될 수 없습니다. 모든 것에 앞서 양의 처지를 잘 모르고 있다면 그는 선한 목자가 아닙니다. 예수님께서는 우리가 우리 자신을 아는것 보다도 우리 자신에 대해서 더 잘알고 계십니다. 이에 히브리서 기자는 "우리에게 있는 대제사장은 우리 연약함을 체휼하지 아니하는 자가 아니요 모든 일에 우리와 한결같이 시험을 받은 자로되 죄는 없으시니라"(히4 : 15)며 예수님께서 우리의 처지를 잘 알고 계심을 여러 곳에서 반복 강조하고 있습니다.

다음 두번째는 선한 목자는 양을 위해서 미리 준비하는 자입니다. 그러니까 오늘은 어디에 가서 풀을 뜯게 하고 어디에서 물을 먹이며 날씨가 이러니 비가 올 경우에는 어떻게 하겠다는 등의 계획이 있어야 하는 것입니다. 뿐만 아니라 선한 목자는 계절에 따른 필요를 알고 있어서 이것을 지혜롭게 대처합니다. 그리하여 털은 언제쯤에 팔고 겨울 차비는 어떻게 하고를 미리 생각하고 준비합니다. 털을 깎는 것에 관계된 한 재미 있는 이야기가 있습니다. 겨울 동안 길게 자란 털을 봄이 되면 깎게 되겠는데 요즈음은 전기로 된 좋은 털깎는 기계가 있어서 단숨에 깨끗이 밀어 내릴 수가 있지만 옛날에는 가위로 자르는 것이어서 듬성듬성 자를 때마다 자욱이 따로 생겨 그 모양이 참으로 볼품이 없습니다. 하지만 별수없이 한 마리씩 그렇게 털을 잘라가고 있는데 늦추위를 맞아 일단 털깎는 일을 중지를 해야만 한 것입니다. 상황이 그렇게 되자 지금 반쯤 깎아내려가던 것은 반쯤 깎은 대로 두고 이미 깎은 양은 앙상한 그대로 추위를 지내게 된 것입니다. 그리고 아직 깎지 않은 것은 깎지 않았으니 추위에 상관이 없는 터입니다. 그런데 이상한 것은 앙상하게 깎아버린 양도 그런대로 추위를 잘 견디고 깎지 않은 것은 물론 깎지 않았으니 문제가 없었으나 반쯤 깎기운 양은 감기가 걸려서 죽더라고 하는 것입니다.

이것은 매우 중요한 교훈을 주는 이야기입니다. 우리에게 있어서도 엉거주춤한 생활 태도는 좋은 것이 아닙니다. 깎을려면 완전히 깎아 버리거나 그렇지 않으려면 그대로 둘 것입니다. 중간에서 머뭇머뭇하다가는 이것도 아니고 저것도 아닙니다. 아무튼 선한 목자는 양을 잘 알아서 털을 깎아야 할 때 깎고, 옮겨야 할때 옮기며, 계절과 시간 환경에 따라서 미리 미리 대처하고 인도함으로 저들의 성장과 건강을 돕습니다. 야곱이 그러했듯이 언제 새끼양이 생기고 낳는 것까지도 미리 알고 대비하는 그런목자가 선한 목자입니다.

　이제 세번째는 선한 목자는 양을 위험으로부터 보호합니다. 선한 목자는 양을 이리나 사자 등의 맹수로부터 보호하고 도둑으로 부터 보호합니다. 그러기 위해서는 언제나 위험을 무릅쓰고 싸워야 하며 때로는 이를 위해 생명을 바치기까지도 해야 하는 이것이 선한 목자입니다. 선한 목자는 양에 앞서갈 뿐만 아니라 양을 위해 먼저 싸웁니다. 사나운 짐승들이 나타났으니 양이 먼저 죽으라며 뒤에서 슬그머니 따라가는 그런 목자가 아니란 말입니다. 범사에 앞서가는 것이 선한 목자요 더욱이 위험할수록 양을 보호하기 위해 앞서야 하는 것이 선한 목자입니다.

　또한 네번째는 선한 목자는 양을 질병으로부터 보호해야 합니다. 양이라고 다 건강한 것이 아닙니다. 그러므로 어떻게 하면 병이 들고 또한 어떤 증상이 나타났을 때에는 어떻게 치료를 해야 되는가를 잘 알아서 양을 질병으로부터 보호해야 할 책임이 있는 것입니다. 이 모두는 양을 단순한 소유물이나 재산적인 것으로만 생각하는 것이 아니라 진정으로 사랑한다는 말이 됩니다. 가끔 가정에서 애완용 개를 기르는 이들을 보아도 그렇습니다. 이것은 돈으로 계산되어지는 것이 아닙니다. 특별히 외국 사람들이 개를 기르는 것을 보면 지나치다 싶을 정도로 아끼고 사랑합니다. 그래서는 미장원에 데리고 가서 머리 손질을 시키는가 하면 보험에 가입을 하고 마지막에는 유언까지도 남기면서 재산까지 물려주고 그러다가 죽으면 무덤 앞에 비석까지 세워 주는 것을 볼 수 있습니다. 그런 것을 보면서 세상에는 굶어서 죽는 사람도 많은데 한갓 개에게 그렇게까지 해야만 하겠는가 하고 물으면 저들은 매우 무서운 대답을 합니다. 그 대답은 자식은 키워 놓으면 배신을 하는 수가 있어도 이 개는 배신을 하지 않는다는 이야기입니다. 그리고 이렇게 사랑을 해주면 반드시 그 보답을 하거니와 비록 큰 보답은 하지 않는다 하더라도 최소한 돌아서서 물지는 않는데 사람은 그렇지 못하다는 것입니다. 어쨌든 이것은 단순한 소유물이 아니며 돈으로 계산되어지거나 의무와 책임의 문제만이 아닙니다. 그러한 차원을 넘어서서 애정으로 대하고 진정으로 사랑하는 그런 목자를 가리켜 선한 목자라고 하는 것입니다.

그리고 다섯번째는 선한 목자는 양을 가르칩니다. 양이라고 다 순하고 좋은 것이 아닙니다. 저들에게는 못되고 말썽꾸러기인 양들이 있습니다. 우리가 잘 아는 대로 대열에서 이탈하여 잃어버려짐으로 목자를 괴롭힌 한 마리의 양도 선한 목자는 끝까지 나가서 그 양을 찾아옵니다. 이는 끝까지 참아 주는 목자의 모습이라 할 것입니다. 양이 말썽을 부린다고 해서 목자와 양이 같아서야 되겠습니까? 언제든지 양이 잘못된 것에 대해서 끝까지 참아 주는 목자가 선한 목자입니다. 소위 어른이라는 것도 그런것이 아니겠습니까? 좀더 참고 기다려 주는 것입니다. 무슨 일이고 잘못할 때마다 비판하고 꾸중만 한다고 해서 제대로 되는 것은 아니지 않습니까? 그저 길이 길이 참고 기다려 주는 것입니다.

오늘 본문에 의하면 목자와 양은 서로를 안다고 하였습니다. 이는 목자는 양의 음성을 알고 양 또한 목자의 음성을 알기에 서로 마음이 통한다는 말입니다. 양이 사람처럼 말을 하는 것은 아니지만 양을 아는 목자는 그저 한눈으로 보아도 어디가 아픈 것인지, 무엇을 필요로 하는지를 잘 알고 있습니다. 저는 다른 것은 모르겠습니다만 고향 학교에서 기르고 있는 양 몇 마리를 당번이 되어 돌볼 때에 보면 선생님께서 소금을 조금씩 먹이도록 가르쳐 주시는 것이었습니다. 그러면 손바닥에 소금을 조금씩 놓고는 먹이곤 하였는데 그것을 먹고 나면 양들에게 힘이 나는 것을 볼 수 있습니다. 모든 가축들이 그렇지만 양은 소금을 반드시 먹어야 된다고 합니다. 아무튼 선한 목자란 양들과 마음이 통하는 가운데 저들의 형편을 잘 알아서 인도해 줌으로 마침내는 양들이 그 목자를 전적으로 믿고 따르게 되는 것입니다. 그 음성을 알고 서로 통함으로 신뢰하고 그리고 따라가는 것입니다.

이제 우리가 생각해야 될 것은 선한 목자된 예수님의 음성이 내 귀에 들리지 않을 때에는 나에게 문제가 있다고 하는 사실입니다. 분명 다정하게 들려져야 할 음성이 들리지 않는다면 그것은 주님과 나사이에 소통이 끊겨진 증거입니다. 주님의 음성이 내 귀에 들려지고 나의 음성이 주님께 들려지는 통함이 있는 그것이 곧 선한 목자와 선한 양과의 관계인 것입니다.

뿐만 아니라 오늘 본문 말씀을 자세히 보면 선한 목자는 자원적인 목자입니다. 그저 적당히 일을 하고 더는 책임질 것도 예정도 없이 품값을 받고 돌아가면 되는 삯군이 아닙니다. 삯군은 일을 하다가도 위험한 일이 생기면 도망을 가버리고 말지만 목자는 결코 도망을 가지 않습니다. 그래서 본문 마지막 부분에 보면 "스스로 버리노라"는 말씀이 있습니다. 목숨을 버리는 것까지도 누가 요구해서가 아니라 스스로 버린다는 말씀입니다. 이와 같이 처음에서부터 마지막 순간까지 모두가 다 자원적입니다. 사랑이라고 하는 것은 부득이해서 하는 것이 아닙니다. 누가 누구를 사랑할 때 지난날의 이야기를 하면서 신세를 졌으니 그 때문에 사랑을 한다면 그것은 사랑이 아닙니다. 사랑은 언제든지 현재적인 고백으로 이루어지는것이어야 합니다. 바꾸어 말하면 옛날에 우리 사이가 참 좋았는데 한다거나 기왕 지금까지 이렇게 살아왔으니 산다고 하는 것은 서글픈 이야기인것입니다. 사랑이란 부득이해서 하거나 값으로 계산할 수 있는 문제가 아닙니다.

사랑은 자원적이어야 하고 자발적이어야 합니다. 뿐만 아니라 상대를 잘 모르면 사랑이 아닙니다. 사랑하기에 그의 전부를 알게 됩니다. 그리하여 말을 하지 않아도 알고 눈빛만 보아도 알며 몸짓만 보고도 충분히 저를 알 수가 있습니다. 그래서 젖먹이 어린애를 키우는 어머니들이 하루에 열 번 거짓말을 한다는 이야기를 하는 것이 아니겠습니까? 그저 무슨 소리인지 모르게 중얼거린 것뿐인데 어머니는 그말을 다 알아듣고 통역을 합니다. 주고받는 말이 없는 것 같아도 어머니만은 아는 것이란 말입니다. 모르면 사랑이 아닙니다. 또한 무능해도 사랑이 아닙니다. 그리고 알면 실천해야 하는 것이 아니겠습니까? 그러므로 사랑은 자원적인 것입니다. 이와 같이 전부를 알면서 항상 도와주고 위해주며 마지막에는 필요하다면 생명까지도 바쳐 주는 그런 의미의 자원적인 목자의 사랑이 여기에 있습니다.

그리고 더욱 소중한 것은 책임을 지는 일입니다. 선한 목자는 양의 모든 것에 대해 책임을 집니다. 그래서 위험을 당하면 삯군은 도망을 가지만 선한 목자는 어떠한 위기 속에서도 양을 버려둔 채 도망을 가지 않습니다. 목자에게는 한 마리의 잃은 양이라도 찾아야 되는 책임이 있습니다. 그러면서 목자는 양의 아픔에 동참을 합니다. 이리하여 양은 목자를 신뢰하고 의지하게 되는 것입니다. 목자에게는 길을 인도할 책임뿐만 아니라 생명에 대한 책임도 집니다. 이와 같이 무거운 책임을 지고 다하는 것이 선한 목자입니다.

그 때문에 목자와 양들이 지내는 아름다운 풍경을 노래한 글들을 보면 재미있는 이야기들이 많이 있는 것을 봅니다. 저멀리 초원을 찾아나간 양과 목자가 사람도 없는 곳에서 며칠씩, 혹은 몇달씩 함께 지내게 되면 이제는 단순한 동물과 사람과의 관계가 아닙니다. 그래서 결국은 목자는 양을 사랑하고 또한 목자는 양을 통해서 위로를 받으며 사는 것입니다. 지금도 이스라엘에 가보면 베두인(Bedouin)이라 하여 현대의 이 밝은 문명을 주위에 두고도 수천년 동안 내려온 원시적인 유목생활을 그대로 하고 있는 사람들을 볼 수가 있지 않습니까? 저들은 그저 천막을 치고 다니면서 평생을 양과 더불어 사는 것입니다. 할아버지도, 아버지도 그리고 나와 나의 아들도 이렇게 양과 더불어 살면서 양의 모든 것을 책임지는 것입니다. 이것은 단순한 목자와 양과의 관계가 아닙니다. 이들 서로는 하나가 되어서 신뢰하고 사랑하는 관계를 이루어가는 것입니다. 그래서 예수님께서는 나는 선한 목자라시며 나는 양을 위하여 목숨을 버리노라고 말씀하고 계시는 것입니다.

그렇다면 예수님께서 이 말씀을 하신 의도가 어디에 있는 것이겠습니까? 그것은 내가 선한 목자이니 너희도 선한 양이 되어다오 하시는 부탁의 말씀이 아니겠습니까? 이제 내가 너희를 이렇게 알고 사랑하면 너희가 나를 믿고 내가 인도하는 대로 따라와야 될 것이 아니겠느냐? 가는 길이 험하든 순탄하든 간에 내가 인도하는 대로 따라와야 될 것이 아니냐는 말씀을 하고 계시는 것입니다. 유명한 탐험가이자 선교사인 리빙스턴이 16년 동안 아프리카의 정글 속에서 고독과 싸우면서 선교를 하다가 잠시 귀국을 하여 지내는 중 글래스고 대학에서 강연을 하게 되었다고 합니다. 그 때에 한 학생이 리빙스턴에게 그렇게 고생스럽고 고독한 환경 속에서 어떻게 16년 동안을 살 수 있었느냐는 질문을 하게 되었는데 이 질문을 받은 리빙스턴은 서슴지 않고 대답하기를 주님의 두 마디 약속이 나로 하여금 불평없이 찬송을 부르며 16년 동안을 무사히 지내게 했습니다. 그 첫번째 약속은 "내가 너희를 고아와 같이 버려두지 않겠다"(요 14 : 18)는 말씀이며 두번째는 "내가 세상 끝날까지 너희와 항상 함께 있으리라"(마 28 : 20)는 이 두 약속이 있었기 때문이라고 말했다는 것입니다. 이것은 주님을 목자로 모시고 하나의 착한 양으로서 평안하게 지낸 한 신앙인의 고백인 줄로 압니다.

주님은 선한 목자이십니다. 그리고 우리의 영원하신 한 분 목자이십니다. 우리는 그 목자에 속한 전부가 다 하나의 양이 된 것입니다. 따라서 한 목자의 인도함을 받는 양의 무리가 된 것입니다. 그러므로 정말 착하고 순한 양이 되고 주인의 마음을 기쁘시게 하는 양이 되어야 할 것입니다. 우리나라에서는 아직 이런 것에 대한 통계가 나오지 않고 있습니다마는 서양 사람들의 통계에 의하면 이 세상을 떠나기 전에 제일 많이 읽는 성경이 시편 23편이라고 합니다. 그래서 저는 가끔 임종이 가까운 분들에게 이 말씀을 읽어드리며 환자의 주위에 남아 있는 분들께 환자가 힘들어할 때마다 계속 이 말씀을 읽어드리라는 부탁을 하고 나옵니다. 우리가 너무나도 잘 아는 말씀입니다.

여호와는 나의 목자시니 내가 부족함이 없으리로다. 그가 나를 푸른 초장에 누이시며 쉴 만한 물 가으로 인도하시는도다. 내 영혼을 소생시키시고 자기 이름을 위하여 의의 길로 인도하시는도다. 내가 사망의 음침한 골짜기로 다닐찌라도 해를 두려워하지 않을 것은 주께서 나와 함께 하심이라. 주의 지팡이와 막대기가 나를 안위하시나이다. 주께서 내 원수의 목전에서 내게 상을 베푸시고 기름으로 내 머리에 바르셨으니 내 잔이 넘치나이다. 나의 평생에 선하심과 인자하심이 정녕 나를 따르리니 내가 여호와의 집에 영원히 거하리로다.

이 얼마나 아름다운 노래입니까? 이것은 양이 목자를 찬양하는 노래입니다. 이것은 선한 목자의 품에 편안히 안긴 한 마리 양의 고백입니다. 여호와는 나의 목자시니 내가 부족함이 없으리로다! 이제 우리는 당장에 숨이 거두어지는 사망의 음침한 골짜기로 간다 하더라도 두려워할 것이 없습니다. 그것은 주님이 지금도 나와 함께 계시고 또한 여호와의 집에 영원히 거할 것이기 때문입니다. 나는 선한 목자라! 나는 양을 위하여 목숨을 버리노라! 이는 오늘도 우리를 인도하시는 주님의 음성입니다.

죽음의 비유

어떤 병든 자가 있으니 이는 마리아와 그 형제 마르다의 촌 베다니에 사는 나사로라 이 마리아는 향유를 주께 붓고 머리털로 주의 발을 씻기던 자요 병든 나사로는 그의 오라비러라 이에 그 누이들이 예수께 사람을 보내어 가로되 주여 보시옵소서 사랑하시는 자가 병들었나이다 하니 예수께서 들으시고 가라사대 이 병은 죽을 병이 아니라 하나님의 영광을 위함이요 하나님의 아들로 이를 인하여 영광을 얻게 하려 함이라 하시더라 예수께서 본래 마르다와 그 동생과 나사로를 사랑하시더니 나사로가 병들었다 함을 들으시고 그 계시던 곳에 이틀을 더 유하시고 그 후에 제자들에게 이르시되 유대로 다시 가자 하시니 제자들이 말하되 랍비여 방금도 유대인들이 돌로 치려 하였는데 또 그리로 가시려 하나이까 예수께서 대답하시되 낮이 열두시가 아니냐 사람이 낮에 다니면 이세상의 빛을 보므로 실족하지 아니하고 밤에 다니면 빛이 그 사람 안에 없는고로 실족하느니라 이 말씀을 하신 후에 또 가라사대 우리 친구 나사로가 잠들었도다 그러나 내가 깨우러 가노라 제자들이 가로되 주여 잠들었으면 낫겠나이다 하더라 예수는 그의 죽음을 가리켜 말씀하신 것이나 저희는 잠들어 쉬는 것을 가리켜 말씀하심인 줄 생각하는지라 이에 예수께서 밝히 이르시되 나사로가 죽었느니라 내가 거기 있지 아니한 것을 너희를 위하여 기뻐하노니 이는 너희로 믿게 하려함이라 그러나 그에게로 가자 하신대 디두모라 하는 도마가 다른 제자들에게 말하되 우리도 주와 함께 죽으러 가자 하니라.

(요한복음 11 : 1~16)

죽음의 비유

요한복음 11장에서 나는 부활이라고 말씀하시는 예수님께서 그 이전의 죽음에 대해서 말씀하시는 내용이 오늘 본문에 나타난 장면입니다. 사건의 줄거리를 보면 예수님께서 사랑하시는 가정의 나사로라고 하는 사람이 병이 들어 죽어가게 되자 그의 누이들이 예수님께 사람을 보내어 예수님께서 오셔서 오빠를 살려 주실 것을 부탁합니다. 그러나 예수님께서는 그 소식을 들으시고도 곧 오시지를 않고 며칠을 지연하시다가 나사로가 죽어 장사를 치른 다음에 나사로의 집을 방문하게 됩니다. 그럴 때에 예수님을 맞는 누이들이 예수님께서 여기에 계셨다면 내 오빠가 죽지 않았을 터인데 이제 장사까지 치른 다음에 오시면 무얼 하겠습니까? 왜 진작 오시지 않으셨습니까 하는 원망스런 말을 하게 됩니다. 그러니까 이 누이들은 병든 오빠는 예수님께서 낫게 하여 살릴 수가 있다고 생각을 하면서도 죽은 오빠는 살리실 수가 없는 것으로 생각한 것입니다. 그러나 예수님께서는 무덤에 까지 찾아가셔서 죽은 지 나흘이나 된 나사로를 다시 살게 하십니다.

여기에서 우리는 몇 가지 생각해야 될 것이 있습니다. 우리가 뭐니 뭐니하지만 이 세상에서 가장 심각한 것은 역시 죽음의 문제입니다. 죽음이란 인간을 비롯한 모든 생명체에 있어서의 자연현상입니다. 흔히 병이 들어 죽기도 하고 이런 저런 모양의 사고를 당해 죽기도 하지만 어쨌든 인간이 죽는다는 것은 자연현상인 것입니다. 그런데 성경에 보면 어떠한 한 개인에게 특별히 역사되어지는 죽음이 있는 것을 볼 수 있습니다. 그것이 다름아닌 심판적인 죽음입니다. 이 죽음은 한 사람 그가 살아 있음으로 인하여 많은 사람에게 괴로움과 피해를 주겠기에 하나님의 크신 역사를 위해 하나님께서 치워 버리시는 죽음입니다.

그런가 하면 죽음과는 반대로 자연현상적으로는 꼭 죽을 사람인데도 하나님께서 특별히 그를 계속 쓰시고자 하여 그 생명을 연장해 주시는 특별한 경우가 있습니다. 이는 마치 히스기야 왕이 15년간의 생애를 연장받은 것과 같은 일입니다.

그런데 오늘 본문에 나타난 이 나사로의 죽음에서 우리는 먼저 세 가지 생각할 것이 있습니다. 그 하나가 사랑하는 자에게 병이 들었다고 하는 사실입니다. 본문의 기록을 보면 예수님께서 개별적으로 특별히 사랑하시는 자가 병들었고 죽게 되었음을 강조하고 있습니다. 그러면 예수님께서는 왜 그토록 사랑하시는 자를 죽도록 내어버려두셨느냐 하는 것인데 바로 그것이 오늘 본문을 풀 수 있는 중요한 열쇠가 됩니다. 예수님께서 가장 사랑하시는 자에게도 병이 있고 죽음이 있습니다. 따라서 예수님이 사랑하는 자라고 하여 병도 없고 죽음도 없다는 이야기가 아닙니다. 오히려 어떤 때에는 병과 죽음이 있음으로서 저를 더욱 사랑할 수도 있습니다. 뿐만 아니라 저를 더 사랑하시기에 병들게 하실 수도 있습니다. 우리는 주께서 사랑하시는 자가 병들었나이다 하는 말을 들으면서 내가 병들고 죽어야 하는 문제가 주님의 사랑에서 멀어진 별개의 문제가 아니라는 것을 생각해야 합니다.

다음 또 하나는 "이 병은 죽을 병이 아니라 하나님의 영광을 위함이요"라고 하신 말씀입니다. 우리는 병이 하나님의 영광을 위하여 주어지고 죽음도 하나님의 영광을 위하여 전개될 수 있다는 사실을 잊지 말아야 합니다. 우리는 꼭 살아야만 하나님께 영광이 되는 줄 알아서 죽을 뻔하다가 살아나야 할렐루야 하고 하나님께 영광을 돌립니다. 그러나 어느 때이고 죽었다 할 때에는 할렐루야 할 마음도, 아멘할 마음도 없으며 물론 하나님께 감사할 마음도 없습니다. 바로 여기에 우리 신앙의 결정적인 병이 있는 것입니다.

　오늘 본문이 말해 주는 죽음에 대한 중요한 교훈은 병이 들거나 죽는 그 모든 괴롭고 슬픈 일들이 예수님과의 만남을 통해 하나님의 영광을 나타내기 위해 주어진 사건으로 나타난다고 하는 것입니다. 그러므로 흔히 생각하는 성공과 실패, 혹은 병들고 건강한 것에 좌우하여 성공하고 건강하면 하나님께 영광이요 실패하고 병들면 저주받은 것처럼 생각하려는 것은 성경적인 진리가 아닌 것입니다. 오늘 예수님께서는 분명히 말씀하시기를 이 병은 죽을 병이 아니라 하나님의 영광을 위해서라고 하십니다. 따라서 이 사람이 죽는 것도 하나님의 영광을 위해서란 말입니다. 그래서 사도 바울은 살든지 죽든지 내 몸에서 그리스도가 존귀하게 되게 하려 한다고 말하고 있습니다(빌 1 : 20).

　그리고 또 하나 생각할 것은 "내가 거기 있지 아니한 것을 너희를 위하여 기뻐하노니" 하시는 15절의 말씀입니다. 이 말씀 또한 깊은 의미가 있는 말씀입니다. 만약 예수님께서 나사로가 병들어 살아 있을 때에 옆에 계셨더라면 예수님의 성품이나 능력으로 보아 죽기 전에 그 병을 고치셨을 것입니다. 옆에 계시지 않아도 모셔올 판인데 옆에 계셨다면이야 그 누이들이 오죽이나 애원을 했겠습니까? 그런데 예수님께서는 거기에 계시지 않았으며, 안계셨기 때문에 나사로가 죽도록 내어버려 둘 수가 있었고 장례식까지 치를 수 있도록 진행이 되었던 것입니다. 그러니까 지금 예수님께서는 일이 여기에까지 온 것을 다행으로 생각하고 계시는 것입니다. 이 얼마나 놀라운 말씀이요 일입니까? 다시 한번 그 상황을 생각해 보십시다. 환자의 병은 점점 더 깊어서 사경을 헤매며 오시라는 예수님은 오시지 않은 채 끝내 오빠는 숨을 거두었고 이제는 장례식까지 치러놓고 모두가 슬픔에 빠져 있습니다. 그러면서 한편으로는 은근히 예수님을 원망까지 하고 있는 상황인데도 불구하고 예수님께서는 내가 거기에 있지 않았던 것을 기뻐하노라고 하시니 이는 참으로 놀라운 이야기가 아닐 수 없습니다. 왜냐하면 예수님에게는 이런 문제들이 그리 중요한 것이 아니기 때문이며 일이 이렇게 전개됨으로써 결국은 하나님께 영광이 돌아갈 것을 알고 계시기 때문입니다. 그래서 예수님께서는 이 일을 두고 당황해하시거나 잘못했다며 후회하시는 마음도 없습니다.

그런 예수님께서 이제 나사로의 죽은 사실을 하나의 비유로 말씀하고 계십니다. 그것이 곧 "우리 친구 나사로가 잠들었도다 그러나 내가 깨우러 가노라"는 말씀입니다. 이 말을 들은 제자들이 "주여 잠들었으면 낫겠나이다"라고 합니다. 그러니까 이 말은 잠이 들었으면 깨어날 것인데 일부러 여기에서 깨우러 갈 것까지야 없지 않습니까 하는 이야기입니다. 그러자 이번에는 예수님께서 "나사로가 죽었느니라"고 말씀하시는 것입니다. 그리고 보면 예수님께서는 이미 나사로가 죽어서 장례식까지 치르고 인간으로서의 모든 것이 끝난 것을 다 알고 계시는 터인데도 예수님께서는 조금도 좌절함이 없는 태연한 모습으로 "우리 친구 나사로가 잠들었다"고 말씀하십니다.

성경에는 죽었다는 표현을 대신하여 잠들었다는 말을 많이 쓰고 있습니다. 마태복음 9장 24절에는 예수님께서 한 소녀의 죽음 앞에서 "이 소녀가 죽은 것이 아니라 잔다"라고 하셨으며 그리고 사도 바울 역시 고린도전서 15장 20절에서 그리스도의 부활을 일컬어 "자는 자들의 첫 열매"로 표현하고 있으며 또한 데살로니가전서 4장 13~14절에서는 죽음을 두고 잠을 자는 것으로 표현하고 있습니다. 그리고 보면 죽었다는 말을 쓰기를 꺼려한 것이라 하겠습니다. 아무튼 지금 예수님께서는 잠을 잔다는 것을 비유로 죽음을 설명하고 계십니다.

그러면 이제 이 죽음의 문제를 놓고 생각해 볼 때 왜 죽음이 두려워지는 것인가하는 문제입니다. 죽음에 대한 공포는 심리학적으로 세 가지가 있다고 합니다. 그 첫째는 죽은 다음의 세계를 모르고 있기 때문이라고 합니다. 우리는 천국을 바라보며 천국에 대한 찬송을 부릅니다. 그리고 그것이 확실하게만 믿어진다면 죽는 문제에 대해서는 아무것도 두려워할 것이 없습니다. 그러나 그와는 반대로 죽은 다음에 어떻게 될 것인가를 전혀 모르고 보면 아무리 영광스러운 세계가 전개된다 하더라도 죽음에 대한 공포는 남아 있는 것입니다. 죽은 이후의 문제에 대해서는 성경이 보여 주는 것 외에 밝혀진 바가 없기 때문에 그 세계를 모르는 한 두려울 수밖에 없습니다.

다음 두번째는 왜 나만 죽느냐 하는 것 때문입니다. 바꾸어 말하면 하필이면 이 죽음이 지금 나에게 오는가 하는 생각입니다. 자기로서는 좀 더 있다가 죽었으면 좋겠는데 지금 죽게 되고 보니 어쩌면 자기만 죽는 것 같고 죽어서는 안될 시간에 죽는 것 같아서 아깝고 억울한 마음에서 죽음을 기피하고자 할 뿐만 아니라 죽음을 두려워하게 된다는 것입니다.

그리고 세번째는 죄책감 때문입니다. 이것은 가장 무서운 원인이 되기도 합니다. 이러한 생각이 결국은 비록 예수를 믿지 않는 사람이라 하더라도 천당과 지옥이 있는지 없는 것인지를 모르지만 만약 있다면 나는 지옥으로 갈 것이라고 판단하는 것입니다. 그러니까 죽음이라는 사건까지도 나의 죄로 말미암아 주어지는 것으로 받아들이고 있기 때문에 죽음이 두려운 것입니다.

그런데 이상 세 가지 죽음을 두려워하는 원인들을 놓고 보면 예수 믿는 사람에게는 한 가지도 해당되는 바가 없는 문제들인 것입니다. 예수님께서는 친히 우리를 위하여 처소를 예비해 놓으신 후에 다시 오셔서 예수님이 계신 곳으로 우리를 영접하여 함께 있게 하리라고 말씀 하셨습니다 (요 14 : 3) 그렇기 때문에 우리 그리스도인들은 예수를 믿는 순간 이미 사후의 세계를 다 알고 있는 것입니다. 그러므로 죽음이나 그 이후의 세계가 결코 미지수가 아닙니다. 앞서 말한 왜 나만 죽느냐 하는 문제를 놓고 보더라도 이것은 내 마음대로 결정할 성질의 것이 아니라 하나님께서 아시고 그의 경륜과 섭리 가운데 필요한 때와 필요한 장소에서 부르시는 것이기에 내 마음에 들고 안들고에 관계없이 하나님의 뜻에 맡기는 거기에 우리 믿음의 소재가 있는 것입니다.

그리고 그리스도인들은 적어도 죽음을 죄의 대가로 생각하지 않습니다. 따라서 죽음 때문에 죄책을 느껴서는 아니되는 것입니다. 그것은 예수님의 십자가의 공로를 믿고 있기 때문입니다.

이렇게 볼 때 죽음은 마치 잠을 자는 것과 같은 것입니다. 그래서 예수님께서는 "잠들었도다"라며 비유로 말씀을 하고 계시는 것입니다. 그러면 왜 자는 것이냐고 한다면 잠은 삶의 과정이면서도 생각해 보면 죽음의 연습이기도 합니다. 사람이 살아가는 과정은 크게 나누어 깨어 있는 것과 잠자는 것의 반복으로 진행됩니다. 그러므로 아무리 할 일이 많다고 하더라도 내내 깨어 있을 수만은 없습니다. 잘 때에는 자야 하고 또 충분히 자야합니다. 사람에게는 먹는 것보다 잠자는 것이 더 중요할 때가 있습니다. 잠을 제대로 못자면 온 몸이 쇠해지고 신경이 날카로워지며 모든 일에 있어서 제기능을 발휘할 수가 없게 됩니다. 그러므로 누구나 필요한 만큼의 잠을 자야 하는 것입니다. 만일 보름 동안 계속 잠을 자지 못하면 마침내 사람이 미치게 된다고 합니다. 그리고 모든 병이 잠을 못자는 데에서 비롯된다는 것입니다.

그러고 보면 죽음이라는 것은 우리 생의 또 하나의 과정이요 생의 현상입니다. 그러기에 예수님께서는 죽은 자를 가리켜 잠들었다고 말씀하셨습니다. 이는 그것으로 끝난 것이 아니라는 말씀입니다. 예수님께서는 언제나 죽음을 그렇게 보셨기 때문에 회당장 야이로의 딸이 죽음으로 모든 사람이 울고 통곡을 하는 데에도 죽은 것이 아니라 잔다고 하시며(눅 8 : 52) 여기 나사로의 죽음을 두고도 잠들었다고 말씀하시는 것입니다.

이 죽음의 잔다는 것을 실제적인 잠과 비교하여 생각해 볼 때 이것은 그리스도인들에게 있어서는 생애의 결론도 중단도 아닌, 다만 기다리고 있던 일일 뿐이라고 하는 것입니다. 다시 말하면 죽음이란 최후의 순간이 아니라 자기 완성을 의미하는 것입니다. 우리는 성경이나 찬송가를 통해서 죽음에 대한 메시지를 많이 들어왔습니다. 따라서 누구보다도 죽음에 대한 준비를 철저히 해야 하고 그런 가운데 죽음을 맞이할 수 있어야 합니다. 준비하고 있다가 맞는 죽음은 결코 최종 끝이 아닙니다. 이것은 의미의 완성이요 자기의 완성이며 경주자로 볼 때에는 최종 골인의 순간이라고 볼 수가 있습니다. 결코 종말이 아닌 한 인생의 완성이 죽음에서 이루어지는 것입니다.

또한 잠이라고 하는 것은 쉬는 것을 말합니다. 시편 기자는 "여호와께서 그 사랑하시는 자에게는 잠을 주시는도다"라고 기록하고 있습니다. 병중에서도 잠을 못 자는 병은 참으로 괴로운 병입니다. 한번은 제가 아는 목사님 한 분이 가정의 어려운 문제들로 인해 신경을 쓰다보니 신경이 쇠약해지면서 잠이 안오기 시작하여 보름 동안이나 잠을 못잤다고 합니다. 그 때문에 수면제를 먹어도 보았지만 소용이 없고 눈을 감으나 뜨나 마찬가지로 정신이 멀쩡한 것이 잠이 오지를 않는다는 것입니다. 그래서는 지칠대로 지쳐서 누워 있으면서 저에게 하는 말이 목사로서 걸려서는 안될병에 걸렸다고 하는 것입니다. 말하자면 목사가 오죽이나 믿음이 없으면 잠을 못 자고 그럴까 하는 말을 들을 수밖에 없게 되었다는 말입니다. 성경에서 사랑하는 자에게는 여호와께서 잠을 주신다고 하셨고보면 어쨌든 잠 못자는 병은 믿음이 없는 병인 것은 사실이 아니겠습니까? 잠을 잠으로 쉼이 되고 그래야 건강한 몸으로 일 할 수가 있는 것입니다. 쉰다는 것이 앉아 있다고 쉬는 것이겠습니까? 누워 있다고 쉬는 것이겠습니까? 하나님께서 잠을 주셔야 쉬는 것입니다. 일하지 않고 한 달을 누워 있다 하더라도 잠이 오지 않으면 그것은 쉬는 것이 아닙니다. 잠은 내 마음대로 할 수 있는 것이 아닙니다. 하나님께서 친히 잠을 주십니다. 피곤한 자에게 단잠을 주심으로 편히 쉬게 합니다. 잠을 자는 동안은 몸도 마음도 다 쉬게 합니다.

그런데 한 가지 잊지 말 것은 잠을 잔다는 것은 의식은 쉬지만 호흡과 맥박 등의 다른 기관은 계속 일을 하고 있다는 사실입니다. 이것이 얼마나 중요한 현상인지 모릅니다. 만일의 경우 잔다고 할 때 심장까지 함께 자버린다면 그것은 끝나는 것이 아니겠습니까? 또한 호흡도 마찬가지입니다. 그러므로 잔다는 것은 의식이 쉰다는 것을 말합니다. 이에 예수님께서는 죽음을 비유하여 잔다고 말씀하시는 것입니다. 왜냐하면 지금은 내가 그 얼굴을 볼 수가 없고 그 음성을 들을 수가 없지만 그러나 언제든지 내가 부르면 일어나 나올 것이란 말입니다. 의식으로서는 쉬고 있으나 그 외의 기관에는 여전히 생명활동이 이루어지고 있는 것이므로 아주 생명이 떠난 것은 아니라는 말입니다. 그러기에 이를 두고 안식이라고 하는 것입니다. 쫓기는 인생살이로부터 떠나 편안히 쉬고있는 것이고 보면 이 얼마나 좋은 일입니까? 가끔 어려운 생활 속에서도 믿음으로 살던 분이 세상을 떠날 때 보면 "이제는 쉬고 싶소"라는 말을 하고는 눈을 감는 것을 볼 수 있습니다. 그 동안 참으로 피곤한 세상을 살아오다가 이제 좀 길게 잠을 자는 안식을 얻은 것이란 말입니다.

그러므로 이것은 죽은 것이 아니라 자는 것이며, 그리고 영혼은 살아있어서 계속 하나님 앞에서 교제를 가지게 되는 것입니다.

그런데 이제 예수님께서는 "내가 깨우러 가노라"고 말씀하십니다. 잠자는 자는 반드시 깰 때가 있습니다. 스스로 깨기도 하지만 다른 사람이 흔들어 깨우기도 합니다. 예수님께서 내가 깨우러 가노라고 말씀하신 것은 나사로의 잠은 스스로는 깨어나지 못하는 잠이니 내가 가서 깨우겠노라는 말씀인 것입니다. 예수님께서는 모두가 절망적으로 생각하는 이 죽음을 그저 잠깐 자는 잠으로 보고 계시는 것입니다. 이는 실로 놀라운 믿음이 아닐 수 없습니다. 여기에서 말씀하시는 이 잠은 철학적인 용어나 단순히 빌어온 추상적인 용어로서의 잠이 아닙니다. 이것은 실제적인 잠을 두고 하시는 말씀입니다. 그래서 예수님께서는 나사로의 무덤 앞에 가시어 "나사로야 나오라"며 그를 불러 깨우십니다. 그럴 때에 나사로가 그대로 깨어서 나오게 됩니다.

이와 같이 예수님의 비유는 하나의 단순한 추상적인 비유가 아니라 사실 그대로의 실제적인 사건입니다. 그러기에 예수님께서는 "나사로야 나오라"고 말씀하시고 나사로는 또한 깨어 나왔습니다. 이것은 예수님만이 가능한 일입니다. 죽음은 부활을 위해서 반드시 있어야 하는 생의 단계입니다. 우리가 살아가는 동안 다음날을 위해서는 오늘 밤을 쉬면서 반드시 잠을 자야하는 것처럼 우리는 다음 생명인 부활한 생명을 위해서는 오늘 죽음이라고 하는 안식과 수면을 취해야 합니다. 우리는 이 과정을 거쳐야만 영원한 다음 생명에로 들어가게 되는 것입니다.

그러면 여기에서 다시 한번 나사로가 병들어서부터 죽어 장사를 지낼 때까지의 장면을 생각해 보십시다. 실로 이 모든 일들은 하나님의 영광을 위해서 필요했던 일이라고 생각됩니다. 만일 감기 몸살 정도로 걸린 것을 예수님께서 고쳐 주셨다면 그렇게 영광이 돌아가지 않을 것입니다. 또한 문둥병쯤 걸렸다가 나았다 하더라도 특별히 큰 영광이 돌아가지는 않으리라고 생각됩니다. 그러나 나사로가 이렇게 유명해지고 그 가정은 물론 하나님께와 예수님에게 큰 영광이 있을 수 있었던 것은 '죽은지 나흘만에 살아났다' 고 하는 그 사건 때문입니다. 다시 말하면 나사로가 당한 고난과 그에 해당하는 깊은 잠이 있었기 때문에 하나님께 큰 영광이 돌아가며 또한 그로 인해 하나님께서는 나사로에게 이 큰 영광을 선물로 주시게 된 것입니다. 잠시 잠깐 사랑하는 자가 병들고, 죽어 장사를 치르는 슬픈 사건들이 있어 왔지만 예수님으로 인하여 그 모든 것이 뒤바뀌게 될 때 참으로 큰 영광이 하나님께 돌아간 것이 아니겠습니까? 그러기에 예수님께서는 내가 거기에 있지 아니한 것을 너희를 위하여 기뻐한다고 말씀하시는 것입니다. 이는 참으로 놀라운 말씀이 아닐 수 없습니다.

그러므로 예수님께서는 오늘 우리가 당장에 뜻대로 되지 않음을 답답해하고 괴로워하는 것을 보시면서 "내가 그 일로 인해 너희를 위하여 기뻐한다"라는 말씀을 하실지도 모릅니다. 우리는 나사로와의 관계에서 생명의 주로 역사하신 그 예수님으로 인해 온 인류도 함께 부활의 생명을 체험하게 된다는 것을 잊어서는 안됩니다. 언젠가는 주님의 사랑하는 자들에게 고난이 있고 잠들어야 하는 안식의 때도 있겠지만 또한 언젠가는 아무개야 나오너라 하시며 불러 깨우실 때가 있을 것입니다. 이렇게 해서 하나님께 영광이 돌아가게 되는 것입니다.

　　25절 말씀을 보면 예수님께서는 죽음의 사건을 치르고 슬퍼하는 자들 앞에서 "나는 부활"라고 말씀하십니다. 나는 부활이다! 이 얼마나 중요한 말씀입니까? "나는 부활이요 생명인 나를 믿는 자는 죽어도 살겠고 무릇 살아서 나를 믿는 자는 영원히 죽지 아니하리라"고 말씀하십니다. 그리고 예수님께서는 죽는다는 것을 잠자는 것으로 비유해 말씀하셨습니다.

　　그렇다면 이제 우리는 잠을 잘 때마다, 그리고 잠이라는 생리적인 현상을 통해서 생명의 궁극적인 문제인 죽음에 대한 진리를 다시 한번 생각할 수 있어야 할 것입니다. 그리하여 잠자리에 들기 전 기도할 때마다 우리는 보다 심각한 기도를 드릴 수 있어야 합니다. 이제는 내일 아침도 반드시 내가 깨어날 것처럼 그렇게만 생각하지를 마십시다. 이스라엘 사람들은 "내 영혼을 주께 부탁하나이다" 하는 임종기도를 매일 밤 잠잘 때마다 드린다고 합니다. 왜냐하면 이 잠이 들고는 다시 일어나지 못할 수도 있기 때문인 것입니다. 그러므로 잠자는 것과 죽는다는 것이 동일한 의미임을 생각하면서 만약 오늘 밤에 내가 죽는다고 하면 나는 하나님 앞에 어떤 모습으로 서게 될 것인가를 생각하고 그를 위한 행함이 있어야 할 것입니다.

　　우리에게 잠들 때가 있다면 또한 깰 때가 있습니다. 우리는 이제 깰 때 일을 생각해야 하겠습니다. 사도 바울이 "밤이 깊고 날이 가까웠으니 그러므로 우리가 어두움의 일을 벗고 빛의 갑옷을 입자"(롬 13 : 12)고 말한 것처럼, 그리고 우리가 밤이 될 때마다 밝아올 아침을 생각하듯이 죽음 다음에 있는 부활을 한번 더 생각하는 매일매일의 생활이 되어야 할 것입니다. 이제는 죽은 나사로를 잠들었다시며 잠자는 자를 깨우시듯 살리시는 주님의 모습을 생각하면서 우리의 잠들어야 하는 죽음의 과정을 부활과 하나님의 영광을 위한 사건으로 확정해 나가는 보다 성숙한 신앙인이 되어야 할 것입니다.

밀알의 비유

명절에 예배하러 올라온 사람 중에 헬라인 몇이 있는데 저희가 갈릴리 벳새다 사람 빌립에게 가서 청하여 가로되 선생이여 우리가 예수를 뵈옵고자 하나이다 하니 빌립이 안드레에게 가서 말하고 안드레와 빌립이 예수께 가서 여짜온대 예수께서 대답하여 가라사대 인자의 영광을 얻을 때가 왔도다 내가 진실로 진실로 너희에게 이르노니 한 알의 밀이 땅에 떨어져 죽지 아니하면 한 알 그대로 있고 죽으면 많은 열매를 맺느니라 자기 생명을 사랑하는 자는 잃어버릴 것이요 이 세상에서 자기 생명을 미워하는 자는 영생하도록 보존하리라 사람이 나를 섬기려면 나를 따르라 나 있는 곳에 나를 섬기는 자도 거기 있으리니 사람이 나를 섬기면 내 아버지께서 저를 귀히 여기시리라.

(요한복음 12 : 20~26)

밀알의 비유

오늘 본문은 예수님께서 썩어지는 밀알을 비유로 자신을 설명해 주시는 내용입니다. 본문의 시작을 보면 헬라 사람 몇명이 명절에 예배하러 예루살렘에 올라왔다가 특별히 따로 면회신청을 하고는 예수님을 뵙고자 합니다. 그러니까 지금 이 사람들은 도대체 예수라는 분이 어떤 분인가 하는 정도에서 뵙고자 하는 것이 아닙니다. 그정도의 관심이라면 어디에 서든지 예수님께서 말씀하고 계시는 곳으로 찾아가 가까이에서 한번 뵈오면 될 것입니다. 그러나 이들은 그것이 아니었기에 굳이 빌립에게 교섭을 하면서 마치 니고데모나 사마리아 여인과도 같이 직접 가까이에서 예수님을 뵙고 말씀을 나누고자 하는 것입니다.

그러면 이들이 왜 이렇게 굳이 면회를 신청하고 예수님을 뵙고자 했느냐 하는 문제입니다. 그 이유는 특별히 다른데에 있지 않고 명절에 왔다가는 곧 돌아가야 할 사람들이기 때문입니다. 이들을 두고 데가볼리에서 온 사람들이라 해석을 하는 사가들이 있는가 하면 전설적인 이야기에는 에데싸라고 하는 도시국가에서 왔다고도 하는데 이는 그렇게 신빙성이 있는 이야기가 아닙니다. 하지만 한편으로는 그 전설적인 이야기가 마음에 들기도 합니다. 이야기의 내용을 보면 에데싸 왕의 아들이 문둥병에 걸려 고생을 하고 있는 터에 예수님께서는 문둥병도 고치신다는 소문을 듣고 이렇게 사신들을 보내어 특별 교섭을 하여 예수님을 모셔다가 왕의 아들의 문둥병을 고치겠다는 것입니다.

그리고 거기에는 전제조건이 있어서 정중히 모실 뿐만 아니라 듣자하니 예루살렘에는 예수님에 대한 핍박이 심하고 죽이고자까지 한다고 하니 그런 위험한 곳에 계실 것이 아니라 여기에 오셔서 이 문둥병만 고쳐 주시면 왕의 고문으로 평생토록 편안히 모시겠다고 했다는 것입니다.

아무튼 저들의 청이 허락될는지 안될는지는 모르지만 저들은 헬라식 이름에 호감이 갔던 때문인지 먼저 빌립에게로 가서 예수님을 뵙고자 한다는 청을 드리게 됩니다. 이에 빌립은 다시 안드레에게 이 일을 말한 후에 둘이서 이 사실을 예수님에게 말씀드리게 됩니다. 오늘 본문에는 그저 간단하게 기록되어 있습니다마는 이 정도로 단계적인 절차가 있었다면 저들이 왜 만나려고 한다는 그 이유가 전해지지 않았을 리가 없는 것입니다. 사실이 그렇다고 할때 우리는 그 다음에 이어지는 "인자의 영광을 얻을 때가 왔도다!" 하시는 예수님의 말씀을 이해할 수가 있습니다. 문제는 "인자의 영광을 얻을 때가 왔도다!" 하는 여기에 있습니다. 우리는 언제나 우리에게 분수에 넘치는 칭찬이나 존경, 그리고 성공이 주어졌을 때에 조심할 수 있어야 합니다. 예수님께서는 사랑하는 제자 베드로로부터 "주는 그리스도시요 살아계신 하나님의 아들이시니이다" 하는 절정의 신앙고백을 들으신 후에 베드로를 향하여 너는 반석이라시며 내가 천국 열쇠를 네게 주겠다고 말씀 하십니다. 그러나 예수님께서는 거기에 머무시지 않고 즉시 방향을 돌리시어 자기가 예루살렘으로 올라가 많은 고난을 받고 십자가에서 죽임을 당하실 것을 말씀하십니다. 마치 서로 상반되는 두 장면의 필름이 돌아가듯이 주는 그리스도시요 살아계신 하나님의 아들이십니다하는 고백을 들으심에 이어 곧 바로 십자가를 져야할 것을 말씀해 주십니다.

이와 마찬가지로 제가 전해드린 헬라 사람들에 대한 전설의 내용이 사실인지 아닌지는 알 바가 아니지만 어쨌든 저들의 면담을 요청받은 예수님께서는 인자의 영광을 얻을 때가 왔노라는 귀한 말씀을 하십니다. 그런데 거기에 바로 이어지는 말씀은 "한 알의 밀이 땅에 떨어져 죽지 아니하면 한알 그대로 있고 죽으면 많은 열매를 맺느니라"고 하시는 것입니다. 문제는 어쩌면 예수님께서는 어떻게 이렇게 생각하실 수 있느냐 하는 것이 오늘 우리가 생각해야 하는 문제입니다.

우리는 영광을 얻을 때에 십자가를 생각해야 하고 생명을 생각할 때에 곧 죽음을 생각할 수 있어야 합니다. 또한 나의 배가 부를 때에 배 고픈 자를 생각해야 하고 기쁜일을 당할 때에 슬픈 이야기를, 그리고 앞에 있는 큰 고난을 함께 생각할 수 있어야 합니다. 영광을 생각할 때마다 영광에의 길을 생각해야 합니다. 그러나 우리는 영광만을 생각할 뿐 영광을 얻을 수 있는 길은 까맣게 잊어버리는 데에 잘못이 있습니다. 영광을 알고 영광을 생각했으면 영광에 이르는 길을 알고 따라야 합니다. 예수님께서는 그 길이 십자가의 길임을 함께 생각해야 한다는 것을 말씀하고 계시는 것입니다.

그러면 먼저 여기에서 말씀하고 계시는 이 밀알이란 말이 뜻하는 바가 무엇이냐 하는 것입니다. 밀알이라고 하는 것은 비록 조그마한 씨앗이지만 하나의 생명자체로서는 무한한 잠재력을 가지고 있습니다. 우선 보기에는 딱딱하게 굳은 매우 작은 알맹이에 불과하지만 여기에는 모든 생명적 요소가 다 준비되어 있는 참으로 신비로운 무한한 생명의 가능성을 지니고 있습니다. 그런데 이와 같이 생명의 가능성을 충분히 담고 있는 이 밀알을 알맹이 그대로 놓아둔다면 그 밀알은 언제까지나 알맹이 그대로 있을 뿐 생명의 새로운 역사는 이루지를 못하는 것입니다. 그것은 마치 계란이 그대로 있으면 하나의 계란으로 남겨져 있다가 어느 때가 되면은 썩어서 쓸모 없는 계란이 되지만 그것이 암탉의 품에 들어가 품어지게 되면 마침내 거기에서 병아리가 나오게 되는 것과도 같습니다.

오늘 이 밀알은 생명은 생명이지만 내부에 준비된 자체만의 생명으로는 생명이 지속되지를 않습니다.

이에 예수님께서는 분명히 밀알이 먼저 땅에 떨어져야 함을 말씀하고 계십니다. 이것은 곧 예수님의 성육신을 의미하는 말씀입니다. 신약성경은 예수님의 생애를 기록함에 있어서 특별히 한 가지 강조하는 것이 있습니다. 그것은 예수님께서 십자가에서 죽으셨다라고 하는 죽음의 사건만을 말하는 것이 아니라 반드시 무덤 속에까지 내려가셨다는 그 사실까지를 계속 강조하고 있는 것을 볼 수 있습니다. 이에 사도 바울은 "그는 근본 하나님의 본체시나 하나님과 동등됨을 취할 것으로 여기지 아니하시고 오히려 자기를 비어 종의 형체를 가져 사람들과 같이 되었고 사람의 모양으로 나타나셨으매 자기를 낮추시고 죽기까지 복종하셨으니 곧 십자가에 죽으심이라"(빌 2 : 6~8)고 말하고 있습니다.

다음으로 생각할 것은 한 알의 밀이 땅에 떨어져 죽으면 하는 말씀입니다. 예수님께서는 계속하여 죽는다는 문제를 강조하고 계십니다. 밀알에 대한 표현이라면 그저 밀알은 땅에 떨어져 흙 속에 묻히면 싹이 나는 것이다라는 식으로 말씀 하실 수가 있습니다. 그러나 지금 예수님께서는 어떤 식물학적 원리나 농사하는 이치를 설명하시려는 것이 아니라 어디까지나 자신이 지실 십자가의 죽음을 말씀하려는 것이므로 굳이 죽는다는 말을 강조하고 계시는 것입니다. 사실을 생각해 보면 싹을 낸 밀알을 두고 이것을 완전히 죽었다고 말할 수는 없습니다. 이것은 비록 본래 형태의 밀알은 없어졌지만 그 자체에서 이어진 생명의 싹이 나오고 있는 것이기 때문입니다.

그러나 예수님께서는 여기에서 죽음을 말씀하십니다. 그것은 어디까지나 밀알은 하나의 비유요 말씀하시고자 하는 내용은 십자가이기 때문입니다. 그러므로 땅에 묻혀서 죽어야 한다는 것이며 그렇게 할 때에 부활의 능력이 나타나고 구원의 역사가 이루어지며 많은 사람이 살게 되는 생명의 기적이 바로 거기에서 나타난다는 것을 말씀하시려는 데에 그 의도가 있습니다. 그러니까 앞에서도 말했듯이 이것은 비유일 뿐 말알에 대한 현상과 예수님의 십자가와 부활 사건이 꼭 맞아떨어지는 것은 아닙니다. 그저 땅에 떨어져서 흙 속에 묻히고 썩어지며 그 속에서 싹이 난다는 이야기입니다. 그리고 거기에서 얻어지는 것도 꼭 같은 밀알이고 보면 이것도 썩고 저것도 썩는 것입니다. 하지만 예수님의 부활은 그런 상태를 두고 하는 이야기가 아닙니다. 부활하신 예수님의 몸을 부활 이전의 몸과는 전혀 다른 몸입니다. 마찬가지로 성도가 죽었다가 예수님 앞에서 부활할 때의 모습은 오늘 이대로의 모습이 아닙니다. 그것은 다시 병들어야 하고 다시 죽어야 하는 그런 육체가 아닙니다. 그러므로 다시 말하지만 예수님께서 밀알의 썩어짐을 비유로 말씀하시는 의도는 예수님께서 죽으시고 부활하심으로 말미암아 교회가 세워지고 많은 사람이 구원을 얻는 역사가 이루어질 것을 말씀하시려는 데에 그 목적이 있습니다.

여기에서 우리는 신령한 의미에서 보는 추수의 원리를 생각하게 됩니다. 먼저 새로운 생명이 주어지기 위해서는 생명이 일단 떨어져야 하고, 묻혀야 하며 그리고 썩고 죽어야 하는 절대조건이 있습니다. 이 절대조건이 시행됨으로 비로소 생명이 다시 살아남을 받을 수가 있는 것입니다. 이는 모든 식물들이 다 그렇습니다. 땅에 뿌려진 씨앗을 관찰해 보노라면 바깥 부분이 썩으면서 중심에서 싹이 살아나고 있는 것을 볼 수 있습니다. 그래서 우리는 부득이 내적인 생명과 외적인 생명을 따로 말하게 되는 것이며 내적인 생명을 살리기 위해서는 외적인 생명이 죽어야 함을 말하게 되는 것입니다. 그러나 이것은 일시적인 현상입니다.

이와 같이 일단은 묻혀야 하고 묻힌 다음에는 겉이 죽어 썩음으로 속이 살게 됩니다. 우리는 구약성경 사사기(7 : 19~23)에서 기드온의 3백명 용사들이 미디안과 싸울 때에 빈 항아리 안에 횃불을 감추게 하였다가 나팔소리를 신호로 일제히 항아리를 깨뜨리며 횃불을 높이 들고 "여호와와 기드온의 칼이여!" 하고 외치자 미디안의 군사들이 놀라 아우성을 치며 자기들끼리 서로 칼로 찌르는 혼돈 속에 모두가 달아나 버린 것을 볼 수 있는데 여기에서도 보면 항아리가 깨어짐으로 속에 있는 횃불이 솟아나게되는 것입니다. 그리고 보면 이것도 오늘 비유를 위한 하나의 중요한 예가 되는 것입니다.

　사도 바울은 우리의 몸을 하나의 질그릇으로 비유하고 있습니다. 그리하여 보화가 질그릇 속에 담겨져 있다고 이야기합니다. 이 몸은 아무래도 흙으로 된 것이기에 자꾸만 부서지고 깨어지며 고장이 나게 마련입니다. 그러나 이것이 깨어지면서 오히려 속에 있는 참 생명이 솟아납니다. 바꾸어 말하면 속 생명이 살기 위해서 부득불 겉 사람이 깨어져야 할 때가 있다는 말입니다. 여기에서 우리는 새로운 관계성을 생각하게 됩니다. 이와같이 생명의 신비는 놀라운 것입니다. 이를 두고 사랑과 자아의 문제를 비교해 보면 사랑은 자신의 생을 자신 밖에서 찾으려고 합니다. 따라서 자신 안에서는 살지를 못하고 밖으로 뛰쳐나갑니다. 자아는 자기 안에 거하기를 원하며 그렇게 살아갑니다. 또한 사랑은 소유하기 위해서, 그리고 살기 위하여 자신을 희생합니다. 그러나 자아는 살기 위하여 사랑을 희생합니다. 신비롭게도 이렇게 하여 생명과 자아는 함께 살아갈 수 있도록 되어 있는 것이 생명의 원리 입니다.

　그런데 오늘 본문에서 가장 중요하게 생각할 것은 이 '죽는다' 는 말의 의미가 추상적인 이야기가 아니라 실제를 말씀하고 계신다는 점입니다. 여기에서 말씀하시는 죽음이란 망각의 세계를 뜻한다거나 도를 닦고 무아지경에 들어 간다거나 혹은 욕심을 다 버린다든가 하는 그런 이야기가 아닙니다. 이것은 문자 그대로 죽는 것을 말합니다. 그저 마음으로 죽고 생각 속에서 죽는 막연한 추상적인 이야기가 아니란 말입니다. 지금 예수님께서 한 알의 밀알이 땅에 떨어져 죽으면 하신 것은 그대로 죽는 것을 말씀함이지 마음 속에서 이루어지는 어떤 상태나 과정을 이야기하는 것이 아닙니다. 우리는 이것이 기독교의 특징이요 기독교에서 말하는 근본적인 생명이라는 사실을 잊지 말아야 합니다. 다시 말하지만 이 죽음은 실제적인 사건이지 철학적이거나 관념적인, 혹은 도덕적인 수양의 자세를 두고 하는 말이 아닙니다.

예수님께서 십자가를 지신다는 것은 하나의 분명한 사건입니다. 그래서 예수님께서는 자신을 가리켜서 "한 알의 밀이 땅에 떨어져 죽지 아니하면 한 알 그대로 있고 죽으면 많은 열매를 맺느니라"고 말씀하신 것입니다.

　우리는 예수님께서 바로 눈 앞에 있는 십자가! 이 엄연한 죽음의 사건을 앞에 놓고 너무나도 초연하게 그 사실을 말씀하시는 것에 놀라지 않을 수 없습니다. 이것이 우리들이 생각해야 될 문제가 아니겠습니까? 죽음이란 구체적으로 이루어져야 하고 분명한 사건으로 돌아가야 되는 것입니다. 여러분께서도 아시다시피 예수님께서는 산에 올라가시어 명상을 하신 것도 아니요 마음 속에 있는 정욕이나 욕심을 지워 버렸다는 이야기를 하시는 것도 아닙니다. 겟세마네 동산에서 기도 하실 때에도 "나의 원대로 마옵시고 아버지의 원대로 하옵소서"라고 한 것은 그대로 십자가를 말하고 있는 것입니다.

　그리고 또한 겟세마네 동산에서 체포되자 제자 중 하나가 칼로 대제사장의 종을 쳐서 그 귀를 잘라 버리는 것을 보시고는 "네 칼을 도로 칼집에 꽂아라. 칼을 쓰는 사람은 칼로 망한다"고 하시면서 내가 청하기만 하면 열두 영, 즉 12개 여단의 군대보다 더 많은 천사들을 당장에 보내시게 할 수 있다는 것을 너는 모르느냐? 만일 그렇게 한다면 이런 일이 반드시 일어날 것이라고 한 성경 말씀이 어떻게 이루어지겠느냐고 말씀하십니다 (마 26 : 50~54). 이와같이 예수님의 말씀은 그대로가 확실한 역사적 사건입니다. 구약으로 돌아가 생각해 보면 예수님은 제물로 바쳐지는 어린 양으로 묘사되어 왔습니다. 그리고 세례 요한은 세례 받으러 나오시는 예수님을 향하여 "보라 세상죄를 지고가는 하나님의 어린 양이로다!"라며 그의 양되심을 말하고 있습니다. 예수님께서는 말 그대로 어린 양이 되십니다. 의미만의 이야기가 아니라 이미 실제적인 제물이 되신 것입니다. 구약에서 양이나 소를 잡아 제물로 바쳤던 것처럼 예수님 역시 실제적인 완전한 제물로서 대신 죽으신 것입니다. 죽을 자가 살기 위해서는 살 자가 죽어야 합니다.

　이러한 이치를 이용하여 카를 마르크스는 만유균형의 원리를 이야기하고 있습니다. 카를 마르크스가 본래는 신학을 공부했던 사람이므로 기독교의 구원론으로부터 이 이론을 정립했을 것으로 보는 학자들이 있습니다. 아무튼 그 원리란 한편에서 일을 하지 않고 먹는 사람이 있으면 다른 한편에서는 일을 하고도 먹지 못하는 사람이 생기므로 일하고 먹는 사회가 되려면 일을 안하고 먹는 사람은 죽여야 한다는 것입니다. 이것이 바로 혁명입니다. 그런데 이것이 기독교 3원론과 같은 이론이라 하여 기독교에서 도용했다는 이야기를 합니다마는 잊지 말아야 할 것은 죄의 값은 사망이라고 하는 것입니다. 죄인은 죽어야 됩니다. 그럼에도 죄인이 죽지 않으려면 대신 의인이 죽어야 합니다. 그러므로 의인이 죽었다는 것은 죄인이 살았음을 의미하는 것입니다. 십자가에 죽으신 예수님은 죄없이 죽으셨습니다. 이는 곧 죄인이 의인으로 살 수 있음을 말해 주는 확실한 증거입니다. 바로 여기에 기독교의 핵심이 있는 것이 아니겠습니까? 그러므로 한 알의 밀알이 땅에 떨어져 죽으면 많은 열매를 맺느니라고 하신 예수님의 말씀은 실제적인 것이요 역사적인 것입니다.

　우리 사람의 마음 속에는 두 가지의 자아, 즉 두가지의 내가 있습니다. 그 하나는 육적인 자아요, 다른 하나는 신령한 자아입니다. 육적인 자아란 현재적인 것이요 거짓된 것이며 자기만을 위하는 육신에 속한 자아입니다. 그런가 하면 영적인 자아란 미래적인 것이요 영적인 것이며 하나님의 뜻을 따르는 참된 자아입니다. 우리는 이 두 자아에 의하여 이런 저런 모습으로 나타날 수가 있습니다. 이에 사도 바울은 "너희가 육신대로 살면 반드시 죽을 것이로되 영으로써 몸의 행실을 죽이면 살리니"(롬 8 : 13)라고 하는 실제적인 사실을 말씀하고 있습니다. 우리 마음속에는 부정할 수 없는 두 가지의 내가 있어서 나로 하여금 신령하게도 만들고 속되게도 만듭니다. 그 중에 분명 하나가 죽어야 내가 산다고 할때 그 나라는 것은 속된 나, 죄인인 나를 말하는 것입니다. 세계적으로 유명한 조지 뮬러(George Muller) 목사는 고아의 아버지로 불려질 만큼 많은 일을 하면서 훌륭한 삶을 산 사람이었습니다. 한 번은 그를 존경하는 후배들이 "어떻게 되어서 평생을 이렇게 훌륭한 사람으로 일하게 되었습니까?" 하고 물었더니 뮬러 목사는 "조지 뮬러가 철저히 죽은 날이 있습니다"라는 대답을 했다고 합니다. 그가 한번 죽은 다음에는 조지 뮬러의 기호와 욕망, 취미 따위는 존재하지 않게 되었던 것입니다. 그리고 이제는 그리스도만이 모든 것 중에서 모든 것이 되시는 것입니다. 이것이 바로 중생이라고 하는 것입니다.

영이 살기 위해서는 육이 죽어야 합니다. 그런데 아직도 죽지를 않고 꿈틀거리고 벌떡거리면서 말이 많기가 그지 없습니다. 여기에는 별다른 사람이 없습니다. 그러므로 나라는 존재가 완전히 꺾어지고 깨어지는 그 순간이 필요한 것이며, 그것이 있고야 비로소 영이 주도하는 인간이 되고 말씀 주도적인 인간이 되는 것입니다. 아직도 우리에게 원망과 불평이 있고 눈물과 고민이 있다면 그것은 철저하게 죽는 계기가 없었기 때문입니다. 이는 사회적인 것으로 보아도 그렇습니다. 프랑스의 마르세이유에 무서운 전염병이 유행한 적이 있었다고 합니다. 얼마나 증세가 심했든지 의사들 마저도 환자를 만지기만 하면 죽게 되므로, 병의 원인 조차도 알 수 없는 상태에서 계속 사람들은 죽어가고 있을 때에 기용이라는 한 의사가 매우 심각한 어조로 "내일 아침 날이 밝을 무렵이면 이 병에 걸린 사람을 해부한 기록을 볼 수 있을 것입니다"라고 하더라는 것입니다. 이 말을 들은 모든 의사들은 환자를 만져본 사람도 없는데 어떻게 기록을 볼 수 있을 것이라는 말인가 하고서는 의아해들 했습니다. 그러나 그 말을 한 기용 의사는 자기의 처소로 돌아가 밤이 깊도록 하나님께 기도를 하고는 한 죽은 환자를 내어놓고 하나하나 해부를 하면서 상세한 기록을 해 나갔습니다. 그 결과 그토록 무서운 전염병의 원인을 규명할 수가 있었으며 그리고 병에 대한 치료가 가능해지게 되었습니다. 그런데 그런 일이 가능해지게 된 바로 그 순간 이 의사는 죽었다고 하는 것입니다.

 이와 같이 때로는 한 사람의 죽음을 필요로 합니다. 특별히 전도자들의 죽음이 그렇습니다. 베드로의 죽음이 그랬고 사도 바울의 죽음이 그랬으며 알고 보면 열두 제자의 죽음 모두가 그랬습니다. 복음을 위하여 죽는 순교자가 없고서는 하나님의 선교는 이루어지지 않습니다. 이것이 성경적 진리요 기독교 2천년사의 증언입니다. 자루 속의 밀알은 아무리 많아도 그대로 있을 뿐입니다. 중요한 것은 땅에 떨어져 썩어지는 밀알이 되어야 한다는 것입니다. 이는 곧 예수님 자신을 가리키신 말씀임과 동시에 오늘 우리들에게 요구하시는 삶의 자세인 것으로 믿습니다.

세족의 비유

유월절 전에 예수께서 자기가 세상을 떠나 아버지께로 돌아가실 때가 이른줄 아시고 세상에 있는 자기 사람들을 사랑하시되 끝까지 사랑하시니라 마귀가 벌써 시몬의 아들 가룟 유다의 마음에 예수를 팔려는 생각을 넣었더니 저녁 먹는 중 예수는 아버지께서 모든 것을 자기 손에 맡기신 것과 또 자기가 하나님께로부터 오셨다가 하나님께로 돌아가실 것을 아시고 저녁 잡수시던 자리에서 일어나 겉옷을 벗고 수건을 가져다가 허리에 두르시고 이에 대야에 물을 담아 제자들의 발을 씻으시고 그 두르신 수건으로 씻기기를 시작하여 시몬 베드로에게 이르시니 가로되 주여 주께서 내 발을 씻기시나이까 예수께서 대답하여 가라사대 나의 하는 것을 네가 이제는 알지 못하나 이 후에는 알리라 베드로가 가로되 내 발을 절대로 씻기지 못하시리이다 예수께서 대답하시되 내가 너를 씻기지 아니하면 네가 나와 상관이 없느니라 시몬 베드로가 가로되 주여 내 발뿐 아니라 손과 머리도 씻겨 주옵소서 예수께서 가라사대 이미 목욕한 자는 발밖에 씻을 필요가 없느니라 온 몸이 깨끗하니라 너희가 깨끗하나 다는 아니니라 하시니 이는 자기를 팔 자가 누구인지 아심이라 그러므로 다는 깨끗지 아니하다 하시니라.

(요한복음 13 : 1~11)

세족의 비유

　본 비유는 다른 비유들과는 달리 예수님께서 직접 행동으로 보여 주신 비유라는 점에서 또 다른 소중함이 있는 비유라고 생각합니다.
　그러면 먼저 오늘 본문을 이해하는데 필요한 당시의 문화적인 배경을 살펴보면 당시에는 일반적으로 바닥에 끈만 이어져 있을 뿐 덮개가 없는, 요즈음 우리가 말하는 샌들(Sandal) 같은 신발을 신고 다니신 것입니다. 그런 신발로 먼지나는 길을 걸어 다니고 더욱이 메마른 사막 길을 다니는 것이고 보면 얼마나 많은 먼지가 발에 묻겠습니까? 그런 처지에서 보면 이 신발은 발을 깨끗이 보존한다든가, 혹은 따뜻하게 보온한다는 의미가 있는 것이 아니라 그저 발바닥이 거친 땅에 닿는 것만을 면하게 하려는 데에 목적이 있었던 신발인 것입니다.
　아무튼 이런 신발을 신고 다니다가 천막이나 집으로 들어가게 되면 그 발이 무척 더럽고 지저분하기 때문에 반드시 발을 씻게 되어 있습니다. 이것은 어떤 경우에도 시행해야 하는 필수조건입니다. 그런데 이렇게 발을 씻게 되는 데에는 세가지 방법이 있습니다. 그 첫째는 노예가 있는 집에서는 그 노예가 씻어 줍니다. 다음 두번째는 자기 자신이 씻는 경우입니다. 그리고 세번째는 서로 서로 씻어 주는 것입니다. 여기에서 우리는 어떻게 자기 발을 반드시 다른 사람이 씻어 주어야 하는가 하는 생각이 들기도 합니다마는 이것은 생활 습관에서 오는 문화적인 차이 때문인 것으로 이해가 됩니다. 그것은 과거에는 우리가 서양 사람들에게서만 볼 수 있었던 현상이 이제는 어렸을 때부터 의자생활을 시켜온 우리네 아이들에게서도 나타나고 있는 현상과도 같은 것입니다. 일찍부터 의자에만 의존한 생활을 하다 보니 그냥 바닥에 앉으면 다리를 오므리지 못해 쓰러지려는 것을 볼 수 있습니다. 그러고 보면 서양 아이가 따로 있는 것이 아닙니다. 벌써 음식이나 생활습관이 우리 어른들과는 달리 모두 다 서양화되어 있는 것입니다. 그런데 이렇게 낳자마자 침대에서 살기 시작한 사람들은 몸이 좀 비대해 지거나 하면 허리를 굽히지 못해서 자기가 자기의 구두 끈을 매지 못하고 높은 데를 찾아 그 위에 발을 올려 놓고야 매는 것을 볼 수 있습니다. 그러니까 자기가 자기의 구두 끈을 매지 못한다면 결국은 발도 씻지 못한다는 이야기인 것입니다. 그래서 그 옛날 서로가 발을 씻긴다는 이야기가 나왔구나 하는 생각을 하게 됩니다.

그리고 또 하나의 예는 손님을 초대했을 경우, 특별히 그 손님이 아주 존귀한 손님일 경우에는 그 손님이 문간에 들어서자마자 주인이 직접 나가서 발부터 씻겨드리는 것이었습니다. 그것은 당시의 풍속으로서는 최고의 존경이었다고 합니다. 우리가 상상을 해 보아도 참으로 대단한 영접이요 존경에 대한 표시라고 생각됩니다. 예의로 말하자면 엎드려 절을 하는것보다 더 큰 최고의 예의가 될 것으로 생각합니다.

그렇다면 메시야요, 만왕의 왕이신 예수님을 영접했을 경우에는 당연히 주인이 나가서 발을 씻겨드려야 하는 그런 처지가 아니겠습니까? 그런데 그럼에도 불구하고 성경은 그렇게 기록하고 있지를 않습니다. 누가복음 7장 36~50절 말씀에 보면 시몬이라는 바리새인이 예수님을 초청하고 대접을 합니다마는 예수님께서 하신 말씀으로 미루어 보면 예수님을 초청한 저의가 다른 데 있었던 것 같습니다. 아마도 시몬이 예수님을 초청한 것은 존경심에 의해서가 아니라 도대체 어떤 분인가 한번 보자 하는 심사에서 자리를 마련하고 대접을 하면서 친구들을 불러 예수님을 시험해 보려는 의도였던 것 같습니다. 그러기에 형식적으로는 의자도 드렸고 음식도 대접하며 절차를 갖춘 것 같으나 가장 중요하고 먼저 해야 하는 발을 씻으시도록 하는 일은 잊었던 것입니다. 만약 주인인 자기가 못하면 그 누구라도 시켜서 예수님의 발을 씻게 해야 할 것인데 그러지를 못하고 발도 씻지 않으신 그대로 음식을 드시게 만들었습니다. 하지만 그 때에 한 여인이 향유를 가지고 와서 눈물로 예수님의 발을 적시고 머리털로 발을 닦으며 거기에 입을 맞추고 향유를 붓게 됩니다. 그런데 이것을 본 시몬이 이 일을 못마땅해하자 예수님께서는 크고 작은 빚을 탕감받은 두 사람의 이야기를 비유로 말씀하신 다음 여자를 돌아보시면서 "내가 네 집에 들어오매 너는 내게 발 씻을 물도 주지 아니하였으되 이 여자는 눈물로 내 발을 적시고 그 머리털로 씻었으며, 너는 내게 입맞추지 아니하였으되 저는 내가 들어올 때로부터 내 발에 입맞추기를 그치지 아니하였으며 너는 내머리에 감람유도 붓지 아니하였으며 저는 향유를 내 발에 부었느니라"며 시몬을 비판하신 것을 볼 수 있습니다.

그런데 오늘 본문은 조금 예외인 데가 있습니다. 지금 예수님께서는 우리가 잘 아는 대로 마가의 다락방으로 생각되는 곳에서 십자가에 돌아가시기 전 제자들과 함께 마지막 유월절을 지내시면서 음식을 들고 계시는 중입니다. 그러니까 여기에는 특별히 예수님을 사랑하는 사람들만 있는 셈입니다. 그러나 궁금한 것은 물도 있고 대야도 있겠는데 그처럼 예수님을 사랑하는 사람들이 왜 예수님의 발을 씻겨드리지 않았을까 하는 점입니다. 이에 대한 변명을 굳이 한다면 아마도 준비는 다 해놓고도 유월절 잔치상을 준비하느라고 바삐 돌아가다 보니 이 집 주인이 그만 예수님의 발을 씻겨드리지 못한 것이 아닌가 하는 생각입니다. 그런 경우라면 노예도 없는 집인지라 이제는 부득불 서로서로 발을 씻길 수 밖에 없습니다. 그런데 문제는 누가복음 22장 24절 이하와 마태복음 20장 20절 이하에서도 나타나고 있듯이 예수님의 제자들의 마음속에는 묘한 자존심과 질투심이 자리하고 있어서 진작 예수님의 발만이라도 씻겨드렸어야 했는데도 불구하고 그것마저 생각할 여유가 없었던 것입니다. 이와 같이 시기 질투가 있고 보면 언제나 마음이 흐려져서 생각하는 바도 둔해지며 일의 순서도 바뀌게 되는 것이 사실입니다. 지금 제자들은 내심 자리다툼을 하느라고 해야 할 일의 순서를 잊고 있는 상태입니다.

생각하면 예수님의 제자가 되었다는 그 사실만으로도 얼마나 영광스러운 일입니까? 내가 열두 제자 중에 들었다는 것만으로도 충분할 것 같은데 저들의 마음은 그렇지가 않습니다. 그것이 바로 누가 더 예수님의 보좌에 가까이 앉느냐 하는 것입니다. 성경에 나타난 것을 추리해 보면 열두 제자들이 각각 이 가운데 누구가 첫째이고 누가 둘째이며 그리고 셋째, 넷째 혹은 꼴찌는 누구인가 하면서 그 서열에 신경을 많이 쓴 것 같습니다. 우리는 사도행전을 대하면서 예수님의 열두 제자들의 이름이 복음서에서는 다른 순서로 기록되고 있는 것을 발견할 수 있습니다. 그래서 이 문제를 두고 생각하는 이들은 아마도 그것은 사도행전으로 넘어오면서 제자들의 열심에 따라서 기록하다 보니 바뀌어진 것이 아니냐하는 추측들을 하기도 합니다.

아무튼 제자들은 그 서열을 두고 서로서로 신경을 쓴 것만은 사실입니다. 그리고 그 중에서도 더욱 고민스러운 사람은 첫째와 둘째를 생각하는 사람입니다. 여기에서 우리가 한 가지 알아야 할 것은 공부하는 학생들을 두고 보아도 벌써 10등을 넘어가면 10등이나 12등이나 거기가 거기라는 생각으로 별 신경을 쓰지 않습니다. 그러나 제일 신경을 많이 쓰는 학생은 1등, 2등, 3등을 하는 학생들입니다. 이 학생들은 그 석차 때문에 잘못하면 평생 원수가 되기 쉽습니다. 뿐만 아니라 성격상으로도 병리적인 이상 심리가 될 수 있습니다. 그러므로 제 능력껏 하면 될 것이지 굳이 1등을 하라, 몇 등을 하라며 재촉할 것이 아닙니다.

그런데 제자들 중에서 이와 같은 신경을 제일 많이 썼던 사람이 다름 아닌 야고보와 요한이었습니다. 형제간인 저들로서는 무엇인가 잡힐 듯 잡힐 듯하면서도 잘 되지를 않는 터입니다. 이들에 대한 추리를 해볼 때 아무리 보아도 예수님의 수제자가 베드로임에는 틀림이 없고 보면 예수님의 우편에는 분명 베드로가 앉게 될 터이고 그렇다면 좌편에는 누가 앉을 것인가 하는 문제가 생깁니다. 아시다시피 예수님께서는 야고보와 요한을 사랑하셨습니다. 그리고 변화산을 오르실 때에도 베드로와 함께 이 두 형제를 특별히 함께 데리고 가실 만큼 이들을 가까이에 두셨습니다. 이러한 예수님과의 관계를 두고 요한은 생각하기를 내가 동생이긴 하지만 예수님께서는 나를 더 사랑하시니 그 좌편 자리는 내가 앉을 것이라고 합니다. 그런가하면 야고보는 거기에도 서열이 있는 것이다. 아무래도 형이 형인 것이지 하면서 그일로 인해 다툼이 일어나자 그 중재를 위해 나선 이가 바로 저들의 어머니였습니다.

그래서 마태복음 20장 20절 이하에 보면 걱정하지 말라 둘 다 출세시켜 주마 하면서 예수님을 찾아가는 어머니의 모습을 상상할 수가 있습니다. 그리고 예수님을 향하여 "나의 두 아들을 주의 나라에서 하나는 주의 우편에 하나는 주의 좌편에 앉게 명하소서" 하는 부탁을 합니다. 이 어머니의 말 중에는 그 내용으로 보아 빠진 말이 하나 있습니다. 그것에 대한 주를 단다면 "베드로는 저만큼 두시고요" 하는 말이 됩니다. 그러니까 베드로야 어떻게든 빼어놓고 내 아들 둘을 하나를 우편에 하나는 좌편에 앉게 해달라는 것입니다. 그런데 24절에 보면 이 장면을 지켜보고 있던 나머지 열 제자가 그 두 형제에 대하여 분하게 여겼다는 것입니다. 저들이 무엇인데 그 자리를 흥정하고 있는 것이냐는 말입니다. 지금 십자가를 바로 목전에 둔 예수님으로서는 이 마지막 1주간이 매우 소중한 기간이며 제자들로서 예수님의 말씀에만 귀를 기울여야 할 귀중한 한 순간 한 순간임에도 이렇게들 시기, 질투하느라고 아무것도 들리는 것이 없습니다.

뿐만 아니라 마지막 날인 성찬식을 하려는 이 시간까지도 그런 생각을 하느라 다른 것은 생각할 여유가 없었던 것입니다. 추측컨대 저들은 네가 먼저 내 발을 씻겨라 그러면 내가 네 발을 씻겨 주마 하는 것이었을 것입니다. 그러자니 먼저 발을 씻길 사람은 아무도 없는 가운데 결국은 예수님의 발도 씻기지 못하고 식사를 하게 된 것입니다. 지금 이 식사는 보통식사가 아닌 유월절 잔치입니다. 게다가 좀더 심각하게 생각하면 잠시 후에는 성만찬 예식이 베풀어질 것인데다가 이 밤은 예수님에게는 마지막 밤입니다. 이런 엄숙한 시간에 질투와 교만과 자리다툼에 연연해하는 마음들을 그대로 둔다면 어떻게 되겠습니까?

이에 예수님께서는 저들의 그 같은 마음을 바로 잡기 위하여, 다시 말하면 마음을 씻기시기 위하여 먼저 저들의 발을 씻기신 것입니다. 여기에 근거하여 어떤 교파에서는 예수님께서 성찬식을 행하신 목요일에 서로의 발을 씻겨 주는 세족례를 전통적으로 해온다고 합니다. 그런가 하면 변형이 된 것도 있어서 깨끗이 씻어 온 다음에 거기에 물 한 방울씩을 떨어드리는 세족례인데, 어쨌든 예수님께서 하신 그 일을 연상하며 마음에 새기게 하는 예식으로 전해지고 있는 것입니다.

이제 오늘 본문에서 생각해야 될 비유의 중요한 의미는 이것이 마지막 밤이라는 데에 있습니다. 이 밤은 예수님께서 십자가를 지시기 전날 밤입니다. 그래서 예수님께서는 유언과도 같은 귀한 말씀을 하고자 하는 때입니다. 그러나 예수님께서는 성만찬이나 주시고자 하시는 말씀에 앞서 제자들의 발을 먼저 씻겨야 할 필요성을 느끼셨던 것입니다. 예수님께서는 발을 씻기신 다음 요한복음 13장 12절 이하에서 시작하여 17장까지 무려 다섯 장에 이르는 긴 말씀을 하셨습니다. 그러니까 예수님께서는 제자들이 마지막 소중한 말씀을 듣기 전에 먼저 마음부터 씻어야만 그 말씀을 통한 역사를 이룰 수 있다고 하시는 것입니다.

그런데 오늘 본문에는 우리가 생각해야 될 몇 가지 상징적 의미가 있습니다.

그 첫째는 1절에 기록되어 있는 "자기 사람들을 사랑하시되 끝까지 사랑하시니라" 하시는 말씀입니다. 발을 씻긴다는 것은 곧 사랑의 표시입니다. 사랑은 겸손히 발을 씻기는 마음으로만 가능합니다. 그러므로 사랑을 너무 쉽게 생각하지 마십시다. 요즈음은 사랑이 아닌 것을 사랑이라고 내세움으로 문제가 많은데 내가 굽히지 않았거든 사랑을 운운하지 마십시다. 사랑이란 그렇게 쉽게 이루어지는 것이 아닙니다. 사랑은 겸손을 낳고 그 겸손을 통해서만 사랑이 가능할 수가 있는 것입니다. 사랑이라고 말을 했거든 끝까지 사랑합시다. 사도 요한은 발을 씻기는 이 장면을 두고 이것이 사랑이다라고 말하고 있습니다.

다음 두번째는 이 장면은 비하의 교리를 단점으로 말해 주고 있는 것입니다. 빌립보서 2장 6절 이하에 보면 예수님을 가리켜 그는 근본 하나님의 본체시나 하나님과 동등됨을 취하지 아니하시고 오히려 자기를 비어 종의 형체를 가졌다고 말하고 있습니다. 이는 곧 성육신의 교리를 말하는 것으로 하나님이 사람이 되셨을 뿐만 아니라 낮추고 낮추어 마치 종과 같이 되어 버렸다는 것입니다. 이 진리를 뒤 늦게 깨달은 베드로는 베드로전서 5장 5절에서 "서로 겸손으로 허리를 동이라"는 말을 하고 있습니다. 이 말을 헬라 원문에 가깝도록 번역한 영어 본문을 보면 단순히 허리를 동인다는 그런 말이 아니라 겸손의 앞치마를 입으라는 말이 됩니다. 발을 씻기기 위해서는 겸손의 앞치마를 입어야 합니다.

이제 세번째는 "본을 보였노라"고 하시는 말씀입니다. 본문에서 좀 더 나아가 15절 말씀에 보면 "내가 너희에게 행한 것같이 너희도 행하게 하려하여 본을 보였노라"고 말씀하십니다. 그러면 지금 예수님께서는 어떤 본을 보여 주고 계시는 것이겠습니까? 그것도 희생의 본이요 사랑의 본이요 겸손의 본입니다. 여기에서 우리는 특별히 두 가지 생각해야 될 점이 있습니다.

그 하나는 지금 이 제자들이 발씻김을 받으면서도 어떤 의미에서 이렇게 발을 씻기우고 있는 것인지 전혀 그 의미를 모르고 있다는 점입니다. 바꾸어 말하면 예수님께서는 엄청난 사랑을 베풀고 계시는 것인데 그 사랑의 의미를 모르고 있단 말입니다. 한마디로 말하면 철이 없다는 것입니다. 가끔 우리가 봉사를 하게 될 때에도 보면 봉사라고는 하지만 그 의도만은 상대방이 알아주기를 바라는 마음이 있습니다. 굳이 보답을 하거나 감사하다는 말은 하지 않더라도 최소한 이쪽의 의도는 알아주어야 할 것이란 말입니다. 그런데 그 뜻마저 통하지가 않아서 이런 일은 할 필요가 없는 것인데 하는 생각을 하고 있는 것입니다. 이와 같이 뜻이 전달되지 않고 마음이 통하지 않는다는 것은 참으로 괴로운 일입니다.

제가 아는 여전도사님 한분은 신학교를 졸업하면서 다른 사람들이 가기 싫어하는 힘든 곳으로 보내달라는 기도를 한 결과 3백여명의 저능아들이 모여 있는 부산의 한 복지시설로 가게 되었습니다. 그런데 한 3년이 지난 어느날 이 전도사님이 그 일을 못하겠다며 이제는 교회일을 했으면 하고 올라온 것입니다. 그래서 그 이유를 물었더니 거기 일은 아무리 하여도 하나마나라는 이야기입니다. 그러면서 하는 말이 기도를 하니 듣기를 합니까? 그렇게 봉사를 해주니 언제 사람 구실을 합니까? 기도하고 아멘 소리도 못 따라하는 저 사람들을 위해 일생을 바쳐야 할 이유가 하나도 없는 것이 아니겠습니까 하면서 더 이상 힘이 들어서 못하겠다는 것입니다. 그리고서는 교회일을 맡아서 한 2년을 하더니 아무래도 마음이 괴로워서 다시 그 아이들에게로 가야겠다면서 부산으로 내려가는 것을 보았습니다.

우리는 이 점을 잊지 말아야 합니다. 우리가 무엇이든 봉사를 할 때에는 내 마음, 내 수고가 반드시 저쪽에 전달되었으면 하는 바람이 있습니다. 그런데 그렇지가 못할 때에는 더는 일할 마음이 없어지기가 쉽습니다. 오늘 여기, 이렇게 예수님께서 발을 씻기실 때에 이 뜻이 얼마나 귀한 것인가를 이 멍청한 제자들이 모르고 있습니다. 그럼에도 불구하고 예수님께서는 한 사람 한 사람 발을 씻겨 주셨습니다. 다시 말하면 봉사는 이렇게 하는 것이라는 말씀입니다. 그러므로 당장에 뜻을 알아주기를 바라거나 고맙다는 인사를 기대할 것도 없이 할 바를 하면서 기다릴 것이란 말입니다. 흔히 자녀들에게 너희들을 키울 때에 수고했으니 효도하라고 들 합니다마는 천천히 두고 기다리십시오. 지금은 알아주든 말든 그저 그대로 섬기며 봉사해 나가야 한다는 것이 오늘 여기 본을 보였노라는 말씀의 의미입니다.

다음 또 하나는 가롯 유다의 발까지도 씻기셨다고 하는 사실로 이는 더욱 중요한 점이라고 생각 합니다. 유명한 설교가이자 주석가인 크리소스톰(Chrysostom)에 의하면 예수님께서는 가롯 유다의 발을 제일 먼저 씻기신 것으로 이야기되어 있습니다. 저는 이 크리소스톰의 말을 믿고 싶습니다. 만약 예수님께서 가롯 유다의 발부터 씻기지 않으시고 베드로부터 씻겨나갔다면 맨 마지막 가롯유다의 발은 씻기지 못하셨을지도 모를 일입니다. 그러나 예수님께서는 자기를 팔 자가 바로 가롯 유다인 것을 아시고도 원망하거나 실망함이 없이 똑 같은 마음으로 가롯 유다의 발을 씻기셨습니다. 하지만 여기에서 우리가 한 가지 생각하고 넘어갈 것은 예수님께서 가롯 유다의 발을 씻기셨으나 그 마음을 씻기시지는 못하셨다고 하는 점입니다. 그러므로 우리가 어떤 봉사를 한다고 해서 반드시 영적인 열매까지도 거두리라는 생각은 하지 말아야 하는 것입니다. 단지 봉사는 봉사로 끝난 것이지 거기에 절대적인 효과가 있다고 생각할 것은 아닙니다. 그렇지 않으면 봉사가 오히려 원수로 이어질 수가 있습니다. 그저 누가 알아 주고 안 알아주고에 관계없이 내 할 일만 다해 나가는 것입니다. 그런데 만약 이것은 가롯 유다다 혹은 이것은 베드로다 하고 생각을 하게 되면 봉사는 못하게 되는 것입니다. 봉사란 가롯 유다의 발도 씻기는 것입니다. 열매가 있든 없든, 마음에 감동을 받든 안 받든, 발을 씻긴다는 그 자체가 중요한 것입니다.

가롯 유다는 예수님으로부터 발 씻김을 받았으나 마음을 씻지는 않았기에 그대로 문을 차고 나가 버렸습니다. 우리는 때때로 이런 일 때문에 낙심할 때가 있습니다. 하지만 봉사란 그렇게 끝날 수가 있습니다. 우리는다만 하나님 앞에서 내가 할일 다하고 있을 뿐입니다. 그러므로 낙심하지말고 끝까지 봉사할 것입니다.

그리고 네번째 의미로는 죄를 씻는다는 상징적 의미입니다. 예수님께서는 발씻기를 거절하는 베드로를 향하여 "내가 너를 씻기지 아니하면 네가 나와 상관이 없느냐"는 말씀을 하십니다. 여기에서 발 한번 씻고 안 씻는 것이 무슨 큰 문제가 되는 것이겠습니까? 그러므로 이 말씀의 의미는 내 피로 네 마음을 씻지 아니하면 구원을 받지 못한다는 뜻의 말씀이라고 생각합니다. 요한 1서 1장 7절 말씀에 보면 그 아들 예수의 피가 우리를 모든 죄에서 깨끗하게 한다고 하였습니다. 바로 오늘 이 비유가 그것을 상징하고 있는 것입니다.

그런데 또한 예수님께서는 이미 목욕한 자는 발만 씻으면 온몸이 깨끗하다고 말씀하십니다. 본문을 보면 베드로의 발을 씻기실 차례가 오자 "내 발은 절대로 씻기지 못하십니다" 하고 베드로가 거절을 하게 됩니다. 그때에 예수님께서 "내가 너를 씻기지 아니하면 네가 나와 상관이 없다"고 하시자 이번에는 발뿐 아니라 손과 머리도 씻겨 주십시오 하고 나오는 것입니다. 이때의 베드로를 보면 다 큰 사람이 참으로 정신없는 말을 하고 있다는 생각을 하게 됩니다. 아무튼 이때에 예수님께서는 "이미 목욕한 자는 발 밖에 씻을 필요가 없느니라. 온 몸이 깨끗하니라"고 말씀하십니다. 이 말씀 역시 단순히 발 씻고 목욕하는 것을 이야기하고 있는 것이 아닙니다. 물론 우리가 가정에서 손발만 씻어도 온 몸이 깨끗함을 느낄 때가 있습니다마는 여기 이 말씀은 그런 뜻의 말씀만은 아닌 줄 압니다. 이미 중생은 했으며 옛날에 지은 죄는 그때에 다 회개를 한 터인지라 그것을 다시 들추어낼 필요는 없는 것이란 말입니다. 이미 용서받은 것은 깨끗이 지워 버릴 것입니다. 하나님께서 기억하지 않으시는 것을 내가 자꾸만 기억해서 딴소리할 것이 아닙니다. 이미 주님께서 용서하신 죄에 대해서는 그 용서하심에 감사할 뿐 우리가 다시 들추어 괴로워하면서 새롭게 회개할 문제가 아닌 것입니다.

　이미 목욕한 자라는 말은 이미 회개하고 죄씻음을 받은 사람이라는 말입니다. 그리고 발 밖에 씻을 필요가 없느니라고 하신 것은 그때그때 더러워지는 부분, 즉 말하자면 손이 더러워졌으면 손을 씻어야 하고 입이 더러워졌으면 입을 씻어야 하는 것처럼 매일매일, 시간시간, 사건사건마다에서 짓는 죄를 하나님 앞에 그때그때 자복하고 용서받아야 된다는 말입니다. 언젠가 한번 대단히 경건한 청교도적인 한 가정을 방문한 적이있습니다. 그 가정에서는 아침에 학교에 갈 때 초등학교 학생인 자녀들을 다 앉혀 놓고 약 2분 동안 기도를 하고 보내는가 하면 오후에 돌아오자마자 앉혀 놓고는 오늘 누구하고 싸우지 않았는가? 거짓말은 한 것이 없는가? 혹은 누구를 미워하지는 않았는가 하면서 어머니가 하나하나 묻습니다. 그러면 이 아이는 숨김없이 다 이야기를 합니다. 이렇게 아이의 이야기를 다 듣고난 어머니는 기도하자 하고서는 하나님께 용서의 기도를드리는 것입니다. 그 가정은 매일매일 그렇게 생활을 하는 참으로 청교도적인 가정이었습니다. 이미 목욕한 자! 이미 죄씻음 받은 자는 매일매일 더러워진 부분을 깨끗하게 씻고 또 씻고, 그리고 용서받고 또 용서받아야 합니다. 그런 의미에서 우리의 회개는 계속되는 것입니다.

　그런데 14절 말씀에 보면 이제 예수님께서는 "내가 주와 또는 선생이 되어 너희 발을 씻겼으니 너희도 서로 발을 씻기는 것이 옳으니라"고 말씀하십니다. 우리 역시 발을 씻겨 주려는 마음으로 사랑해야 할 것이란 말입니다. 그런 마음이 없고서는 그 누구도 사랑을 말 할 수가 없을 것입니다. 오늘 본문을 대하면서 특별히 생각나는 일이 하나 있습니다. 2년 전 여름 어느 신학대학생들의 집회에 참석했다가 겪은 일입니다. 학교의 분위기가 데모로 인해 한창 어수선할 때이라 교수라고 해도 학생들 앞에서 제대로 말을 못할 때입니다. 아무튼 가서 보니 젊은 교수님들이 고민을 하고 있는 것입니다. 왜냐하면 이 예배를 드린 다음에 세족례를 하겠다는 것인데 문제는 교수님이 아홉이니 물통 아홉 개를 갖다놓고 학생들이 교수님에게 발을 씻겨 달라고 한다는 것입니다. 그 때문에 지금 이 교수님들이 이 일을 어쩌면 좋으냐며 고민을 하고 있는 것입니다. 그래서 제가 있다가 걱정하지 마십시오 하고서는 예배드리기 전에 임원들을 모아놓고 이렇게 해서는 안된다는 이야기를 했습니다. "성경에는 발을 씻겨 주라고 하였지 발을 씻겨 달라고 한 것은 아니지 않는가? 교수님들이 자진해서 물통을 가져다가 놓고 내가 너희들을 씻기겠다고 하면 모르겠다. 그런데 너희들이 물통을 갔다 놓고 당신 내 발을 씻기시오 하는 것이 세상에 어디있느냐? 아무리 생각해도 성경을 그렇게 해석하는 법은 없다"라고 하였더니 이 학생들이 잘못되었습니다 하고 나가는 것이었습니다. 그리고 그 시간이 되어서는 교수님들을 제외한채 저희들끼리 둘씩 마주앉아 발을 씻기면서 그 예식을 진행해 나가고 있었습니다.

여러분! 내가 먼저 저의 발을 씻길지언정 다른 사람을 향해서 내 발을 씻겨 달라고 할 생각은 하지 마십시오. 그게 바로 잘못된 생각입니다. 나는 나의 일만 하면 될 뿐 다른 사람의 일에는 관심할 바가 아닙니다. 그러므로 어느 순간이라도 남의 이야기는 하지 말아야 합니다. 그 누가 봉사를 많이 하든 적게 하든 내가 간섭할 바가 아닙니다. 비록 내 아내, 내 남편의 이야기라 하더라도 그것은 남의 이야기일 뿐 나는 아닙니다. 어떤 경우에서도 내가 씻겨 줄 생각을 하십시오. 내가 먼저 가롯 유다의 발까지라도 씻길 수가 있다면 이제는 절대로 낙심함이 없을 것입니다. 그리고 끝까지 씻길 수가 있을 것이며 그로 인해 주님의 귀한 역사를 이루게 될 것입니다.

하늘에 있는 집

너희는 마음에 근심하지 말라 하나님을 믿으니 또 나를 믿으라 내 아버지 집에 거할 곳이 많도다 그렇지 않으면 너희에게 일렀으리라 내가 너희를 위하여 처소를 예비하러 가노니 가서 너희를 위하여 처소를 예비하면 내가 다시 와서 너희를 내게로 영접하여 나 있는 곳에 너희도 있게 하리라 내가 가는 곳에 그 길을 너희가 알리라 도마가 가로되 주여 어디로 가시는지 우리가 알지 못하거늘 그 길을 어찌 알겠삽나이까 예수께서 가라사대 내가 곧 길이요 진리요 생명이니 나로 말미암지 않고는 아버지께로 올 자가 없느니라.

(요한복음 14 : 1~6)

하늘에 있는 집

앞장에서 말씀드린 바와 같이 요한복음 13장에서부터 17장까지 다섯 장에 걸친 긴 말씀은 예수님께서 십자가를 지시기 전날 밤 성만찬 예식을 행하시기 전에 제자들에게 주신 마지막 교훈입니다. 그러므로 이 말씀은 예수님께서 열한 제자에게 남기신 유언이라고 볼 수 있습니다. 물론 십자가 위에서 하신 말씀도 있습니다마는 그것은 아마도 제자로서는 사도 요한 밖에는 들은 사람이 없는 것으로 생각하고 보면 지금 이 긴 말씀이 제자들 앞에서의 마지막 말씀이 됩니다. 그런데 그 하시는 말씀의 내용을 종합해 보면 예수님께서는 곧 떠나시게 된다는 것입니다. 그래서는 내가 떠나는 것이 유익하다거나 조금 있으면 나를 보지 못할 것이라는 등의 어디론가 가신다는 말씀을 계속 강조하고 계십니다.

이럴 때에 제자들의 마음 속에는 적어도 두 가지의 생각이 떠오른 것 같습니다. 그 하나는 구약 성경에서 본 엘리야나 에녹처럼 예수님께서도 우리가 보는 앞에서 그렇게 하늘로 올라가실 것이 아닌가 하는 생각입니다. 그리고 그렇게 되고 나면 우리는 어떻게 되는 것인가 하는 걱정도 함께 하고 있습니다. 그런가 하면 두번째 생각은 예수님께서는 자꾸만 고난을 당하신다는 말씀을 하고 계시는데 도대체 어떤 고난을 당하실 것이며 어떻게 돌아가신다는 말인가? 또 그렇게 돌아가시고 나면 함께 다니던 우리들은 어떻게 되는 것인가 하는 것입니다. 따라서 이로 인해 일어나는 걱정과 어두운 마음을 해결할 길이 없었던 것입니다.

당시의 여러 가지 상황을 미루어 보면 이 제자들의 마음은 말로 표현할 수 없는 착잡한 심정이었을 것이라는 생각이 됩니다. 왜냐하면 그것은 먼저 유월절이었기 때문입니다. 지금 예루살렘에는 유월절을 맞아 수많은 사람들이 모여 있습니다. 그 당시에 60~70만이 모였다는 것이고 보면 이는 굉장한 숫자인 것입니다. 이렇게 많은 사람들이 조그마한 예루살렘에 모여 축제의 기분에 들떠 있는가 하면 그 모든 사람들의 마음 속에는 지금까지 예수에 대한 여러 가지 소문을 들어온 터이라 이번 유월절에는 심상치 않은 특별한 일이 생길 것이라는 예상을 하고 있는 것입니다. 다시 말하면 정치적인 기대를 하고 있는 것입니다. 마침내 로마의 정권을 뒤엎고 그 보기 싫은 로마 군인들을 쫓아내며 간사하고 여우 같은 헤롯왕을 내쫓은 후 언제나 그리며 오던 지난날의 다윗왕과 솔로몬왕의 치세 때와 같은 왕국을 이룰 수 있지 않을까하는 것입니다. 특별히 예수님을 가까이한 사람들에게는 이러한 기대에 대한 확신까지도 가지고 있어서 우리가 아는대로 예수님께서 왕이 되시면 누가 우편에 앉고 좌편에 앉을 것인가 하는 자리다툼을 할 정도로 메시야 왕국에 대한 정치적 대망은 극에 이르고 있었던 것으로 보여집니다. 이와 같이 들뜬 분위기가 제자들의 마음을 심각하고도 착잡하게 만들었을 것이라는 말입니다.

그리고 다음 한 가지는 예수님께서 유월절 잔치를 잡수시기 전에 제자들의 발을 씻기셨다는 점입니다. 앞장에서 이미 말씀드린 바와 같이 예수님께서 발을 씻겨 주셨다는 그 자체가 이들을 난처하게 만들고 있는 것입니다. 우리는 베드로가 예수님을 향하여 내 발은 절대로 씻기지 못하십니다라고 하는 그 심정을 대표적으로 짐작해 볼 수가 있습니다. 아무려면 네가 크냐 내가 크냐 하다가 주는 그리스도시요 살아계신 하나님이시라며 완벽한 고백을 한 베드로가 그 분의 발도 씻겨드리지 못한 것이란 말입니다. 그리고 오히려 예수님으로부터 발 씻기움을 받았으니 이것은 체면이 말이 아님은 물론 제자들로서는 못할 짓을 한 것입니다. 참으로 몸둘 바를 모르는 상황에서 그러나 예수님께서 발을 내어놓으라고 명령하시니 내어놓고 씻김을 받기는 하였습니다마는 이 제자들의 마음이 어떠했겠습니까? 아무리 생각해도 어쩌다가 일이 이렇게 되었나 하고 무척 마음이 괴롭습니다.

　게다가 더욱 괴로운 것은 예수님께서 "너희가 깨끗하나 다는 아니니라"고도 하시고 "너희 중 하나가 나를 팔리라"고 하셨는데 결국은 가롯 유다가 문을 열고 나가 버립니다. 앞장에서도 말씀 드렸듯이 예수님께서 가롯 유다의 발은 씻기셨으나 마음을 씻기지는 못하셨습니다. 그리하여 마침내 가롯 유다는 배신자로 나가 버리고 맙니다. 이렇게 되자 이제는 가롯 유다가 나갔다는 사실이 또한 제자들의 마음을 불안하게 만듭니다. 그래서 저사람이 나가서 무슨 짓을 할까? 예수님과 제자들이 여기 있다는 사실을 고발하면 꼼짝 못하고 이대로 붙들려 갈 것이 아니냐 하는 등등의 어두운 생각들이 계속 마음을 불안하게 하는 것입니다. 더욱이 그렇게 나가는 가롯 유다의 얼굴이 그렇게 밝았을 리도 없고 보면 그 악마가 씌인 얼굴을 하고 나간 다음 남아 있는 제자들의 마음은 몹시 불안했을 것이라는 생각입니다. 그런데다가 지금 예수님께서는 자꾸만 어디론가 떠나가신다는 내용의 말씀을 하시는 것이고 보면 이 제자들의 마음은 보통 걱정을 하고 있는 것이 아닙니다. 여기에서 이 걱정들의 원인을 살펴본다면 그것은 불분명한 사건 때문입니다. 그 어느것 한가지도 어떻게 되는 것인지 알 수가 없는 처지란 말입니다. 도대체 예수님께서는 어떻게 되시는 것이며, 간다는 것은 어디로 간다는 것이며, 또 온다는 것은 어디로 온다는 것인지, 그리고 고난을 당한다면 어떤 고난을 당하는 것인지 알 수가 없고 보니 더욱 걱정이 많은 것이란 말입니다.

　그런데 성경 말씀을 자세히 살펴보면 참으로 어이없는 심리상태를 발견할 수가 있습니다. 그것은 저들이 그렇게 불안해하고 많은 걱정을 하면서도 예수님 때문에 하는 걱정은 하나도 없다고 하는 사실입니다. 그래서는 고작 한다는 걱정이 우리는 어떻게 되는가? 아니면 나는 어떻게 되는가하는 정도에 국한되어 있는 것을 볼 수 있습니다. 하기야 이런 예는 흔히 장례식 같은 데서도 볼 수 있는 것이기도 합니다. 어떤 때에 울면서 무엇이라고 하는 사람들의 이야기를 가만히 들어보면 전부가 자기 이야기를 하고 있습니다. 한번은 어느 장례식에 갔더니 딸이 둘이 있는데 약혼을 해두고 있는 큰 딸은 내가 시집갈 때 우리 어머니는 못 보겠구나하고 둘째 딸인 동생은 나 졸업할 때 어머니는 못보겠구나 하고 우는 것을 보았습니다. 전부가 자기 이야기요 자기 서러움 때문에 우는 것이지 어머니 때문에 우는 것이 아니란 말입니다. 이와 같이 모두가 다 자기 중심적인 생각에서 벗어나지 못하고 있는 것입니다.

이제 예수님의 제자들이 근심 걱정을 해야 한다면 무엇보다도 먼저 예수님에 대한 걱정을 해야 할 것인데 저들은 자기 자신에 대한 염려와 걱정으로 가득차 있었던 것입니다. 제가 자주 드는 예화 중에 하나입니다마는 한번은 초등학교 선생님이요 교회학교 선생님이며 집사이기도 한 분이 점심에 저를 초대해 놓고는 매우 중요한 질문을 하나 할 터이니 꼭 대답해 주셔야 한다는 것입니다. 그래서 무슨 질문을 하려나하는 마음으로 점심을 먹었습니다. 그리고 조금 있다가 그 중요한 질문이 무엇인지 해 보십시오라고 하였습니다. 그랬더니 그 집사님께서 한참 뜸을 들이다가 조용히 묻기를 "목사님 천당 지옥이 진짜 있습니까?"라고 하는 것입니다. 그러면서 또 덧붙이는 말이 교회에서 하는 이야기는 그만 두시고 솔직히 말씀해 주십시오라는 것입니다. 그러길래 제가 있다가 왜 그것을 묻느냐고 하였더니 아무튼 긴 설명은 성경에 다 있으므로 필요가 없고 목사님 생각에 있으면 있다, 없으면 없다 하고 간단하게 한 마디만 해 주십시오라고 하면서 매우 중요한 말을 하는 것이었습니다. 그 집사님의 이야기인 즉 만약 지옥이 정말 있다고 한다면 내 앞에 어떠한 어려움이 있더라도 진실하게 살 수가 있을 것 같습니다. 그러나 만약에 그것이 없다고 하면 굳이 진실하게 살 필요가 하나도 없습니다. 그저 되는대로 적당히 살다가 갈 것입니다라는 것입니다. 사실 그 말이 옳은 말입니다. 괜히 복잡한 미사여구로 의롭게 살고 진실되게 살고라고 주석을 달면서 윤리적인 용어를 다 쓰고 있습니다마는 그것 다 잊어버려도 상관이 없습니다. 오직 하나 예수 믿는 이유는 천당입니다. 다른 이야기할 필요가 없습니다. 그것만 확실하다면 지금 우리가 당하고 있는 크고 작은 고난이 무슨 문제가 되겠습니까? 어쩌다 가정에 문제가 생기고 사회가 좀 혼란하기로서니 그것이 어떻다는 말입니까? 도대체 왜 이렇게 문제가 복잡하느냐 할 때 그 근본 뿌리는 다른 데 있지 않습니다. 그것은 바로 천당과 지옥이 정말 있느냐 하는 것에 관계되어 있습니다.

그런데 성경은 그것 외에는 말하지 않고 있습니다. 앞에서 말씀드렸 듯이 지금 예수님의 제자들은 이런 저런 생각들로 복잡하고 초조하며 불안과 근심에 쌓여 있습니다마는 이에 대한 예수님의 대답은 오직 하나 "아버지의 집"이 있다는 것입니다. 이 한 마디 속에 저들의 모든 문제에 대한해결이 들어 있습니다.

그러면 이제 오늘 본문을 중심으로 하여 앞 뒤의 말씀 속에서 나타나고 있는 제자들의 질문을 살펴보면 매우 재미있는 내용들을 발견할 수 있습니다. 거기에 보면 네 제자들이 각각 한 마디씩의 질문을 하고 있는데 그 질문 속에는 바로 자기가 생각하고 있는 고민의 절정이 나타나 있는 것을 볼 수 있습니다.

그 먼저는 베드로의 "주여 어디 가시나이까?"(13:36)라고 하는 질문입니다. 예수님께서는 자꾸만 가신다 가신다 하시는데 도대체 어디로 가시는 것입니까? 이 세대는 어디로 가며, 당신은 어디로 가십니까? 그렇다면 우리는 이제 어떻게 되는 것입니까? 여기에서 우리는 마치 버려진 아이처럼 말하고 있는 베드로의 모습을 느낄 수가 있습니다.

다음 두번째는 "주여 어디로 가시는지 우리가 알지 못하거늘 그 길을 어찌 알겠삽나이까?"(14:5)라고 하는 도마의 질문입니다. 이것은 베드로가 "어디"라고 물은 것에 비해 도마는 그 "어디"로 가는 길을 묻고 있는 것입니다. 그러니까 주님이 가시는 곳으로 가는 길이 어디에 있으며, 그리고 그 길은 어떻게 되는 것입니까 하는 질문입니다. 따라서 이 질문은 보다 협의의 구체적인 질문이라 하겠습니다.

그리고 세번째 질문은 "주여 아버지를 우리에게 보여 주옵소서. 그리하면 족하겠나이다"(64:8)라고 하는 빌립의 질문입니다. 그러니까 이것도 저것도 잘 모르겠으니 하나님을 좀 만나게 해 주신다면 마음이 편할 것 같습니다라는 말입니다.

이제 네번째 질문은 "주여 어찌하여 자기를 우리에게는 나타내시고 세상에게는 아니하려 하시나이까?"(14:22)라는 가룟 유다가 아닌 유다의 질문입니다. 다시 말하면 이 귀한 진리를 우리들에게는 말씀을 하시면서 왜 세상 사람들에게는 말씀하시지 않으십니까? 하는 물음입니다.

이상 네 가지의 질문이 있습니다마는 그 깊은 내용에 대한 대답은 "내 아버지 집에는 거할 곳이 많도다" 하는 이 한 마디에 귀결이 됩니다. 어떤 분이 임종이 가까운 시간에 있을 때 목사님이 찾아가서 지금 머리 속에 떠오르는 성경 말씀이 무엇입니까 하고 물었더니 바로 이 "내 아버지 집에는 거할 곳이 많도다"라는 말씀이라면서 지금 이 시간 제게 주시는 유일한 위로의 말씀입니다라고 하더라는 것입니다. 그러니까 그 분은 그 거할 곳을 환히 바라보고 있더라는 이야기입니다. 우리는 그것을 알아야 합니다.

여기 이 제자들을 보노라면 근심이 많습니다. 어디로 가는 것인지 어떻게 가는 것인지, 어떻게 되는 것인지! 이 복잡한 문제에 대해 예수님께서 대답해 주시면서 아버지의 집을 설명해주고 계십니다.

우리는 오늘 본문에서 거기에 대한 해답을 세 가지로 요약해 볼 수가 있습니다. 첫째는 "나를 믿으라"고 하시는 말씀입니다. "너희는 마음에 근심하지 말라, 하나님을 믿으니 또 나를 믿으라. 여러분! 믿음이 없을 때에 걱정거리가 많은 것입니다. 우리는 걱정거리를 어떤 문제 그 자체에 있다고 생각합니다. 그러나 성경이 말씀하는 대로는 그 사건 자체에 의한 객관적 이유는 없습니다. 문제는 믿음의 소재에 있습니다. 흔히들 돈 때문이다. 자식 때문이다. 환경 때문이다. 하면서 별별 이유들을 붙이고 하지만 그런것 가지고 시달릴 것이 아닙니다. 문제는 오직 믿음의 유무에 있습니다. 너희는 근심하지 말라! 하나님을 믿으니 또 나를 믿으라! 내가 너희를 고아와 같이 버려두지 않을 것이다! 내가 떠난다고 아주 가는 것은 아니다! 내가 세상 끝날까지 너희와 항상 함께 있을 것이다! 그러니 두려워 말라! 나를 믿으라!

이스라엘 백성들이 애굽에서 나와 가나안으로 들어가기 전에 많은 시험에 빠지게 됩니다. 그 결과 무려 40년 동안 광야를 헤매는 시련의 생활을 해야만 했습니다. 저들이 그와 같이 불행한 생활을 해야 했던 그 이유가 어디에 있습니까? 그것은 믿음이 없었기 때문입니다. 이미 약속하신 하나님의 약속을 믿지 못했던 것이란 말입니다. 하나님께서 가나안 땅을 너희에게 주겠노라고 하셨으면 주시는 줄로 믿을 것이지 다시 생각할 것이 무엇입니까? 그저 믿고 따라가기만 하면 되는 것입니다. 그런데 이것은 믿지 못해 번민을 하고 원망과 불만으로 일관되었다는 이야기입니다. 우리는 약속의 하나님을 믿어야 합니다. 믿음은 바라는 것들의 실상입니다. 요즈음 흔히 말하는 미래학과 종말론은 같은 것이 아닙니다. 미래학이란 과거와 현재를 근거로 미래를 추리 전망하는 것입니다. 그러니까 지난날 이렇게 이렇게 되었으니 앞으로 이렇게 이렇게 될 것이라는 가상적 전망을 하는 것으로 이것은 걱정거리만 만들어 내는 작업입니다. 그러나 종말론이란 하나님의 약속을 먼저 생각합니다. 그러므로 가나안에 먼저 들어가 놓고 오늘을 생각하는 것입니다. 이와 같이 미래로부터 현재를 생각하는것이 종말론이라고 하는 것입니다. 우리가 하나님의 약속을 확실하게 믿는다면 나로서는 수긍이 가든 안 가든, 상식선 밖에 있든 안에 있든 간에 걱정할 것이 없습니다. 저는 가끔 어떤 이들과 이야기를 나누는 중에 아무리 들어주어도 계속 걱정을 하는 이들을 보면 부득이 "그만 하시지요"라는 말을 하고서는 제가 이야기를 시작합니다. 그리고 묻기를 "과거에도 이렇게 걱정을 많이 하셨소?"라고 하면 "옛날에도 그랬죠" 합니다. 그러면 다시 "그렇게 걱정해서 되는 게 무엇 있습니까?" 하면 "그거야 없지요 뭐" 하는 것을 봅니다. 그럴 바에야 그만 둘 것이지 무슨 걱정을 그렇게 하느냐는 말입니다. 아무런 소용도 없는 걱정을 하고 앉았노라면 생각만 점점 혼잡해져서 될 일도 되지를 않습니다. 이렇게 되면 좋은 생각도 떠오르지가 않습니다.

그리고 보면 걱정을 한다는 것은 참으로 미련한 짓이 아닐 수 없습니다. 가끔 사업을 하는 분들 중에 보면 사업상의 어려움 때문에 밤에 잠을 이루지 못한다는 말을 하는 이들을 봅니다. 그러나 기억할 것은 사업을 하든, 무슨 일을 하든간에 밤에 잠을 못 잘만큼 걱정이 많은 사람은 믿음이 없는 사람입니다. 걱정도 정도 있게 해야지 사랑하시는 자에게 잠을 주신다고 하셨는데 잠까지 손해를 보아서는 안되는 것입니다. 게다가 건강을 해칠 만큼 걱정을 하고 정신을 못차릴 만큼 걱정을 하는 처지라면 믿음은 어디에 있는 것입니까? 우리는 물 위로 걸어오던 베드로가 바람을 보고 무서워한 나머지 물속으로 빠져들어 갈 때 "믿음이 적은 자여 왜 의심 하느냐?"(마 14 : 31)고 하시는 예수님의 말씀을 기억합니다. 실로 이 얼마나 두려운 말씀입니까?

그런데 이 제자들은 아직도 믿음이 불안한 가운데 흔들거리고 있는 것입니다. 죽은 자를 살리는 것도 보았고 바다를 잔잔케 하시는 것과 5천명을 먹이시는 것도 보았습니다. 문둥병 걸린 사람, 나면서 소경된 사람 등 무수한 병자를 고치시는 것을 보았습니다. 이 정도로 보았으면 이제는 믿을 만도 한데 아직도 못믿겠다는 것입니다. 이는 하나님의 전능이 나타나지 않아서가 아니라 하나님의 전능을 믿지 못하기 때문에 생기는 문제인 것입니다. 뿐만 아니라 하나님의 지혜와 사랑도 마찬가지입니다. 이것다 믿은 다음에는 근심이 머물 곳이 없는 것입니다. 여러분! 근심이라는 것은 언제나 믿음이 내려갔을 때에 생기는 것임을 알고 있어야 합니다. 진정 높이 올라간 확실한 믿음에서 사는 동안은 가도 가도 걱정거리란 없는 것입니다. 다시 말하지만 걱정할 만한 객관적 이유는 없다는 것을 잊지말아야 합니다. 그리고 걱정이 있다는 것은 주관적인 것으로 내 믿음이 약할 때 생기는 부산물이라는 사실을 기억해야 합니다. 예수님께서는 "너희는 마음에 근심하지 말라 하나님을 믿으니 또 나를 믿으라"고 말씀하십니다.

다음 두번째 해답은 "처소를 예비하러 간다"고 하는 말씀입니다. 그러니까 오늘 이 사건으로 끝나는 것이 아니라 다음이 또 있다는 말씀입니다. 우리는 이것은 이제는 끝났다고 생각하면 거기에서부터 절망을 합니다마는 오늘 이 성경 말씀은 그 다음이 또 있다는 것입니다. 이 세상이 끝나면 내세가 있고, 이 사건 다음에는 그 다음 사건이 있는 것이란 말입니다. 절대로 내가 생각하는 이것만은 아니지 않습니까? 그러므로 결코 절망할 것이 아닙니다. 분명 이 보다 더 넓은 세계가 있고 더 큰 역사, 더 먼 미래가 있는 것이기에 지금 이것 가지고 염려할 문제가 아닙니다.

그리고 여기 이 처소를 예비하러 간다는 말을 공간적인 것으로 생각하기도 하지만 이것을 하나의 질적인 문제, 시간적인 문제로 생각할 수가 있습니다. 여기서 처소를 예비한다는 것은 목수가 집을 짓는 식으로 생각할 것이 아닙니다. 이것은 곧 십자가를 진다는 것을 말하는 것입니다. 예수님께서 십자가를 지심으로 비로소 우리가 하늘나라에 갈 수 있는 의의 길을 예비하시게 되는 것입니다. 그리고 우리를 위하여 승천하시고 또한 우리를 위하여 다시 영접하러 오시겠다는 말씀을 하고 계시는 것입니다.

특별히 오늘 본문에는 "내 아버지 집"이라는 말이 있습니다. 어떤 분들은 "천당"이라는 말을 쓰는 것을 보면 성경에는 없는 말이 아니냐고 합니다마는 여기 "내 아버지 집"이 바로 천당이 아니겠습니까? 집이라는 말이 나라라는 말보다 더 가깝게 느껴지는 것은 이스라엘 사람이나 우리 한국 사람에게 마찬가지인 동양적인 표현입니다. 그래서 저는 천국이라고 하는 것보다는 천당이라고 하는 것이 더 좋은 것 같습니다. 하나님의 집! 참으로 아름다운 표현이 아니겠습니까? 아버지 하나님을 모시고 하나님의 자녀들이 둘러앉아 사랑과 평화를 누리는 그 은혜로운 질서와 사랑의 분위기를 말하는 것입니다.

그리고 내 아버지 집은 곧 내 집이라는 의미를 가지고 있는 것입니다. 더욱이 이 집은 천막이 아닙니다. 사도 바울은 말하기를 만일 땅에 있는 우리의 장막 집이 무너지면 하나님께서 지으신 집 곧 손으로 지은 것이 아니요 하늘에 있는 영원한 집이 우리에게 있는 줄 아나니(고후 5 : 1)라고 하였습니다. 우리들이 집을 짓기도 하고 수리도 하면서 살지만 생각해보면 내가 있고야 집이 있는 것입니다. 그런데 집은 너무 좋고 큰데 내가 자꾸 늙어만 간다면 집에 그 사람이 좀 치인 것 같다는 느낌을 갖게 합니다. 이미 사람은 고물인데 집이 새것이라고 해서 무슨 소용이 있겠습니까? 이 세상 집은 아무리 좋아도 어차피 임시적인 것입니다. 뿐만 아니라 이 육체라는 집도 마찬가지입니다. 이것 역시 천막과도 같아서 낡아지고 찢어져서 깁기도 하고, 요즈음은 심장까지도 갈아넣는 것을 봅니다마는 결국 그러다가는 예외없이 주님 앞에 다 가게 되는 것입니다. 그러기에 하나님의 집인 것입니다. 거기에 사랑의 질서가 있고 영원한 행복이 있다는 것을 우리는 잊지 말아야 합니다.

여러분, 이 땅의 것이 끝남으로 하늘나라가 있는 것이 아닙니다. 하늘나라의 질서를 그림자로 보여 준 것이 이 땅의 가정입니다. 저기가 본체요 여기는 천막이고 임시며 그림자입니다. 예루살렘 성전을 두고 생각해도 그렇습니다. 예루살렘 성전이라면 하나님의 전이요 하나님의 집이 아니겠습니까? 그런데도 그 성전 안에는 계급이 많아서 제사장들이 앉는 자리가 따로 있는가 하면 장로들의 자리, 레위족속들의 자리, 남자의 자리, 여자의 자리 이방인의 자리 등으로 구분 아닌 차별이 많은 것을 봅니다.

그러나 예수님께서 말씀하시는 아버지의 집에는 그런 것이 없습니다. 이집은 하나님 아버지를 중심으로 모두가 하나같이 평등하게 지내는 집입니다. 그리고 그 집에 들어갈 수 있는 자격도 인간인 내가 만들어 내는것이 아니라 하나님 아버지 자신이 부여하시는 것입니다. 이 사실이 너무도 아름답고 귀한 것이기에 사도 바울은 "내게 사는 것이 그리스도니 죽는 것도 유익함이니라"(빌 1 : 21)고 말합니다. 이제 우리가 빨리 죽어서하나님 앞에 가는 것도 좋은 일이거니와 이 땅에 머무는 것은 일을 하기위해서 필요한 것임을 기억해야 합니다. 여기에 그리스도인의 생명관이있습니다. 우리는 좋은 것과 필요한 것을 구분할 줄 알아야 합니다. 좋은것은 저쪽이요 필요한 것은 이쪽에 있습니다. 지금 여기에 있음은 머물러할 일이 있기 때문입니다.

그러므로 여기에서 좋은 것을 찾으려고 하지 마십시오. 이 세상은 갈수록 태산입니다. 예수님께서 말씀하시는 말세에 대한 예언은 아무리 읽어보아도 유토피아는 아닙니다. 그러나 이 모든 것은 하나님의 사람들로 하여금 이 세상을 부인하고 하나님의 나라를 사모하게 하기 위한 역사로 전개되고 있다는 것은 부인할 수 없는 사실입니다. 그리하여 우리는 하나님 나라에 들어가는 그날을 바라보면서 하루하루를 사는 것입니다. 이 세상이 괴로워서 가자는 이야기가 아닙니다. 하나님 나라가 더 아름답고 귀하기에 그 시간을 바라보고 그 집을 바라보면서 오늘 여기에서 준비하는 것입니다.

이에 사도 바울은 "우리 주 예수의 날에 너희가 우리의 자랑이 되고 우리가 너희의 자랑이 되는 것이라"(빌 1 : 14)고 말하고 있습니다. 이는 한마디로 말해 그때 가서 보자는 말입니다. 유명한 신학자 칼 바르트(Karl Barth)는 모차르트의 음악을 무척 좋아하여 집필을 하고 연구를 할 때에 언제나 모차르트의 음악을 들으면서 하였다고 합니다. 그토록 모차르트의 음악을 좋아한 그는 세상을 떠나기 전에 말하기를 나는 하나님 앞으로 가면 죄송하지만 예수님을 만나기 전에 먼저 모차르트부터 만나서 고맙다는 인사를 해야겠다고 했다는 것입니다. 왜냐하면 모차르트가 만들어 놓은 좋은 음악 때문에 좋은 시간을 많이 가졌으니 그 말을 가서 꼭 해야 되겠다는 것입니다. 이제 우리가 하늘나라에 가서 만날 생각을 해 보십시오, 바로 그런 소망에 사는 것이 그리스도인인 것입니다. 이를 위해 예수님께서는 내가 가서 처소를 예비하겠다고 말씀하셨습니다.

그리고 세번째 해답은 "내가 다시 와서 너희를 내게로 영접하여 나 있는 곳에 너희도 있게 하리라"는 말씀입니다. 여기에 보면 다 준비해 놓고 들어오라고 하시거나 자격이 있나 없나를 심사한 후에 들어오게 하겠다는 말씀이 아닙니다. 우리는 주님께서 우리를 만나시는 장소는 거기가 아니고 여기라는 사실을 잊지 말아야 합니다. 다시 오셔서 우리를 그곳으로 인도해 가시겠다는 데에 깊은 의미가 있습니다. 주님께서는 우리의 처지에서 우리의 모습 이대로를 영접하여 그곳으로 가게 하시겠다는 것입니다. 그리고 그리스도와 같은 신분으로 그리스도가 계신 그곳에 함께 거하게 하시겠다는 것입니다. 누가 천국이 어디냐고 묻는다면 대답은 그리스도가 계신 곳이지 않겠습니까? 그리스도가 함께 하시며 우리를 사랑하시는 바로 그 현장이 하나님의 나라입니다. 하나님의 나라에 대한 공간적 문제에 대해서는 우리가 다 말할 수가 없습니다. 많은 사람들이 여기에 대해서 이런 저런 설명들을 해왔고 요즈음에 와서는 전자공학이나 천문학적으로도 설명을 해 보려는 사람들이 있습니다마는 그런 것은 모두 사람의 노력에 불과한 것이며 가장 분명한 것은 오늘 이 본문이 보여 주는 이 상징적 표현인 것입니다. 내가 가서 처소를 너희를 위하여 예비하면 내가 다시 와서 너희를 내게로 영접하여 나 있는 곳에 너희도 있게 하리라! 그리스도가 계신 곳! 아버지의 집! 곧 우리의 집! 이는 영원한 생명의 세계를 말하는 것입니다.

　지금 예수님께서는 이 세계를 보여 주시면서 이 소망, 이 약속, 이 믿음이 너희의 모든 근심을 풀수 있는 마스터키(master-key)라고 말씀하십니다. 아무리 복잡한 문제가 많다 하더라도 천당만 보여지면 되는 것입니다. 스데반이 돌에 맞아 죽을 때에도 바로 눈 앞에 그리스도가 환히 보이는데 그 앞에 어찌 원수가 있을 수 있다는 말입니까? 그의 얼굴이 천사의 얼굴 같았다는 것은 당연히 그럴 것이었습니다. 멀리 하늘보좌에 앉으신 그리스도가 일어서셔서 스데반아 어서 올라오라시며 부르고 계시는데 무엇 때문에 스데반이 얼굴을 찌푸린단 말입니까? 우리는 우리의 문제가 미래에 있고 영원한 생명에 있는 것이지 땅에 있는 것이 아니라는 것을 알아야 합니다. 오늘도 주님께서는 믿음이 없기에 불안해하는 우리 자신을 보면서 "하나님이여 확실한 믿음과 확실한 소망에 살아가게 하옵소서" 하는 기도를 드릴 수가 있고 그리하여 모든 문제가 그 안에서 해결되어 나갈 수 있기를 바라시는 것입니다.

포도나무 비유

내가 참 포도나무요 내 아버지는 그 농부라 무릇 내게 있어 과실을 맺지 아니하는 가지는 아버지께서 이를 제해 버리시고 무릇 과실을 맺는 가지는 더 과실을 맺게 하려하여 이를 깨끗케 하시느니라 너희는 내가 일러 준 말로 이미 깨끗하였으니 내 안에 거하라 나도 너희 안에 거하리라 가지가 포도나무에 붙어 있지 아니하면 절로 과실을 맺을 수 없는 같이 너희도 내 안에 있지 아니하면 그러하리라 나는 포도나무요 너희는 가지니 저가 내 안에, 내가 저 안에 있으면 이 사람은 과실을 많이 맺나니 나를 떠나서는 너희가 아무것도 할 수 없음이라 사람이 내 안에 거하지 아니하면 가지처럼 밖에 버리워 말라지나니 사람들이 이것을 모아다가 불에 던져 사르느니라 너희가 내 안에 거하고 내 말이 너희 안에 거하면 무엇이든지 원하는 대로 구하라 그리하면 이루리라 너희가 과실을 많이 맺으면 내 아버지께서 영광을 받으실 것이요 너희가 내 제자가 되리라 아버지께서 나를 사랑하신 것같이 나도 너희를 사랑하였으니 나의 사랑 안에 거하라 내가 아버지의 계명을 지켜 그의 사랑 안에 거하는 것같이 너희도 내 계명을 지키면 내 사랑 안에 거하리라 내가 이것을 너희에게 이름은 내 기쁨이 너희 안에 있어 너희 기쁨을 충만하게 하려 함이니라.

(요한복음 15 : 1~11)

포도나무 비유

요한복음에는 "나는" 무엇이다라고 하는 예수님 자신에 대한 직접적인 천명이 여러번 기록되어 있습니다. 성경은 그 어느 곳에서도 예수님께서 무엇인가를 추구하며 고행을 하고 도를 닦으시면서 진리를 찾아 헤매셨다는 흔적을 이야기 하고 있지 않습니다. 하지만 여기에 기독교의 특징이 있고 보다 구체적으로는 예수 그리스도의 교훈 자체가 갖는 생명적 특징이 있는 것입니다. 그러므로 예를 들어 예수님께서 "나는 진리다!"라고 하신 말씀은 내가 진리에 대해서 말한다는 차원의 말씀이 아닙니다. 이 말씀은 내가 바로 진리 자체라는 말씀입니다. 따라서 이 말씀은 이리로 혹은 저리로 가면 진리가 있고 구원이 있을 것이라는 단순한 안내의 이야기를 하고 있는 것이 아닙니다.

그러기에 예수님께서는 나는 진리다! 나는 생명의 물이다! 혹은 나는 생명의 떡이다! 나는 포도나무라시며 자신이 그 본체이심을 말씀하고 계시는 것입니다. 우리가 이 방면에 보다 많은 관심을 가지고 비교 종교학적인 측면에서 공부를 해보면 이러한 표현의 말씀이 얼마나 엄청난 의미를 가지고 있는 것인가를 깊이 깨닫게 되고 또한 거듭거듭 감탄을 하게 됩니다.

이와 같이 나는 무엇 무엇이다라고 하는 표현의 말씀은 하나님이나 예수 그리스도가 아니시고는 그 누구도 할 수 있는 말이 아닙니다. 따라서 역사이래 단 한 사람도 자신을 가리켜 그렇게 말할 수도 없었거니와 말한 사람도 없습니다. 오직 한 분 예수님 만이 "나는 진리다! 나는 생명이다!"라며, 나는 무엇이다라고 말씀하시는 것입니다.

이제 오늘 본문에서는 "내가 참 포도나무"라는 말씀을 하고 계십니다. 여기에서 우리는 특별히 "참"이라는 말이 전제되어 있음을 볼 수 있습니다. 헬라 말에는 이 "참"을 표현하는데 '알레세이아' 라는 단어와 '알레씨노스아' 라는 두 단어를 사용하고 있습니다. 알레세이아로 표현되는 참은 사실로서의 참을 표현하는 말임에 비해 알레씨노스는 거짓의 반대를 뜻하는 참을 말합니다. 그 중 오늘 본문에서 말씀하신 "참"은 거짓에 반대되는 의미의 참을 말하고 있습니다. 지금 예수님께서는 거짓 것들이 많지만 그러나 나는 참 포도나무라는 의미의 말씀을 하고 계시는 것입니다. 요한복음에는 이 알레씨노스로 표현된 "참"이라는 말이 무려 21회나 기록되고 있습니다. 이것은 또한 요한복음에만 나타나고 있는 특징있는 표현이기도 합니다.

예수님께서 나는 참 포도나무라고 하실 때의 이 "참"이라는 말씀은 거짓된 것이 아니라는 뜻 뿐만 아니라 생명 있는 포도나무라는 보다 중요한 의미를 가지고 있습니다. 다시 말하면 이것은 말라 버려서 생명이 없는 그런 포도나무가 아니라 살아있는 생명이 있어서 많은 열매를 맺을 수 있는 정말 살아 있는 좋은 포도나무라고 하는 뜻입니다. 그리고 이렇게 말씀하시게 되는 그 깊은 뜻은 우리와 그리스도와의 관계를 포도나무와 가지와의 관계로 설명 하시려는데 있습니다.

여러분! 포도나무와 가지와의 관계를 두고 한번 상상해 보십시오. 이 얼마나 깊은 관계입니까? 이것은 뗄 수 없는 결합을 의미하는 것입니다. 포도나무가 없는 가지가 어떻게 존재할 수 있겠습니까? 또한 포도나무에서 떨어져 나온 가지가 어떻게 살 수 있겠습니까?

이것은 실제적인 것이요 매우 현재적인 것입니다. 포도나무와 가지! 이 관계는 완전히 서로 하나로 연결되어 있는 생명적인 관계에 있는 것입니다. 그러므로 이것은 잘되고 못되고의 이야기가 아닌 생명 자체에 대한 이야기인 것입니다. 여러분! 그리스도와 나와의 관계가 진정 그렇게 생각이 되십니까? 참으로 그리스도와 나와의 관계는 실제적이고도 구체적인 것이며 생명적인 것입니다. 주님께서는 오늘도 우리가 그 관계성을 알고, 그렇게 살아가며, 그로 인해 열매 맺기를 바라고 계십니다.

오늘 본문에서는 직역을 하여 포도나무라고 하였습니다마는 사실 포도나무는 소나무나 밤나무 같은 그런 나무가 아닌 하나의 넝쿨입니다. 그러니까 오늘 본문에서는 포도나무의 원줄기를 나무라고 한 것이며 거기로부터 뻗어나가는 줄기를 가지라고 한 것입니다. 오늘도 제가 대구에서 기차를 타고 오면서 깨끗하게 잘 전정된 포도원의 모습과 이제 막 줄을 따라 자라기 시작한 짤막한 푸른 줄기들을 보았습니다. 나무되는 원줄기는 그대로 있는데 그 가지되는 줄기는 해마다 났다가는 잘라지고 또 나고 하는 것입니다. 그리고 그해 봄에 다시 난 줄기에서 열매가 맺히는 것입니다. 그렇기 때문에 새봄을 맞기 위해 넝쿨을 잘라 포도나무를 전정하는 것을 보면 아주 몽땅 잘라 버린 것처럼 보이게 되는 것입니다. 그랬다가 새 줄기가 나오면 거기서 다시 시원치 않은 것들은 잘라 버리고 튼튼하고 좋은 줄기만 몇 개 남겨 놓게 되면 거기에서 꽃이 피고 포도가 맺히게 되는 것입니다. 따라서 여기에서 나무라고 한 것은 그 원줄기를 말하는 것이며 그 가지라고 한 것은 해마다 돋아나오는 순을 말하는 것입니다.

그렇게 볼 때 가지와 원줄기와의 관계는 도저히 떼어놓을 수 없는 관계에 있는 것입니다. 만약 가지가 원 줄기에 붙어 있지 않고 오늘 본문에서 말씀하고 있듯이 원줄기에서 떨어져나가게 되면 열매는 고사하고 우선 살 수가 없어서 말라 버리고 마는 것입니다. 아무리 튼튼한 가지라 하더라도 원줄기를 떠난 가지만으로서는 아무것도 할 수가 없는 것입니다. 이에 예수님께서는 5절 말씀에서 "나는 포도나무요 너희는 가지니 저가 내 안에 내가 저 안에 있으면 이 사람도 과실을 많이 맺나니 나를 떠나서는 너희가 아무것도 할 수 없음이라"고 말씀하십니다. 저는 이 말씀을 사업이나 개업을 하시는 분들에게 가끔 본문으로 들려드릴 때가 있습니다.

보통 우리가 사업을 할 때면 몇 가지의 기본적인 생각을 하게 되는데 우선 자금이 있어야 하고 그 사업에 대한 지식이 있어야 하며 또한 경험과 노력이 있어야 합니다. 보통 사람들은 이 몇가지 기본적인 조건이 갖추어졌다고 생각하면 다 된 것으로 믿습니다. 그러나 적어도 그리스도인으로 볼때에는 예수에게서 떠나면 아무것도 할 수가 없다는 것입니다. 그래서 저는 아무리 많은 자금과 풍부한 지식이 있고 평생 쌓아 온 익숙한 경험과 노동력이 있다하더라도 예수에게서 떠나면 아무것도 할 수 없다는 마음으로 이 사업을 시작하라는 권면을 하고는 합니다.

여러분! 진정 이렇게 생각을 해 보셨습니까? 과연 나는 예수 그리스도에게서 떠나면 아무것도 아니라는 생각을 말입니다. 지금 내게서 예수를 빼고나면 내 인격도 내 재산도, 내 명예도, 내 건강도 이대로 무너지고 마는 것이라는 생각! 어디까지나 예수가 있고, 그 예수와 나와의 떨어지지 않는 관계가 맺어짐으로 비로소 나의 모든 것이 의미를 갖게 된다는 확고한 생활의식을 가지고 있느냐 하는 것이 문제란 말입니다.

그런데 가만히 보면 예수를 떠나서도 무엇을 할 수 있는 것처럼 생각하는 이들이 있습니다. 한마디로 말하면 교회에 나오지 않고도 무엇을 할 수 있는 것처럼 생각을 하는 것이란 말입니다. 그래서는 어떤 이들은 "요즈음 왜 교회를 자주 빠지십니까?" 하고 물으면 "사업이 잘되어 워낙 바빠서 빠집니다"라는 것입니다. 그런가 하면 또 어떤 이들은 "워낙 사업이 안돼서 빠집니다"라고 하는 이들이 있습니다. 그러나 여러분, 그런 것이 아닙니다. 사업이 잘되어도 좋고 안되어도 좋으며, 출세를 해도 좋고 못해도 좋으니 내가 예수 그리스도에게 붙어 있는 이것이 소중하다는 것을 알아야 합니다. 이것이 흔들리고 잘못되면 인생이 끝나는 것으로 알아야 합니다. 간혹 교역자들 모임에 가서 이야기를 나누는 중에 들어보면 고등학교 3학년이 되면 대체로 교회를 나오지 않는다고 합니다. 심지어는 잘 믿는 집사님까지도 교회고 뭐고 아무데도 가지말고 공부만 하라고 한다는 것입니다. 그래서 교회학교 고등부마다 아예 3학년은 없이 1, 2학년만 있는 것이 보통이라고 합니다. 그런데 저희 교회는 언제부터인가 생각이 달라지기 시작하여 고등학교 3학년 때에는 교회를 나와야 교회까지 나오지 않고 시험을 보면 떨어진다는 것이 하나의 교리처럼 여론이 되어 버린 것입니다. 그것은 어느 해인가 한번 교회에 잘 나오면서 공부를 하여 시험을 치른 학생들은 거의 합격을 하였으나 교회 나오는 것을 그만 두고 공부만한 학생들은 다 떨어졌던 일이 있었기 때문입니다. 이러한 통계가 여론으로 알려지자 이제는 나오지 않던 학생들도 오히려 3학년이 되면 나와서 열심히 기도도 하고, 기도도 받으면서 공부를 해야 대학 수능시험도 될 수 있는 것으로 생각을 하게 된 것입니다. 이것은 당연한 것이기는 하지만 아무튼 아름다운 일이며 이로 인해 우리 소망교회 고등부에는 3학년 학생이 많이 나오고 있습니다.

여러분! 이 일을 두고 한번 생각해 보십시오. 교회에 잘 나가던 아이들에게 수능시험 보기 위해서 공부해라! 그 마음씨 가지고 대학을 들어가겠으며, 또 들어가면 무엇을 하고, 졸업을 하면 또 무엇을 하겠습니까? 우리는 언제, 어디서나, 무슨 일을 하든 범사에 예수 그리스도에게서 떨어지면 아무것도 할 수 없다는 명확한 의식 속에서 살아가야 합니다. 만약 그렇지 않고 예수 그리스도를 떠나서도 무엇이 될 것처럼 생각한다면 그 생각 자체부터가 하나님 앞에서 얼마나 잘못된 것인가를 알아야 합니다. 이에 사도 바울은 내게 사는 것이 그리스도라고 고백하고 있습니다 (빌 1 : 21). 이 말은 내가 그리스도를 위해서 산다는 말이 아닙니다. 사는 그대로, 그 자체가 그리스도라는 말입니다. 우리 또한 이러한 마음으로 살아가야 할 것입니다. 그리하여 예수 그리스도 없는 나는 아무것도 아니다라는 확고한 신앙인의 삶을 살아 갈 수 있어야 할 것입니다.

이제 예수님께서는 "내가 참 포도나무요"라는 말씀에 이어 "내 아버지는 그 농부라 무릇 내게 있어 과실을 맺지 아니하는 가지는 아버지께서 제해 버리시고 무릇 과실을 맺는 가지는 더 과실을 맺게 하려하여 이를 깨끗케 하시느니라"라는 말씀을 하고 계십니다. 사실이 그렇습니다. 포도나무를 전정하는 사람은 항상 잘 살펴서 열매를 맺지 않는 줄기가 보이면 사정없이 잘라 버립니다. 그리고 열매를 맺는 줄기는 충실한 열매로 자랄 수 있도록 깨끗하게 소독을 하며 잘 다듬어 주는 것입니다. 이와 같이 열매를 맺지 않는 줄기를 잘라 버리는 것은 그 줄기 자체로서도 존재의 의미가 없는 것이겠지만 그 열매 맺지 않는 줄기가 붙어 있으므로 열매 맺는 줄기로 흡수될 진액이 그리로 흘러들어 진액이 낭비되기 때문입니다. 그래서 누가복음 13장에 기록된 무화과나무의 비유에서도 보면 3년 동안이나 열매를 맺지 못하는 무화과나무를 보시고는 "찍어 버리라, 어찌 땅만 버리느냐?"고 말씀하십니다. 열매를 맺지 않는 것은 빨리 찍어 버려야 다른 나무, 다른 가지에 도움이 됩니다. 만약 그러지 않고 열매를 맺지 않는 가지를 두고 기어이 맺게 해 보겠다며 계속 시간을 끌다 보면 진작 열매를 맺은 가지로 가야 될 진액을 충분히 보내지 못하게 되어 열매 맺은 가지까지 피해를 보게 됩니다.

  그러므로 과실을 맺지 않는 가지는 잘라 버리라는 말씀입니다. 이는 실로 무서운 말씀이 아닐 수 없습니다. 이런 경우의 성경을 보면 조금은 이해가 되지 않는다는 생각이 들기도 합니다. 왜냐하면 맺지 못하는 가지는 맺게 해 주어야 하고 잘 맺는 가지는 좀 덜 맺게 함으로 평준화가 되어야 하겠는데 성경은 그렇게 말하고 있지 않기 때문입니다. 그 보다는 오히려 적은 자의 한 달란트를 빼앗아 열 달란트를 가진 자에게 주라고 하시며 열매 맺지 않는 가지는 사정없이 잘라 버리라고 하시는 것이 하나님의 공평입니다. 우리는 이 진리를 알아야 합니다. 그러기에 오늘 본문에도 보면 아버지는 농부로서 과실을 맺지 않는 가지는 제하여 버리고 과실을 맺는 가지는 더 과실을 맺게 하기 위하여 이를 깨끗케 하신다고 하였습니다. 이 얼마나 오묘한 말씀입니까? 이것이 실제적인 하나님의 의도입니다. 하나님께서는 있는 자에게 더 주십니다.

그리고 오늘 본문에 의하면 예수님께서는 가지가 원줄기에 붙어 있는 상태를 가리켜서 안에 거한다는 말로 표현하고 계십니다. 이 말씀의 의미는 생명력의 연결을 말합니다. 가지가 원줄기에 붙어 있는 것이지 원줄기가 가지에 붙어 있는 것이 아닙니다. 어디까지나 가지는 원줄기로부터 진액을 받아야만 살 수가 있습니다. 바로 여기에 가지가 가지로서 존재되는 근본이 있는 것입니다. 저는 어제 아침 대구 동산병원의 직원 수양회를 인도하러 갔던 길에 원장님의 권유로 심장을 수술하는 광경을 지켜보는 기회를 가질 수가 있었습니다. 그런데 사람의 몸은 심장에서 계속 피를 공급해 주어야 하기 때문에 불과 몇 분만이라도 심장이 멎게 되면 모든 것이 썩어 버리게 된다고 합니다. 그렇기 때문에 심장을 수술할 때에는 잠깐 떼어놓고 수술을 하는 동안 인공심장을 만들어 기계로 펌프질을 하여 산소와 피를 계속 온 몸에 보내 주어야 된다고 합니다. 만약 잠깐이라도 이 기능이 중단되면 뇌 같은 것은 다 녹아 버리고 만다는 것입니다. 그래서 정전이 안되게도 되어 있지만 만일의 사태에 대비하여 또 다른 펌프를 준비해 놓고 사람이 돌려서라도 산소와 피를 온 몸으로 보내야 된다고 합니다. 그런데 이것을 잠깐이라도 멈추고 보내지 못하게 되면 그로 인해 모든 것이 다 썩어 버리고 만다는 것입니다. 이는 실로 매우 중요한 이치가 아닐 수 없습니다.

마찬가지로 포도나무 가지가 원줄기에 붙어 있어서 그 진액을 계속 빨아들일 수 있어야 하겠는데 그것이 잘리어 중단되고 말았다면 이제는 썩어지고 말라지는 길 밖에 없는 것이란 말입니다. 포도나무의 원줄기와 가지는 생명으로 연결되어 있는 것이어서 붙어있는 한 눈에는 보이지 않는것 같지만 계속 진액을 받고 있는 것입니다. 그러기에 예수님께서는 "내 말이 너희 안에 거하면"이라고 하는 매우 구체적인 말씀을 하시는 것을 볼 수 있습니다. 이는 곧 예수님께서 하신 말씀, 그 교훈이 너희 속에 길이 새겨져 있으면하는 말씀인 것입니다. 다시 말하면 내가 한 말들이 너희에게 들려지고 깨달아지면 그리고 순종하게 되면 그 말이 진액이 되어서 많은 열매를 맺게 될 것이라는 말씀입니다. 그러므로 우리는 하나님의 말씀을 계속 들어야 합니다. 말씀을 듣고 받아들이고 순종할 때에만이 그리스도인으로 살아가고 있는 것입니다. 제 경험에 의하면 많은 교인들을 두고 볼 때 말씀의 공급이 한 달만 끊어지면 그 사람은 이방 사람이 되고 맙니다. 어느 사이에 안 믿는 사람이 되어지고, 나아가서는 믿지 않는 사람보다 더 나쁜 사람이 되는 것을 봅니다. 말씀의 공급이 끊어진다는 것은 생명이 끝나는 것을 의미합니다. 그러므로 말씀은 계속 공급되어져야 합니다.

이제 다시 10절 말씀은 더욱 구체적인 말씀으로 "내가 아버지의 계명을 지켜 그의 사랑 안에 거하는 것같이 너희도 내 계명을 지키면 내 사랑 안에 거하리라"고 가르쳐 주십니다. 다시 말하지만 주님의 말씀이 내 안에 거해야 된다는 말씀입니다. 그리하여 항상 뇌리에 기억되고 마음에 간직되어서 자나 깨나 그 말씀이 나를 주관하게 될 때 비로소 아름다운 열매를 맺게 된다는 말씀입니다. 그리고 다시 설명하시기를 내 사랑 안에 거하라고 말씀합니다. 예수님의 말씀의 주제는 사랑입니다. 따라서 예수님의 말씀은 곧 사랑입니다. 그 사랑이 우리에게 감동이 되며 그 사랑이 우리로 하여금 다시 열매를 맺게 된다는 말입니다. 아버지께서 아들을 사랑하시고 아들이 또한 제자들을 사랑하신 것처럼 우리가 다시 그 사랑을 받아서 모든 것을 사랑 안에서 소화하고 사랑 안에서 받아들이는 것입니다. 예수님은 하나님을 사랑하십니다. 그리고 하나님의 사랑을 담뿍 받아서 그대로 사랑 안에서 모든 것을 소화해 버리고 맙니다. 그 때문에 십자가를 앞에 두시고도 아버지께서 내게 주시는 잔을 마시지 않겠느냐며 사랑으로 십자가를 받아들이신 것입니다. 사랑하시는 아버지의 말씀이 예수님 안에 있었고 아버지의 사랑이 그의 안에 있었던 것입니다. 그와 같이 우리 또한 예수님의 말씀이 우리 안에 있고, 예수님께서 베푸신 그 놀라우신 사랑과 감격이 우리 안에 있을 때에 아름다운 열매를 맺게 된다는 말씀 입니다.

또한 7절 말씀에 보면 "너희가 내 안에 거하고 내 말이 너희 안에 거하면 무엇이든지 원하는대로 구하라, 그리하면 이루리라"고 말씀하셨습니다. 이것은 무엇을 뜻하는 말씀이겠습니까? 이제 여기에 원줄기로부터 진액을 받아 자라고 있는 가지가 있다면 이 가지가 꽃을 피우고 열매를 맺기 위해 때를 따라 원줄기에게 구하는 바가 있겠다는 것이며 그럴 때에는 필요한대로 다 주시겠다는 말씀입니다.

여러분! 열매를 맺기 위하여 필요한 것들이 있습니까? 오늘 예수님께서는 그리스도인으로서 열매를 맺기 위해 필요한 것이라면 무엇이든지 구하라! 그리하면 다 주시겠다고 말씀하십니다. 여기에서 한 가지 기억할 것은 자기의 것을 위해서 구하는 것은 아니라는 사실입니다. 어디까지나 열매를 맺기 위해서 구하는 것입니다. 이것은 곧 아버지의 뜻을 위해서 구하는 것인데도 왜 주시지 않겠습니까? 포도나무가 포도열매를 맺기 위하여 구하는 것인데 왜 거기에 필요한 은사를 주시지 않겠습니까? 이런 경우를 두고 예수님께서는 "너희가 악한 자라도 좋은 것으로 자식에게 줄 줄 알거든 하물며 하늘에 계신 너희 아버지께서 구하는 자에게 좋은 것으로 주시지 않겠느냐?"(마 7 : 11)고 말씀하신 것입니다. 하나님의 자녀가 하나님의 자녀다운 포도열매를 맺겠다는데 왜 필요한 은사를 안 주시겠느냐는 말씀입니다. 구하라 그리하면 이루리라! 이 얼마나 아름답고 귀한 말씀입니까?

우리는 예수를 믿습니다. 따라서 그를 구주로, 선생으로, 주님으로, 생명으로 받아들입니다. 그리고 그로부터 진액을 공급 받는 절대적 생명 관계로 연결되어 있습니다. 따라서 거기로부터 끊어지면 죽는 것입니다. 그러기에 결코 끊어짐이 없이 꼭 붙어 있으면서 계속 말씀과 성령과 은혜의 진액을 받으며 살아갑니다. 이제는 가뭄이 와도 문제가 없고 장마가 져도 문제가 없습니다. 모든 것을 은혜로 소화하며 아름다운 열매를 맺게 되는 것입니다. 그럴 때에 하나님 아버지께서 영광을 받으시고 주님이 기뻐하시며 우리 또한 기쁨으로 충만하게 될 것입니다. 그러기 위해서 오늘도 주님께서는 "나는 포도나무요 너희는 가지"라는 자기 존재의 정체의식을 분명히 하고 그 의식과 그 체험에 살아갈 것을 말씀하고 계시는 것입니다.

해산하는 여인

  조금 있으면 너희가 나를 보지 못하겠고 또 조금 있으면 나를 보리라 하신대 제자 중에서 서로 말하되 우리에게 말씀하신 바 조금 있으면 나를 보지 못하겠고 또 조금 있으면 나를 보리라 하시며 또 내가 아버지께로 감이라 하신것이 무슨 말씀이뇨 하고 또 말하되 조금 있으면이라 한 말씀이 무슨 말씀이뇨 무엇을 말씀하시는지 알지 못하노라 하거늘 예수께서 그 묻고자 함을 아시고 가라사대 내 말이 조금 있으면 나를 보지 못하겠고 또 조금 있으면 나를 보리라 하므로 서로 문의하느냐 내가 진실로 진실로 너희에게 이르노니 너희는 곡하고 애통하리니 세상이 기뻐하리라 너희는 근심하겠으나 너희 근심이 도리어 기쁨이 되리라 여자가 해산하게 되면 그때가 이르렀으므로 근심하나 아이를 낳으면 세상에 사람 난 기쁨을 인하여 그 고통을 다시 기억지 아니하느니라 지금은 너희가 근심하나 내가 다시 너희를 보리니 너희 마음이 기쁠 것이요 너희 기쁨을 빼앗을 자가 없느니라.
                  (요한복음 16 : 16~22)

해산하는 여인

오늘 본문의 이 해산하는 여인에 대한 비유는 예수님께서 십자가에 돌아가시기 전날 밤 제자들의 발을 씻기시고 성만찬 예식을 행하신 다음 이어서 하신 말씀 중의 하나입니다. 이 때의 제자들은 예수님의 말씀이 매우 심각하고 그 모습이나 분위기가 엄숙하기 때문에 그 뜻을 다 알지 못하면서도 오늘 밤에 하시는 말씀이 아마도 마지막으로 주시는 말씀이라는 것을 예측하고 있었던 것 같습니다. 그리고 앞서 "하늘에 있는 집"에서 말씀드린 바와 같이 제자들이 여러 가지로 불안해 하고 있을 때 예수님께서는 너희는 마음에 근심하지 말라 하나님을 믿으니 또 나를 믿으라 내가 가서 처소를 예비하면 내가 다시 와서 너희를 내게로 영접하여 나 있는 곳에 너희도 있게 하리라고 말씀하십니다. 이런 종말론적인 말씀을 듣고 있는 제자들은 그 뜻은 잘 모르면서도 마음에는 여러 가지 의혹과 근심이 있었던 것입니다. 이에 예수님께서는 저들을 향하여 많은 말씀을 하시는 중에 비유로서는 마지막인 오늘 본문의 이 말씀을 하고 계시는 것입니다.

지금 예수님께서 제자들을 보실 때에 그 걱정하고 불안해하는 모습이 마치 해산하는 여인이 걱정하는 것과 같다는 것입니다. 해산하는 여인의 걱정이라면 이것은 보통 걱정이 아닙니다. 그러나 거기에는 매우 중요한 의미가 있습니다. 비록 우리가 어떤 걱정을 한다 하더라도 그 걱정이 해산하는 여인의 걱정과 같은 걱정이라면 얼마나 좋겠습니까? 우선은 조금 걱정이야 되겠지만 그 걱정은 아무리 하여도 의미가 있는 것이며 따라서 그것을 마다하거나 슬퍼할 사람은 없습니다. 뿐만 아니라 걱정을 한다

하여 동정할 것도 아닙니다. 왜냐하면 그것은 크나큰 생명을 얻고 그로 인한 큰 기쁨을 얻기 위한 과정이기 때문입니다.

해산의 수고! 이 얼마나 아름다운 일입니까? 그런데 요즈음에는 이런 수고가 없이도 아이를 낳기 때문에 어머니들이 아기를 사랑하는 정도가 아무래도 부족하며 아이들 역시 부모에 대한 사랑이 절대적 관계에 있지 못하다는 이야기를 하기도 합니다. 그것은 소위 제왕절개 수술을 하는 것으로 잠시 마취된 상태에서 꺼내 버리게 되니 해산의 수고를 모르는 것이며 또 한 가지 들은 바에 의하면 요즈음에는 고통이 극심할 때에는 잠깐 정신을 잃어버리게 하는 방법도 있다고 하는데 그런 몽롱한 가운데서 낳았으니 해산의 고통을 알 리가 있겠습니까?

그러나 여러분, 어떻습니까? 기왕에 귀한 생명을 얻을 바에는 고생할 만큼 고생을 하고 낳아야 소중할 것 같지가 않습니까? 그렇지 않고 너무 쉽게 낳으면 생명에 대한 소중함이 없을 것만 같습니다. 그리고 고통을 안할 수 있다면 안하겠다는 생각을 할 수도 있겠습니다마는 그것은 참 어머니의 마음이 아닌것 같습니다. 문자 그대로 해산의 고통을 다하고 한 생명을 얻게 될 때 그 자녀에 대한 사랑과 소중함이 더욱 크고 많을 것입니다. 게다가 죽는다 산다 하며 그대로 생명을 맞바꾸는 듯한 산고를 겪고얻은 생명이라면 더더욱 그럴 것입니다. 아무튼 예수님께서는 제자들이 걱정하고 있는 바, 다르게는 예수 그리스도를 믿는 사람들이 걱정을 하고고통을 당하는 것을 여인이 갖는 해산의 고통에 비유하고 계시는 것입니다.

그러면 이제 우리가 당하는 바의 고통이나 걱정이 과연 해산의 고통과도 같이 분명한 약속이 있고 소망이 있는 그러한 약속이냐 하는 것입니다. 진정 그럴 수만 있다면 오늘의 그 모든 것들이 문제가 되겠습니까? 예수님께서는 오늘 본문을 통하여 이 고난을 두고 "조금 있으면" 하는 표현으로 설명하고 계십니다. 다시 말하면 잠깐 있으면 된다는 것인데 이것은 매우 중요한 이야기입니다. 제 아내가 해산을 위해 고통스러워하고 있을 때 저의 장모님 되시는 어머니께서 딸에게 하시는 말씀이 "조금만 기다려라"고 하시는 것이었습니다. 그리고 한 말씀 더 하시기를 "나도 너 낳을 때 그랬다"는 것입니다. 조그만 참아라! 나도 너 낳을 때 그랬다! 그렇다면 이것은 그렇게 큰 걱정거리는 아닌 것입니다.

그런데 오늘 본문을 보면 "조금 있으면 너희가 나를 보지 못하겠고 또 조금 있으면 나를 보리라"며 "조금" "조금"이 반복되고 있는 것을 볼 수 있습니다. 이 조금이라는 말은 헬라 원어로 '미크론'이라고 하여 잠시 잠깐이라는 짧은 시간을 말하는 것이며 요즈음 우리가 자주 쓰고 있는 마이크로(micro)라는 말도 여기에서 나온 말입니다. 그러니까 문제는 잠시 잠깐일 뿐이라는 이야기입니다.

따라서 우리가 먼저 생각할 것은 그리스도인은 그리스도인이기에 갖는 고난을 미래지향적으로 이해하고 이 고난을 잠깐의 작은 것으로 소화하는 것입니다. 사실 어떤 고난이든 돌이켜보면 잠깐이었음을 알 수가 있습니다. 그런데 하물며 이렇게 "잠깐"이라고 정해 놓은 것이라면 그것은 더 더욱 잠깐인 것입니다. 특별히 아이들이 자라는 것을 보면 잘 알 수가 있습니다. 지난 주일에도 55명의 어린 아이들에게 유아 세례를 베풀었습니다마는 정말 모든 것은 잠시 잠깐이어서 유아 세례를 베풀고 조금 있다가는 다시 그들에게 결혼 주례를 하게 됩니다. 그런가 하면 또 조금 후에는 그들이 낳은 아이에게 유아 세례를 베풀게 됩니다. 그뿐만 아니라 자칫하면 장례식 주례까지도 하게 되는 것입니다. 정말 잠시 잠깐입니다. 그러므로 고통을 당할 때에는 큰 일같이 생각을 하게 되지만 거기로부터 조금만 더 달관한 마음으로 생각해 보면 잠깐 지나가 버리는 것이란 말입니다.

지금 예수님 앞에는 말로 형언키 어려운 십자가의 고통이 놓여져 있습니다. 그러나 예수님께서는 "조금 있으면 너희가 나를 보지 못하겠고 또 조금 있으면 나를 보리라"시며 그 무거운 십자가의 고통마저도 잠깐으로 보고 계신다는 것입니다. 그리고 이 조금이라는 말은 다르게 말해 작은 일로 보았다는 말씀이기도 합니다. 고난은 그렇게 크게 보는 것이 아닙니다. 예수님께서는 십자가의 고난마저도 잠깐의 일로, 작은 일로 보신 것이란 말입니다. 그런데 우리는 흔히 기쁜 일을 당하고서도 슬픈 일을 생각하느라고 기쁨을 누리지 못하고 게다가 슬픈 일을 당하게 되면 기쁜 일은 전혀 생각지 않는 가운데 그것이 전부인 양 다른 모든 것을 다 상실해 버리는 것을 봅니다. 아이들로 말하자면 가정 형편이 어려운 나머지 부모들이 아무래도 대학을 못보내겠으니 취직을 하라고 말할 수가 있습니다. 사실 대학을 가는 학생이란 전 인구의 몇 퍼센트 밖에 안되는 것이고 보면 충분히 부모님의 말에 순종할 수가 있는 일입니다. 하지만 젊은 이들의 생각은 그런 것이 아니어서 자기 뜻대로 되지 않는다 하여 마지막에는 "언제 어머니 아버지께서 나를 사랑하신 때가 있으셨습니까?" 하고 나오는 것입니다. 사실이 그렇다면 도대체 지금까지 누구 덕으로 살아온 것이냐는 말입니다. 한 가지 문제로 인해, 한 순간에 지금까지 받은 은혜를 모두 부정해 버립니다. 실로 이 얼마나 잘못된 생각입니까? 그저 내가 당하는 지금의 고난이 잠깐인 것으로, 그리고 매우 작은 것으로 생각할 수 있다면 얼마나 좋겠습니까?

　우리는 언제나 은혜는 크게 생각하고 당하는 고난은 작은 것으로 생각하는 그런 세계관을 가져야 할 것입니다. 가만히 사람들을 대하면서 보면 그가 가진 믿음의 정도를 따라서 똑같은 일을 하고 있으면서도 세계관이 완전히 다른 것을 볼 수 있습니다. 그리하여 요즈음 사업이 어떻습니까 하고 물으면 "아! 그저 그렇지요 뭐, 그런대로 괜찮습니다"라고 하는가 하면 또 어떤 이들은 "제가 남대문 시장에서 산지가 20년인데 밥이야 굶겠습니까? 걱정없습니다. 잘 안되어도 밥은 먹습니다"라고도 하고 "6·25때 생각하면 괜찮아요" 하면서 아주 여유있게 이야기하는 분도 있습니다. 이들은 모두 당하는 고난을 그저 그렇게 소화해 나가면서 너무 크게 생각을 안하는 분들인 것입니다. 이런 분들은 고난을 당하더라도 그저 믿음으로 잘 참고 견딥시다라는 한마디로 위로하기가 쉽습니다.

그런데 그와는 반대로 가만히 보면 괜찮은 것 같은데도 늘 큰일이요 다 망했다는 생각으로 사는 이들이 있습니다. 그래서는 밤낮 큰일났다는 지가 벌써 20년인 사람, 신문을 보다가도 그저 "큰일났구먼"을 연발하는 사람이 있습니다마는 언제 신문이 그런 사건 없이 깨끗한 때가 있었더냐 말입니다. 처음부터 그래 온 것이라면 새삼스레 놀라고 야단스러워할 것이 아니지 않습니까? 아무튼 우리는 고난에 대해서 너무 심각하게 위기 의식을 가질 것이 아닙니다. 위기라면 십자가를 앞두신 예수님 이상의 위기가 어디에 또 있겠습니까? 마침내 예수님께서는 십자가를 지시고 제자들이 모두 도망을 가며, 3년 동안 수고한 일이 하루아침에 무너지고만 세상이 되었으며 하나님의 뜻은 물론 사회 정의와 공의는 깡그리 사라져 어느 곳에서도 더 이상 찾아볼 수 없는 암담한 세상이 되었습니다. 그렇다면 이보다 더한 위기가 또 어디에 있겠습니까? 그러나 예수님께서는 조금 있으면 나를 보지 못하겠고 또 조금 있으면 나를 보리라는 간단한 한마디로 이를 표현하고 계시는 것입니다. 그러니까 그 위기라고 하는 것들이 별 것이 아니며 잠깐만 지나가 버리면 된다고 하는 말씀입니다. 이와 같이 예수님께서 그 엄청난 십자가의 고통과 위기를 작게 보았다는 데는 깊은 의미가 있습니다.

다음 두번째로 생각할 것은 고통을 제한적으로 보는 문제입니다. 여인이 해산을 하는 일은 제한된 시간내에 치러지는 일입니다. 고생이 되는 것은 사실이고 사람에 따라서 특별한 경우가 있기도 하겠지만 정상적인 해산을 한다면 불과 몇 시간이면 되는 것이고 보면 이것은 분명 제한적인 문제입니다. 사실 모든 고난은 제한적인 것입니다. 그것은 나이에 따라 달라지고 시간에 따라서 달라지며 상황에 따라서 달라집니다. 더욱 중요한 문제는 내가 죽음으로 달라진다는 사실입니다. 아무리 심한 고난이 있다 하더라도 내 육체가 죽는 그 이상의 고난은 없습니다. 그런가 하면 내 육체가 죽어 주님 앞으로 가게 되면 그것으로 고난은 끝이나는 것입니다. 이는 누군가 나를 괴롭히더라도 육체를 괴롭히고 죽이는 것이지 영혼을 죽이지는 못하는 것이기 때문입니다. 이와 같이 모든 고난은 제한적인 것이기에 조금만 기다리고 있노라면 해결되는 길이 다 있다는 것입니다. 그래서 우리가 "시간이 문제의 해결"이라는 말씀을 하는 것이 아니겠습니까?

지금 예수님께서는 고난은 반드시 끝난다는 의미에서 이 "해산"이라는 말을 쓰고 계시는 것입니다. 그러니까 끝난다는 약속이 있는 것이라는 말입니다. 고난은 결코 계속되는 것이 아닙니다. 제가 언젠가 망우리 공동 묘지에 장례식을 인도하러 갔다가 잠시 시간이 지연되는 동안 이 무덤 저 무덤을 돌아 보면서 비석을 읽어 보고는 하였습니다. 그 중에 저의 마음을 끄는 한 작은 비석이 있었습니다. 아마도 어린 아이가 죽은 무덤인 것으로 보여지는 그 비문에 아무개야 하고 이름을 쓰고는 "애야 답답해도 조금만 기다려라 주님이 곧 오신다"라고 썩여 있는 것이었습니다. 어린 자식을 묻어놓고가는 부모의 심정이 그대로 나타난 것이라 생각합니다. 애야! 답답하지만 잠깐만 기다려라 주님이 곧 오신다! 우리의 고난이란 정말 잠깐이요 제한적인 것이라는 사실을 잊지 말아야 합니다.

그리고 세번째로 생각할 것은 고난이란 하나의 과정이라는 점입니다. 고난이 계속 고난으로만 연결되는 것은 아닙니다. 해산의 고통이 생명의 기쁨으로 연결되듯이 고난이 다시 영광과 행복으로 바꾸어지고 이어지는 것입니다. 그러므로 고난이란 하나의 과정에 불과 한 것이지 전부가 아니라는 말입니다. 어두운 밤이 있으면 그 다음은 밝은 아침이 오듯이 고난은 영광의 내일을 맞기 위해서는 필연적인 것입니다. 이를 위해 베드로전서 1장 6절 말씀을 보면 "그러므로 너희가 이제 여러 가지 시험을 인하여 잠깐 근심하게 되지 않을 수 없었으나 오히려 크게 기뻐하도다"라고 하였으며 또한 빌립보서 1장 29절 말씀에는 "그리스도를 위하여 너희에게 은혜를 주신 것은 다만 그를 믿을 뿐 아니라 또한 그를 위하여 고난도 받게 하심이라"고 하였습니다. 우리가 영광을 얻기 위해서는 고난도 받아야 한다는 말씀입니다. 이는 이 세상일에 있어서도 마찬가지입니다. 수고하고 애쓴 자에게 그 만큼의 상이 주어지고 영광과 존경을 받게 되는 것이 아니겠습니까? 그러기에 이 고난을 필연적인 것이라고 말하는 것입니다. 따라서 우리는 모든 그리스도인들이 당하는 바의 고난을 해산하는 여인이 갖는 고난과 같은 의미로 생각하고 소화하는 세계관을 가져야 한다는 말씀입니다. 다르게 말하면 종말론적인 역사 의식을 가지고 오늘 현재를 보아야 한다는 의미입니다.

그리고 오늘 본문에 보면 이 고난당하는 과정을 두고 설명 하시기를 "너희는 곡하고 애통하겠으나 세상은 기뻐하리라"고 말씀하고 계십니다. 다시 말하면 의인이 고난을 당하고 있는 순간 죄인이 기뻐할 것이며, 그리스도인들이 고난을 당하고 있을 때 악인들은 기뻐할 것이라는 말씀입니다. 예수님께서 십자가를 지고 계시는 동안 가야바와 빌라도, 헤롯왕의 패거리들은 자기들의 뜻을 다 이루었다며 승리의 축제를 가졌을 것입니다. 그러나 거기에서 끝나는 것은 아닙니다. 결국 이것이 다시 한번 뒤집혀지게 될때 이제는 그 근심이 도리어 기쁨이 되리라고 말씀하고 계십니다. 이 말씀의 의미는 고난이 크면 클수록 그 기쁨도 크다는 말씀입니다. 더욱이 그리스도와 함께 고난을 당하지 않는 자가 어떻게 그리스도와 함께 영광을 받을 수 있겠습니까? 어느 때 한번 본의가 아니게 신학교의 형편에 따라 전공도 아닌 계시록 강의를 2년 동안 계속 했던 적이 있습니다. 전공이 아닌 강의인지라 특별히 많은 시간을 할애해 가면서 연구를 하고 책들을 읽어야만 했는데 그러면서 제가 마음에 느낀 것은 예수를 믿음으로 하늘나라에는 가겠지만 예수의 이름을 위해 고난 당하거나 희생함이 없는 사람은 하늘나라에 가더라도 창피해서 고개를 들 수가 없겠구나하는 생각이었습니다. 요한계시록이 온통 예수 그리스도를 위하여 고난당한 사람의 영광만을 높이 설명하고 있는 터이고 보면 그리스도를 위하여 고난 당하지 않은 사람은 부끄러워서 아예 문간에도 들어서지 못할 것 같다는 말입니다.

그러므로 여러분께서는 세상에서 고난 당하는 것으로 인해 너무 슬퍼하지 마십시오. 고난은 당해야 됩니다. 특별히 예수 그리스도를 위하여 당한 고난을 그 당한 만큼 하나님 앞에 가서 영광을 누리게 될 것입니다. 그 때문에 예수님께서는 너희 근심이 도리어 기쁨이 되리라고 하시는 것입니다. 오늘 우리가 당하는 고난이 진정 미래의 분명한 영광과 보상을 바랄 수 있는 것으로 약속되어 있고 또한 믿을 수가 있다면 현재의 이 고난이 무슨 문제가 되겠습니까? 요즈음은 가만히 보면 임산부들이 산부인과 병원을 통하여 뱃속의 아이가 크고 작은지 그리고 건강한지 안한지, 심지어는 남아 여아까지도 미리 다 알 수가 있습니다. 그러면서도 걱정을 하게 될 때 의사는 순산할 것이니 걱정하지 마시라고 안심을 시켜 줍니다. 지금 이 잠깐의 고통만 지나면 신비로운 새로운 생명을 얻게 될 것이란 말입니다. 우리 나라 장로교 선교사에 지대한 공헌을 남긴 한국명으로는 마포삼열(馬布三悅; Maffett Samuel Austin)로 불리워지는 목사님은 많은 선교 활동을 하는 중 어느 날 술주정꾼이 던진 깨어진 유리병에 얼굴을 맞아 큰 상처를 입었다고 합니다. 그 때문에 얼굴에는 큰 흉터가 생기게 되었으며 이를 위해 여러 차례 수술을 거쳤으나 여전히 한 부분이 푹 패인 흉터로 남아 있어서 보는 이의 시선을 모으게 한다는 것입니다. 그런데 이분의 아들들의 말에 의하면 이 마포삼열 목사는 그렇게 말을 잘하는 편이 아니어서 자기들보다 설득력이 있는 것도 아니신데 미국에서 모금을 하실 때에는 그 얼굴의 흉터로 인해 쉽게 가장 많은 모금을 해 오신다는 것입니다. 그러니까 말은 잘하지 못해도 그리스도를 위해 복음을 전하다가 생긴 흉터만 보여도 모금이 되었다는 이야기입니다. 예수 그리스도를 위하여 당한 고난의 흔적! 그것은 곧 훈장을 말하는 것이요 영광을 말하는 것이 아니겠습니까?

　이와 같이 고난이란 그 당한 고통만큼 기쁨이 주어지는 것이라고 생각합니다. 우리가 교회의 일을 하는 것도 그렇습니다. 이번에 교회를 증축하면서 헌금을 하는 것을 보아도 액수의 문제가 아니라 어떤 분들은 자기 처지와 비교하여 분수에 넘치게 많은 헌금을 하셨습니다. 하지만 그런 분일수록 이 예배당을 드나들 때의 기쁨이 더 큰 것입니다. 반면에 만약 헌금을 안한 사람이 있다면 적어도 이 예배당으로 인한 기쁨은 얻을 수가 없는 것입니다. 그것을 위해서 얼마나 수고 했느냐에 따라 기쁨의 무게가 결정되는 것입니다. 제가 인천제일교회에서 교회를 지을 때에는 참으로 어려운 과정 속에 6년이 걸려 교회를 완공하였습니다. 그러자니 헌금을또 하고 또 하고 하느라 이것저것들을 팔기도 하고 어떤 분은 집을 팔아전세를 드는 등 갖가지의 어려움들을 겪으면서 아무튼 6년 동안 교회를 지어 온 것입니다. 그러다가 마침내 입당 예배를 드리게 되자 의견이 모아지기를 기왕이면 새벽 기도회부터 그리고 성찬식과 함께 드리자고 하는 것입니다. 그래서 저는 당시만 하여도 한 200여명 정도로 오겠지 하고는 그렇게 준비를 하게 했습니다. 그런데 새벽 기도회에 나가서보니 무려 500명이 넘는 교인들이 나오게 된 것입니다. 그 때문에 준비한 것은 모자라고 하여 여간 애를 먹은 것이 아니었습니다. 그러나 이때에 한 가지 놀라운 것은 예배당에 들어서는 모든 분들이 문간에 들어서면서부터 우는 것이었습니다. 이 눈물의 의미가 무엇이겠습니까? 여러분! 무슨 일이든 그 일을 위해서 고생을 많이 한 사람일수록 그 일이 성취되었을 때의 기쁨도 큰 것입니다. 그러나 아무것도 하지 않고 뒤에서 빈둥거리며 지낸 사람에게는 그 일로 인한 기쁨은 영원히 주어지지 않는 것입니다. 언제나 고난만큼 기쁨은 정비례하는 것입니다.

그러므로 해산의 고통이란 뜻있는 고통이요 제한된 고통이며 그리고 약속 있는 고통입니다. 태동이란 결코 허무가 아닙니다. 현대 철학의 과제는 니힐리즘(nihilism; 허무주의)에 있습니다. 다시 말하면 의미가 있느냐 없느냐의 문제에 있다는 말입니다. 그러나 해산의 고통이란 절대로 허무하지 않음을 말해 주고 있는 것입니다. 문제는 소망의 문제입니다. 예수님께서는 고난을 당하시되 소망은 있습니다. 소망이 있는 고난! 확실한 약속이 있는 고난! 바로 그것을 가리켜 해산의 고통이라고 말합니다. 이제 예수님께서는 이 해산의 고통 뒤에 오는 기쁨을 두고 "사람난 기쁨"이라고 말씀하고 계십니다. 생각해 보면 사람의 생명이 태어난 기쁨처럼 귀한 것이 어디에 있겠습니까? 그런데 지금 예수님께서는 고난 뒤의 기쁨을 바로 이 사람이 태어난 생명에 대한 고귀한 기쁨에 비유하고 계시는 것입니다.

그리고 이 기쁨이 얼마나 큰 것인지 지금까지 당한 그 모든 고난은 다시 기억치 않는다고 하는 것입니다. 가끔 어떤 분들이 이야기하기를 만약 천당에 가서도 자기가 과거에 고생한 일이나 현재 고난당하는 사람들의 모습을 보게 된다면 천당에 있어도 기쁨이 없을 것 같다는 말씀을 하는 것을 봅니다마는 분명 그렇지가 않습니다. 오늘 예수님께서는 그 고통은 다시는 기억되지 않는다고 말씀하십니다. 해산하는 고통이 얼마나 고통스러웠든지 저의 아내가 첫 아이를 낳은 후에 다시는 더 낳지 않는다고 하기에 저도 마음대로 하라고 하였습니다. 그런데 그 뒤에도 또 낳고 또 낳아 셋이나 된 것입니다. 처음 낳을 때 같아서는 다시 낳지 않겠다고 하지만 낳고 나니 재미가 있고 사랑스럽더란 말입니다. 만약 고통을 잊어버리지 않았다면 어떻게 또 낳을 수가 있었겠습니까? 이것은 그 얻어진 기쁨이 너무 크기 때문에 고통을 다시는 기억되지 않은 것이란 말입니다.

지난날 집에서 아이를 낳던 시절에 이 해산에 얽힌 재미있는 이야기들이 많이 있는 것을 볼 수 있지 않습니까? 한번은 제가 어느 집에 심방을 가면서 보니 옆집에 사람들이 쭉 둘러서서 구경을 하고 있는 것이었습니다. 그래서 무슨 일이냐고 물어보았더니 지금 해산의 고통을 하면서 남편 욕을 하는데 별별 악담을 다한다는 것입니다. 그런데 재미있는 것은 남편 신발을 내다 버려라며 소리를 질렀다가 낳은 다음에는 신발 들여놓으라고 한다는 것이니 얼마나 극적인 이야기입니까? 고통은 다 잊어버리고 다시는 기억지 않습니다.

그리고 이 기쁨은 빼앗을 자가 없는 기쁨이라는 말씀입니다. 이 기쁨은 고난을 당한 본인만이 가질 수 있는 가슴벅찬 소중한 기쁨입니다. 이 기쁨은 주거나 빼앗을 수도 없는, 그리하여 도둑맞을 염려가 없는 완전한 기쁨인 것입니다. 이제부터는 고통을 말하거나 다시 돌아보며 기억할 것이 아니라는 것입니다.

지금 예수님께서는 십자가를 해산의 고통으로 비유하고 계십니다. 그러므로 그리스도인의 고난이란 해피 엔드(Happy end)로 끝나게 되어 있는 것입니다. 저 앞장에서도 말씀 드렸듯이 미래학과 종말론은 같은 것이 아닙니다. 기독교의 종말론이란 확실하게 약속된 미래에 의해서 오늘의 고난을 평가 하는 것이며 미래로부터 현재로에의 생각을 하는 것입니다. 그래서 예수님께서는 제자들을 향하여 너희들이 근심하고 있느냐? 너희들은 무엇인가를 모르기 때문에 걱정하고 있지만 나는 다 알고 있다. 너희들이 당하는 근심은 마치 해산하는 여인의 고통과도 같은 것이다. 그러므로 잠깐만 잘 참고 기다려라 그리하면 곧 기쁨의 날이 임하여 그 모든 근심을 잊어버리게 될것이라고 말씀하시는 것입니다.

지금은 너희가 근심하나 내가 다시 너희를 보리니 너희 마음이 기쁠 것이요 너희 기쁨을 빼앗을 자가 없느니라! 오늘 이 시대를 사는 우리들에 주시는 약속 있는 생명의 말씀입니다.

곽선희 목사 설교·강해집

설교집

물가에 심기운 나무
최종 승리의 비결
종말론적 윤리
참회의 은총
행복한 가정
궁극적 관심
한 나그네의 윤리
모세의 고민
두 예배자의 관심
이 산지를 내게
자유의 종
하나님의 얼굴
환상에 끌려간 사람
생명의 길
복받은 사람의 여정
좁은문의 신비
내게 말씀을 주소서
약속의 땅을 바라보며
결단이 있는 자의 행로
이세대에 부한 자
행복한 사람의 정체의식

강해집

희락의 복음 – 빌립보서 강해
은혜의 복음 – 갈라디아서 강해
진정한 사랑의 의미 – 고전 사랑 장 강해
이적으로 계시된 말씀 – 예수님의 이적 강해
사도들의 신앙고백 – 사도신경 강해
참믿음 참경건 – 야고보서 강해
예수의 잠언 – 예수님의 잠언 강해
교회의 권세(상·하) – 사도행전 강해
믿음에서 믿음으로 – 로마서 강해
복음의 능력 – 고린도전서 강해
생명에로의 길 – 고린도후서 강해
하나님의 나라 – 예수님의 비유 강해(상)
이 세대를 보라 – 예수님의 비유 강해(중)
생명에로의 초대 – 예수님의 비유 강해(하)

기타

생명의 말씀 • 곽선희 편성 성경요절집
참회의 기도 • 곽선희 목사의 참회기도
영성신학 • 쉽고 재미있는 영성 이야기
종말론의 신학적 이해